The Cabinet Office
1916—2016
The Birth of Modern Government

内阁办公厅

现代政府的诞生

〔英〕 安东尼·塞尔登（Anthony Seldon） 著
乔纳森·米金（Jonathan Meakin）

李钢 万泰雷 杨柳 译

中信出版集团 | 北京

图书在版编目（CIP）数据

内阁办公厅：现代政府的诞生 /（英）安东尼·塞
尔登,（英）乔纳森·米金著；李钢，万泰雷，杨柳译
. -- 北京：中信出版社，2019.7（2019.8 重印）
　　书名原文：The Cabinet Office 1916-2016：The
Birth of Modern Government
　　ISBN 978-7-5217-0386-3

　　Ⅰ.①内…　Ⅱ.①安…②乔…③李…④万…⑤杨
…　Ⅲ.①政治制度史—研究—英国　Ⅳ.①D756.19

中国版本图书馆 CIP 数据核字（2019）第 070473 号

内阁办公厅：现代政府的诞生

著　者：[英]安东尼·塞尔登　[英]乔纳森·米金
译　者：李钢　万泰雷　杨柳
出版发行：中信出版集团股份有限公司
　　　　　（北京市朝阳区惠新东街甲 4 号富盛豪厦 2 座　邮编　100029）
承 印 者：三河市中晟雅豪印务有限公司

开　本：880mm×1230mm　1/32　　印　张：14.5　　字　数：350 千字
版　次：2019 年 7 月第 1 版　　　印　次：2019 年 8 月第 2 次印刷
京权图字：01-2019-2977　　　　　广告经营许可证：京朝工商广字第 8087 号
书　号：ISBN 978-7-5217-0386-3
定　价：69.00 元

目 录

中文版序言

作为研究唐宁街10号和内阁办公厅的历史学家，看到本书的中文译本付梓，我深感荣幸，也希望此书能够得到广大中国读者的青睐。

本书讲述了现代英国政府在过去100年里的演进历史。在此期间，英国在外交、经济、政治和文化方面成为世界上举足轻重的国家之一。书中阐释了纷繁复杂的英国政府各部如何相互协调，各司其职。

英国政府由约100名来自议会的大臣和约50万名非选举产生的公务员组成，他们负责着财政部、外交部、教育部、卫生部等约20个政府要部的运行。

内阁办公厅通过内阁委员会系统联结各要部。1916年以前，英国政府在很大程度上只是一系列独立的部门，各部门各行其是。内阁作为英国政府的最高机构，由上述各部大臣构成。彼时的内阁，既没有任何正式议程，也没有任何会议纪要或讨论记录。但所有这些在1916年第一次世界大战期间发生了改变，内阁的运行开始有序可依、有的放矢、有法可循，并产生了一系列委员会，负责协调政府事务，落实施政目标。

对于中国读者，本书的主要益处是帮助读者以史为鉴，并以井然有序、恰当适宜的官员制度施今日之政。同时，本书也是确保政府目标明确，高效施政的绝佳参考。

我对中国怀有深厚情谊，故在此特向广大中国读者致以诚挚的问候。

安东尼·塞尔登

前　言

　　不确定这是不是作者的写作意图，但安东尼·塞尔登（Anthony Seldon）的这本书完全可以说是一本内阁秘书长工作指南。当听到我这样讲之后，一位前内阁秘书长（Cabinet Secretary）表示，他当初在接手内阁秘书长这份工作时能有一本这样的指南就好了！本书不仅回顾了英国政府的百年历史，更简明扼要地记述了公务员和大臣之间关系的演变以及集体责任的本质。

　　目前，我有幸担任内阁秘书长这一特殊职位，并且有幸可以从若干杰出前任那里寻求建议、鼓励与支持。有些情形和挑战只有他们才经历过。这本书将帮助人们了解内阁秘书长一职。我也希望公务员系统内外的人都能通过这本书了解内阁秘书长的作用，以及更深入地了解内阁办公厅（Cabinet Office）在英国政府中扮演的角色。

　　在我看来，内阁秘书长的职责是落实各项事宜。我们为首相和内阁履行其宣言提供支持，确保行政部门将他们的各项决定落到实处，并且确保行政部门自身始终保持必要的工作能力和专业经验，无畏无偏、公平公正地服务于当下及未来各届政府。

　　从莫里斯·汉基（Maurice Hankey）于第一次世界大战后奔走于凡尔赛（Versailles）谈判的各个会场，到诺曼·布鲁克（Norman Brook）在办公桌旁凝神细思苏伊士危机（Suez Crisis）带来的后果，到格斯·奥唐奈（Gus O'Donnell）于2010年促成建立联合政府，内阁秘书长一直扮演着独特的双重角色。一方面，他是首相的左膀右臂，在扎实证据的基础上向首相提供支持和建议；另一方面，内阁秘书长要确保政府平稳运行、充分履职，确保政治家的初衷能够实现，造福民众。

内阁秘书长有时是孤独的，但我和我的历届前任一直有幸得到内阁办公厅的支持。这里汇聚了这个国家最伟大的思想，凝聚了一批最具才干、最尽职尽责的行政官员，他们默默无闻、兢兢业业地协调政府各部门的工作，造福英国乃至世界人民。

在更近的历史时期，内阁秘书长通常也是公务员系统的领导者，可以获得与成千上万的公务员共事的特权，领导并激励他们实现民选政府的目标。

世界在不断变化，内阁办公厅也随之不断演进。从中央政策评审委员会（Central Policy Review Staff）到督查室（Delivery Unit），从督查室到国家安全委员会（National Security Council），我们的组织架构不断发展，以便为首相和内阁提供最佳建议。内阁办公厅开创了一些前沿做法，如成立了行为学研究小组（Behavioural Insights Team）和政府数字化服务小组（Government Digital Service），在英国和世界范围内都产生了积极的影响。我希望随着大数据的普及以及人们对其认识的加深，我们比以往任何时候都更加确定，我们的工作对世界产生了真切的积极影响。

鉴于本书的史书性质，它在很大程度上是一部托马斯·卡莱尔（Thomas Carlyle）口中的"伟人"历史，意思是说，它是从少数内阁最高官员的视角进行叙述的。值得注意的是，绝大多数英国首相都是白人男性，只有两位例外。在过去的100年里，内阁办公厅和政府其他行政机关反映了其他大型机构及社会主流文化的总体情况，当时，英国大多数的高级官员都是白人男性。

我们正在努力改变这一现状。我希望在接下来的100年里，每个人，不论性别、种族和出身，不论信仰如何、禀赋高低，都能战胜眼前的挑战，加入一个数字化、多样化、杰出的公务员系统中来。

杰里米·海伍德（Jeremy Heywood）

2016 年 10 月

引　言

当大人物起身赴宴时，

秘书仍留守原地，他日渐消瘦，

绞尽脑汁，回忆并汇报

那些在他看来领导会认为是他理应想到的事情。

——佚名

　　在过去的 100 年里，内阁办公厅一直处于英国政府及国家的核心地位。它设立于 1916 年 12 月，当时被称为"内阁秘书处"（Cabinet Secretariat）。现代英国政府的起源可追溯至内阁办公厅设立之时。英国政府其他要害部门，如财政部（HM Treasury）、外交和联邦事务部（Foreign and Commonwealth Office）、国 防 部（Ministry of Defence）、唐宁街 10 号（10 Downing Street）等可谓妇孺皆知，但内阁办公厅却始终很神秘，甚至很多人根本不知道有这样一个部门存在。一部分原因是内阁办公厅与其他政府部门不同，它很少与民众直接打交道。但它在英国历史上举足轻重，这意味着它在公务员系统中的领导地位以及其工作内容理应被更多人知晓。

　　内阁办公厅设立于 1916 年 12 月第一次世界大战期间，因此很多人认为战争结束后内阁办公厅就将不复存在，更没有人想到它会扮演核心角色。在过去的 100 年里，几乎所有影响深远的重大政府决策都是在内阁办公厅的监督下做出的。自 1916 年至今，仅有 11 人担任过内阁秘书长一职，这 11 位性格各异的男士均十分具有影响力，辅佐过 19 位英国首相，从第 36 任首相劳合·乔治（Lloyd George）到第 54 任首相特蕾莎·梅（Theresa May）。

本书将围绕以下观点展开。

在过去的 100 年里，英国在很大程度上得益于公平公正、超越党派偏见、专业能力高超的高级公务员文职体系，该体系大多数时间由内阁秘书长领导。内阁办公厅并非永远正确，但在很大程度上做到了忠诚地为各届政府服务，从总体上对那些试图无视惯例和内阁的首相采取了关键制衡措施。2010 年，原来的"国家文官制度"（Home Civil Service）中"国家"一词被去掉，变为"文官制度"（Civil Service），内阁办公厅成为所有公务员的主管机构。由于公务员极少撰写回忆录或公开日记，并极少接受媒体采访，在过去的 100 年里，内阁办公厅的职责与重要性并不为公众所知，关于英国的历史书籍也对其鲜有提及。我的第一本书——出版于 1981 年的《丘吉尔的祥和晚年：1951—1955 年的保守党政府》（*Churchill's Indian Summer□The Conservative Govemment, 1951—1955*）的中心论点就是，公务员尤其是内阁办公厅的公务员应得到历史学家的更多关注。但 35 年过去了，情况并无改观。公务员在受到攻击时很难像各部大臣那样为自己发声。故本书旨在提高公众对内阁办公厅作用的认知水平，帮助公众了解内阁办公厅自 1916 年以来在促进、支持各级政府工作方面所做的重要贡献。

现代英国政府的起源可追溯至 1916 年内阁办公厅成立之初。第一次世界大战期间，英国政府的规模及职权大幅度扩大。战争结束后，政府规模并没有被削减至 1914 年的水平，反而继续扩大。新增部门主要集中在经济和社会政策领域，如劳工部（Ministry of Labour）、卫生部（Ministry of Health）、交通部（Ministry of Transport）等。大幅扩张后的战后政府部门众多，需要内阁办公厅发挥黏合剂的作用来加以巩固。

首相若想取得最佳执政效果，必须与内阁办公厅特别是内阁秘书长密切合作，并在内阁政府的惯例下行使职权，比如履行集体责任，而非大权独揽，实行自上而下的专断统治。因此，在第一次世界大战和第二次世界大战期间，劳合·乔治和丘吉尔一直与内阁办公厅保持着紧密联系，而和平时期最出色的两位首相克莱门特·艾德礼（Clement Attlee）与玛格丽特·撒切尔（Margaret Thatcher）（公众并不这么认为）与文职官员成功合作，在绝大多数情况下遵守了内阁政府的惯例。在各届政府主要因为议会的对立而备受困扰时，内阁办公厅为政府提供了尤为重要的支持，如劳合·乔治的联合政府（1916—1922），拉姆齐·麦克唐纳（Ramsay MacDonald）的工党政府（1929—1931），丘吉尔和平时期的保守党政府（1951—1955），哈罗德·威尔逊（Harold Wilson）第二任期政府（1974—1976），约翰·梅杰（John Major）的保守党政府（1990—1997），以及面临一系列全新挑战的戴维·卡梅伦（David Cameron）联合政府（2010—2015）。本书接下来所记述的历史一次又一次证明，没有内阁办公厅沉着冷静、专业卓越的辅佐，首相会艰难得多。

11 位内阁秘书长在不同历史时期都做出了独一无二的贡献。莫里斯·汉基（1916—1938）塑造了内阁办公厅，并使其延续下来；爱德华·布里奇斯（Edward Bridges，1938—1945）带领内阁办公厅出色地应对了第二次世界大战，与其搭档——丘吉尔的首席军事顾问黑斯廷斯·伊斯梅（Hastings Ismay）携手共事，全无忌妒之心、为难之意，开启了内阁办公厅的现代化进程，创立了委员会制度；诺曼·布鲁克（1947—1962）改革了内阁体系，以实现战后重建、发展福利国家、应对英国全球实力衰落、辅佐深陷困境的首相，特别是丘吉尔和安东尼·艾登（Anthony Eden）；伯克·特伦德（Burke Trend，1963—1973）在遭遇哈罗德·威尔逊及其他内阁大臣对内阁传统前所未有的质疑之时，在面临工会、爱尔兰恐怖主义和经济动荡所带来的一系列新挑战之际，始终确保内阁办公厅保持了最高的职业道德水准；约翰·亨特（John Hunt，1973—1979）强有力地领导内阁办公厅辅佐了三任难以应对的英国首相；罗伯特·阿姆斯特朗（Robert Armstrong，1979—1987）将内阁秘书长与文官长一职再度合二为一，促使玛格丽特·撒切尔接受并遵守内阁惯例和程序，引导撒切尔与都柏林（Dublin）的爱尔兰政府就北爱尔兰问题达成和解；罗宾·巴特勒（Robin Butler，1988—1998）在撒切尔失去民心后，辅佐她度过了执政期的最后两年，为陷入党内斗争、四面楚歌的首相约翰·梅杰提供支持，并引导托尼·布莱尔（Tony Blair）登上首相之位；理查德·威尔逊（Richard Wilson，1998—2002）在艰难时期竭力维护内阁政府，强有力地领导了文官系统；安德鲁·特恩布尔（Andrew Turnbull，2002—2005）同样竭力维护内阁政府，同时推进文官制度的现代化改革；格斯·奥唐奈（2005—2012）确保了从托尼·布莱尔政府到戈登·布朗（Gordon Brown）政府的平稳过渡，辅佐布朗首相，迎来第二次世界大战以来英国和平时期首个联合政府，而上一届和平时期联合政府还是在第一次世界大战之后、第二次世界大战之前；最后，现任内阁秘书长杰里米·海伍德（2012 年至今）辅佐联合政府度过了一系列危机，直至 2015 年该政府完成使命。海伍德监督了两次全民公投，加速了由其前任发起的英国文官制度的现代化改革进程。

　　内阁秘书长对首相负责，同时也对整个内阁负责，因此其职责一直存在模糊性。内阁秘书长这一职位名称从未更改，历任内阁秘书长都十分清楚要对内阁整体负责，但有时，这一职责难免会导致内阁秘书长与时任首相的关系定期呈现紧张状态。当首相将自己视为政府首脑而非同僚中之首席时，情况更是如此。

内阁秘书长向首相提供建议的职责是另一处模糊地带。内阁秘书长汉基竭力维持"内阁秘书处"这一称谓，并与首相劳合·乔治共同主张，它的职责仅是撰写会议记录并履行秘书职责。但内阁秘书长的职责是何时从被询问时向首相提供有关内阁事务及会见安排的建议转为主动向首相提供政策建议的？何时从仅在被询问时提供建议并预测未来可能出现的问题变为主动提供政策建议，持有并推行他们个人观点的？在这一方面，莫里斯·汉基是最大胆果敢的，他也是唯一一位将日记公之于众的内阁秘书长。

在过去的 100 年里，一直存在争议的另外一个问题是，内阁秘书长一职和文官长是否应由一人担任。在内阁办公厅成立之初的 30 年里，英国政府的实权派包括财政部、外交部（Foreign Office）、内政部（Home Office）的常务副大臣（Permanent Under-Secretaries），其次是海军部（Admiralty Office）和陆军部（War Office）的常务副大臣。但早在布里奇斯于 1956 年从文官长之职退休之前，诺曼·布鲁克就已经被认为是政府的实权人物。在布里奇斯 63 岁离任之际，内阁秘书长诺曼·布鲁克又接过了文官长一职。布鲁克于 1963 年卸任，两个职位再次由不同的人担任，但这种各司其职的结果总是不尽如人意，因此当罗伯特·阿姆斯特朗（Robert Armstrong）于 1981 年和 1983 年先后接任内阁秘书长和文官长之职时，上上下下基本上都是赞同之声。自此之后，内阁秘书长同时出任文官长成为一个惯例，仅在 2012—2014 年有过短暂的分离。两个职位由同一个人担任的好处是文官长能够与行政长官——首相保持日常性接触，不利之处在于一个人很难在完成管理工作的同时还出色履行内阁秘书长和文官长两份职责，于是，2014年设立了一个新的高级职位来协助内阁秘书长进行管理，这才使这份工作变得容易了一些。

在过去的100年里，内阁办公厅的职责增减主要依时任首相的想法而定，但也取决于政府角色诠释中出现的各种情形与变化。1一直以来，内阁办公厅保留的核心职责是：服务于内阁及各委员会的秘书职能，搜集并提供情报，就礼仪及道德规范提供建议，管理政府机制，授予荣誉及编纂史料，等等。其他曾一度由内阁办公厅管辖过的领域包括科学、统计、社会应急、监督联邦事务、战略规划和危机管理［由内阁办公厅应急小组（COBR）履行这一功能］等，成立过众多机构、小组。自成立之日起，内阁办公厅就积极致力于处理英国和欧盟的关系、协调英国政府在欧盟各司中的工作。现在，内阁办公厅也将在英国"脱欧"一事中发挥重要作用。

内阁秘书长一职可追溯至中世纪历朝君主的首席顾问一职。君主的首席顾问，尽管名称各异，但其职责本质上都是担任君主高级顾问、协调政府工作、保障国家安全、保存史料以及防止国家从内部瓦解。自1530年起，各朝君主在白厅宫（Whitehall Palace）①理政，内阁秘书长则在白厅宫的办公室里办公。

在过去的100年里，共产生18位财政部常务副大臣，18位内政部常务副大臣，25位外交部常务副大臣，但内阁秘书长却只有11位，其平均任期是上述各常务副大臣的两倍。对首相来说，这些内阁秘书

---

① 也译为"怀特豪尔宫"。——译者注

长比任何一位大臣都更重要，一部分原因是他们的工作领域及专业知识横跨各个政府部门。内阁秘书长在任职期间都保持了极高的道德水准，没有一位内阁秘书长在离任后爆出丑闻。

走马上任的首相及其政府会带来一系列有待实施的政策，而内阁秘书长则要发挥才智，保证内阁办公厅这一国家机器发挥作用，为首相及其政府提供服务，落实政策。当这一合作机制运行良好时，内阁秘书长就如同左脑，负责逻辑、分析和保持客观，而首相则相当于右脑，负责直觉、政治意识，发挥主观能动作用。当两者协调一致时，政治上就会出现最佳结果。内阁秘书长需要首相负责政治事务，而首相则需要内阁秘书长高效地处理日常事务，并对未来可能出现的问题做出专家式预判。

内阁办公厅得以延续至今，并不是一件理所当然的事情。它必须与手握大权的政府部门，尤其是外交部和财政部争夺势力范围。财政部一直想掌控内阁办公厅，并坚持让自己任命的人担任内阁秘书长及首相首席私人秘书（Principal Private Secretaries），而且在大多数时候，它都达到了目的。财政部也会受到首相的打击，尤其是在 20 世纪 60 年代至 80 年代，首相通常选择与内阁办公厅联合起来对抗财政部。内阁办公厅在成立初期便胜过了内政部，在 20 世纪 50 年代胜过了外交部，在 80 年代胜过了财政部，确立了在权力体系中的突出地位。

近水楼台先得月。与首相离得近是关键。第二次世界大战期间以及 1963 年以来，内阁办公厅便紧邻首相办公室及官邸。距离近也解释了为什么文官长之职最好由内阁秘书长而非与首相距离较远的官员担任，因为后者无法与首相保持日常接触。

历任内阁秘书长在首相提出某些敏感要求时，始终面临着失去客观性的风险。与首相保持适当距离一直是历任内阁秘书长所面临的挑战，当首相试图使内阁秘书长成为"权力核心"的一员时，尤其如此。诺曼·布鲁克被认为与丘吉尔、艾登和麦克米伦（Macmillan）走得太近，伯克·特伦德则被认为太过严肃，与威尔逊和希思（Heath）过于疏离，而布里奇斯则尺度拿捏得刚刚好。

内阁秘书长与首相是否合拍比任何工作要求都更有效。就算双方权责关系保持不变，历任首相和内阁秘书长的关系也会因性格不同而发生微妙变化。

每一任内阁秘书长究竟有多重要最终都是个谜。就算阅读了几百万页的档案材料，再加上个人证词，都不可能准确了解历任内阁秘书长的影响力。

各个内阁秘书长的出身基本相同：都是白人男性，都来自英格兰，而且都来自中产阶级。只有两位（特恩布尔和奥唐奈）毕业于英国公立学校，也只有两位（汉基和奥唐奈）本科不是就读于牛津大学（University of Oxford）和剑桥大学（University of Cambridge）。

世界上很多国家都仿效英国设立了议会及内阁办公厅。非常难能可贵的是，尽管面临重重挑战，内阁办公厅在与历任唐宁街 10 号及白厅宫各部门政治领袖共事时，始终能够保持客观性。

安东尼·塞尔登
2016 年 10 月

第一章

1916年之前的内阁

1916 年 12 月，英国内阁成立。但内阁和内阁委员会早在此之前就已经存在。因此，要讨论为何政府变革发生在 1916 年，首先要研究在此之前就已经存在、产生于现代社会早期的内阁制度。

内阁的产生

英国内阁诞生于 14 世纪的枢密院（Privy Council）。几个世纪里，枢密院是君主制度下的英国最重要的机构。[1] 被威廉三世（William Ⅲ，1689—1702）和玛丽二世（Mary Ⅱ，1689—1694）废黜的詹姆士二世（James Ⅱ，1685—1688）开启了设立第一财政大臣（First Lord of the Treasury）之职的进程，第一财政大臣即后来的英国首相。

1689 年，即威廉三世执政的第一年，对我们了解现代政府的诞生至关重要。在这一年，威廉三世实施了对英国影响深远的许多创新举措。[2] 议会制度得以巩固，且被永久性地写入宪法：每年召开一次会议，就君主制政府的财政事项进行投票表决。为防止君主破坏议会，1694 年的《三年法案》（Triennial Act）规定，至少每 3 年举行一次众议院选举（1716 年改为每

7 年选举一次，1911 年改为每 5 年选举一次）。这之后，人们开始讨论如何在国王的政府（以内阁委员会为代表）和议会之间实现权力平衡，以及大臣主要应该对君主还是对议会负责。

"内阁"一词源自法语"cabinet"，意为"附属于某个较大房间的小内室"。17 世纪中期，"内阁"一词已经有了政治色彩，意指"顾问开会的密室"。[3] 早在 17 世纪 30 年代查尔斯一世（Charles Ⅰ, 1625—1649）统治时期，"内阁委员会"（Cabinet Council）一词就已被广泛使用。到 1694 年，沃灵顿伯爵（Earl of Warrington）在撰文中使用了"内阁"一词，他用"内阁"来指代国王的顾问，将"内阁"作为"内阁委员会"的简称。沃灵顿伯爵写道："除内阁外，国王特此禁止任何人接近他或向他提供建议。"[4]

17 世纪晚期，政府工作主要限于三个方面：依靠陆军、海军保障国家安全，控制财政收支，指导国家贸易。极为有限的社会福利如教育则由地方政府和教会负责。

1707 年的《联合法案》（Acts of Union）撤销了位于爱丁堡（Edinburgh）的苏格兰（Scottish）政府，将苏格兰议会（Scottish Parliament）与英国议会合并。《联合法案》比 1603 年的詹姆士（James）接替伊丽莎白一世（Elizabeth Ⅰ）时成立的"共主联邦"（Union of Crowns）覆盖范围更广。1719 年《宣示法案》（Declaratory Act）规定，英国议会比都柏林的爱尔兰议会（Irish Parliament）享有更高的立法权。因此，在 18 世纪初期，大不列颠的大部分领土得到巩固。在此期间，1694

年英格兰银行（England of Bank）成立，议会为政府债务提供担保，英国政府因此能以比其他欧洲国家更低的利率获得贷款。

当时的风云人物罗伯特·沃波尔（Robert Walpole）被视为英国第一任首相，尽管此后 100 多年里，人们都不太使用"首相"这一称呼。罗伯特·沃波尔于 1721 年至 1742 年担任首相之职，在任 21 年，是英国迄今为止在任时间最长的首相，很难被超越。他在 1735 年才搬入唐宁街 10 号，唐宁街 10 号自此成为第一大臣的官邸，但沃波尔的很多继任者并不喜欢唐宁街 10 号，而是更愿意在自己更华丽的住所生活、办公。与其诸多继任者一样，沃波尔并不看好内阁，认为内阁"没做过什么好事"。1739 年英国与西班牙之间的战争爆发，沃波尔的权力被削弱，他这才开始定期召开内阁会议。三年后，第二任首相威尔明顿勋爵（Lord Wilmington，1742—1743）上任，之后是第三任首相亨利·佩勒姆（Henry Pelham，1743—1754）。18 世纪四位伟大的英国首相沃波尔、佩勒姆、诺斯（North）和小皮特（Pitt the Younger）都来自下议院，这一点对后世影响深远。四位首相以及 18 世纪的大多数首相均同时担任第一财政大臣。

最开始，内阁委员会的核心人物并非第一大臣，而是君主。由国王而非第一大臣负责各部大臣的任命。1755 年，大法官（Lord Chancellor）哈德威克勋爵（Lord Hardwicke）还提醒上议院：宪法规定，除非国王需要经费，否则他签订任何条约均不用征得议会同意。国王只需要将事项知会议会，让议会就其经费问题进行表决。因此，国王需要与内阁委员会合作，并慎重挑选内阁成员。国王要想确保获得议会多数通过，也需要争取辉格党（Whigs）和托利党（Tories）的支持，尽管当时两党影响力相对较小。

乔治一世（George I，1714—1727）继位后，英国进入汉诺威王朝（Hanoverian Dynasty），国王开始越来越少地参与国家的政治管理。彼时，破败不堪的白厅宫已经被国王废置。17世纪90年代，白厅宫经历了一场大火，在此之后，国王决定不再重建宫殿，而是搬到了更远但更奢华的肯辛顿宫（Kensington Palace）。坐落于现在白厅街上的白厅宫因为靠近泰晤士河（River Thames），细菌滋生，本该就此废弃，但最终因为靠近威斯敏斯特（Westminster），被保留了下来。搬去肯辛顿宫使国王和政府在地理位置上更远了。乔治一世和乔治二世（George II，1727—1760）都喜欢在汉诺威度夏，因此会有很长一段时间不在伦敦。乔治一世与他的儿子——乔治二世关系不睦，而乔治二世与他儿子的关系也是如此，因此，当各自身在国外时，他们并不放心将国家交给儿子负责。这就促使国王更加依赖他们的大臣。当时交通不便，通信落后，从荷兰角港（Hook of Holland）坐船赶往哈里奇（Harwich）又要逆着时常刮起的西风，因此，当国王不在的时候，掌管国家的权力就落在了大臣们的身上。当乔治二世在国内的时候，他喜欢亲自主持内阁会议，但时常缺席导致他影响力明显不足。

　　乔治三世（George III，1760—1820）不喜远行，也不去
欧洲大陆度假，即便出行，向北也不超过伍斯特（Worcester），
向西也不超过普利茅斯（Plymouth）。乔治三世勤于政事，令
众人大感意外。到 1805 年 45 岁的乔治三世视力开始衰退之前，
他一直给大臣大量写信。然而自 1810 年开始，乔治三世的智
力加快衰退，从而导致权力进一步从国王手中转移至政客手
中，内阁委员会逐渐被第一大臣所掌管的内阁取代。难怪德国
总理安格拉·默克尔（Angela Merkel）与英国首相戴维·卡梅
伦开玩笑时曾说，卡梅伦能担任首相一职应该感谢德国人 ①。

　　内阁的发展历史漫长而曲折，新生的首相一职也是如此。
18 世纪的第一大臣对“首相”一词避之唯恐不及，将其视为一
种侮辱。与美国等有成文宪法的国家不同，英国的政治制度时
常受到历史事件、偶然因素以及个人性格带来的不确定性等的
影响。内阁的会议记录亦然。在 18 世纪，尽管质量参差不齐，
内阁的所有会议记录都要呈送国王。当乔治一世和乔治二世前
往汉诺威时，他们要求伦敦所议事宜都以报告形式呈他们御
览，由此形成一种惯例和模式。

　　英国国家档案馆（National Archives）中有关 1745 年詹姆
士二世党（Jacobite）复辟余波的国家机密文件，应该属于 18
世纪较为完备的内阁会议记录。詹姆士二世党复辟是英国政府
最后一次受到国内叛乱的严重威胁。1746 年 4 月 17 日，詹姆

---

①　乔治一世、乔治二世和乔治三世都是德意志人。——译者注

士二世党复辟军在卡洛登沼泽（Culloden Moor）战役中被政府军击溃后的第二天，内阁召开了会议，11 位大臣出席了会议，其中包括第一财政大臣亨利·佩勒姆以及他的哥哥——南方事务部国务大臣（Secretaries of State for the Southern Department）纽卡斯尔公爵（Duke of Newcastle，后来分别在 1754—1756 年和 1757—1762 年担任第一财政大臣）。会议主题是"如何处置被俘叛军"。会议记录中写道："大臣认为，应起草剥夺公权法案，以处置背叛国王陛下的叛军头目。"[5] 政府根据其中一项法令可为叛军定罪，并施以相应惩罚，如本案中被击溃的詹姆士二世党人。

在詹姆士二世党人造反后的几个月里，内阁召开会议讨论对被俘詹姆士二世党人处以绞刑还是死缓。1746 年 11 月 24 日，内阁在白厅宫召开会议。会议记录中写道："夏普（Sharpe）先生（财政部法务官）向各位大人出示了一份对被俘叛军不利的证据，并代表被俘者朗读了几份请愿书。这些俘虏被判死刑，被关押在萨瑟克（Southwark）的新建监狱中。"会议记录记下了几位"被判处死缓，处以流放"的罪犯，包括 17 岁的查尔斯·戈登（Charles Gordon）和 16 岁的詹姆斯·戈登（James Gordon），另有一位叫弗雷德瑞克·麦卡洛克（Frederick MacCulloch）的年轻人，因竭力保护国王的一名子民而被叛军重伤。其他人不予从宽处置，以下叛军一律依法论处：约翰·韦德伯恩（John Wedderburn）、亚历山大·利思（Alexander Leith）、詹姆斯·布拉德肖（James Bradshaw）、詹姆斯·林赛（James Lindsay）、安德鲁·伍德（Andrew Wood）、托马斯·华生（Thomas Watson）。[6]

那年 3 月，内阁召开会议讨论对洛瓦特勋爵（Lord Lovat）的处置问题。洛瓦特勋爵年事已高，在漫长的一生之中多次改换阵营，迟暮之年还参与了查尔斯·斯图尔特（Charles Stuart）叛乱，其爵位已被剥夺。内阁做出严厉判决：原洛瓦特勋爵上呈国王陛下的请愿书及写给纽卡斯尔公爵的信已呈阅各位大人，各位大人认为没有任何理由为其向国王陛下求情……夏普先生命令执行官将叛徒洛瓦特斩首。[7]洛瓦特是英国最后一位被处以斩首的人。

很多大臣会出于个人需要自己做会议记录，而纽卡斯尔公爵的内阁会议记录要比很多其他人的记录更加细致全面。1760 年乔治三世继位不久，向国王递交会议记录的工作改由国务大臣负责，历史上负责过此工作的大臣包括康韦勋爵（Lord Conway）和斯托蒙特勋爵（Lord Stormont）。斯托蒙特勋爵记录了他在 18 世纪 80 年代是如何"定期将每次的内阁会议记录呈送国王"的。历史学家如果希望获得详细全面的内阁会议记录，必然会感到失望，因为会议记录往往毫无章法，通常记录的是对乔治三世询问某些大臣意见的回复。[8]

18 世纪晚期，战争使内阁制度快速走向成熟。七年战争（Seven Years' War, 1756—1763）期间，包括纽卡斯尔公爵、老威廉·皮特（Willam Pitt the Elder）和哈德威克勋爵在内的一群大臣负责决策，他们的会议被称为"核心圈的秘密会议"

（Conciliabulum），[9] 这成为 20 世纪"战时内阁"（War Cabinet）的前身。18 世纪 60 年代，英国第 18 任首相格伦维尔勋爵（Lord Grenville，1763—1765）有天傍晚邀请国务大臣到自己位于伦敦的家中吃晚饭，他们边吃饭饮酒边处理内阁事务，开启了内阁成员定期共进晚餐的惯例，进一步加强了内阁的凝聚力。1820 年的一次晚宴上，卡托街（Cato Street）的阴谋家密谋暗杀全部内阁成员，不料对话被当局知晓，在策划好的晚宴上，叛党悉数被捕。[10]

美国独立战争（American War of Independence，1775—1783）期间，内阁在国王的政府中的核心地位进一步得到巩固。1775 年 1 月 21 日，在桑威奇伯爵（Earl of Sandwich）伦敦家中的晚宴上召开了内阁会议。会议记录显示：

出席会议的人一致同意：建议上下两院宣布，如果美国殖民地可以永久缴纳充足赋税用于维持公民政府及司法部门运行、保卫殖民地安全，并在战争期间按大英帝国所征赋税的相应比例缴纳额外赋税，则大英帝国不再对殖民地行使征税权……并恳请国王陛下采取最有效措施确保大英帝国最高立法机关的法律及权威得以施行。[11]

由此可以看出英国政府态度强硬：反抗的美国殖民地必须接受该解决方案，否则英国将采取军事手段迫使美国殖民地接受。这项政策一直延续到 1781 年英国政府因军备不足被迫承认美国独立。

　　为指导战争，英国成立了战时内阁，该内阁由第一大臣领导，成员包括三位国务大臣、大法官和枢密院议长（Lord President of the Council）。从 1778 年开始，战时内阁增加了总司令（Commander-in-Chief）。战时内阁会议一般有 6 ~ 8 位成员参加，在特定危机时期，决策会由少数几个人做出。战时内阁通常每周召开一次会议，安排在内阁晚餐结束后。会议决策会被记录下来，提交国王批准。战争加速了集体责任原则的建立，即大臣集体对内阁做出的决定负责。1779 年 4 月 23 日，在对上议院的一次重要讲话中，桑威奇伯爵指出，"每次远征的目的地、目标、武装配置和船舰数量都由内阁决定，每个决定都是国王陛下的亲信大臣集体智慧的结晶"。[12]

　　英国皇家档案馆（Royal Archives）保存的这一时期的会议记录并不完整，得以保留的会议纪要通常是关于军事问题的讨论，有时也包括任命安排。有一份特别重要的会议纪要，日期显示为 1781 年 12 月 8 日，该纪要写着："除掌玺大臣（Lord Privy Seal）外，内阁全体成员均出席了本次会议。大臣们认为，在目前情况下，不应向北美派遣更多本国军队，而应在北美当地征集兵力。此决定将提请国王陛下批准。"[13] 由此可见，英国政府在与美国殖民地的战争中不断让步。其他一些会议记录则更加言简意赅：1781 年 8 月 30 日，在桑威奇伯爵家中，内阁成员（除诺斯勋爵外）同意提请国王陛下批准东印度公司（East India Company）对约翰·斯台普斯（John Staples）先生的任命。[14]

18 世纪早期，有一点已经非常明显，即内阁需要一位主席来召开并主持会议，国王也需要这样一位主事者，尤其是在他出行或抱恙时来定期记录内阁会议。18 世纪，英国政府的规模不断扩大，构成也更为复杂，尤其是英国政府对外活动增多，海军实力已经称霸世界，从技术上来讲，管理海军远比管理陆军更加困难。到 18 世纪 70 年代，首要大臣包括：第一财政大臣（或称首相）、南方事务部国务大臣和北方事务部国务大臣（Secretaries of State for the Northern Departments）（后两者共同管理内政，但外交问题南北分治，南方事务部国务大臣职权更高）、第三国务大臣（Third Secretary of State）、海军大臣（First Lord of the Admiralty）。海军大臣起先负责苏格兰事务，1768 年开始掌管新兴殖民地。1782 年，南方事务部和北方事务部变为内政部和外交部。1794 年又设立第三国务大臣，负责陆军部（掌管陆军），随后设立第四国务大臣（Fourth Secretary of State，掌管殖民地）和第五国务大臣（Fifth Secretary of State，掌管印度）。政府结构日益复杂。

小皮特于 1783—1801 年和 1804—1806 年在任期间，集体责任原则得到进一步巩固，大臣们达成的共识是，所有大臣必须支持内阁作为一个整体所做出的决定。1793—1815 年法国大革命和拿破仑（Napoleonic）统治法国期间，集体责任原则在确保政府高效运转方面发挥了至关重要的作用。

王权的衰落（19 世纪）

1793 年之后的 22 年里，除了两段短暂的和平期，英国一直处在战争状态。政府要同时应对 1812 年爆发的美英战争、1798 年爱尔兰起义（Irish Rebellion）、印度暴动、经济动荡以及 1819 年拿破仑战争（Napoleonic Wars）结束后不久的国内动乱。

此时，内阁会议记录仍要呈送国王。5 月 11 日，首相斯宾塞·珀西瓦尔（Spencer Perceval，1890—1912）遭刺杀，两天后，内阁召开会议。大法官埃尔登（Eldon）给摄政王（Prince Regent）写信汇报了这次内阁会议的情况。他写道，内阁"认为有义务在摄政王的要求下，从当前内阁成员中挑选国王陛下认为合适的人担任内阁首脑一职，履行政府职责"。[15] 摄政王曾试图另外组建政府，但无果而终，不得不任命原内阁成员、战务及殖民地事务大臣（Secrtary of State for War and the Colonies）利物浦勋爵（Lord Liverpool，1812—1827）出任首相。

摄政王，即后来的乔治四世（George Ⅳ，1820—1830）能力平平，因此大部分的领导职责落在了利物浦的肩上。利物浦首相引导英国平稳度过了这段危险岁月，这一时期也是内阁政府演进发展的关键时期。利物浦善于辅佐、提携他人，由此在自己周围建立起了一个忠心耿耿的团体，同时保证了托利党的连选连胜。经历了一个漫长的停滞期后，英国开启了现代化进程，设立了个人所得税，成立了英国国家测绘局（Ordnance Survey），并在 1801 年开始了人口普查。

1830 年乔治四世逝世，两年后《1832 年改革法案》（Reform Act 1832）颁布，随后出现了具有明显现代特征的政党，这些都不断促使权力从国王手中转移到首相手中。历史学家罗伯特·布雷克（Robert Blake）认为 19 世纪 30 年代是十分关键的时期，"这 10 年实现了从国王政府到政党政府的观念上的转变"。[16] 国王越来越少过问内阁事务，这意味着，如果国王想随时知悉大臣和国务近况，最重要的途径便是内阁会议记录。19 世纪下半叶，沃尔特·白芝浩（Walter Bagehot）便指出，"真正的权力不应属于君王，而应属于首相和内阁"。[17]

18 世纪末至 19 世纪初呈送国王的内阁会议记录虽然都保存在英国皇家档案馆中，但行文风格千差万别。危机时期同样会留下内阁会议记录。例如，韦尔兹利侯爵（Marquis Wellesley）[惠灵顿（Wellington）的哥哥] 和乔治·坎宁（George Canning）拒绝在利物浦政府任职时，一份呈递给摄政王的内阁会议记录写道："……打造一个联合政府对陛下的社稷不太可能有任何裨益。"[18] 自此，内阁会议记录似乎中止了很长时间。1837 年威廉四世（William Ⅳ）逝世。众所周知，墨尔本勋爵（Lord Melbourne，在 1834 年以及 1835—1841 年担任首相）痴情于年轻的维多利亚女王（Queen Victoria，1837—1901），故其将指导女王在国家生活中扮演正确角色视为己任。墨尔本亲笔书写会议记录，为此后 19 世纪的会议记录确立了规范。首相以私人信件的形式向君主禀告内阁会议进程取代了由来已久的规范的内阁会议纪要。继任首相延续了这一做法，又过了 80 年，才有了内阁会议记录的正式体例。包括 R. K. 莫斯利（R. K. Mosley）在内的很多历史学家对此感到惊愕，莫斯利说道："连查尔斯·狄更斯的匹克威克俱乐部（Charles Dickens's Pickwick Club）都有会议记录，堂堂英国政府却没有。这绝对是自笔墨发明以来最不该发生的事情。"[19]

维多利亚时期的英国政府举步维艰，英国深陷克里米亚战争（Crimean War，1854—1856），政府采取果断行动、提高行政效率成为当务之急。威廉·格莱斯顿（William Gladstone）于 1853 年推出其影响深远的预算法案，宣布分阶段提高个人所得税；小皮特决定削减进口关税，并明确表示将政府规模控制在最小，使其与国防需求相匹配，这些举措奠定了这一时期的基调。[20]1830—1900 年，政府预算占国内生产总值的比重一直保持在 15% 以下。格莱斯顿的预算法案实施 7 年后，这一比重降至 8.5%。[21]

然而，内阁的集体责任原则的确在维多利亚时期得到了进一步巩固。因此，首相帕麦斯顿勋爵（Lord Palmerston，1855—1858，1859—1865）在为其政府的殖民政策辩护时称，一旦大臣进入政府，则他们集体为该政府的决策负责。[22]1864 年，帕麦斯顿给未来首相威廉·格莱斯顿（1868—1874，1880—1885，1886 年 2—7 月，1892—1894）的一封信中写道，大臣加入内阁后，"应摒弃作为一个独立的议员所享有的个人行动的完全自由"。[23] 集体责任原则让帕麦斯顿得以抵挡来自女王的指责，用历史学家 D. S. 布朗（D. S. Brown）的话说，"尽管帕麦斯顿并不很喜欢大臣干预决策，尤其是当人们就某个一般性进程或原则已经达成共识时，但将集体责任原则作为借口的确有效"。[24]

19 世纪，政府职能的扩展开启了政府服务的专业化进程。1854 年，《诺斯科特－杜威廉报告》（*Northcote-Trevelyan Report*）发布，提出将能力作为文职官员的升职依据，这加速了上述进程。但这无法掩盖英国最高领导层懒散、不够专业的本质。从整个维多利亚时期直至 20 世纪，内阁继续召开会议，但大多数会议都没有会议记录，由大臣自己负责记录就决策所采取的行动。首相向君主报告内阁讨论事宜的信件成为这一时期最统一连贯的记录。

信如其人。本杰明·迪斯雷利（Benjamin Disraeli）写给女王的信热情洋溢、文采飞扬、雄辩严谨，其中便记录了他最伟大的执政成就之一。1875 年 11 月，迪斯雷利在写给维多利亚女王的信中谈及苏伊士运河。埃及总督（Khedive）已在出售运河股权，迪斯雷利清楚，如果英国政府买下股权，英国便能控制苏伊士运河。11 月 8 日，迪斯雷利给女王写信，告知女王埃及总督计划出售股权，但提醒道，"一家法国公司正在与埃及总督接洽……"，又写道，"这是一宗上百万英镑的交易，至少有四百万英镑之巨"，随后继续列举这一购买决策的理由："在此关键时刻，运河应该属于英格兰，这对女王陛下您的统治权威至关重要","内阁已做出统一决策"。[25] 几天后,欣喜若狂的迪斯雷利再次致信维多利亚女王,"事已办妥:运河现已归属女王陛下"。[26]

相比之下,沉默寡言的索尔兹伯里勋爵(Lord Salisbury,1895—1902)写给晚年的维多利亚女王的信件则十分朴实,他总是一副一丝不苟、公事公办的样子。1899 年 9 月布尔战争(Boer War)前夕,他以典型的个人风格致信女王:

今日收到纳塔尔(Natal)方面的消息,内阁考虑后认为,应尽快派兵保护纳塔尔前线及殖民地,众多迹象表明,布尔人将向纳塔尔前线及殖民地发动进攻,且进攻可能突然爆发。因此,内阁决定,从印度调兵 1 000 人,从英国调集四个营的兵力以及部分炮兵和骑兵前往纳塔尔。调令即刻发出,未有延误。内阁还就众多待决军事问题进行了大量讨论。[27]

几周后,索尔兹伯里再次致信维多利亚女王:"……布尔人顽固难克,可能需要大量兵力,因此内阁认为有必要调动预备役部队,但这一决定依法要经议会审议通过。"[28]

如历史学家安德鲁·罗伯茨(Andrew Roberts)所言,"索尔兹伯里十分重视内阁。每周召开一次内阁会议,地点在唐宁街 10 号或外交部办公室,只有 5~6 位大臣参会。索尔兹伯里相信自己的口才足以说服众人。他每周必向维多利亚女王致信,告知她一般性的政治事务及外交事务。索尔兹伯里对内阁政府及适宜的立宪形式深信不疑"。[29]甚至内阁政府专业能力欠缺的特点也被他加以利用。索尔兹伯里的侄女、传记作家格温德伦·塞西尔夫人（Lady Gwendolen Cecil）写道，内阁这一机构并未获得法律上的承认，它起源于政界朋友及同事之间的自发聚会，靠公学绅士们的价值观加以管理。索尔兹伯里认为，"内阁行为准则第一条是，任何成员不得引用议事记录来反驳其他成员，不得将其对集体决策所做的贡献与其私下表达的某条意见相提并论。对内阁讨论的任何记录都必须对这一宝贵自由予以严格限制"。[30]绅士们（均为男性）通常毕业于相同的学校［主要为伊顿公学（Eton College）和哈罗公学（Harrow School）］，他们认为自己不需要也不想依据管理主义这一套来召开会议、做出决策。

我对1900—2000年的内阁情况进行了调查。我发现，在1900年，除了偶尔一周不开会外，一般情况下内阁会议都是定期举行。但8月3日至11月17日是一段长期休会期。文件会被递交给内阁供其审议决策。在1900年递交给内阁的92份文件中，有31份是关于布尔战争的，另有24份事关国防，还有24份涉及外交和帝国事务。[31]布尔战争期间，内阁认为有必要时刻掌握局势动态：军事指挥官发给战争事务大臣的电报必须尽快被呈交内阁。20世纪初，内阁频繁进行集体讨论、做出集体决策，明显成为最高决策机构。官方文件中经常可见"我们应该""我们应考虑"等用语。

1895年，保守党重掌政权，索尔兹伯里成立由枢密院议长领导的国防委员会（Defence Committee）来帮助协调军事安排。此类隶属内阁的专门委员会由来已久。自 18 世纪初期以来，委员会经常召开会议商讨国防事务。到 1900 年，此类委员会中似乎仅有国防委员会留存下来。国防委员会和内阁一样，属于业余性质，没有固定的议程或会议记录，因此很难界定其权限。但它有时的确会做出某些决策，如在 1 月下令组建 12 个营的新军。[32]

　　然而，早在索尔兹伯里于 1902 年卸任首相之前，这一制度的弊端就已显现。其中一个主要问题就是要求首相在所有工作之余还要监督内阁决策的执行，这加重了首相的负担。1945 年，罗伯特·皮尔（Robert Peel，1834—1835，1841—1846）就抱怨说，他认为首相根本无法正常履行其全部职责：

　　　审阅所有他应该审阅的文件，包括全部外贸函电；与女王、王子保持通信；会见所有应该会见的人；监督荣誉的授予，监督社会和教会的资助分配；给每个给他写信的名人亲笔回信；为每场辩论做准备……并且一年中有 118 天要在下议院每天坐上 8 个小时。[33]

　　相比之下，某些首相能更好地应对繁重的工作。用历史学家 H. C. G. 马修（H. C. G. Matthew）的话讲，在威廉·格莱斯顿第一个任期内，内阁秘书处的雏形已经形成。威廉·格莱斯顿聘请私人秘书代他回复代表团的有关信件、讲话邀请函、募捐信等，这样他本人便可腾出时间回复那些更为重要的信函。同时，格莱斯顿注重完整记录他执政期间的各项事务，这表明"他不仅清楚这些记录十分有助于各项工作的顺利进行，也清楚他所处的位置具有重要的历史意义"。[34]

人们不可避免地经常对内阁决策感到困惑。1882 年，一位大臣的私人秘书致信一位内阁大臣，抱怨"昨天内阁会议的流程"："大臣们无法就已发生之事达成一致。布赖特（Bright）的辞职说明大家肯定做出了什么决定。我家大人让我问一下您，昨天究竟做出了什么决定，他发誓自己什么都不知道。您能以比较平常的、不太直接的语气问问格莱斯顿先生吗？"[35]

20 年后，社会改革家比阿特丽斯·韦伯（Beatrice Webb）在日记中也就类似的问题抱怨道：

莫兰特（Morant）告诉我们，"内阁会议结束后，根本不可能知道到底做了什么决定"。索尔兹伯里对此似乎不知情或者不关心，而对此很在意的大臣则莫衷一是。因此我推测内阁会议可能极为散漫随意，大臣们十分混乱，三五成群，相互交谈，没人去总结或记录集体结论。[36]

1900 年 9 月，乔治·汉密尔顿勋爵（Lord George Hamilton）写给柯曾勋爵（Lord Curzon）的信有力印证了韦伯所描述的情景。汉密尔顿写道，"内阁是一个非常懒散的机构，而这主要归咎于内阁领导者。领导者没有推动形成一致决策，没有确保大臣们的讨论切中议题，大臣们令人厌烦地就无关紧要的琐事讨论个不停，真正重要的事却无所涉及"。[37]

如前所述，战争往往是变革的催化剂，1899—1902 年的南非战争 ① 就是一例。强大的英军历尽艰辛才击败了布尔人的游击队，这让人警醒。英国由此不可避免地开始对其公共卫生、教育、军队以及政府流程本身进行反省。

帝国国防委员会

南非战争结束后不久，首相 A. J. 巴尔弗（A. J. Balfour 1902—1905）设立了帝国国防委员会（Committee of Imperial Defence）。设立该委员会的建议由一个顾问委员会提出，目的是在埃尔金勋爵（Lord Elgin）的领导下对布尔战争进行调查。帝国国防委员会是首个调查性质的委员会，委员会成员奔赴南非调查取证。帝国国防委员会起初以"收集、梳理帝国国防相关信息，形成连贯一致的工作方法"为宗旨。[38]帝国国防委员会于 1904 年成立秘书处，自此取代了此前的内阁国防委员会。起初因为英国陆军和海军之间的针锋相对，帝国国防委员会的工作难以顺利开展。1905 年 12 月自由党上台后，帝国国防委员会的作用开始显现：1909 年，帝国国防委员会的一份报告催生了军情五处（MI5）和军情六处（MI6）。在第一次世界大战

---

① 此处的"南非战争"即指上文提到的"布尔战争"。——译者注

前夕的紧要时期，帝国国防委员会协助政府找准要害，主要应对德国在北海以及俄国在印度西北前线的威胁。1914 年夏天，8 月 4 日战争爆发前夕，帝国国防委员会递交了长达 11 章的《战争手册》（*War Book*），阐述了大战来临之时政府应该采取的措施。的确，在内阁办公厅成立的前 100 年里，协调全国之力应对战争是其首要职能。

此时，推动内阁演进的关键人物——莫里斯·汉基——登上了历史舞台。首任同时也是在任时间最长的内阁秘书长——莫里斯·汉基毕业于拉格比公学（Rugby School），随后成为皇家海军陆战队炮兵（Royal Marine Artillery）。莫里斯早期仕途顺畅，军衔不断晋升但总体平淡无奇。他在掌握、梳理各种情报并充分利用情报方面天资惊人，最终开始崭露头角。1908 年，莫里斯以海军部长助理（Naval Assistant Secretary）身份进入帝国国防委员会。1912 年因见解独到被提拔为海军部长（Naval Secretary）。莫里斯后来说道："我个人的想法是，重组帝国国防委员会，将其调整到战备状态，并取得对战争事务的控制权。"[39]

莫里斯领导下的帝国国防委员会致力于为政府提供清晰连贯的军事规划。尽管帝国国防委员会竭尽全力，但是直到 1914 年战争爆发，他们仍未在"该扩充军备还是该照常发展经济"问题上达成一致。此外，帝国国防委员会在与实力强悍的陆军部和海军部较量的过程中败下阵来，后两者也无意做出调整以迎合新成立的帝国国防委员会。

第一次世界大战（1914—1916）

第一次世界大战击垮了英国这一政府体系，成为英国中央政府从外行向高度专业化转型的催化剂。

在首相阿斯奎斯（Asquith，1908—1916）以及上议院领袖克鲁勋爵（Lord Crewe）于 1914 年夏写给乔治五世（George V，1910—1936）的信中都能找到有关决定英国参战的历次内阁会议的记录。另一些载有此信息的信是由其他大臣呈上的，如丘吉尔（Churchill）在担任内政大臣期间（1910—1911）曾向国王致信。[40]1914 年 8 月 2 日，克鲁勋爵在给国王的信中回顾了一次重要的内阁会议：

爱德华·格雷爵士（Sir Edward Grey）转述了他与康邦（Cambon，法国大使）先生的谈话，谈话进一步阐明了为何在当前时刻，国王陛下的政府不能出兵，未来也无法就出兵与否做任何承诺。

声明将于明天在议会宣布，具体形式仍待商榷，因此大臣们将于明天上午再次召开会议讨论此事。但有人认为，应将迎战德国舰队的打算事先知会德国。至于比利时（Belgium），我们一致认为，实质性破坏比利时的中立地位会让我们处于我国政府早在 1870 年就考虑过的那种局面，当时比利时的独立地位受到干涉，这被当作迫使我国采取军事行动的理由……[41]

第二天，克鲁致信国王："布鲁塞尔（Brussels）发给比利时驻英国公使的电报中概述了德国的最后通牒，爱德华·格雷爵士在内阁会议上向其同僚就此进行了传达。"他又写道："阿斯奎斯先生很遗憾地宣布，四位同僚——莫利勋爵（Lord Morley）、J. 西蒙爵士（Sir J. Simon）、比彻姆勋爵（Lord Beauchamp）和约翰·伯恩斯（John Burns）——提出辞职。"[42]尽管有四位大臣递交辞呈以示抗议（两位大臣后来撤回了辞呈），但是英国第二天还是与德国开战了。

第一次世界大战的爆发对英国政府的冲击远甚于第二次世界大战，这在很大程度上是因为第一次世界大战为第二次世界大战提供了前车之鉴。1815—1914 年，除克里米亚战争和布尔战争外，英国未经历过大规模战争，对如何应对历史上第一次全面战争一无所知，更不清楚如何在财力上支持如此大规模的战争。政府开支占国内生产总值的比重从 1910 年的 16% 增长到 1917 年的 55%，增长超过两倍，文官部门也因此达到史上最大规模。[43]全新的政府部门，包括军需部（Ministry of Munitions）、养老金部（Ministry of Pensions）和国民事务部（Minnistry of National Service）纷纷设立，其他部门如陆军部、海军部和外交部的规模也扩大了 10 倍。[44]

随着电报电缆遍铺全球，即时通信的到来意味着决策中心化成为可能，此时，前线将领和驻外使节可以更多地按照伦敦的指示行事，而一个世纪前惠灵顿首相在任时，他们大多数时候只能自行决断。此外，英国与德国、奥匈帝国（Austria-

Hungary Empire）、奥斯曼帝国（Ottoman Empire）三个大国同时交战，如此大规模的战争本身就意味着新的挑战。

战争爆发后三个月内，首相阿斯奎斯成立了战时内阁，当时并未料想战争后来会持续如此之久。汉基受命负责记录内阁会议以推动决策落实。但会议记录仅为速记形式，显然是出于保密考虑。

军队及政治领袖策划了一系列进攻，旨在从敌方手中夺回从瑞士到英吉利海峡 450 英里[①]战线的控制权，而此刻，位于白厅宫的政府机构则明显暴露出无法胜任其职责。战事委员会（War Council）很少召开会议，也没有任何组织制度，政府各部门之间趁机争权夺势。在 1915 年 3 月到 5 月这一重要时期，包括在新沙佩勒战役（Battle of Neuve Chapelle）爆发之时，战事委员会竟从未召开过会议。[45]

阿斯奎斯后来写道，"战争早期我方的根本难题在于，如何在各个战区快速、高效地采取军事行动的同时，还能履行内阁的职责和维系内阁的领导地位"。[46] 他找到了问题的根源，但这在一定程度上应归咎于他的个人信条：他强烈反对各种非自由主义措施，而这正是应对全面战争所需要的。他在战争期间采取"一切照常"的策略，延续爱德华和维多利亚时期英国的做法和思维。他的策略与一个世纪前击败拿破仑时英国所采取的策略如出一辙：依靠具有压倒性优势的海军力量，向盟军提

---

① 1 英里≈1.61 千米。——译者注

供经济援助，通过封锁和抢夺德国殖民地的方式削弱德军，而征兵仍以自愿为主，军队也保持在中等规模。[47] 但在两场战争之间的这 100 年里，发生了太多变化。

阿斯奎斯经常心不在焉，最主要的原因是他爱慕着女儿瓦奥莱特（Violet）的朋友维妮夏·斯坦利（Venetia Stanley）。阿斯奎斯给斯坦利写了很多倾诉衷肠的信，甚至在内阁会议上也不停笔。信有时是一天三封，他在信中就军事策略和如何应对难缠的同事征求斯坦利的意见。这些信后来成了历史学家研究内阁历史的绝佳史料。1914 年，战争爆发后的第三天，阿斯奎斯写信给斯坦利，作为政府机密的最高负责人，他在信中令人惊愕地泄露了大量政府机密。他写道：

今天早上我们召开了内阁例会，决定派遣由四个师组成的远征军，反对意见比我预期的要少。我们还讨论了一系列小规模作战计划，目的是夺取德国在东非、西非和中国海域的港口和无线电台，讨论进行得比较热烈。其实，我觉得比起西装革履、举止文雅的自由党大臣，我们更像伊丽莎白时期的海盗。[48]

6 个月后，阿斯奎斯在信中披露了加里波利（Gallipoli）作战计划的大量细节：

战事委员会会议持续了近两个半小时。温斯顿（Winston，即丘吉尔）在某些方面简直糟糕透了，谁都看得出来，开会期间讲个不停，口若悬河，不讲策略，不懂变通……我认为［基奇纳（Kitchener）］意见大体正确，坚持把第二十九师留驻英国，我们可以根据需要最终将其派往达达尼尔（Dardanelles）或法国……[49]

1915 年 4 月，斯坦利嫁给了大臣埃德温·蒙塔古（Edwin Montagu），阿斯奎斯与斯坦利关系终结，书信往来中断，历史学家不无遗憾地失去了一窥内阁会议究竟的机会。

1915 年 5 月，自由党和保守党组成联合政府，阿斯奎斯的领导风格弊端尽显：柯曾勋爵担任掌玺大臣，而殖民地事务大臣一职则由其反对派、保守党领袖安德鲁·博纳·劳（Andrew Bonar Law）担任。越来越多有权势的人物想要表达政见，这为高效决策带来了新的挑战。丘吉尔在联合政府成立之后写道：

与战争相关的所有大事都由 4～5 位大臣决定……但至少要咨询十几位有影响、有能力、有名望、想要左右决策的人物……关于每个重大问题，至少有 5～6 种不同的主流意见，每个可执行的决策都要经过漫长迂回、殚精竭虑的讨论……而与此同时，具有毁灭性的战争正在无情逼近。[50]

作为总督，管理印度达 10 年之久的柯曾勋爵对此尤其嗤之以鼻：

内阁会议极其不规律。有时一周一次，很少超过一周两次，没有会议议程，也没有议事流程。任何一位大臣如果想要就自己部门或某一公共问题引发讨论，先要征得首相同意。会议进程没有任何记录，内阁成员对最终决定经常一头雾水。[51]

1915 年，英军多次进攻失败，其中包括 5 月的欧贝岭战役（Battles of Aubers Ridge）和 10 月的卢斯战役（Battles of Loos）。内阁大臣敦促政府制定更有力的决议，包括募征新兵，组建新军队。1915 年 10 月 16 日，汉基与阿斯奎斯共进午餐后在日记中写道："劳合·乔治似乎要想方设法破坏政府的征兵工作。关于征兵我谈了很多，首相也认同，战争时期独裁政府是唯一合法的选择。"[52] 汉基自己也意识到必须做出改变。他忧心忡忡：

内阁会议杂乱无章，大臣们争抢着将自己喜欢的话题在混乱的内阁会议上进行讨论；讨论没完没了，不知所云，却没有人拍板做决定；参与部门事务讨论的人对问题知之甚少，并且从没收到过有关该议题的说明，这造成时间上的极大浪费；大臣对做出的决策疑虑重重或者根本不知道是否做出了决策，这既令人羞愧又贻害无穷。[53]

东线战事更加残酷地暴露了内阁低效的组织架构和行事方式。早在 1914 年圣诞节之前，政府就已经明确认识到战事不

会在年内结束,西线战事要取得突破也是难上加难。但这些都
没能阻止英国发起一场又一场进攻。汉基在日记中从不会错过
任何一个记录戏剧性场景的机会,他对 1915 年 1 月一次持续
了一整天的战事委员会会议做了如下记述:

> 百叶窗已经被拉下,将冬日的夜幕挡在了窗外。气氛凝重,
> 长时间开会后桌子凌乱不堪。就在此时,事情出现了戏剧性转
> 折,丘吉尔突然宣布了一项此前未透露半点风声的秘密计划:
> 海军将进攻达达尼尔海峡。计划立刻引起了注意,会议气氛顿
> 时活跃起来,人们的疲惫一扫而光。战事委员会热烈响应,仿
> 佛从西线鏖战的灰暗前景中看到了地中海上胜利的曙光。[54]

由此爆发了 1915 年 4 月至 1916 年 1 月的加里波利战
役。英联邦进攻奥斯曼帝国,意在夺取君士坦丁堡(Constan-
tinople),打通与俄罗斯盟军的海上联通之路。然而,和英国
发动的众多其他进攻一样,首次进攻后缺乏后续周密的作战
计划,这样的例子不胜枚举。军事行动该由海军还是陆军主
导?老练好战的海军大臣丘吉尔主张前者,而陆军大臣基奇纳
勋爵则主张后者。丘吉尔最终在较量中获胜,但其派往达达
尼尔海峡的战舰破败老旧,致使英军蒙受重大损失。[55]3 月 19
日,汉基致信阿斯奎斯,请求成立海军和陆军军事技术委员会
(Naval and Military Technical Committee)以策划达达尼尔海峡
之战,避免重蹈因人员配备不善而惨败的覆辙。[56]历史学家提

姆·特拉弗斯（Tim Travers）认为，在 4 月 6 日丘吉尔、基奇纳和汉基三人召开的重要会议上，看不出谁负责决策。这种对过去简单的殖民战争进行决策的模式显然已经不能满足现代战争的专业要求了。[57]

4 月 25 日，英国、澳大利亚、新西兰、印度的部队以及一支代表法国的分遣队发起联合登陆作战，战役以惨败收尾。汉基认为这场战役"就像一部美国电影，没放映之前被大肆宣传，但在开始之前就败局已定"。[58]6 月，旨在协调战事的达达尼尔委员会（Dardanelles Committee）成立。两个月后，汉基亲赴达达尼尔考察战争局势，不久便建议终止达达尼尔战役。1915 年 11 月，阿斯奎斯撤销达达尼尔委员会，成立由丘吉尔、亚瑟·贝尔福（Arthur Balfour）、劳合·乔治、安德鲁·博纳·劳和财政大臣雷金纳德·麦肯纳（Reginald McKenna）组成的战事委员会。但新的战事委员会仍同之前的委员会一样效率低下、无所建树。汉基认为，"尽管战事委员会成员才干出众，但战事委员会这个各方联合体却从未实现真正的联合"。[59]政府高层缺乏合作带来了更为严重的后果。1915 年 11 月 22 日，战事委员会提出撤离加里波利，内阁在接下来的一个月里一直拒绝通过该提议，首相阿斯奎斯坚持认为内阁仍应为最高决策机构。结果直到 1916 年 1 月 9 日，英军才撤离加里波利半岛。[60]

此前一个月，也就是 1915 年 12 月，加里波利战役即将失败，英法司令官在法国尚蒂伊（Chantilly）会面，商讨 1916

年联合作战计划，双方决定在东线和西线发动大规模进攻，重新夺回主动权。英法两军将在皮卡第省（Picardy）的索姆河（River Somme）会师，然后联合发动对德军的致命性打击，夺取胜利。1916 年 2 月最终作战计划制订后一周，德军攻打凡尔登（Verdun），极大削弱了法国拟投入联合作战的兵力。从 1916 年 7 月 1 日持续至 11 月 18 日的索姆河战役成为阿斯奎斯以及整个临时中央政府体系最终下台的诱因。决策者低估了德军的韧性。德军挖建纵深的地下防空洞，躲过了盟军的地毯式轰炸，在后来迎击英军不堪一击的进攻中，德军表现勇猛，重挫英军。莫里斯·汉基本人也因战争惨遭丧亲之痛。在布尔战争的帕尔伯格战役（Battle of Paardeberg）中，莫里斯·汉基的亲兄弟休·汉基（Hugh Hankey）阵亡。1916 年 10 月 16 日，在索姆河战役中，与他极为亲密的另一个兄弟唐纳德（Donald）也阵亡。电话响起的时候，莫里斯正在白厅宫部署工作，放下话筒，他说，"唐纳德死了"，接着问秘书："刚才我讲到哪儿了？"莫里斯的传记作家史蒂芬·罗斯基尔（Stephen Roskill）说，莫里斯的克制隐忍令在座者无不吃惊，但可能这就是他选择面对人生的方式。[61]

阿斯奎斯的地位愈加不稳。到 7 月中旬，可以清晰地看出，各指挥官尤其是总指挥官道格拉斯·黑格（Douglas Haig）将军对于进攻显然太过自负。伤亡人数不断攀升，战事却毫无进展。9 月 15 日索姆河战役中，阿斯奎斯的爱子，才华出众的雷蒙德（Raymond）英年早逝，阿斯奎斯精神遭受重创。9 月 17

日，雷蒙德阵亡的消息由前线传至玛戈特·阿斯奎斯（Margot Asquith）耳中。玛戈特将儿子逝世的消息告诉了身在唐宁街10号的阿斯奎斯后，阿斯奎斯"以手掩面，我们一起走进一间空房间，坐下，陷入沉默"。他极为沉痛地说："我对过去所有的自豪，对未来所有的期许，几乎都是因为他。现在，一切都不存在了。"玛戈特认识到，阿斯奎斯离开唐宁街已经"只是时间问题了"。[62]

劳合·乔治在战前的自由党政府中担任财政大臣，与阿斯奎斯合作密切。此时的劳合却难抑愤怒。劳合以辞职相逼，要求成立以他为首的三人核心决策委员会，这引发了最后的危机。自由党内部分裂，阿斯奎斯最终失去议会多数支持，1916年12月5日，阿斯奎斯辞职。劳合·乔治顺势成为下一任首相。

第二章

内阁办公厅的建立：
内阁秘书处和第一次世界大战
（1916—1918）

和所有内阁秘书长一样，莫里斯·汉基在争取权力上坚决果断，并懂得如何在恰当的时间以恰当的方式施加个人影响。其中，最明显的一次是1916年3月，包括当时的军需部大臣劳合·乔治在内的英国高官代表团前往位于巴黎奥赛码头（Quai d'Orsay）的法国外交部，与法国政客举行会谈。劳合·乔治和汉基中途离开了会场，沿着巴黎的街道一起走了很久，在漫步中反思对第一次世界大战的指挥。汉基认为此时应该表明他希望优化政府核心机构的想法。劳合·乔治写道：

　　我记得在我们经过旺多姆圆柱（Vendome Column）时，莫里斯爵士停下来说："你应该坚持组建一个小规模的战事委员会来全权处理战争的日常指挥工作。战时内阁必须独立于内阁，与首相保持密切联系。但首相作为政府首脑，工作任务太重，要管理内阁，还要照顾议会和内政事务，无暇管理战时内阁。并且，首相在经历了过去两年半的辛苦之后也有些疲惫了。战时内阁的负责人必须是一个精力充沛、干劲十足的人。"[1]

　　汉基此番言论巧妙地利用了劳合·乔治的自负和对终极权力的渴望，同时又委婉含蓄、不露声色地表达了对阿斯奎斯的贬毁。

战时秘书处的成立（1916 年 12 月）

1916 年 12 月 5 日，阿斯奎斯辞职。按照惯例，劳合·乔治要等到次日乔治五世在白金汉宫（Buckingham Palace）对其进行任命之后才能够成为首相。劳合成为新一届联合政府的首脑，保守党领袖博纳·劳出任财政大臣。那天晚上 10 点左右，劳合·乔治在陆军部的办公室里召见了汉基：

> 他通知我说他是新一任首相，但他并不是太喜欢这一职位，我们就新政府人员构成、新战事委员会的流程和战争的未来走向谈了很久。博纳·劳也在办公室待了一会儿，他和博纳·劳问了我很多问题，我觉得他们是想给我安排个职位。劳合·乔治让我把自己的观点整理成备忘录。[2]

汉基是唯一一位后来成为大臣的内阁秘书长，尽管他担任内阁秘书长很久之后才得到提拔。从他的描述中可以看出他的建议的分量。劳合·乔治为了这个最终结果颇为恼火地筹划了好几个月，因此一上任便迅速组建了享有最高权力的战时内阁。起先战时内阁只有 5 个人，包括博纳·劳、柯曾、工党领袖亚瑟·亨德森（Arthur Henderson）、保守党人米尔纳勋爵（Lord Milner），后两位是不管部大臣（Minister Without

Portfolio）。随后又有其他成员加入，包括英属南非总督扬·史末资（Jan Smuts）、工党政治家乔治·巴恩斯（George Barnes）和保守党政治家奥斯丁·张伯伦（Austen Chamberlain）。

终于，1914 年 8 月，战争爆发 28 个月后，英国有了全权指挥战争的政府机构。劳合·乔治还采纳了汉基的另一个建议：需要提高行政效率。他后来就这一点所做的阐述对于 100 年后内阁办公厅的工作依然具有价值：

我决定采取的另一项打破内阁传统的举措是设立内阁秘书处……我认为有必要设立内阁秘书长一职，对所有重要议题的讨论进行简要总结，并完整记录所有决策。当决策涉及某一部门时，会议纪要副本应立即送达该部门。我认为，内阁决策的性质和内容应以书面形式正式告知相关部门，这一点极为重要。这份书面纪要不仅是对大臣的提醒，同时也让向大臣提供建议和执行大臣决策的官员能够充分了解相关信息。鉴于过去大量的决策都没有得到落实，我认为内阁秘书处应该并且必须跟踪后续进展，不时向我报告各相关部门采取了哪些行动来落实内阁有关决策。我后来发现，内阁发出的质询函以及各部门递交的答复报告非常有助于提醒各部门认真履职。如果内阁秘书处报告有哪些决策未能落实或拖延执行，我会召见相关大臣；如果决策落实遭遇了意料之外的困难，我们就采取措施加以解决。[3]

劳合·乔治最终得到了其梦寐以求的职位，汉基也是。

"劳合·乔治让我全权负责组建内阁秘书处，并为其配备人员。"汉基写道。他早就看上了白厅花园里白厅宫东侧靠近泰晤士河的一些宅邸。工程部（Office of Works）受命在墙体上穿门凿窗，以打造一个统一的办公区域：

（早期）那段时间，我的下属是如何成功开展工作的，至今都是个谜。一个房间里有三四个人在工作，一个人在口述，竭力让自己的声音压过锤头电锯发出的噪声，另一个人就某重要事项进行业务访谈，第三个人则着手撰写备忘录。他们是那么忠于职守、热情洋溢，若非如此，他们的工作根本无法完成。[4]

汉基将他的新办公区一分为二：他自己负责的军事组（Military Section）和由 G. M. 杨［G. M. Young，后来成为斯坦利·鲍德温（Stanley Baldwin）的指定传记作家］负责的内务组（Civilian Section）。内务组负责人不久改为威尔斯曼（Welshman），后又改为日记作家——杰出的托马斯·琼斯（Thomas Jones）。汉基继续致力于召集他称之为"无部门偏见，将赢得战争作为唯一立场的一群核心人物"。[5] 汉基立即投入工作，12 月 12 日早上，汉基接见了托马斯·琼斯，后者表示他想接触高层人物，但不想为琐事所累：

我和莫里斯·汉基爵士会面，讨论我将担任何种工作。劳合·乔治已经同他谈过了。我说我不想参与办公室事务，而是想作为中间人，在各政要之间进行协调，尽可能帮助首相做出正确选择。他表示非常理解。他会再去找劳合·乔治。汉基所管理的部门位于白厅花园 2 号，但我认为该部门人员的影响力将渗透到白厅花园 1 号和 3 号。[6]

汉基慧眼识人，组建了一个强大的团队，包括利奥·埃莫里（Leo Amery）和威廉·奥姆斯比－戈尔（William Ormsby-Gore）。利奥·埃莫里能力出众，富有创造力，在内阁中官至印度事务部（India Office）大臣，威廉·奥姆斯比－戈尔后出任殖民地大臣（Colonial Secretary），其子在 J. F. 肯尼迪（J. F. Kennedy）任美国总统期间（1961—1963）出任英国驻美大使，备受推崇。

战时内阁的首次会议于 12 月 9 日星期六上午 11 点半在陆军部而非唐宁街 10 号的内阁会议室举行，5 位战时内阁大臣及海军大臣爱德华·卡森（Edward Carson）、第一海务大臣约翰·杰利科（John Jellicoe）上将出席了会议。汉基出席了战时内阁的所有会议，通常情况下由助理秘书协助完成会议记录，当涉及高级别机密时，记录由汉基亲自完成。12 月 9 日晚，汉基在日记中写道，"旧爱已去，新欢到来"。[7]

劳合·乔治是英国历史上第一位真正非贵族出身的首相，并且，和接受私立教育的内阁同僚不同，劳合·乔治毕业于教会学校。此时的他正值个人权力巅峰，烦躁不安地应对各种紧急情况和变化，决心打赢战争，并在战后为英国人民争取更好的结果。为实现这些目标，劳合·乔治认为除内阁秘书处外，还应在唐宁街 10 号增加人员以支持其工作。唐宁街 10 号花园里因此建起了一座简易馆舍作为劳合·乔治私人秘书处的所在地，这就是著名的"花园别馆"（Garden Suburb）。这一机构实际上是首相事务部（Prime Minister's Department）的雏形，一些首相曾有过此大胆设想，在接下来的 100 年里，这一想法不时出现，但从未成为现实。

劳合·乔治的这一新举动在白厅招致诸多猜疑，尤其是汉基，因为此时私人秘书处已发展成一个独立的情报部门，就各政府部门的工作向首相提供情报，根据首相指示制定相关领域的政策，同时开始负责起草部分首相发言。此时，唐宁街的人员队伍不断扩大，其中包括劳合·乔治的情妇弗朗西丝·史蒂文森（Frances Stevenson），她和劳合·乔治的妻子玛格丽特（Margaret）同住在一栋建筑里。[8] 据 A. J. P. 泰勒（A. J. P. Taylor）说："他是沃波尔之后首个卸任后财富较上任前剧增的首相，也是格拉夫顿公爵（Duke of Grafton）之后首个公开与情人同居的首相。"[9]1911 年，史蒂文森被聘担任劳合·乔治女儿梅根（Megan）的家庭教师，劳合·乔治很快便迷上了她。两年后，史蒂文森同意做劳合·乔治的私人秘书兼情人。整个战争期间及战争结束后，两人关系都十分亲密。玛格丽特 1941 年去世，两年后，史蒂文森嫁给劳合·乔治，1945 年，在两人的婚姻持续了 18 个月后，劳合·乔治去世。

汉基埋首工作，不分昼夜，努力使内阁秘书处融入政府体系，试图压过"花园别馆"。历史学家肯尼斯·O.摩根（Kenneth O. Morgan）认为，至少在1917年中期，汉基达到了目的。[10]汉基规定内阁秘书处的主要职责有四项：记录战时内阁会议的进程；在战时内阁做出决议当日将其传达至各执行部门；提前准备会议文件，确保相关大臣及包括军方在内的其他人员参会；处理与战时内阁工作相关的来往信件。[11]汉基殚精竭虑，为内阁秘书处制定了各种规章：

首相、战时内阁成员、任何政府工作人员和部门可就战时内阁决议进行质询。质询程序为，致函内阁秘书处，必要时附上简短备忘录，列出对相关决议的质询要点。

战时内阁在达成任何最终决议前，依惯例需要征询相关各部大臣，大臣将以书面或口头形式向战时内阁提供相关及必要决议依据。

每次会议结束后，内阁秘书长会将会议纪要草案提供给各内阁成员传阅，供其提供建议，同时还会将会议纪要草案提供给就某一议题应邀参会的相关大臣，供其提供建议。收到他们的反馈后，内阁秘书长会将会议纪要定稿后呈首相批阅。首相在战时内阁会议纪要上签字后，战时内阁决议由此出台，交由相关部门予以执行。如首相缺席或有其他要务缠身，则不必经首相签字即刻生成内阁决议。

首相签字后，战时内阁决议由内阁秘书长即刻下达至相关部门的政务大臣和事务大臣，由他们负责落实。[12]

汉基在行动

汉基是个名副其实的军人。所以，毫不令人意外的是，作为内阁秘书长，他最早的个人功绩之一是协助建立护航制度以应对德国 1917 年 2 月 1 日发动的无限制潜艇战。1917 年 2 月，英国船舶载重损失 40 万吨，3 月，又损失 50 万吨。德国海军认为，若按此速度，再有 6 个月便可击溃英国。汉基在这一件事上功不可没。他在日记中写道：

反潜艇战之事划过脑际，于是我下午赶往沃尔登希思 [Walton Heath，劳合·乔治在萨里（Surrey）的住处] [13] 和劳合·乔治商讨我的想法，劳合·乔治很感兴趣。于是，我连夜就此议题起草了一份备忘录。我在备忘录中主张进行护航，同时提供了大量建议。[14]

汉基认为，护航政策在拿破仑战争期间行之有效，在 20 世纪同样可以发挥作用。在广袤的大西洋上，护航舰队比单一船只规模稍大，商船船队因此可以处于英国皇家海军舰艇的武力保护之下。但海军部对此并无兴趣。2 月 21 日，第一海务大臣杰利科召集 10 名高级海军军官在海军部同汉基会面，会上汉基听到的是军官们的反对之声。汉基坚持游说，4 月 23 日，劳合·乔治在内阁就该问题与杰利科对峙。一周后，护航制度正式成为海军部官方政策。[15]

护航政策是成功的：1917 年 4 月，英国船舶载重损失 60 万吨，护航制度实施后，损失明显减少。1917 年年初，一度势不可当的德国 U 型潜水艇所带来的威胁也随之被解除。

汉基和内阁秘书处的另一贡献是在食品供给和船只建造方面。1917 年 3 月 29 日，汉基在给劳合·乔治的一份备忘录的开头写道："我认为，要赢得战争，必须实施下列措施解决食物和货运问题……"汉基建议军需部大臣派船前往加拿大和美国运回小麦，此时他看上去更像一名积极热情的政治活动家而非一名公务员，在建议港口"日夜兼工"时也是如此。他认为"夜晚继续工作可以提高船只周转率，释放港口的货运能力"。为增加船只数量，他敦促军需部"向造船厂调派大批人员"。他断定："货运形势空前严峻，极有可能导致战争失败，因此必须采取此类极端措施，并清除实施道路上的一切阻碍。"[16]

汉基不仅擅长和政客打交道，也擅长利用媒体。历史学家安德鲁·罗伯茨说，"在白厅，你想做成任何一件事，就去找汉基或伊舍勋爵（Lord Esher，与法国沟通的关键人物）"。[17]1918 年 3 月 19 日，在德国发动春季攻势的前两天，一篇颂扬内阁秘书处的文章出现在《泰晤士报》（The Times）上，从文章中很容易辨认出汉基的语气。汉基之后，再无内阁秘书长敢如此公然游说媒体。实际上，大多数内阁秘书长出于慎重考虑，都对媒体敬而远之。

文章写道，从 1916 年 12 月成立"到 1917 年 12 月底"，战时内阁共召开 300 次会议，这表明"内阁工作发生了深刻变化"。除战时内阁和内阁秘书处人员外，另有 248 名专家出席了战时内阁会议。

1917 年的困境

虽然英国换了首相，但陆上战争仍胶着无望。在 1916 年凡尔登战役（Battle of Verdun）中崭露头角的法国指挥官罗伯特·尼韦勒（Robert Nivelle）于 12 月升任法国陆军司令。在 1917 年 1 月中旬和英国政治家会面时，尼韦勒向在场者公布了在通往法国北部的切明德斯达姆斯（Chemin des Dames）发动进攻的宏伟计划，在座者群情激昂，只有黑格对此态度谨慎。但黑格未能说服劳合·乔治，劳合·乔治同意由尼韦勒全面负责西线战役，这就是著名的第二次埃纳河战役（Second Battle of the Aisne）。

4 月，英军在阿拉斯（Arras）附近发动进攻，法国方面的进攻一直持续到 5 月，这一轮进攻只在战术上取得了几次小胜利，却有约 18.7 万法军阵亡。5 月晚些时候，尼韦勒因未能实现战争目标被革职，菲利普·贝当（Philippe Pétain）取代他出任法国陆军司令。汉基彼时未能阻止劳合·乔治无视黑格的建议而选择支持尼韦勒，也未能阻止第三次伊普尔战役（Third Battle of Ypres）。有人认为，第三次伊普尔战役是第一次世界大战中最大的军事误判，黑格对这一战役再一次持保留态度，内阁也直到 7 月 25 日才批准该作战计划。战役于 1917 年 7

月 31 日打响，一直持续到 11 月。该战役通常被称为帕斯尚尔（Passchendaele）战役，帕斯尚尔是伊普尔山坡上的一处村落，也是该战役的结束之地。战役未取得任何有价值的突破：据官方战争史记载，英军阵亡约 25 万人，但此说法存在争议。此战役中夺取的地区在 4 个月后的 1918 年 3 月德国的进攻中又落入德军手中。对第三次伊普尔战役的众多指责包括：开战时间晚，错失时机，错误地选择泥泞潮湿的弗兰德斯（Flanders）作为战场，无法突破却一再恋战，没有坚持到美军 1917 年到达欧洲之时。

尽管有以上种种艰辛，但是汉基仍然认为劳合·乔治远胜于阿斯奎斯，劳合·乔治对政事和战略的掌控力更强。汉基经常在日记中不避讳地提到劳合·乔治对他的依赖，例如，1917 年复活节，他在日记中写道："在 3 月 29 日耶稣受难日（Good Friday）的晚上，劳合·乔治前往苏活区（Soho）的圣亚纳教堂（St Anne's Church）聆听巴赫（Bach）的耶稣受难曲。他几乎不让我离开他的视线范围，整晚我都在抽烟和聊天中度过，他非常焦虑，但又比我有信心。"[18]

1917 年 10 月 15 日星期一，汉基和劳合·乔治边用早餐边进行了重要的谈话，从中可以再次窥见二人的亲密关系。汉基和劳合·乔治就英国再次发动进攻展开争论，汉基认为自己的论点更加雄辩有力，但同时对首相的观点表示尊重。汉基坚定地站在将军们一边，认为 1918 年应该再次发动进攻对德军施压，这会严重摧毁德军的士气及继续作战的能力。但劳合·乔治因不断攀升的英军阵亡人数而顾虑重重，他对汉基说，"21年始成人，人的生命是极其宝贵的"。索姆战役和帕斯尚尔战役的惨败仍在眼前，他下令推迟进攻，直到美国被充分动员起来，派兵抵达法国，即使这意味着时间将被推迟至 1919 年。他想要英军在战争中"在各方面同美军一样出色，或者像重振后的俄军一样强大，这样，英国将成为世界上最强大的军事大国"。

劳合·乔治在领导政府工作时不像汉基那样政行令止、有条不紊，汉基经常为此恼怒。1917 年 3 月，上任仅三个月，汉基便在日记中写道：

> 这周战时内阁每天开会，但工作并不令人满意。他们从不按议程进行讨论——实际上，出现这种状况已经有两周了……结果是，所有的工作都挤到了一起……另一阻碍是劳合·乔治不在决议上签字（未经首相签字的决议得不到执行），也没有赋予我不需要签字即可执行的权力，所以战时内阁的所有事务都久拖不决，各部门疲于等待，怨声四起。[19]

两周后，也就是 4 月 1 日，他抱怨道：

> 战时内阁会议，上午 11 点半，（劳合·乔治）十分焦虑暴躁，肯定是因为我安排了这次战时内阁会议而愤愤不平，但他并没有给我指令让我取消会议啊！在非常傲慢地打发了同事之后，他又召开了另一场重要会议，讨论如何从美国运兵的

问题。[20]

汉基 6 周后在日记里用更加愤慨的语气写道：

我们的首相发明了一种新的"疲劳战术"来处理公务。他
把战时内阁会议安排在中午，11 点和米尔纳勋爵、帝国总参谋
长（Chief of the Imperial General Staff）威廉·罗伯森爵士（Sir
William Robertson）召开私人会议，我要出席并负责会议记录。
他真能折磨人。就在我刚刚把战时内阁领入正轨，可以有条不
紊地运行，减轻我过重的工作负担后，他又把别的重担压在我
肩上。这意味着上午要额外花费一小时进行记录，下午还要花
一小时进行口述，这极大地占用了我用来处理公务的有限时间。
还好他很快就会厌倦，但不管怎样，他不应该完全依赖我。[21]

后来的几十年里，几乎所有的内阁秘书长都无一例外地有
类似的体验，对首相十分随性的工作风格烦恼不已。内阁秘书
长擅长左脑式逻辑思维，因而注定因那些习惯右脑式思维的政
治领袖而烦恼不已。

1918 年是汉基的权力巅峰之年，劳合·乔治在指挥战争方
面也比一年前更有经验、更有决断力，二人合力在领导政府机
构和战争决策方面向前跨了一大步。但通常是这位内阁秘书长
在战略上比首相更有远见，对政府的运作更加熟稔，这在一定
程度上是因为内阁秘书长在处理具体事务上投入的时间更多，

而军事领域也是他的优势所在。

1918 年 6 月 19 日，柯曾勋爵在上议院发表演说，为内阁秘书处做了精彩辩护，反击米德尔顿子爵（Viscount Midleton）等人的抨击。柯曾对有关政府一片混乱的说法予以否定，斥其为夸大其词，认为 1916 年之前的内阁制度"一塌糊涂，不可救药"。[22] 他赞扬现任政府所取得的成就，诘问在座议员如果政府杂乱无章，怎能取得如此成就。[23] 在发言的最后，柯曾总结了他认为将永远延续下去的规章惯例：

制定议程让与会者提前获知会议内容，这是世界上任何大会的专业流程都必须具备的核心特色。我认为，在将来，这一环节离不开秘书的协助……会议进程记录和会议纪要必须存档。最后，我希望看到我上面谈到的政府分工和放权能进一步大力推进。我个人认为，当战争结束，人们在回顾这段历史时，会发现我们在这个国家宪政发展方面留下了浓墨重彩的一笔。[24]

柯曾放眼未来，希望战时秘书处可以一直保留到和平时期，这个想法颇有争议。但当时的首要任务是赢得战争。1918 年年初，德国抢在协约国之先发动战争，1918 年 3 月到 6 月，德军在西线进行了一系列疯狂进攻，即著名的"春季攻势"，或称"德皇之战"（Kaiser's Battle）。1917 年年底，俄国布尔什维克革命（Bolshevik Revolution）爆发，德军原本在东线受到牵制的军力得以释放，可以用来增援西线，这是德军在美军悉数抵达前企图打破西线僵局、夺取战争胜利的最后殊死一搏。德国的计划是切断英法两军的联系，将英军围困在沿海一带。3 月首轮进攻势不可当，西线被逼大幅后撤。汉基十分焦虑，在 3 月 22 日、23 日的日记中写道，"形势危急"，"我们恐怕不得不面对惨败"。[25] 劳合·乔治在此危急情势下却依然"斗志昂扬"。但同盟国一方并未攻破西线，到 4 月底，主要威胁已不存在。在接下来的几周里，22 万士兵穿越英吉利海峡抵达英国，另有巴勒斯坦和意大利两个师的兵力加入。首相劳合·乔治敦促美国总统威尔逊（Wilson）再增援 30 万士兵。[26]

德国的进攻在 7 月 15 日马恩河攻势（Marne Offensive）中达到巅峰，于 8 月 6 日宣告结束。英法两军在美国的援助下从 8 月 8 日到 11 月 11 日展开反攻，史称"百日攻势"（Hundred Days Offensive）。11 月初，德军筋疲力尽，停战在即。11 月 11 日，星期一上午，内阁 9 点 45 分在唐宁街首相府召开会议。会议纪要显示首相率先发言。他宣布，已从法国那里收到消息，停战协议已于 1918 年 11 月 11 日早上 5 点签署，战争将在 6 小时后停止。内阁决定采取以下措施：立即由新闻署（Press Bureau）宣布停战协议，全国上下应鸣炮吹角，乐队奏乐、教堂鸣钟，庆祝战争结束。[27] 历时四年半，阵亡约 90 万人，英国史上最惨烈的战争终告结束。

11 月 19 日，汉基在内阁秘书处为下属举办了庆功会，庆功会因此前汉基抱恙而不得不延期至 19 日。截至战争结束，秘书处共有 77 名成员，所有重要职位均由男性担任，42 位女性成员大多未婚，从事秘书及次要工作。汉基苦心孤诣地撰写了讲话稿，并做了记录，以示后人。他向内阁秘书处工作人员讲述了他们通力合作所取得的重大成就，包括建立护航制度以及战争期间在极短的时间里组建了内阁秘书处。汉基高度赞扬了内阁秘书处全体人员，特别提到了那些"深夜和周末的加班加点"。他讲道："我经常不打招呼就要求你们牺牲自己的休息时间，这必定打扰了你们的家庭生活。"发言结束时，他说："我们所有人都可以自豪地说，我们为战争的胜利贡献了自己的力量。"汉基又谈到未来，他说："我认为，我们建立了将名垂青史的制度。我们所创立的政府体系，虽为战争而设，但我认为其影响将永远留在这个国家的宪政发展史中。"[28]

高级官员达利·琼斯上校（Colonel Dally Jones）做了回应发言，并在发言稿上做了详细注释。这份发言稿现在被保存在英国国家档案馆。达利·琼斯在发言中阐述了他本人对汉基及其行事风格的看法：

我们看到你，才能出众，担起每一个落到肩上的重担，坚持到底，直至任务完成；你审时度势，高瞻远瞩，令我们钦佩；你不屈不挠，干劲十足，给我们启发……对于这些，我们绝不否认。但我也可以说，我们任何时候都给了你最任劳任怨的支持与配合。[29]

许久之后，A. J. 西尔维斯特（A. J. Sylvester）也致辞颂扬。

A. J. 西尔维斯特是汉基在帝国国防委员会任职时的私人秘书，随汉基进入内阁秘书处，后担任劳合·乔治的私人秘书，直至1945年劳合·乔治去世。1968年，他致信汉基的传记作家史蒂芬·罗斯基尔，称赞汉基：

> 如机械般精准高效，廉洁无私。他记忆力极强，对自己和他人都十分严苛；对待工作铁面无情，全神贯注；性格上几乎毫无幽默感，很少或从不感情用事……为人严肃节制，不喜高调，拒绝绝大多数的社交和娱乐。

第一次世界大战时期（以及第二次世界大战时期）的英法两军联络官爱德华·斯皮尔斯（Edward Spears）说道：

> 我记得，阿斯奎斯说他（汉基）是整个内阁的黏合剂，确实如此。他出席每一次会议，亲笔记下所有事项，撰写会议记录，像个勤劳的女佣将所有能想到的事处理妥当。他从不发脾气，只是有时有些急性子，匆匆忙忙，上身前倾，双肘弯曲，仿佛要在丛林中冲出一条路来。他讲话抑扬顿挫，用词考究。可能终其一生，汉基都没有说过一句蠢话，没泄露过一个秘密，也从未言语不当或语无伦次。我经常想，来世他必定会被选去辅佐身负重任的圣彼得。他会把难题提出来，尽量减少尴尬。他总是在一本厚重的书上亲笔写着什么。[30]

　　这些褒奖给汉基的继任者树起了难以超越的标杆。汉基甚至得到了 2.5 万英镑的公共基金作为奖励，以此感谢他在战争中所做的工作。然而，当战争结束后，内阁秘书处和汉基的身份都将面临是否存续的挑战。作为内阁秘书长，汉基才走完其职业生涯的 1/10，剩下的 20 年将面临的局面是一目了然的。财政部和外交部这两个部门对汉基及其领导的内阁秘书处心存疑虑，海军部和陆军部也是如此，它们都期望战争结束后撤销内阁秘书处。但汉基并不打算战争一结束就解散内阁秘书处。首先，内阁秘书处的存续问题至少要到战后事务得到和平解决后再议。在本应属于外交部职权范围内的条约谈判中，汉基机巧谋划，使内阁秘书处扮演了更为核心的角色。汉基在与劳合·乔治打交道的过程中也曾遇到过障碍，但他依然以不容置疑的语气盛赞劳合·乔治是 "赢得战争的人"。[31] 而掌握着内阁秘书处生死大权的劳合·乔治对汉基在凡尔赛巴黎和会（Paris Peace Conference）上的表现同样赞不绝口：

　　巴黎和会之所以能取得如此成果，完全得益于四人委员会［美国总统威尔逊、劳合·乔治、法国总理克莱蒙梭（Clemenceau）和意大利总理奥兰多（Orlando）］的会议内容和决议能够得到准确、迅速、高效的记录和传阅……你知道我多看重你对大会的贡献。你厥功至伟，非语言所能形容。[32]

　　但是，一旦和会结束，内阁秘书处还有存在的必要吗？

第三章

莫里斯·汉基与
两次世界大战期间的岁月
（1918—1938）

内阁秘书处在第一次世界大战中发挥了至关重要的作用，但也在政府中树敌不少。有好几年，内阁秘书处存续与否并无定论，而包括财政部、外交部和内政部在内的许多政府主要部门均已有几十年的历史了。有人认为，首相没有内阁秘书处总在耳边建言献策的时候，政府运行得也不错。和平时期为什么要设立内阁秘书处呢？财政部对内阁秘书处在内政上的影响十分戒备，而外交部则担心它会插手外交政策。各党派的各部大臣反感内阁秘书处成为首相的私人部门，他们认为这有悖于集体责任原则这一历史悠久的传统，而汉基的个人影响力和对权势的渴求又不可避免地招致更多私人忌恨。

汉基迅速察觉到了危险所在。他判断，自己的地位和内阁秘书处在和平时期的存续将取决于劳合·乔治继续掌权。即使意识到了这一点，汉基在日记中对劳合·乔治的批评也没有中断或减少。战争结束后仅一个月，汉基写道，他（劳合·乔治）想要"抓太多东西在手里，对权力似乎极度渴望：用近乎轻蔑的方式忽视或容忍同僚"。[1]1918 年 12 月 14 日星期六的大选将决定汉基的命运。这是英国 8 年来第一次举行大选，史上第一次要在一天内完成选举并且允许女性（30 岁以上）拥有投票权。如果不是劳合·乔治的联合政府取得了压倒性胜利，内阁秘书处将不复存在。在大选中，很多自由党人及所有追随博纳·劳的保守党人都收到了一封"惠票"信，表明他们获得了政府的支持，以区别于不支持政府的阿斯奎斯派自由党和工党分子，故此大选也被称为"惠票大选"（Coupon Election）。联合政府赢得 473 席，其中保守党占 332 席，成为最大党，这一构成使劳合·乔治在后来的执政生涯中一直面临诸多阻碍。

汉基和劳合·乔治之间也远非真挚坦率，一定程度上是因为汉基忌妒劳合·乔治与其副手托马斯·琼斯的关系。与奉行保守主义的汉基不同，琼斯是一位彻底的自由党 / 工党激进分子，而劳合·乔治明显与琼斯走得更近，两人在观点上也更加一致，在爱尔兰问题上就是如此。此外，劳合·乔治极具个性的工作方式也让有条不紊的汉基颇为烦恼。劳合·乔治更喜欢通过大臣委员会（Committee of Ministers）而非召开内阁全体会议来处理事务，汉基因此需要考虑大臣委员会的特别决议可否被视作内阁决议，是否符合集体责任原则。劳合·乔治这一行事风格也会让内阁秘书处头疼不已。他设立的"花园别馆"由他的私人秘书菲利普·克尔（Philip Kerr）继续领导，在建言献策上与内阁秘书处形成对峙，克尔凭借其机敏与能力得以从中协调。（克尔自 1916 年起担任劳合·乔治的私人秘书。作为洛锡安勋爵（Lord Lothian），克尔从 1939 年开始担任英国驻美大使，直至 1940 年去世。）

汉基从新内阁处了解到，内阁秘书处将继续作为文官政府的正规组成部分，于是汉基立刻着手巩固内阁秘书处。虽然内阁的关注点并不在此，但仍于 1919 年 11 月通过了汉基起草的工作章程：

内阁秘书长职责指南

内阁秘书长出席内阁会议，记录会议进程。会议最终要得出结论，就像近期传阅的那些战时内阁讨论所得出的结论一样。此外，内阁秘书长应保存一版更完整的会议纪要以备内阁查阅。

内阁秘书长应将完整的决议草案和最终决议上呈国王、首相和上议院领袖。每次会议结束后，内阁秘书长应尽快将会议记录副本送至负责执行决议或其他后续工作的部门的负责大臣，以征求意见。

内阁秘书长应确保内阁的最终决议被传达至各内阁大臣以及相关各部大臣。大臣视情况将决议自行传达至其负责部门。各内阁大臣有权随时查阅内阁会议记录。

首相时不时会召集会议，就内阁提出的某些问题进行讨论，或讨论一些内阁自己不方便组织讨论的事宜，此时，内阁秘书处要派大臣参加这类会议。此外，内阁秘书处还要派大臣参加内阁委员会会议。在这两类会议中，会议记录作为一项规定，其记录原则与内阁会议相同。

一旦首相或内阁委员会主席针对某一事件做出特别指示，内阁秘书长应向所有内阁成员传达上述两类会议的相关会议记录。

一旦首相就特定文件做出指示，内阁秘书长应向所有内阁成员传达全部备忘录及其他为内阁准备的文件。若首相提出质疑，内阁秘书长则应自行决定是否向内阁以外的各位大臣及相关各部的常务副大臣＊传达相关内阁文件。

＊若为作战部门，常务副大臣则可由参谋长代任。[2]

1919—1920 年，内阁进入战后时期。1920 年内阁召开会议 82 次，地点通常是在唐宁街 10 号或保守党领袖安德鲁·博纳·劳位于南肯辛顿（South Kensington）的家中。会议通常由劳合·乔治主持，如果他缺席，则由博纳·劳主持，1920 年 4月 12 日至 5 月 19 日的内阁会议均由博纳·劳主持。会议有时于晚上召开，但通常是上午 11 点半或中午召开。[3]

在和平时期联合执政的过程中，内阁出现了一些新特点：劳合·乔治为确保联合，必须与保守党同僚保持沟通。在某些情况下，劳合·乔治的决定会遭遇保守党的反对，如保守党曾阻止劳合·乔治承认苏联的合法性。保守党要员也并非总是如愿以偿：内阁否决了柯曾勋爵提出的让英国收回君士坦丁堡的提议，而是决定根据《塞夫尔条约》（Treaty of Sèvres）将其归还土耳其。这一事件表明内阁仍然是政府主要的决策机构。[4]

然而，与战前相比，内阁委员会的发展是政府的一个重大变化。1900 年，内阁仅下设一个委员会，即国防委员会。到1920 年，内阁成立了一批包括内政委员会在内的常设委员会。这些委员会代表政府决定一些简单的或无争议的事项，而不必再为此耗费时间去召开内阁全体会议。但一些内阁大臣担心内阁委员会权力过大，奥斯丁·张伯伦将内政委员会描述为"几乎是内阁中的内阁"。[5]此外，内阁还设立了处理某一类具体事务的临时委员会，如爱尔兰政策委员会（Committee for Policy towards Ireland）。[6]内阁委员会在接下来的20年里继续发展，成立了外交政策委员会（Foreign Policy Comittee），创办者是张伯伦的异母长兄内维尔·张伯伦（Neville Chamberlain）。至1921年，20世纪的内阁政府体系以及内阁秘书处领导下的各委员会已经基本定型。

汉基的深远影响（1919—1922）

汉基的影响之大可以从他1919年2月写给托马斯·琼斯的一份备忘录中看出，在备忘录中，汉基设想内阁秘书长要发挥核心作用，他在为下一次世界大战编制的《战争手册》中对这一设想做了概述。这份备忘录不仅拿音乐作为类比，更显示了汉基对其擅长的国防领域的重视，他认为，国防应当一直是首相工作的重中之重，这也是他希望由内阁秘书长负责撰写《战争手册》的原因。

我认为现在是时候着手准备《战争手册》了。我提出此建议并不是因为我相信将再次爆发世界大战。上帝保佑，不要再有战争了！但各部门只有有事可做，才能正常运转。一支乐队要永远为下一场音乐会做准备。此外，从另外一个角度来说，也有必要这样做。我认为国防大臣一定要由首相担任，首相一定要亲自协调国防事务，这一点至关重要。我怀疑是否该重建帝国国防委员会了。巴黎和会还在进行中，但国防政策方面的重大问题并无实际进展。成立国际联盟（League of Nations）将对国防政策相关问题产生深远影响。总之，我们应该重拾成立帝国国防委员会的想法，我总觉得，哪个部门负责撰写《战争手册》，哪个部门便掌握了整个国防体系的命脉。[7]

1919 年 7 月，汉基写了《关于国家政策》（Towards a National Policy）给劳合·乔治，从这份长文件中可以看出，和平时期的汉基仍然举足轻重。他说，撰写该文是因为第一次世界大战期间他负责对战争进行阶段性回顾总结，而目前政府面临沉重的重建问题，因此有必要采取类似做法。从这份文件中可以看出，汉基的作用已经远远超越了一名公务员，他开始直接提出政策建议。汉基之所以能够在第一次世界大战时期发挥比许多大臣和高级官员更为重要的作用，是因为当时的党派政治衰微。此时的汉基不只是听命于首相，他直接陈述自己的观点，而非准备多个方案供首相决断。文件开篇概括了战后英国面临的严峻问题，抨击"战争期间暴露出的在国家生活的很多方面都大量存在的无用功"，建议快速推进农业、工业、煤炭业、运输或港口领域的机械化。他建议"全力增强国民体质，培养健康儿童，施以教育，以减少抚养病弱人群方面的开支"。

对新成立的国际联盟能否实现确保战后和平的目标，汉基持怀疑态度。意大利是个隐患，似乎在施"缓兵之计"，而欧洲和平的主要威胁是"德国在利用俄罗斯的资源"。再远一些，汉基预见日本即使现在暂时无害，也是个潜在威胁。[8]汉基认为尽管存在同美国开战的可能，但英国不可能在对抗中取胜，因此，即使英美存在包括"美国敌视英国"、爱尔兰问题等重大意见分歧，但"不能考虑战争"。而英国海军的霸权地位正不断遭到挑战，这是汉基的一个主要心病。他写道，"绝不允许英国舰队在美国舰队之下"，无心之中，一语双关。[9]

汉基高调参政，在凡尔赛的巴黎和会上解决处置德国问题时功不可没，同此前与劳合·乔治关系紧密一样，这引起了一些大臣和官员的不满。此外，1919年在圣日耳曼（Saint-Germain）签订《奥地利和平条约》（Austrian Peace Treaty）；1920年4月在圣雷莫（San Remo），国际联盟授权英国处理巴勒斯坦问题。汉基在上述两件事情上均发挥了重要作用，这使他再次得罪了一些人。从1919年4月汉基在巴黎写给妻子海伦·贝克韦尔（Helen Bakewell）的信中可以看出，汉基深入地参与了各种重大谈判，信中还体现了汉基亲意大利（汉基与意大利谈判对手关系紧密）、反美、反国际联盟的情绪：

……这周极不寻常……一个秘书长一天出席两场会议，凭一人之力完成工作，这压力简直不可想象……威尔逊总统提出拙劣的14点原则，疏远了意大利，现在又将疏远日本。我并不

在意他将这两国从国际联盟剔除出去的想法，但我的确在意他
在我们和这两国之间制造了隔阂……[10]

1921 年 11 月至 1922 年 2 月，巴尔弗率英国谈判团前往华
盛顿协商《华盛顿海军条约》（Washington Naval Treaty），汉
基因为通晓海军事务随行前往。英国、美国、日本、法国、意
大利和中国等国代表参会，会议的目标是限制海军军备。[11] 抵
达华盛顿不久，汉基便着手在英国驻美秘书处建立他的工作机
制，为"经验不足"的秘书处出谋划策。他在给妻子的一封
信中写道："我想帮他们。他们的工作效率提高后我便不再干
涉。"[12] 他抽出时间向劳合·乔治讲述了他与美国前总统伍德
罗·威尔逊（Woodrow Wilson）会面的情况。伍德罗·威尔
逊经历过一次严重的中风，郁郁寡欢，嘲讽自己的同胞抛弃了
梦想：

你可能有兴趣听我讲一讲昨天与伍德罗·威尔逊会面的
事……他的容貌让我很震惊，看上去像是一尊蜡像。他的半边
身子明显看得出已经瘫痪……尽管思维和记忆仍然活跃。他激
烈斥责反对他的人，说他为美国抛弃国际联盟感到羞耻。我请
他从长远考虑，相信自己已经为世界和平事业的发展打下了基
础；但他几乎立刻又回到对对手的猛烈抨击上。[13]

汉基在华盛顿期间，对自己和首相之间并不牢靠的关系

非常不安。他认为，劳合·乔治派他去华盛顿只是因为首相更愿意和托马斯·琼斯共事，更喜欢在协商《爱尔兰和平条约》（Irish Peace Treaty）事宜时，有同样会讲威尔士语的好友琼斯在旁协助。[14]1921 年底，棘手的英国 – 爱尔兰协商与《华盛顿海军条约》谈判同期进行。历史学家罗德尼·洛（Rodney Lowe）写道，"1921 年 10 月至 12 月，作为英国代表团秘书的琼斯能够用威尔士语和劳合·乔治交谈，既保证了谈话的私密性，又让新芬党人刮目相看。琼斯还是劳合·乔治和爱尔兰领袖之间的重要联络人"。[15]琼斯深知自己职位低于汉基，因此在整个过程中，不辞辛苦地给远在华盛顿的汉基写信，告知事情进展。谈判以 1921 年 12 月在唐宁街 10 号签署《英爱条约》（Anglo-Irish Treaty）告终，宣布成立隶属大英帝国的爱尔兰自由邦，阿尔斯特省（Ulster）依然留在联合王国。[16]

但汉基对和平的前景并不乐观，他说："爱尔兰就像穷人一样，永远是我们挥之不去的问题。"[17]爱尔兰后来成了汉基政治生活的中心。1922 年 6 月 22 日，帝国前总参谋长亨利·威尔逊（Henry Wilson，1918—1922）在伦敦家中被两名爱尔兰共和军（IRA）成员枪杀。汉基在写给妻子的信中说："没人知道会产生怎样的政治影响。统一派（Unionists）[①] 可能会因此而疯狂反对联合政府，但我个人认为不会，除非随后发生其他谋杀案。暗杀者被抓，这很好，这很大程度上归功于那个手无寸

---

① 北爱尔兰支持留在英国的新教徒。——译者注

铁但却英勇无畏的警察……"[18]

　　同月，爱尔兰叛军因视和平条约是对爱尔兰共和国理想的背叛（该条约将爱尔兰留在大英帝国），遂攻占都柏林的四法院①。劳合·乔治认为刺杀威尔逊的指使者就藏匿在叛军中，而新爱尔兰政府在追捕中消极懈怠，劳合·乔治为此受挫懊恼。6月底，劳合·乔治和丘吉尔（1921—1922年担任殖民地大臣）命令驻扎在都柏林的英军攻打四法院。英军司令对此敷衍了事——这一决定是明智的，四法院现属爱尔兰自由邦管辖，英国的干预只可能使爱尔兰内战升级。爱尔兰军队在几天内自行平复了叛乱。4个月后，劳合·乔治政府垮台，丘吉尔的秘书致电汉基，要求他把拟下达给英军的宣言草案焚毁。汉基拒绝了这一要求，并将草案交给了爱尔兰事务委员会的大臣。[19]

被夹击的内阁秘书处（1919—1922）

　　外交部惶惶不安。内阁秘书处就在外交部的眼皮底下权势渐重，成了在战后国际会议中提供核心工作人员和意见建议的部门。更糟糕的是，正如一份官方文件中写的，内阁秘书处已经成为"英国政府和国际联盟的沟通渠道"。[20]曾是战时内阁秘书处支持者的外交大臣柯曾勋爵以及外交部高级官也越来越不安。他们担心汉基会篡夺外交部大臣的权力，而内阁秘书处

———————————

①　都柏林四法院为都柏林地标性建筑。——译者注

正在成为汉基领导下的外交使团。汉基完全清楚上述敌对情绪以及摆在他面前的险情，也曾多次试图让劳合·乔治了解这一状况。1922 年 10 月，汉基在给劳合·乔治的信中写道："在做周六的讲话之前，任何关于外交政策的言论你都应该提前和柯曾勋爵探讨……为了不给批评者以口实，在进行关于外交政策的演说前，有必要先征询外交大臣的意见，我认为这一点十分重要。"[21]

汉基的这一举动并没有阻止柯曾当月就向劳合·乔治写信申诉："现行体制下实际有两个外交部：一个是我领导下的外交部，还有一个驻扎在唐宁街 10 号。"[22] 对这一评论，此后 100 年的外交部大臣们都有此感受。然而，信未来得及寄出，劳合·乔治便垮台了。

财政部对汉基和内阁秘书处的抨击则更加有力。1916 年成立之后的 4 年里，内阁秘书处实际上是财政部的一个附属机构。但在 1920 年，在劳合·乔治的支持下，汉基设法使内阁秘书处与财政部分离，成了一个独立的部门，这一举措具有十分重大的象征意义。1920 年年初，财政部建议"恢复惯例，所有涉及包括财政支出在内的财政政策问题，有关部门必须与财政部讨论后再提交内阁"。[23] 和柯曾同为保守党的财政大臣奥斯丁·张伯伦是反应最强烈的人之一。他此前在巴尔弗任内担任过两年财政大臣，是主张财政部掌权的强硬派。1920 年 7 月，内阁秘书处收到张伯伦的一封简信，他在信中表示，"如果财政部要像内阁规定的那样实施有效管控，就应该被允许在决议传阅之前而不是之后发表意见"。[24]张伯伦针对的是汉基。11月，他写信抱怨有关他发言的那段纪要"是不完整的，没有如实体现我想说明的在我看来当下最重要的情形"。他还补充道："在这种情况下，我希望能尽量用我的原话表述我的观点。"[25]

内阁秘书处受到多方夹击，其中不乏保守党大臣将其作为削弱劳合·乔治的一种方式，因为内阁秘书处完全是他一手打造的。但保守党并不是唯一的敌人，另一个重要的批评者是憎恶内阁秘书处所代表的"大政府"模式的阿斯奎斯。1922年6月在下议院的一次讲话中，这位前首相说：

尽管我没有参与到这种新体制中去，但恕我直言，我敢肯定，如果格莱斯顿先生和比肯斯菲尔德勋爵（Lord Beacons-field，即迪斯雷利）得知内阁会议上有局外人在场记录会议进程，他们会在坟墓里震惊不已。因为在他们看来，这违反了对宪法最基本的践行。[26]

这一次，奥斯丁·张伯伦为内阁秘书处做了辩护：

批评者误解了内阁秘书处的职责。内阁秘书处的职责是从大臣处或各部门搜集问题，供内阁做出决议；确保内阁在召开内阁会议和做出决策前获得相关文件；不时按照内阁的要求记录下讨论内容；记录会议决议，并下达至相关执行部门。但内阁秘书处本身并无职权主动参与任何立法事项或政策执行。[27]

当然，张伯伦的辩护只涉及内阁秘书处的极小一部分工作。问题正是汉基远远超越了秘书和行政类工作，深度参与了职权外的工作。

《泰晤士报》也加入了攻击者之列。它在一篇题为《内阁秘书处》（"The Secretariat"）的文章中猛烈抨击道："唐宁街上下都知道，处在和平时期的英国政府实际上仍遵循着战争时期作为紧急措施的专断原则……包揽一切的内阁秘书处仍手握重权。"文章继续写道："内阁秘书处实际上作为一个新的首相部门继续存在，加强了中央集权，削弱了内阁集体责任原则。"文章说，内阁秘书处已经成为"唐宁街忠实的奴仆"；这一机构"明显破坏了宪法的平衡"，让内阁获得了100年来都不曾享受过的"不必负责感"。[28]文章措辞十分激烈。

1922年6月中旬，下议院的一场辩论让对立双方获得了各抒己见的机会。《泰晤士报》继续抨击道："所有战争时期制定的、和平时期仍然施行的改革中，内阁秘书处的存在是危害最大且最不合理的……之前没有这样一群负责'秘书工作'的人员，内阁也平稳运行了两个世纪。"文章写道，"老皮特（Pitt the Elder）建立殖民帝国，小皮特抵抗拿破仑，迪斯雷利参与柏林会议谈判，格莱斯顿四次任首相，这些丰功伟绩的建立都没有内阁秘书处的参与"。[29]《每日邮报》（*Daily Mail*）和《每日镜报》（*Daily Mirror*）的所有者诺思克利夫勋爵（Lord Northcliffe）是反对内阁秘书处的幕后推手。《每日邮报》称，"莫里斯·汉基爵士干政的做法明显违宪"。[30]尽管这些攻击同样也针对劳合·乔治在唐宁街10号臃肿的私人秘书团，即"花园别馆"，并进一步削弱了已见颓势的首相权力，但这些针对内阁秘书处的攻击的确击中了要害。

劳合·乔治受到了多种攻击，包括：1921年3月与苏联达成贸易协定，很多人认为是对布尔什维克的绥靖政策；批准南部爱尔兰独立；1921年经济下行；卖官鬻爵。1922年9月，土耳其恰纳卡莱危机（Chanak Crisis）中保守党的分裂成为情势迅速发展的催化剂。张伯伦在伦敦圣詹姆士街（St James's）的卡尔顿俱乐部（Carlton Club）召开了一次保守党议员会议，出席会议的多数议员赞成在即将到来的大选中以独立政党而非联合政党的身份参选。1922年10月19日，劳合·乔治辞职。联合政府结束。汉基的处境突然间变得岌岌可危。[31]

博纳·劳和内阁秘书处的幸存（1922—1924）

10月21日星期六早上，劳合·乔治辞职，博纳·劳继任两天后，汉基来到内阁秘书处办公室，被眼前的景象惊呆了：

到办公室后，我发现外交部例行电报没有送到。这是个不好的征兆，报纸上说柯曾勋爵见过博纳·劳了，这似乎说明报纸上坚持不懈地反复提及的事情是真的了，他们已经决定撤销内阁秘书处了。[32]

汉基决定采取果断行动。他让秘书致电外交部（在当时，官员星期六上午依然上班）常务副大臣艾尔·克罗（Eyre Crowe）。克罗理直气壮地说他已下令停止向内阁秘书处寄送外交部电报。汉基别无选择，只得亲自前往外交部，打算说服克罗，赢得他的支持。他告诉克罗，内阁秘书处此后不会再插手国际会议，指责是劳合·乔治和外交大臣巴尔弗坚持让他参与其中，据汉基的传记作家史蒂芬·罗斯基尔讲，这"并非全是实情"。[33] 但不管怎样，离开外交部的时候，汉基认为他已经和克罗达成了共识。

中午，汉基前往南肯辛顿昂斯洛花园 24 号（24 Onslow Gardens），新首相博纳·劳的宅邸。在首相家的接待室里，汉基向他表明了想法，"我感觉像是从候诊室走向就诊室，即将接受命运的判决"。汉基最终见到博纳·劳时，博纳·劳"面色通红……一夜未睡"，并没有理睬汉基的祝贺。[34]

然后他直截了当地问我是否会像效忠劳合·乔治那样效忠于他。我回答道，如果他需要我，我会像效忠阿斯奎斯和劳合·乔治那样效忠于他，劳合·乔治也十分希望我应该这样做。[35]

托马斯·琼斯在日记里记下了 10 月 21 日星期六办公室里的惨淡情形："办公室里无事可做。在媒体持续不断的抨击中，内阁秘书处和'花园别馆'被混为一谈，所有人都为内阁秘书处的存亡担忧。"[36]

博纳·劳很为汉基的誓言动容："我期待的就是这种回复……你在这些事务上独一无二的经验能够立刻帮到我。"[37]博纳·劳完全清楚，在白厅宫，汉基是唯一一个能够全面辅佐首相履职的人，和战前相比，首相的职权空前扩大。白厅宫有几位经验丰富、雷厉风行的常务副大臣，财政部的沃伦·费舍尔（Warren Fisher）、内政部的约翰·安德逊（John Anderson）和外交部的艾尔·克罗。但这些高级官员将自己视为本部门的领导者，缺少跨部门工作的见识和能力。

博纳·劳询问汉基，在下周三议会解散前如何决定各部门大臣的任命，如何降低内阁秘书处的运行成本。内阁秘书处的成本问题饱受诟病，是博纳·劳尤为关注的问题。汉基几乎掩饰不住喜悦之情："我说我会就此制订计划，如果他能给出大致方向，我可以在 3 分钟内给出建议。"[38]汉基已经在脑海里规划好了如何将内阁秘书处每年 3.7 万英镑的开支减半，降至 1.5 万 ~1.6 万英镑。听到这些后，博纳·劳宣布内阁秘书处可以继续运行。汉基在第二天写道，"我舍弃了相当一部分压舱物，才保住了这条船"。[39]

但汉基忽略了劲敌沃伦·费舍尔，他同时担任财政部常务副大臣和首席公务员之职。10 月 25 日星期三，他和费舍尔在博纳·劳家中会面。费舍尔痛斥汉基，让博纳·劳颇感不适："财政部就内阁秘书处进行民主投票的结果与帝国国防委员会的情况如出一辙，我认为内阁秘书处要回到它在战时内阁中所处的地位。"费舍尔直言不讳，指出内阁秘书处必须重新被划归财政部。[40] 对于汉基本人，费舍尔则不希望他完全退出政治舞台，而是希望他成为财政部的几位"要员"之一，即成为自己的下属。这令博纳·劳尴尬不已，整个星期六早晨，他的思绪又被其他紧急事务占据着，便吩咐高层官员拟定一份协议，答应第二天在格拉斯哥（Glasgow）筹备 11 月 15 日大选的讲话上"就此事做出声明"。[41] 汉基离开的时候稍感欣慰。但汉基尚未察觉到的更多力量正在向新首相施压。琼斯在日记中写道，博纳·劳在格拉斯哥的讲话"宣判了内阁秘书处的终结"。琼斯对此惊讶不已，在他看来，汉基似乎并未准确传达一直以来的沟通内容。琼斯记下了首相在苏格兰的讲话：

取缔内阁秘书处，但内阁决议仍需要记录……我们决定，撤销当前形式的内阁秘书处。但这不意味着与之有关的一切都将被撤销……会议必须有议程，决议必须被完整记录……但没有必要再保留战时和战后最初一段时间里离不开的这个庞大机构，因此现在决定撤销内阁秘书处。我相信，内阁秘书处被划归财政部后能够更加高效地完成这部分工作。[42]

作为决心让财政部执掌大权的政府高官，又有各部门文官要员、大臣和媒体的支持，费舍尔这一天意气风发。费舍尔的核心观点是，英国的财政部与其他国家的财政部不同，它直接由首相负责，首相是第一财政大臣，因此财政部是政府的"核心协调部门，自然应该由财政部负责内阁的秘书事务"。[43]汉基和费舍尔周末又见了一次面，但仍未达成协议："我们各自都坚守立场，由来已久。"[44]

博纳·劳公开宣布"撤销当前形式"的内阁秘书处，称赞财政部是"政府核心部门"，汉基对此非常失望。[45]他败给了政府的守旧派，后者争取到了新首相，这使他意识到他在劳合·乔治任首相时在和平时期采取的非常规行事方式的危险。10月26日，汉基向朋友兼盟友巴尔弗坦言宁愿辞去内阁秘书长一职也不会接受费舍尔的计划，即将内阁秘书处划归财政部，削弱他的权力。[46]

10月27日星期五对汉基来说是惨淡的一天。他召集了下属，宣读了博纳·劳的讲话。结束时，他感谢了所有人这些年的支持。他在日记里写道，"上午所有同事都十分沮丧，对博纳·劳的怨气很大"。[47]10月29日，汉基向首相递交了辞呈。博纳·劳意识到逼迫汉基太甚，面对将要失去汉基的情况，博纳·劳开始让步。辞职是汉基达到目的的手段吗？他十分清楚自己对整个政府系统的了解对博纳·劳来说太重要了，所以后者不会冒险失去他的辅佐。博纳·劳拿着汉基的信停顿了很长时间。"他看了信，问了几个问题"，说汉基太敏感了。让汉基高兴的是，博纳·劳提了很多建议来打破僵局。博纳·劳表示将在议会上发言反驳对于内阁秘书处的各种指责，如干涉外交政策、冗官冗员、开销过大、游说媒体等。但最让汉基高兴的是，博纳·劳承诺内阁秘书处不会被财政部"吞并"，汉基仍将继续掌管他的团队。[48] 汉基几乎不敢相信自己的耳朵。"财政部想要迎头吞下我们，但内阁秘书处远不是一口能吞下的。"他以揶揄的口气记述道。但他又带有预见性地写道，"现在他们会试着从后面一点一点吞掉我们"。[49]

危机并没有结束。汉基可以接受内阁秘书处回到财政部的管辖范围，并相信自己在那里也能够掌控局面，但外交部并不满足于此。11月8日，柯曾公开斥责内阁秘书处"权力过大，人员过多"。汉基认为这些斥责毫无道理且没有根据，于是大为恼火。第二天汉基冲到外交部与柯曾进行了简短的会谈。离开的时候，用汉基自己的话说，"十分不安"。然而，汉基欣喜地收到了柯曾的道歉信。[50] 即使汉基的话存在一定的自我夸耀成分，但对一个内阁秘书长来说，能够与外交部大臣，还是曾经出任过印度总督的外交部大臣发生正面对峙，并且胜出，这标志着内阁秘书长这个尚显年轻的职位明显走向了成熟。

汉基在几天内便证明了新首相离不开他的辅佐。汉基擅长在潜移默化中赢得首相信任，因此，"近水楼台"一如既往地必不可少。博纳·劳立刻让汉基修改帝国总参谋长卡文伯爵（Earl of Cavan）为应对一场军事危机起草的"糟糕透顶"的军事命令草案。11月底，博纳·劳让汉基而非外交部，筹备将在唐宁街10号召开的战争赔款会议。这次会议有意大利总理贝尼托·墨索里尼（Benito Mussolini）参会，这也是两次世界大战期间参战国的独裁者唯一一次到访唐宁街10号，希特勒（Hitler）和弗朗哥（Franco）都未曾来过。汉基的精神状态很快恢复了。欣喜于白厅宫的现状已经稳定，他高兴地写道："我出席了内阁的所有会议，和以前一样负责会议纪要。"[51]

尽管仍有人认为内阁委员会和大臣会议不符合宪制，但危机已经过去，汉基因此写道："我和博纳·劳的关系几乎与和劳合·乔治的关系一样。"他补充说，"情势促使新政府采用这种方式处理事务"。[52]1923 年 5 月，医生建议博纳·劳出国疗养。此前几周，他因为喉咙痛几乎无法在下议院讲话。马克思·比弗布鲁克（Max Beaverbrook）前往巴黎的克里伦酒店（Hôtel de Crillon）看望他的老朋友①，就是在那里，前往探望的博纳·劳的医生诊断出博纳·劳患了咽喉癌。二人决定向博纳·劳隐瞒病情的严重性，但建议他最好立刻辞去政治职务。5 月 23 日，财政大臣斯坦利·鲍德温继任首相。博纳·劳的退位对汉基来说是个坏消息，但汉基过了很久才意识到这一点。鲍德温在两次世界大战期间位高权重，但他还有其他亲密盟友，汉基与鲍德温的关系也从未像与劳合·乔治和博纳·劳那样亲密。

1924 年 2 月，英国首个工党政府成立，这是战后左右内阁秘书处命运的最后一件大事。在 1923 年 12 月大选中，保守党主推关税改革，结果失去了 86 个席位，支持自由贸易的工党和自由党的席位数加起来超过了保守党，最终，鲍德温在一次公开投票中下台。尽管工党的席位不及保守党，但比自由党多

---

① 即博纳·劳。——译者注

33 个席位，因此工党将负责组建下一届政府。一个社会主义政府会做什么？他们会采取什么措施横扫英国的传统堡垒？此类忧惧情绪笼罩了全国。汉基本人没有什么可担心的。即将上任的拉姆齐·麦克唐纳一开始便表示不希望内阁有任何改变。首次内阁会议于 1924 年 1 月 23 日星期三在唐宁街 10 号召开，会议纪要能明显看出仍是汉基的手笔。麦克唐纳一开始便要求各大臣"尽最大努力准时参加内阁会议"。之后，内阁成员同意"遵守内阁秘书长的工作原则"，并且内阁秘书处应保持劳合·乔治、博纳·劳及鲍德温时期的运行模式不变。[53]

汉基一如既往地八面玲珑，他揣测了新首相的需求和不安全感，包括首相的物质需求。麦克唐纳来自苏格兰洛西茅斯（Lossiemouth），出身卑微，和前任首相相比，他在为首相府添置家用上比较拮据。麦克唐纳于是派女儿伊什贝尔（Ishbel）从牛津街购买圣诞节后促销的餐具和陶器。汉基发现了一个契机。他邀请就职第一晚没有晚餐安排的麦克唐纳前往陆海军俱乐部（United Services Club），在那里喝香槟庆祝就职。[54]

1924 年夏天，麦克唐纳和内阁秘书处的关系变得紧张起来，起因是"坎贝尔案"（Campbell Case）。共产党人的《工人周报》（Workers' Weekly）于 7 月 25 日刊登的一篇文章号召英国士兵抵制参加战争或压迫"工人同胞"的命令，起来反抗"剥削者和资本家"。检察总长帕特里克·黑斯廷斯（Patrick Hastings）宣布拟根据 1795 年《煽动叛乱法》（Incitement to Mutiny Act）起诉该报编辑约翰·坎贝尔（John Campbell）。这一举动与许多工党普通议员的意愿相悖，8月6日，在下议院的首相办公室迅速召开了内阁会议，会议决定撤销指控。会议混乱无序，议会通过了对麦克唐纳的不信任票[①]，麦克唐纳向乔治五世请求解散议会，从而引发了新的一次大选。[55]

人们对8月6日内阁会议的具体情形存在争议。麦克唐纳后来告诉下议院，他将案件交由"检察官自由裁量"，但召开内阁会议这件事本身恰恰否定了他的说法。[56]在8月6日的会议上，曾支持过汉基的托马斯·琼斯写道，当他听到麦克唐纳的话时，"脊背发凉"，汉基自己也写道，麦克唐纳的话是"弥天大谎"。[57]

麦克唐纳质疑会议纪要中的决议。会议纪要显示，检察总长为前面所采取的做法负责，如果内阁要求，案件可撤回，内阁同意"该事件按照检察总长的建议处理"。[58]汉基的附信中更加清晰地记录了首相的关切。[59]工党政府在11月大选中落败，麦克唐纳辞职。政府垮台时，汉基正在他钟情的意大利出差，得知消息时，他手足无措。琼斯的会议记录回顾了首相的最后时刻：

工党政府10点半召开会议。汉基还未从威尼斯回来，因此由我来负责会议纪要。外面普遍预测内阁会在此次会议上做出解散决定，我相信这也是首相的意思。国王在桑德林汉姆

---

① 投出不信任票意味着投票人认为某个官员或机构因没有充分履职而不再胜任这一职位。——译者注

（Sandringham），因此会有一些不便，但如果需要，国王肯定会返回伦敦，当然，首相也可以去桑德林汉姆辞职。除了滞留在选区的韦伯和惠特利（Wheatley），落选的周伊特（Jowett，工程部），所有人员均出席了会议。我在会议开始前几分钟进入内阁会议室，一两分钟后首相进来了。会场没有任何反应。他身穿黑色西服，打着黑色领带，脸色苍白，神色凝重，似乎不知道迎接他的将会是什么。[60]

会场给人的整体印象是每个人都在努力保持愉悦的神情，决心不就任何人或任何事发表不愉快的言论。

保守党政府（1924—1929）

在为时不长的英国首个工党政府执政期间，汉基和内阁秘书处越来越多地被人提及，地位愈加巩固。经历劳合·乔治自由党领导的联合政府、博纳·劳的保守党政府以及麦克唐纳的工党政府，内阁秘书处证明了自己中立公正、忠于职守的传统。1924 年年底，鲍德温领导下的保守党重新掌权。

1926 年 5 月的大罢工是保守党政府执政 5 年中面临的最大危机。与主张强硬政策的财政大臣丘吉尔不同，汉基选择了温和节制的应对策略。1926 年 5 月 5 日，汉基在内阁会议纪要中写道，尽管"内阁成员大多同意板球比赛照常进行"，但赛马活动应该被禁止。[61] 两天后，内阁再次召开会议，制定应对罢工的具体措施。汉基记录道：

> 常规军队只有在最后关头才能调用，平时应尽量远离事发区域……提供保护的第一道防线应该是常规警察，内务部有权根据形势和需要最大限度招募特别警员（Special Constables），增加警察数量。事态恶化到需要使用催泪弹或武力时，战争事务大臣有权命令军队使用催泪弹。[62]

汉基赢得了此前三任首相的信任，但汉基应如何在1924—1929年的5年里同样赢得鲍德温的信任？毋庸置疑，鲍德温认为内阁秘书处不可或缺，也看重它在分派政府事务方面所带来的有序性和凝聚力。他重视汉基的见解和对细节的把握，但二人的私人关系并不亲密，性格或许是一方面原因，鲍德温与托马斯·琼斯明显更加志趣相投。政治立场方面也有影响。汉基对工会和工党并无多少认同，而相比之下，充当调解者的琼斯与鲍德温则有更多契合之处。工会是工党政府的工作重点，因此，鲍德温极为倚重劳工部常务副大臣霍勒斯·威尔逊（Horace Wilson）。

鲍德温极少评论他人，因此我们永远也无法得知鲍德温对汉基的真正看法。历史资料显示，托马斯·琼斯成为鲍德温的盟友和发言撰稿人。他取代汉基，成为鲍德温的主要亲信顾问，这让汉基颇为懊恼。[63]1930年，琼斯退休，进入鲍德温任主席的皮尔格林基金（Pilgrim Trust），担任首任秘书长。[64]

　　无法成为梦寐以求的首相军师、亲信顾问，汉基开始转向其他领域，尽自己所能时刻巩固内阁秘书处的地位。1923 年 5 月，汉基欣然出任当时的政府要职枢密院书记官（Clerk to the Privy Council），他担任此职直到 1938 年 7 月，是唯一一位担任过此职的内阁秘书长。20 世纪 20 年代，澳大利亚和加拿大的自治领政府派遣官员前往伦敦学习内阁秘书处的工作制度，以协助建立自己的内阁秘书处。[65]1927 年，加拿大总理麦肯齐·金（Mackenzie King）派遣伯根·比克斯特斯（Burgon Bickersteth），澳大利亚总理斯坦利·布鲁斯（Stanley Bruce）派遣理查德·凯西（Richard Casey）前往英国。汉基开创了潮流。自治领和英联邦事务此后成为内阁秘书处的核心关切，1965 年英联邦秘书处成立后仍是如此。

　　审查卸任大臣的自传是内阁秘书处的另外一项长期工作，这一规定形成于两次世界大战之间，是内阁秘书处负责的礼仪、道德事务的一部分。

　　因此在 20 世纪 30 年代，汉基通读了其第一任领导劳合·乔治的回忆录，确保出版的内容不会损害国家利益，[66]这是内阁秘书长首次充分参与该领域的工作。劳合·乔治于 1922 年下台后一直积极从政，如果当时身体条件允许，他很有可能会在 1931 年进入国民政府（National Government）。有人担心回忆录因劳合·乔治急需钱而扭曲失真：他的六卷本战争回忆录自 1933 年起发行，就在那一年，希特勒上台。1936 年和希特勒在德国会见后，劳合·乔治发表了支持希特勒的言论，这后来成为劳合·乔治的耻辱："德国不希望开战。希特勒不希望开战。他是个超凡出众的人，我见过很多杰出的人，但希特勒是我见过的最杰出的人物之一。"[67]汉基帮助劳合·乔治获取了一些政府秘密文件，但也审查了劳合·乔治的自传，并把一些章节交给政府相关部门审核。他删除了他认为不恰当的部分，但没能把握好各章节的平衡，也没能避免自传的自夸成分。[68]

史料组（Historical Section）的工作也占用了汉基一部分时间。史料组成立于 1915 年，早于内阁秘书处，但晚于帝国国防委员会，负责监督第一次世界大战历史的编纂。历史学家安德鲁·格林（Andrew Green）认为将史料组划归内阁秘书处有三点考虑：将历史以通俗、真实的形式呈现给普通读者；提供学术参考和进行普及教育；最后一点是，用汉基不无讥讽的话说，"矫正那些普遍有失准确，还习惯性地将所有海军和陆军的战败归咎于政府无能的野史"。[69]

两次世界大战期间，《第一次世界大战官方史》（*Official History of the First World War*）大量发行。内阁秘书处负责此书的审核。官方历史大多如此：原本看似好的初衷，在遇到不断增加的成本和干扰时也会显得麻烦重重，但汉基仍对此给予全力支持。当得知销售不佳时，汉基的回应是"历史材料不需要辩护，它们的核心价值是教育"。[70]官方史办公室精简了人员。法国和德国的官方史办公室都有约 130 人，而英国仅有 1 名编辑，5 名行政人员和 8 名作者。[71]重点着墨于西线战场和小型

战役，英国的《第一次世界大战官方史》于 1920 年至 1948 年
出版发行。

1931 年经济危机

1929 年 5 月 30 日选出了第二届工党政府，汉基很快与麦
克唐纳达成了协议。他的工作日记显示，从 6 月 3 日星期一开
始，在工党执政的第一周里，他与新首相至少见了 6 次面。[72]
他的日记中通篇是对麦克唐纳及其政府缺乏明确目标、对经济
事务处理不善的批评。但在这艰难的两年里，他竭力服务于内
阁和首相。1931 年 8 月，工党政府垮台，汉基面临新的危机。
当时汉基正在法国阿尔卑斯（Alps）多芬（Dauphine）的拉格
拉沃（La Grave）度假。他匆忙赶回，但重大决定已经做出，
国民政府成立。尽管如此，汉基仍以其典型的风格在日记中写
道，"从国王到首相，每个人似乎都很高兴见到我"，事实是，
不仅仅是高兴，"我见到了国王，在宣誓就职仪式前对其进行
了指导，他说'感谢上帝，你可回来了'"。[73]

傍晚，汉基被召往唐宁街 10 号。他的首要任务之一是
为同意成立国民联合政府的三党领袖起草一份声明，这三位
领袖分别是：麦克唐纳、鲍德温和自由党的赫伯特·塞缪尔
（Herbert Samuel）。

每个人都给了我他们各自撰写的一部分。声明要在 8 点半

准备好（一小时后），供他们审阅。这是件左右为难的事，因为按照他们想的那样去写新内阁旨在这样那样……是不可能的，因为新内阁还没有组建，更没有宣誓，而实际上在新内阁成员宣誓就职前，内阁仍由原来的大臣负责。但我还是起草了声明，让格雷厄姆·哈里森（Graham Harrison，格雷厄姆·哈里森是议会法律顾问，吃晚饭时被我拉来）审阅后提交了上去。他们做了修改，但还是采纳了我的草案，当晚便发布了。[74]

汉基这份声明草案原稿被保存了下来：

新政府成立的明确目标是应对国家目前面临的危机。它并不是通常意义上的联合政府，而是为了同一个目标而合作组建的政府。当目标达成后，各政党将重回各自立场。[75]

国民政府定于1931年10月举行大选。保守党赢回了多数席位，巩固了其在国民政府中的主导权。这也是战后汉基第一次参与投票的大选，汉基是因国王的坚持才进行投票的。在选举前，汉基告诉乔治五世："我倾向于不参加投票……保持中立。"国王并没有同意，告诉汉基："这次与以往不同，我希望国民政府尽可能获得每一张选票。"汉基问道："这是命令吗，陛下？"国王回答道："是的，你真的必须投票。"面对命令，身为军人的汉基回答道："好的，陛下。"[76]

国民政府一直执政到1939年，麦克唐纳是第一任首相，但其作为领袖，影响力不断降低，1935 年，斯坦利·鲍德温接任首相，1937 年后，首相由内维尔·张伯伦担任。

权势式微（20 世纪 30 年代）

在此期间，汉基并不是一帆风顺，其中包括为政府高层连续效力 20 年后产生的疲惫感。1934 年，他访问了南非、澳大利亚、新西兰和加拿大这些英国自治领，虽然表面上是在度长假，但汉基与自治领的领袖们讨论了国防计划。最敏感的谈话发生在南非，历史学家约翰·内勒（John Naylor）评论道，汉基"进行了本应由大臣进行的官方对话"。[77] 汉基给英国高级专员赫伯特·斯坦利（Herbert Stanley）写了一封言不由衷的信：

尽管我不愿在南非进行任何官方活动，但从一个政治家的角度来看，我可以利用这次南非之行做些事情，这不无好处。首先，我个人没有任何责任；我也不需要对任何人做什么承诺，我只是进行探讨；如果我有过当之处，可以对我进行否决。我以这种奇怪的身份在内政和外交领域工作了很多年，已经适应了，我认为，这种方式有时对解决疑难问题很有效。[78]

南非媒体得知了汉基的到访，研究过声明后认为这无伤大雅。1934 年 8 月 10 日，《人民日报》（Die Volksblad）发表了一篇名为《意欲何为？》（"What is afoot？"）的文章，指责南非政府试图否认汉基访问的军事意义，《斐文公民报》（*Die Burger*）刊登了一幅漫画，画上汉基会见国防部长，国防部长正在锁门，"以极为夸张的动作防止泄密"。[79] 汉基访问南非的性质也引起下议院的质疑，麦克唐纳坚称汉基为期三个月的访问没有"政治意图"，事实远非如此。[80] 但不管怎样，汉基被允许如此长时间离开工作岗位进行一次对于英国国内意义不大的访问，就表明他正在被边缘化。

退位危机（1936 年）

1936 年年底的退位危机（Abdication Crisis）是汉基身居高位最后几年里最重大的事件。危机让作为枢密院书记官和内阁讨论主持者的汉基不堪重负。[81] 汉基一整年都忙于此事。在 1936 年 1 月 20 日的日记中，他回忆了与未来的爱德华八世（Edward Ⅷ）的母亲——玛丽王后（Queen Mary）的对话。谈话中王后表达了她对"王子是否充分意识到了他的责任，该如何改变他的生活方式"的担忧。汉基回答道，他"了解到首相和王子已经就未来进行了严肃的谈话，并让王子意识到了其背负的责任之重"。[82]

1 月 20 日，老国王乔治五世召开了最后一次枢密院会议，也是在这一天，乔治五世逝世。汉基出席了会议，会议于中午 12 点 15 分在国王的寝宫进行。他沉痛地记录了国王的样子：他"坐在房间中间一张带小桌的扶手椅上……小桌上放着委任状"，国王"穿着鲜艳的饰有花朵的晨服"。国王的肃穆庄严和柔和的居家穿着营造出一种悲怆的氛围。汉基回忆道："当时自己承受着巨大的情感压力，眼里含着泪水。"国王竭力握住笔在委任状上签字，最终写出了"字迹清晰的两个字"，"所有人都相信此时国王清楚自己在做什么"。签字后，枢密院成员离开了国王寝宫，在楼下开会，大法官黑尔什姆（Hailsham）和内政大臣约翰·西蒙（John Simon）口述，汉基记录。[83] 临近午夜，国王去世了。

几乎一年后，12月2日傍晚，内阁召开会议。会议纪要被认为极为机密，因此被放置在信封中，30年后由"内阁秘书长或常务副秘书长亲自打开"。于是，直到20世纪80年代，这份纪要才得以公开。纪要写道：

首相说应国王传召，他将于傍晚6点去见国王。他只想表示，内阁认为规定辛普森夫人（Mrs Simpson）结婚后不能成为王后的法律规定是不可取的。

会议纪要的最后显示，内阁同意：

首相应有权告知国王内阁的观点，即根据首相对下议院和自治领意见的征询，任何规定迎娶辛普森夫人却不授予其后位的法律都是无效的。[84]

12 月 6 日，内阁在上午 10 点召开会议。会议纪要显示，"首相称此次会议是最重要的会议之一。前一天晚上他拜见了国王……他已做好准备签署退位书，这将推动这一必要法案在下议院获得通过。"鲍德温起草了在下议院的发言大纲，其中说道，这不是一场国王和大臣之间的宪制之争，而是：

一场人心的较量，在这场较量中，他试图找到解决之策。他接下来会请大家听一个故事……国王是如何坚持迎娶辛普森夫人的，并表示为了实现这一目标，他会选择退位。在这一点上，他从未产生过任何动摇。[85]

政府和自治领均反对爱德华和沃利斯·辛普森（Wallis Simpson）的婚姻，爱德华清楚，这场婚姻会引发严重的宪制危机。12 月 10 日，爱德华退位。

1936 年，汉基在成立联合情报委员会（Joint Intelligence Committee）过程中所发挥的核心作用表明汉基仍然举足轻重。他对情报的了解无人能比。出于个人原因，他还阻止了建设英吉利海峡海底隧道的计划。

汉基与第二次世界大战的到来（1936—1938）

然而，同精力渐衰的鲍德温一样，汉基的影响力也在逐渐衰弱。1936 年夏天，疲惫的汉基身体彻底垮掉了：迪尔克斯认为，爱德华八世退位那年的下半年，汉基之所以精力充沛，是因为他此前休养了4个月，并未参与到退位危机中去。[86] 鲍德温重视汉基在国防方面的意见，但在经济方面，鲍德温会另寻他人，因此他选择了霍勒斯·威尔逊。霍勒斯·威尔逊从1930年开始担任首席工业顾问，1935年成为鲍德温的特别顾问，这对把失业当作重大关切的首相来说意义重大。鲍德温也喜欢听取常务副大臣的意见，定期与他们开会：他与财政部的费舍尔及外交部的范西塔特（Vansittart）关系最为紧密。托马斯·琼斯1930年离开内阁秘书处并没有使汉基与鲍德温的关系更近一步，"二人的私交从未有过升温。"鲍德温的传记作家约翰·巴恩斯（John Barnes）如是说。[87] 直到1934—1935年，汉基仍认为日本是比德国更大的威胁，但在最后几个月里，他在国防方面的意见也不被重视了。1937年5月，首相由鲍德温换为张伯伦，这给汉基带来了些许宽慰，但张伯伦并未把汉基视为他的亲信顾问，而是让霍勒斯·威尔逊成为唐宁街10号更加核心的人物，在外交政策方面，张伯伦会转向外交部大臣或自1938年继范西塔特之后担任外交部常务副大臣的亚历山大·卡多根（Alexander Cadogan）。张伯伦大多时候是自己做决定。他的传记作家迪尔克斯认为，张伯伦"比鲍德温更熟悉政策和现实，因此，在一定程度上，他更自主"。[88]

早在1934年，张伯伦还在担任国防需求委员会（Defence Requirements Committee）的委员，这对他来说是一段十分重要的经历，当时张伯伦就与汉基发生过分歧。海军出身的汉基认为拥有强大海军的日本对英国是个威胁，而张伯伦则更加担心德国及其蓬勃发展的空军力量。此外，迪尔克斯指出，"张伯伦不止一次否决过汉基所做的会议纪要……至少两人有不同的侧重点"。[89]

1938 年 2 月，英国和德国公布了那年秋季一线空军力量的预计数字。德国空军有 1 755 架飞机，其中 810 架是重型和中型轰炸机，英国有 1 736 架飞机，其中 990 架是重型和中型轰炸机；英国有 420 架战斗机，而德国只有 324 架。罗斯基尔怀疑德国空军副部长米尔契将军（General Milch）故意少报数量以让英国满足于现状。此外，德军在提供这些数据的时候假设英国将制订扩军计划——F 计划，但 F 计划并未开展。面对英国的懈怠，米尔契披露，德国确实拥有更大的生产能力。但英国政府拒绝采取紧急措施扩大生产。[90] 汉基写信给国防协调大臣（Minister for Coordination of Defence）托马斯·英斯基普（Thomas Inskip），表达了对"德国……进一步增强一线作战力量"的担忧。[91] 英斯基普在汉基的协助下制订了 K 计划，重点是发展战斗机，在 1938 年夏天之前增加了 1 360 架轰炸机和 532 架战斗机，这在第二次世界大战中发挥了关键作用。[92]

汉基从来就不信任丘吉尔，和丘吉尔就德国空军的实力发生了激烈争论。早在 1919 年，两人就曾在俄国战争问题上针锋相对，丘吉尔是狂热支持战争的一方。丘吉尔提供的数据与空军参谋部提供的数据不同，汉基倾向于相信后者。丘吉尔就数据上的差异致函汉基，但汉基有些高傲地拒绝回应丘吉尔

"没有大臣授权"的关切。丘吉尔尖锐地回复道："我不顾一切寄给你这些高度机密、涉及公众利益的资料，没想到却收到如此冗长的一番说教……请你放心，我再也不会就此类问题前去叨扰。"对于丘吉尔不断提醒汉基肩负"重大责任"带来的高压，汉基越发感到厌烦疲倦，不堪忍受。[93] 披露的真相证明丘吉尔夸大了数字，1938 年底，同盟国与德国的轰炸机数量基本持平。

1938 年 7 月 26 日是汉基最后一次出席内阁会议。会议结束时，张伯伦向汉基致以崇高的敬意。"他完全称得上是现代内阁的缔造者，"张伯伦说，"在场的内阁大臣是众多伟大的政治家中最后一批受其辅佐的人，他与每个人都关系紧密，每个人也都给予了他全部的信任。"张伯伦继续说道，汉基曾多次被试探是否愿意进入政府任职，然而不管职位多么富有吸引力，"他仍然选择以相对默默无闻的方式工作着"。张伯伦说，汉基"对所有人来说，是内阁会议室的一分子，没有汉基，内阁会议室将是另外一番景象。他赢得了每个人的尊重与爱戴，汉基走后，他们必将十分怀念他"。内阁为汉基准备了一个中等大小的时钟作为礼物，接受礼物后，汉基说自己非常不习惯在内阁会议上讲话，在这里"他几乎从未听到过自己的声音"。[94]

汉基追忆自己效忠了 7 位首相，14 届或 15 届政府，为"超过 1 100 场，如果将战时内阁考虑在内，总共 1 700 场内阁会议"做过会议纪要。他有些突兀地称自己"像个机器人"，但又补充说"机器人也有感觉，有评判力，有钦佩之情"。他说自己很愿意以一个词来结束他的发言，之前首相也曾用这个词来概括他的感情，那就是"爱戴"。[95]

汉基退休之际，内阁与帝国国防委员会于 1938 年 8 月 1 日合并，新机构的名称十分拗口：内阁、帝国国防委员会、经济顾问委员会及国防协调部（Offices of the Cabinet, Committee of Lmperial Defence, Economic Advisory Council and Minister for Co-ordination of Defence）。汉基的继任者爱德华·布里奇斯担任常务副大臣及内阁秘书长。[96]

1939 年的内阁基本保持了 1920 年时的样子，召开了 49 次会议，直到 9 月第二次世界大战爆发，因情势所需成立战时内阁。和平时期内阁的例会于每周三上午 11 点在唐宁街 10 号召开。内阁的规模为 20~23 人，与 1920 年通常为 20 人的内阁会议并无大的不同。[97] 一个不同之处是，随着两次世界大战期间官僚体制的完善，当天的会议议程会附在上一次的会议纪要中。1916 年之前的惯例仍有一部分延续下来：纪要中完全不涉及预算细节，"由于保密的极端重要性，根据前例，会议纪要不记录细节"。[98] 两次世界大战期间，内阁委员会系统持续壮大。内政事务委员会（Home Affairs Committee）地位显要，监督国内政策和立法。20 世纪 20 年代和 30 年代成立了十几个内阁委员会，有的经常召开会议，有的则只召开过一两次会议，就某项立法做出决策或监督其通过。[99]

汉基晚年仍事务繁忙。1939 年 9 月，张伯伦就战时内阁人选征询汉基的意见，10月又任命汉基为不管部大臣、战时内阁成员。张伯伦非常看重汉基对工业和科技事业无人能及的熟稔。[100]尽管1940年5月，随着战争的推进，丘吉尔将汉基从战时内阁中除名，但汉基仍是唯一一个担任过英国大臣的内阁秘书长。他在领导调查中情五处、中情六处和大学的过程中发挥了重要作用，撰写了一份富有远见的报告。第二次世界大战结束后，他因反对审判日本和德国领导人的战争罪行引发关注。在致《泰晤士报》的多封信件和1950年的《政治、审判和过错》（*Politics, Trials and Errors*）一书中，他表示，应该释放战犯，原谅他们的罪行，否则便会如同第一次世界大战结束时那样，徒然增加痛苦。[101]1939年，和后来所有内阁秘书长一样，汉基接受爵位成为汉基勋爵，但他是唯一一个在其死后，回忆录以传记形式得以出版的内阁秘书长。他的回忆录由曾在海军服役的历史学家史蒂芬·罗斯基尔根据当代文献及汉基的日记写成。克里斯托弗·安德鲁（Christopher Andrew）说，汉基"可能超过了现代任何一位英国政治家，他正是所谓天才加无限勤奋的代表"。内维尔·张伯伦则在1937年表示："在英国，我们一直认为莫里斯·汉基爵士与其说是一个官员，不如说是一种制度，而这一制度对英国来说不可或缺。"[102]1963年1月，汉基去世。

　　汉基是11位内阁秘书长中最具争议性的一位，也是最接近打破非民选官员和大臣间无形界限的一位。他曾承认，在从萨里的奥克斯特德（Oxted）回程的火车上，因为知道大臣们会在内阁会议中说什么而提前写好了会议纪要，并且在日记中因其可在会议纪要中自由发挥而自鸣得意。即使如此，坎贝尔案仍是唯一一个首相对汉基提供的会议纪要提出疑问的案例。因此，正如我们所见到的那样，中规中矩的爱德华·布里奇斯后来迅速纠正了汉基的逾矩做法也就在情理之中了。爱德华·布里奇斯认为汉基的日记如果公开出版，对一位内阁秘书长来说是非常不妥的，因此多年来一直来阻止其日记出版发行，这让汉基更加烦恼。[105]

第四章

爱德华·布里奇斯和第二次世界大战
（1938—1945）

1938 年 7 月，61 岁的莫里斯·汉基最终被劝卸任内阁秘书长一职，这是他担任内阁秘书长的第 22 年。在所有的内阁秘书长当中，只有汉基和罗伯特·阿姆斯特朗过了 60 岁正式退休年龄之后还在任职。汉基卸任后，财政部常务副大臣沃伦·费舍尔毫不犹豫地举荐爱德华·布里奇斯接替汉基之职。[1] 汉基在任时间很长，但如我们所知，他的内阁秘书长生涯并非完美无瑕。他确实是内阁办公厅的创办者，也是其职责的界定者，但他太固执己见，在提出的主张中也出现过不少失误，在任职过程中与鲍德温和张伯伦这两位首相的关系也过于疏远。相比之下，布里奇斯以其品行对内阁秘书长之职做了最佳诠释，在任期间始终恪守宪法赋予文官的职责，为首相和大臣提供最佳的决策建议，却从不干预决策。

1938 年 8 月 1 日，布里奇斯正式出任内阁秘书长，正式官衔为内阁秘书长兼内阁、帝国国防委员会、经济顾问委员会及国防协调部联合办公室常务副大臣。[2] 布里奇斯深受财政部官员费舍尔的赏识，充分发挥了自己的卓识才干，同时又证明自己与汉基不同，并不想让内阁办公厅独霸一方，这让费舍尔十分放心。在布里奇斯的领导下，内阁办公厅巩固了在政府体系中的核心地位，其重要性也获得了政府的永久认可，自此以后成为政府的权力核心。但是，这位谦逊低调、在汉基的丰功伟绩之后继任内阁秘书长的布里奇斯到底是个怎样的人呢？

爱德华·布里奇斯

　　布里奇斯生于 1892 年，父母分别是罗伯特·布里奇斯（Robert Bridges）和玛丽·莫妮卡·沃特豪斯（Mary Monica Waterhouse），两人生有二女一子，布里奇斯是他们唯一的儿子。玛丽·莫妮卡·沃特豪斯的父亲阿尔弗雷德·沃特豪斯（Alfred Waterhouse）是维多利亚时期著名的建筑师，罗伯特·布里奇斯则弃医从文，是继华兹华斯（Wordsworth）、丁尼生（Tennyson）之后于 1913 年获得"桂冠诗人"称号的唯一一位诗人。1905 年，布里奇斯一家迁往能够俯瞰牛津的野猪山（Boars Hill）地区。布里奇斯小时候，家中经常有 W. B. 叶芝（W. B. Yeats）在内的文学家到访，这种环境对幼小的布里奇斯产生了深远影响。布里奇斯细腻敏感、富有艺术气息，爱好之一是收集、研究所有的英国楼层平面图，其中很多是欧式或哥特式教堂。布里奇斯在预备学校过得并不开心，但在 1906 年进入伊顿公学后开始崭露头角。伊顿公学的历史老师 C. H. K. 马腾（C. H. K. Marten），即后来的伊顿公学校长，对布里奇斯影响最大，布里奇斯说自己从这位老师身上学到的东西，超过其他任何一所学校的老师。他从马腾老师那里学会了"如何深入一个主题，组织自己的观点并掷地有声地表达出来"。³ 布里奇斯表现优异，1911 年进入牛津大学莫得林学院（Magdalen College）学习古希腊罗马历史、文学及哲学，1914年 7 月成绩位列第一；1920 年战争结束后，布里奇斯还获得了"万灵奖学金"（All Souls Fellowship），足以证明其才学出众。

1914 年 8 月 4 日，第一次世界大战爆发，恰逢布里奇斯22 岁生日。生日后第二个月，布里奇斯加入牛津郡和白金汉郡轻步兵四营，成为唯一一位在第一次世界大战中服过兵役的内阁秘书长。和他同期的许多士兵都随身带着他父亲最畅销的、献给乔治五世的哲学与诗歌选集——出版于 1916 年的《人的精神》（The Spirit of Man）。战争无疑对布里奇斯产生了巨大影响，"他几乎失去了所有朋友，从此以后便对建立亲密关系十分谨慎。"布里奇斯的孙子马克·布里奇斯（Mark Bridges）说道。马克认为："在战争中失去那么多的伙伴使他成了一个不会轻易敞开心扉的人。"⁴ 他的另外一个孙子、政府大臣乔治·布里奇斯（George Bridges）根据布里奇斯在前线服役时所负责记录的战争日记，撰写了一本描述布里奇斯在第一次世界大战中服役的书，"日记让人震惊的地方不仅在于战争细节，更在于日记中的笔迹"，乔治·布里奇斯写道：

文字整洁紧凑。几乎没有涂改，字迹清晰，语法也比我强太多。每一个地名、人名和编队均使用了大写。好像他是在床上，靠着枕头毯子，喝着热牛奶写成的，而不是蹲在壕沟里，污泥过膝、碎石、子弹从头顶呼啸而过时写的。⁵

他说自己的祖父"和很多从战争中幸存下来的人一样，对战争绝口不提。但记录在这些密密麻麻的文字中的历史却向我们展示了他是一个什么样的人"。[6]

就在布里奇斯 24 岁生日的前几周，索姆河战役爆发，在这场战役里，布里奇斯磨炼了在极为凶险的情况下保持准确记录的能力。7 月 18 日，牛津郡和白金汉郡轻步兵受命于凌晨 1 点半进攻位于奥维莱尔（Ovillers）和波济耶尔（Pozières）之间的索姆河地区。第一次进攻"被地图上未标示的壕沟阻拦"，"军队受到左面步枪和右面一连串机枪的夹击……敌方随后对壕沟进行了以榴霰弹为主、直径 15cm 的炮弹重火力攻击，伤亡惨重，同时，壕沟又太浅，很难重新组织进攻"。[7]

1917 年 1 月，布里奇斯因作战英勇获得了军功十字勋章，但两个月之后，他身负重伤。直到 1918 年 3 月，他的身体状况才恢复到可以胜任文官工作，到 1918 年 10 月，身体最终恢复到现役军人标准，而此时距离战争结束仅剩两周。可能正是因为长时间的休养，布里奇斯才得以在战争中幸存下来。

在他手臂骨折休养期间，财政部听说了他在牛津大学求学时的优异表现，写信问他是否有意向担任临时工作。布里奇斯给财政部的上级留下了深刻印象，以至于 1918 年 4 月，财政大臣博纳·劳亲自敦促陆军部批准布里奇斯延长在财政部的工作时间。[8] 布里奇斯对财政部的工作很感兴趣，决定战争结束后进入公务员系统工作，离做一名牛津学者的学术之路越来越远。1919 年，在重新启动的新公务员竞聘考试结果出来之前，财政部便正式任命布里奇斯为副主任科员（Assistant Principal），将其收入麾下。布里奇斯平步青云，在一系列皇家委员会和部门调查组担任秘书，对他后来在行政部门的仕途影响最大的是汤姆林委员会（Tomlin Commission），在那里，他对整个政府系统的工作有了全面了解。[9]

1922 年，布里奇斯与凯瑟琳·基蒂·法勒（Katherine Kitty Farrer）结婚。基蒂是布里奇斯在第一次世界大战中幸存下来的挚友兼伊顿校友塞西尔·法勒（Cecil Farrer）的妹妹。布里奇斯幸福的婚姻生活和孩子从此以后成了他的整个世界和情感支撑。

尽管性情十分内敛，但布里奇斯待人热情、亲切。后来的内阁秘书长罗伯特·阿姆斯特朗在 20 世纪 50 年代从政早期曾与布里奇斯有过交集，他说：

> 他十分可爱，不拖泥带水，非常直接。他为人"目光短浅"：和他见面，如果他喜欢你，他会伸出手，轻轻地捶一下你胸口或拍拍你胳膊；如果他不喜欢你，他则会非常礼貌！他会给见面的场合增加很多欢乐。

阿姆斯特朗记起一件事，这件事充分反映了布里奇斯的典型性格：

> 我那时是布里奇斯的私人秘书，有人写信给他索要更高的

荣誉……一般来说是不能自己索要荣誉的，因此我写了一封非常冷淡的回信，但我想因为我还年轻，最好还是请示一下领导再说。因此我将回信上呈爱德华·布里奇斯的私人办公室审批，布里奇斯亲自回复道："阿姆斯特朗先生，对于这位纠缠不休的客人，你的回复十分恰当。我的建议是，将回信在冰箱里放两个星期，然后别解冻，直接寄走。"这做法真是太可爱了。[11]

乔克·科尔维尔（Jock Colville）是战争期间及 1951—1955 年丘吉尔的私人秘书，他说，"布里奇斯的幽默十分具有感染力，他是英国最有权势的人之一，但同时又不失谦逊与幽默"。

布里奇斯对自己及其他文官的道德标准和专业水平要求极高。马克·布里奇斯回忆说，他是一个"在生活中严格遵循着基督徒的最高道德和职业标准"的人。[12] 尽管最终没能走上学术道路，但是他对待正确的格式、决断、公正和服务一丝不苟，认为学者和文官有很多共同之处：

在这两件事情中，你都必须锻炼分析复杂情形的能力，并能将分析结果清晰准确地表述出来，而只有下定决心不惜一切代价去找寻正确答案时，才能做到这一点……不论是做学术还是从事文官工作，都需要将理智、正直和进取精神结合起来……文官可以引以为豪的是政治中立，即以同样的忠诚服务于各党派政府，并获得信任。文官适当疏离的总体态度使他们更容易赢得信任。[13]

因为军事背景和经历的差异，布里奇斯领导内阁办公厅的方式与汉基十分不同。此外，1938 年 8 月，欧洲大战在即，汉基离职，张伯伦决定无视汉基的建议，将内阁办公厅拆分为内政事务部门和军事事务部门（即帝国国防委员会）。[14]张伯伦任命黑斯廷斯·伊斯梅将军为帝国国防委员会负责人。黑斯廷斯·伊斯梅毕业于英国皇家陆军军官学校，受过严格的军事训练，20 世纪 20 年代及 30 年代早期均在帝国国防委员会任职。1940 年丘吉尔出任首相，伊斯梅被任命为其参谋和首席军事顾问，成为丘吉尔和参谋长之间重要的沟通桥梁。在严谨自律的布里奇斯和伊斯梅之间，丘吉尔与后者的关系更亲近融洽。科尔维尔这样总结布里奇斯和伊斯梅的关系：

他们齐头并进，相互配合，十分默契，从没听说过他们之间有任何忌妒和敌对，甚至一点分歧都没有……可能……伊斯梅是丘吉尔最离不开的人，但爱德华·布里奇斯爵士的重要性紧随其后。伊斯梅负责军事领域，布里奇斯负责内政。[15]

布里奇斯的同事兼好友约翰·温尼弗里斯（John Winnifrith）写道："他和伊斯梅是稳定世界的两个支点。他们都可以运用权力施加阻挠，却都选择了予以推进。"[16]布里奇斯条分缕析，与伊斯梅截然不同，用词精准是他的特征之一，这并不奇怪，毕竟他是桂冠诗人的儿子。他的另一个特点是在做出决定之前，必须确保汇总了所有相关事实，征询了所有相关人员。"他的首要原则是，确保由大臣主动提出问题、寻求决策，并提供决策所需的所有事实、数据和论据，而他自己并不参与其中"，温尼弗里斯这番话强调了布里奇斯与汉基在工作方式上截然不同的地方。1942—1943 年战时内阁办公厅与布里奇斯共事的两年间，温尼弗里斯对布里奇斯有了深入了解，这体现在他为英国皇家学会撰写的回忆录中。1957 年，温尼弗里斯升任农业部常务副大臣。[17]

布里奇斯上任的第一年（1938—1939）

布里奇斯担任内阁秘书长时 46 岁，他说自己从未想过能担任此职："当我被任命为内阁秘书长时，我是最震惊的那个人，我从未想过会成为内阁秘书长。"[18] 他没有在内阁办公厅任职的履历，因此，能接替汉基担任内阁秘书长并获得内阁办公厅的真诚支持并非易事。历史学家理查德·查普曼（Richard Chapman）指出，内阁办公厅的大多数职员都是由汉基选拔而来，是汉基忠实的拥护者。此外，年纪比内阁办公厅的很多老职员小很多的布里奇斯又是从财政部调到内阁办公厅的，任何大变动注定会遇到质疑。实际上，布里奇斯是首位在财政部历练过、深谙现代文官职守的内阁秘书长，从一开始，他对内阁秘书长一职的看法就与汉基大相径庭。

　　布里奇斯很快赢得了内阁办公厅职员的支持，证明了自己非常善于与人建立信任。[19]1938 年 9 月，布里奇斯上任前几周，张伯伦致信希特勒请求进行私下会面，试图避免可能爆发的战争。两天后，张伯伦飞往希特勒位于德国贝希特斯加登（Berchtesgaden）的府邸。9 月 29 日，张伯伦再飞德国，与希特勒在慕尼黑会面，参加此次会议的还有意大利领导人贝尼托·墨索里尼和法国领导人爱德华·达拉第（Édouard Daladier）。经过反复磋商，9 月 30 日星期五凌晨 1 点半，四国签署了《慕尼黑协定》（Munich Agreement）。当日小憩之后，张伯伦再次会见希特勒，要求签署英德协议。第二天，声名大噪的张伯伦飞回英国，当天晚些时候，他发表了演说《我们时代的和平》（"Peace in Our Time"），呼应了迪斯雷利在柏林会议结束后的讲话内容。

　　当天晚上 7 点半，内阁成员在唐宁街 10 号召开会议。根据布里奇斯的会议记录，财政大臣约翰·西蒙"代表内阁全体人员，向首相付出的艰辛努力和取得的成就致以崇高的敬意"。[20]布里奇斯在记录张伯伦的回应时可能已经感觉到自己正置身于一个伟大的历史时刻，"他明白这次德国之行很可能不会有令人满意的结果。但从事情的发展来看，他觉得现在可以放心地认为危机已经结束"。张伯伦接下来详细记述了 9 月 29日那天的讨论，"持续了一整夜，直到周五凌晨 1 点之后"。但不是所有的大臣都如西蒙那样乐观。海军大臣阿尔弗雷德·达夫·库珀（Alfred Duff Cooper）表示自己担心英国会陷入不断对希特勒妥协的境地。布里奇斯写道："首相表示，海军大臣提出的问题将由他和海军大臣两人讨论。"[21] 达夫·库珀随后立即辞职。还没有哪位内阁秘书长在任职前两个月就经历如此戏剧性的事情。

慕尼黑危机爆发，1939 年 3 月希特勒吞并捷克斯洛伐克（Czechoslovakia），给英国带来了强大冲击。英国各大臣和政府官员再次产生了危机感，加紧备战。1939 年初，霍勒斯·威尔逊在沃伦·费舍尔之后接任财政部常务副大臣和文官长，霍勒斯·威尔逊是强硬的绥靖派，1938 年 9 月曾在"苏台德区危机"期间被张伯伦派去与希特勒会面，并被要求告知希特勒，如果希特勒入侵捷克斯洛伐克，英国将宣战。他是张伯伦麾下的重要人物，因此当战争在即，需要在政府核心部门做一些新的安排时，他自然成了布里奇斯的游说对象。对此，布里奇斯早已考虑成熟，11 月 5 日，布里奇斯致信威尔逊：

有两件最重要的事件需要考虑。首先，大战在即，要设立一个能够迅速决策的机构，根据需要，每天或每两天举行一次会议。对此，要求有二：一，这一机构的组成人员要少，以便缩短决策时间；二，原则上不应包括负责战争日常事务的大臣。

其次，六位大臣，实际上是六位"超级大臣"以内阁集体责任原则指导战争事宜。实施战时内阁制度，意在快刀斩乱麻地解决问题。这一制度一旦实施，非战时内阁大臣因为不对政府的战争政策集体负责，实际上已经不再是内阁大臣。但这一状况可以通过设立内政委员会得到些许缓解。[22]

　　布里奇斯渴望充分吸取第一次世界大战的教训，清楚战争中军事和内政事务间的分歧会带来严重后果。"吸取上次世界大战的教训，"他写道，"阿斯奎斯首相的战事委员会将达达尼尔大撤退交予内阁全体成员决策，造成了后果严重的延误，这种延误正是我们在这场战争中要极力避免的。"[23]上任初期，布里奇斯看到英国对德国的重要政策均由以张伯伦为核心的一个小团体制定，他认为只有此类人员精简、构成合理的核心机构才能做好战争决策。[24]

　　早在 1939 年 9 月 3 日战争爆发之前，布里奇斯便已开始启动内阁办公厅的改革。战争爆发时，内阁办公厅有 6 位高级文官，10 位伊斯梅领导的帝国国防委员会军事官员，3 位经济顾问委员会官员，7 位史料组官员，共 26 位官员。此外还包括 180 位下属，共 206 人。[25]但有些规制不在改革之列。布里奇斯坚持沿用汉基建立的严格的文件准备标准及军事化的工作作风。玛格丽特·沃克（Margaret Walker）回忆道："在收集所有内阁会议纪要时，我们要站成一排，将会议纪要都放在贯穿办公室中央的大桌子上［办公室位于里士满排屋（Richmond Terrace）］，按顺序拿起所有会议纪要后将其装订。"[26]一名监督人员负责监督，确保秘书在整理文件时尽可能不出错："秘书必须仔细核对文件。如果文字错误超过 6 次，会被责备。"[27]

"虚假战争"时期的内阁办公厅（1939年9月—1940年5月）

1939年漫长炎热的夏季里，战争似乎越来越不可避免。人们预测，一旦开战，纳粹德国的空军将会对伦敦发动大规模空袭。战时内阁的另一重要人物，负责军事事务的伊恩·雅各布（Ian Jacob）说："就在战争真正爆发前——应该是8月的最后一天，参谋长们被问及政府应该在何时向德国发出最后通牒，因为人们估计德国将在英国发出最后通牒的6小时内对伦敦发动大规模空袭。"[28]接下来就这一问题展开了漫长的讨论：空袭发生时，民众刚好到达工作岗位和刚好回到家中，这两个时间点哪个危害更小。

战争一开始，帝国国防委员会及其秘书处便被重新划归内阁办公厅。根据布里奇斯的观点，张伯伦将大臣人数从29人削减至9人。汉基此时仍地位显要，在内阁构成上为张伯伦出谋划策。此时，布里奇斯的处境并不轻松，当汉基后来以无党派立场、不管部大臣的身份进入战时内阁时，布里奇斯的处境就更艰难了。但他对此均保持忍让。里士满排屋办公室的信笺抬头随之从一个月前的"内阁办公厅"改为"战时内阁办公厅"。布里奇斯此时对工作已经得心应手。在霍勒斯·威尔逊的支持下，他在任职一年后信心大增。

9月5日，战争爆发两天后，布里奇斯传达了战争时期调整内阁办公厅的秘密通知。通知中写道，"战时内阁会议将于每日上午 11 点半举行，地点是唐宁街 10 号或位于大乔治街政府机关大楼（即现在的财政部大楼）的中央战事办公室"。布里奇斯对于哪些人应参加战时内阁会议有明确规定：

> 根据第一次世界大战的惯例，战时内阁秘书处根据议事内容安排参会人员，包括非战时内阁的有关大臣、参谋长及相关官员。[29]

对于会议纪要形式，布里奇斯也有明确规定：

> 除非在特殊情况下首相明示，否则战时内阁会议纪要不得记录讨论细节。每份会议纪要只记录会议决议，附以简短的概要说明。任何纪要草案修正必须于次日下午 1 点前告知议程组……随即会议纪要定稿打印。

文件显示，战争爆发后前几个月，战时内阁秘书处最重要的三人分别是内阁秘书长布里奇斯、常务副秘书长鲁珀特·豪沃思（Rupert Howorth，负责内政事务）和常务副秘书长黑斯廷斯·伊斯梅（负责军事事务）。豪沃思于 1942 年 3 月退休，副秘书长之职由诺曼·布鲁克继任，直至布鲁克 1943 年 12 月被任命为新成立的重建部的常务副大臣。反绥靖政策的布鲁克在"虚假战争"期间得到丘吉尔的提拔，丘吉尔称布鲁克是"可以信赖的、能够以极大决心推进战争的人"。[31] 布鲁克因此成为内阁办公厅的重要人物，布鲁克离职后，副秘书长一职后来由两位副秘书长助理。1945 年 2 月，理查德·霍普金斯（Richard Hopkins，1942—1945）退休，布里奇斯接任财政部常务副大臣一职。此后，布鲁克重回内阁办公厅与布里奇斯共同担任内阁秘书长职务，直至 1947 年 1 月布鲁克全面接任内阁秘书长。

　　布里奇斯对丘吉尔入阁有些担忧："1939 年 9 月，丘吉尔加入战时内阁，当时他基本不认识我，他担任海军大臣时，我和他也没什么交集……"[32] 他们一开始相处得并不愉快，布里奇斯认为丘吉尔是"仍然质疑内阁办公厅存在合理性"的"极端分子"之一。丘吉尔入阁不久，曾在某次内阁会议结束后大步走到布里奇斯面前，指出布里奇斯的会议纪要太长、细节太多。"从各个方面讲"，丘吉尔对布里奇斯说，他是在"编写杂志。纪要应比这短得多"。[33]

　　很遗憾，布里奇斯手写的内阁纪要没有被保存下来。官方规则明确规定，敏感文件必须被销毁，1911 年《公务员保密法》（Official Secrets Act）规定，保留任何敏感文件的个人将被解雇甚至面临起诉。谨言慎行的布里奇斯销毁了他的大部分文稿。[34] 这样一来，有效行政得到了践行，但对历史来说无疑损失巨大。

　　在战争开始的前 9 个月中，内阁办公厅的工作理念是，政府结构和战争态势在很大程度上和第一次世界大战相同，法国仍然是英国最重要的盟友。1939—1940 年，法国的军队规模是 117 个师，500 万人，英国派往法国的只有区区 13 个师。法国比德国拥有更多的坦克和大炮，加上一部分英国军队，在法国北部形成了强大震慑，而人们认为德国会在法国北部发动进攻。9 月底，英国在巴黎成立了一个小的内阁办公室负责联络事宜，在战争初期建立联络机制永远是当务之急。1940 年 4 月，布里奇斯对法国的备战情况及其与英国疏于联络感到十分忧心。他说："总的来说，目前的情况是，法国的战时内阁在军事方面并没有发挥作用。"[35]5 月 9 日，一位驻法联络官给一位英国高官写信，称"接下来几天"他将十分繁忙，但愿意有时间"共进晚餐"。然而这一等就是很久。第二天，德军入侵了法国、比利时和波兰。

丘吉尔出任首相（1940 年 5 月）

丘吉尔入主唐宁街 10 号，从个人角度讲，布里奇斯心情十分复杂。丘吉尔年长布里奇斯近 20 岁，在担任财政大臣时便是布里奇斯的上司。新首相对布里奇斯慧眼识人。在前线作战、忠于职守和专业能力上，布里奇斯无可挑剔。但正如温尼弗里斯指出的那样，丘吉尔"可能永远不会忘记布里奇斯曾效忠过张伯伦"，尽管他又说道："但丘吉尔并不认为布里奇斯是绥靖派。"[36] 在很多中立的官员和政客看来，丘吉尔仍是危险的冒险分子，有可能像他在应对达达尼尔战役时那样，使英国陷入重大危险之中或鲁莽采取行动。在上任后的前 20 个月里，布里奇斯赢得了张伯伦的尊重和信任，5 月 10 日晚上，当丘吉尔的私人秘书乔克·科尔维尔举起香槟杯祝贺"海上之王"丘吉尔时，布里奇斯仍然为张伯伦的离去感到惋惜。因此，1940年 5 月 11 日，也就是丘吉尔上任第二天，布里奇斯在前往海军部拜见丘吉尔时，心中仍有些忧惧。坐在等候室的布里奇斯思索："在如此危急关头出任首相，我表示祝贺合适吗？"最终见面的时候，布里奇斯十分得体地说道："愿您一切如意。"丘吉尔用他那为人熟知的方式哼了一下，凝视许久之后，他说："嗯，一切如意！我喜欢！其他人都在恭喜我。一切如意！"[37]

布里奇斯具备一位杰出的文职官员所必备的一大素质，即效忠于不同政治领袖而无谄媚之态。他自己这样描述这一技能：

你必须让丘吉尔感到你和他站在同一立场，你认同他的根本观点，你所做的任何批评本质上是为了有所助益。一旦他确认了这一点，他便会倾听你的意见，你也因此成了他认可的批评者。[38]

布里奇斯在儿时便学会了洞幽察微，这帮助他更快地掌握了与机警敏锐的新首相的相处之道。丘吉尔一上任便为政府上下带来了一种紧迫感，推动各方即刻投入工作。伊斯梅写道，"国家各个领域明显更加努力"：

与政治、经济或军事相关的讨论都可以很快被提上议程，此外，战时内阁赋予了丘吉尔很大的个人权力，加上他个人的执行力和超强的推动力，决策的制定和落实都空前加快。[39]

布里奇斯不断收到"新老板"的指令。大家在办公室里把这位"新老板"称为"恳请者"，因为他经常说"恳请您表达观点""恳请您做出解释"。丘吉尔喜欢把所有的事情都写在一张大号书写纸上，这就增加了布里奇斯和其团队的工作难度，因为他们必须对通常很复杂的论点加以总结。"将你的思考压缩在一张纸上比写一部小说难多了。"布里奇斯有一次向温尼弗里斯抱怨道。[40]伊斯梅的应对方法是附上长长的细节附录：此类文件最后均附有附件"T"。[41]虽然始终保持着上下级的距离，但布里奇斯和丘吉尔的关系随着时间的推进日益紧密。"战争时期，没有固定工作时间"，布里奇斯写道：

丘吉尔夫妇战争期间大部分时间都住在俯瞰鸟笼道的新公共办公大楼，在这里，实际上并不存在首相官邸和办公室的区隔。我们可能在丘吉尔的书房或是卧室和丘吉尔一起工作，或是在他和家人吃饭的时候被叫进去听取一道紧急命令。他很快给我们一种感觉，在某种程度上我们已经成为他的荣誉家人。[42]

丘吉尔"上任短短几天时间内，整个政府便上下一心，以前所未有的效率紧锣密鼓地投入工作"，这让布里奇斯大为震惊。[43] 如布鲁克所说："他要求所有的事情都立即被落实：所有命令，不管多么苛刻无理都必须被执行……工作量大，工作节奏快。"[44] 丘吉尔的个人指令像是铮铮作响的机器响彻政府上下，宣誓着他的个人权威。"必须明确，我的指令均是以书面形式发出的，"丘吉尔写道，"除非决策有书面记录，否则，任何号称由我决策的国防事务，我概不负责。"[45]

随着战争的推进，布里奇斯的工作愈加艰难。丘吉尔出现疲态，工作方式越来越古怪，引起了参谋长和大臣的不满和愤慨。"随着战争的进行，首相中意的开会时间越来越晚，"雅各布写道，"会议大约晚上 10 点半开始，直到午夜才结束。接下来是誊写会议纪要，打印出来，因此我要到凌晨 2 点或 2 点半才能上床睡觉。"[46] 那几年总能听到布里奇斯的内阁同僚及下属抱怨要熬夜撰写会议纪要。

丘吉尔很快将张伯伦原本人数不多的战时内阁削减至 5 人。除丘吉尔外，还包括枢密院议长张伯伦（张伯伦拒绝了丘吉尔请其担任财政大臣的任命）、外交大臣哈利法克斯（Halifax）、掌玺大臣克莱门特·艾德礼和不管部大臣亚瑟·格林伍德（Arthur Greenwood）。哈利法克斯是唯一一位要对本部门负责的大臣，非丘吉尔一派，克莱门特·艾德礼和亚瑟·格林伍德是工党，也非丘吉尔一派。但丘吉尔决意在政府中纳入多方力量，也接受了自己的实力尚不足以肃清张伯伦党羽这一事实。他想将大权旁落的劳合·乔治请回政府，但遭到了张伯伦的反对。其他参加战时内阁会议的重要大臣有财政大臣金斯利·伍德（Kingsley Wood，保守党），劳工部大臣欧内斯特·贝文（Ernest Bevin，工党），报社所有者、丘吉尔之友、战机生产部大臣（Minister of Aircraft Production）马克思·比弗布鲁克。张伯伦于 1940 年 11 月因癌症去世，丘吉尔将枢密院议长和协调内务的重担交到了前公务员约翰·安德森（John Anderson，安德森是内政部常务副大臣，1938 年以独立议员身份进入议会）手上。1940 年 12 月，哈利法克斯出任英国驻美国大使，安东尼·艾登接替其职位。自由党领袖、空军部大臣阿奇博尔德·辛克莱（Archibald Sinclair）也经常出席战时内阁会议。

布里奇斯十分劳碌。1940 年 5 月 10 日至 1945 年 5 月 18 日，战时内阁召开会议 919 次，平均每周 3 次半。1940 年的后 7 个半月召开会议 193 次，1941 年 138 次，1942 年 174 次，1943 年和 1944 年各 176 次，1945 年截止到战争结束召开会议 62 次。这意味着要准备大量的会议议程，撰写大量会议纪要。相比之下，劳合·乔治领导下的战时内阁在第一次世界大战期间共召开会议 615 次，1916 年 12 月 9 日至 31 日 23 次，1917 年 285 次，1918 年 205 次，1919 年截止到 8 月 14 日召开会议 102 次。[47]会议主要在唐宁街 10 号和战时内阁办公室召开，有时会在威斯敏斯特一个废弃的地铁站中，或霍斯弗利路（Horseferry Road）上的圆形大厅里，或圣公会总部大楼（Church House），抑或是多利士山（Dollis Hill）的邮政总局研究工作站（GPO Research Station）。[48]

1942 年 2 月，丘吉尔向下议院汇报战时内阁的工作，特别提及对自治领的管辖这一至关重要又十分敏感的问题：

> 战时内阁成员对所有国家政策集体负责并承担个人责任，他们是唯一对战争负责的人。但各自也有具体的负责领域。工党领袖，作为国民政府第二大党的领导人，在所有场合中承担副首相职责，因此在不增加战时内阁人数的情况下，各个方面的情况向我们表明，与自治领相关的请示……将交由某一位战时内阁成员负责。[49]

并非所有人都认同丘吉尔的领导方式。偶尔参加战时内阁会议的劳工部大臣艾伦·威尔金森（Ellen Wilkinson）将丘吉尔的领导方式与艾德礼的领导方式相比，对丘吉尔批评道：

> 当首相不在，由艾德礼大人主持内阁会议时，会议会按时召开，按照议程有条不紊地进行，决策按需达成，我们工作三四个小时后便可回家。当丘吉尔首相主持时，我们从来没有按照会议议程进行，也没有做出任何决策。

但她也并非全盘否定，她承认："半夜我们回到家中，躺在床上，我们能感觉到，我们又一次见证了历史。"[50] 1944 年年底，一些很看好丘吉尔的人也加入了反对者之列。很快成为丘吉尔仰慕者的科尔维尔回忆道："在接下来的两周内，丘吉尔盯着希腊问题不放，战时内阁对此大为光火。"爱德华·布里奇斯和亚历山大·卡多根爵士曾说，"因为首相只想谈论希腊问题，所以，战时内阁什么都做不了，事情一件接着一件被延后"。[51]25 年前，类似的抱怨也曾出现在劳合·乔治身上。但二人都没有受到这些抱怨的影响。布里奇斯尽管也有委屈，但与汉基不同，他并未将自己的委屈记录下来公之于世，而是依然充分颂扬了丘吉尔的过人之处：

在危急时刻，当重大的问题必须立刻决断时，丘吉尔总能统揽全局，即刻解决，快速抓住关键问题和核心论点，经深入探讨后做出决策。但当议程上的问题没那么重要或紧迫时，丘吉尔则喜欢展开辩论，并就讨论中出现的令其感兴趣的方面进一步拓展，这便造成了会议被长时间而无必要地拖延。[52]

重要的内阁会议

919 场战时内阁会议的情形可以从几场会议中一窥究竟。布里奇斯效忠于丘吉尔的前几个月，变化之巨丝毫不亚于他刚上任效忠张伯伦的那段时间。情势最为危急的当属 1940 年 5 月底接连召开的几次关乎生死存亡的内阁会议，当时，比利时和荷兰被攻陷，法国溃败在即，希特勒大军直逼英国。

1940 年 5 月 28 日，一次具有决定意义的会议在下议院"会议 8 室"举行。在这样一场会议上，布里奇斯会做何感想，个人观点如何，外人只能猜测。不像汉基，布里奇斯的个人感受我们永远无法得知。外交大臣哈利法克斯敦促政府接受法国的提议，"同法国一起与意大利……直接接洽"，向希特勒的德国求和。丘吉尔对此回复道："很明显法国是想让墨索里尼先生扮演英法和德国的调停人。"他坚信如果条件允许，法国将停止对抗德国，但英德之间不会达成任何协定。"如果我们和德国进行谈判，我们会发现德国所提供的条款将损害英国的独立和统一。在这种情况下，我们必然终止谈判，但那时，我们会发现此刻掌握在我们手中的决战力量将不复存在。"[53]

丘吉尔继续说道：

如果墨索里尼充当调停人，意大利将停止攻击英国。希特勒不会如此愚蠢，给英国重整军备的机会。事实上，希特勒的条款将使英国陷入完全受其摆布的状态。如果我们继续战斗，条款也不会更差，即使被打败，那时的条款也好过现在。

哈利法克斯仍然"不明白为何首相如此竭力反对法国试图缓和局势的努力"。影响仅次于丘吉尔的内阁大臣枢密院议长补充说："全世界都知道英国已经陷入绝境；虽然我们公开表示会为英国独立而战，但如果条款合适，我们也可以接受。"丘吉尔思考了片刻，回答道，"那些战斗到底的国家都重新站起来了，而那些温顺投降的国家却从此一蹶不振"。[54]

内阁会议于下午 6 点半中止，丘吉尔离会，在非战时内阁大臣会议上发表了讲话。这次讲话是丘吉尔最振奋人心的演讲之一，他请大臣不要再优柔寡断："如果我们悠久的岛国历史终将结束，那就让它结束在我们每一个人都为之肝脑涂地、饮血而亡之后吧。"回应声震耳欲聋，大臣们掌声雷动，以拳击桌。丘吉尔知道更多大臣的支持将大大提升他在内阁中的威信。[55]

战时内阁会议于晚上 7 点再次召开。外交部的亚历山大·卡多根参加会议。丘吉尔在会上说，休会期间他和其他大臣讨论了前线的最新战报。布里奇斯对此记录道：

他们没有表达对法国境况的担忧，但当丘吉尔告诉他们英国绝不会放弃战斗时，大臣们表现出高度赞同。在此前的政治生涯中，从来没有这么多的政府高层如此认同丘吉尔的观点。

丘吉尔说，如果法国败北，英国必须孤军奋战，且不会向美国求助。"面对德国，如果我们英勇作战，会赢得德国的钦佩与尊重，"他告诉内阁成员，"但如果我们现在低声下气地请求，结果可能最糟。"[56]丘吉尔通过获得更多大臣的支持压过了质疑之声。张伯伦很快转而支持丘吉尔，加上本来就支持继续作战的艾德礼和格林伍德，丘吉尔在战时内阁中获得了多数支持。

强大的法国军队在德军面前很快溃败，丘吉尔转而关注法国舰队，极为担心法国舰队会落入德国手中。6 月中旬，法国向德国求和。法国投降前，丘吉尔命令英国舰队包围阿尔及利亚（Algeria）的奥兰港（Port of Oran），并命令英国舰长劝说法国舰队归降英国。如果法国拒绝，则必须确保让法国舰队失去作战能力。

7月3日上午11点半内阁召开会议，获报英国皇家海军舰艇"猎狐号"（Foxhound）已于当日早上抵达奥兰港，但舰长霍兰德（Holland）报告说，法国海军拒绝接见他。英方于是致信法国海军，列出条件：法国海军应驶向英国或中立方美国，或6个小时内自毁战舰。战时内阁决定传信给英国海军上将萨莫维尔（Somerville）："如果你认为法国海军准备离港，就通知他们，如果他们行动，英军将不得不开火。"[57]法国海军拒绝回应。丘吉尔命令英国舰队发动进攻，1 300名法国士兵遇难，三艘战舰被击沉。党鞭大卫·马杰森（David Margesson）与张伯伦联手争取到了保守党议员的支持，因此第二天丘吉尔进入下议院时，议员们一致起立鼓掌，这种场面自丘吉尔就任首相以来还是第一次。

一周后，内阁办公厅的另一项核心工作成了战时内阁的讨论重点：德国入侵时平民的人身安全问题。大臣们讨论了情报部（Ministry of Information）起草的一份报告草案，开头这样写道："如果英国遭遇海上袭击或空袭，非军事人员必须原地待命。这不仅仅是建议，这是政府命令，公民必须像军人服从命令一样服从此命令。命令是：原地待命。"

做出这一决定是因为担心成群的难民会堵塞道路，使军队无法保卫领土，法国、荷兰和比利时便出现了这种状况。"原地待命。说起来容易。但当战争爆发，原地待命可能会很难。但是你必须这样做；当你这样做时，你便如前线士兵一样在英勇无畏地为英国而战"。[58]

在丘吉尔担任首相的5年里，布里奇斯亲笔记录了几乎所有重要的内阁会议。另一次让人忧心忡忡的会议是在1942年6月10日讨论应如何回应捷克斯洛伐克利迪策村庄（Village of Lidice）大屠杀一事。这场大屠杀由希特勒和希姆莱（Himmler）下令，是为了报复纳粹高级军官莱因哈德·海德里奇（Reinhard Heydrich）遭暗杀。村庄里173名超过15岁的男人惨遭杀害，女人和儿童被送往集中营。丘吉尔与捷克斯洛伐克首相爱德华·贝奈斯（Edvard Beneš）通话，商讨由英国皇家空军（RAF）进行反击的可能性，以"三对一"的策略轰炸德国村庄。布里奇斯的会议纪要准确详细记录了内阁和各位大臣的意见。空军大臣（Secretary of State for Air）阿奇博尔德·辛克莱表示"不看好"，认为此举偏离军事目标，使"飞机及机组人员陷于危险"。赫伯特·莫里森（Herbert Morrison）认为这会招致"对无掩护的英国村庄的报复……民众会发问'为什么要将我们置于这种境地？'"一位大臣认为"德国会以暴制暴，除此之外没有别的可能"。枢密院议长约翰·安德逊表示"危险是英军会为此遭受损失而德国并不会"。最终，丘吉尔说："我（不情愿地）接受了内阁的反对意见。"[59]

战时内阁委员会及其在内阁办公厅的存续

1940 年 5 月 24 日，丘吉尔致信布里奇斯，愤怒地表示"大臣们需要参加太多这样那样、召开后却无济于事的委员会会议"。[60] 初上任的首相经常会有此类言论。布里奇斯在其战前笔记中设想了内阁委员会系统将会有一次全面调整，在战时内阁的领导下，裁撤一部分委员会，新成立一部分委员会，改革一部分委员会。[61] 尽管各委员会确保了丘吉尔政府运行顺畅，但随着战争的推进，丘吉尔对内阁委员会的质疑越来越多。内阁委员会中，枢密院议长委员会（Lord President's Committee，1943 年 9 月安德逊出任财政大臣后，负责人改为艾德礼）权力最大，是战时内阁重大国家政策的决策机构，负责"协调国内战场的社会和经济事务"；[62] 国防委员会、参谋长委员会（Chiefs of Staff Committee）和联合规划及情报人员委员会（Joint Planning and Intelligence Staff）则是主要负责军事事务的委员会。

战时内阁办公厅负责"全部 400 个战时内阁委员会及分委会的 8 000 多场会议"的会议纪要。[63] 他们负责记录与战争有关的所有事项，国防委员会、食物生产委员会（Food Production Committee）、民防委员会（Civil Defence Committee）、北美供给委员会（North American Supply Committee）、战后重建委员会（Post-War Reconstruction Committee）等核心委员会的重要事宜。一些委员会在战争中逐渐衰微：国防委员会（行动部）

1940 年召开了 52 次会议，但到 1944 年，只召开了 10 次，此后便再未召开过。有些委员会在战争中的地位则越来越重要，特别是为和谈做准备的委员会：战后重建委员会在 1941 年仅召开了 4 次会议，当时和谈议题并不是紧要事项，但到 1944 年，战后重建委员会召开的会议达 100 多场。

历史学家理查德·奥弗里（Richard Overy）认为，委员会制度在同盟国夺取战争胜利中发挥了重要作用：

没有人能做到面面俱到，因此必须成立委员会。英国的战争行动是汇集了大量军事和内政人才的委员会负责实施的。这些委员会聚集了官员中的佼佼者，负责战争日常事务。战争实际上并非总是如令而行……在每个领导人背后，都有一群军事专家和行政官员负责战争的具体落实。[64]

第二次世界大战的规模远远超过第一次世界大战，需要政府加强集权和权威。历史学家罗伯特·图姆斯（Robert Tombs）认为英国在第二次世界大战中"没有采用极权形式，却达到了使用极权才能取得的动员效果"。[65]

1940 年和 1941 年，国防委员会频繁召开会议，会议由丘吉尔主持。此后，参谋长委员会实际上接管了国防委员会的职责，每天上午 10 点半开会，战争期间召开了约 2 000 次会议。在所有参谋长中，帝国总参谋长艾伦·布鲁克（Alan Brooke）是最经常因丘吉尔而暴跳如雷的一位，他的日记里经常满篇愤怒。布鲁克在军事战略方面举足轻重，和汉基一样，他喜欢在日记里发表激烈言论。"喜怒无常像个电影明星"，"脾气暴躁像个被惯坏的孩子"，这两句话都是对丘吉尔的嘲讽。语气更激烈的还有，"我真是没办法让他明白事实到底是什么！"，他"没有长远打算……他所有的计划都是鼠目寸光。他永远都做不出全局规划……天哪，真是受够了为他工作"。在 1941 年的一篇日记中，布鲁克表达了对丘吉尔的矛盾心情："天知道没有他我们会怎样，但天知道在他的领导下我们会走向何方。"[66]

第一次世界大战期间，英国政府中"长袍"（政客）和"铜帽"（军人）间一直存在分歧。历史学家安德鲁·罗伯茨经研究认为，丘吉尔决意避免这一危险倾向。[67]丘吉尔做到了，至少在一定程度上避免了严重分歧，方法是"和参谋长们一起研究战略问题，虽然参谋长们有时候对战略普遍感到失望"。[68]1940 年，丘吉尔坚持担任首相的同时兼任国防大臣，这使丘吉尔得以进入制定军事战略的核心。丘吉尔关于第二次世界大战的回忆录从长度和主观性上可以与劳合·乔治关于第一次世界大战的回忆录媲美，他在里面写道：

> 主要变化……当然是虽未明文规定，但国防大臣仍有监督和指导参谋长委员会工作的权力。因为国防大臣同时又是首相，因此在这一方面享有毋庸置疑的权力，包括对所有军事、行政人员的任命、裁撤大权。[69]

第二次世界大战期间，内阁办公厅在组织国际会议以协调同盟国作战中发挥了关键作用，这是对汉基在第一次世界大战期间和之后推动内阁办公厅向这个方向发展的延续。因此，内阁办公厅人员随同丘吉尔出席了1941年和1942的华盛顿会议，1942年的莫斯科会议，1943年的魁北克会议和德黑兰会议，1945年的雅尔塔会议和波茨坦会议。温尼弗里斯随同出席了上述某些会议，曾提到美国对英国的内阁办公厅团队的疑惑：

美国人无法相信他们看到的景象，下船或下飞机时，在一群穿着制服的美国人中间，我们的打字员和书记员全部是穿着裙装的女孩子。但他们很快便对我们文职人员的能力和精力敬佩不已，英国的军官们也为本国的文职随从感到自豪。[70]

尽管乘坐寒冷、行驶缓慢的螺旋桨飞机进行国际旅行本身就充满风险和挑战，但布里奇斯仍要求随行人员恪守内阁办公厅的职责标准："和温斯顿同行，比如说前往莫斯科，随行者必须在飞机上继续记录。所有进展都必须被记录在案。"[71]1942年1月，英美成立"联合参谋长委员会"（Combined Chiefs of Staff），其会务也是由战时内阁办公厅负责。1941年6月，英国联合参谋团（Joint Staff Mission）与美国参谋长联席会议（Joint Chiefs of Staff）建立合作关系。1943年，英国内阁驻美秘书处成立，协助英国驻美大使哈利法克斯勋爵及其他高级驻美外交官的工作。[72]1945 年，约 24 位内阁办公厅人员成为美国常驻人员。[73]

1940 年 12 月，原里士满排屋因年久失修，易受炸弹侵袭，内阁办公厅搬入附近与议会广场接壤的大乔治街政府总部大楼（GOGGS）。在大乔治街政府总部大楼地下，内阁作战室经过了精心设计，并建有加固碉堡以保护丘吉尔、丘吉尔家人及其他重要官员的人身安全。1939 年和 1940 年，人们进行了大规模建设，使用铁基合金混凝土对地板进行了加固，使其能够抵挡空中炮弹的直接袭击。加固区域被视为"伦敦遭遇德国空军或其他武装力量毁灭性袭击时的最后一处堡垒。因此供给是根据将居住在此的核心人物数量配置的"。[74]但毫无疑问，这栋建筑仍然不够坚固：如果一枚炸弹以一定角度落下，炸弹会击穿没有加固的边墙。内阁办公厅成员加洛斯（Gallows）用曲棍球的术语开玩笑说，一个"内弧球"，所有人就全完了。事实上，战争中大乔治街政府总部大楼、外交部以及里士满排屋都未遭到直接袭击，反而是唐宁街 10 号和白厅街 70 号（70 Whitehall）因为落在附近的炸弹而遭受重创。

生活还得继续。内阁办公厅全天无休，全年无休。工作人员就睡在战时内阁会议室里；人们记得房间"很拥挤……床是军用的铁皮床"。[75]但也有一些补救措施："在农业和渔业部（Ministry of Agriculture and Fisheries）有个午餐吧，我们会有餐票。花很少的钱就能吃一顿午餐。午餐十分不错。这是定额配给之外的补贴。"[76]

内阁作战室的"简报"是对每天秘密信息的最新汇总，准备好之后由地图测绘室的主要官员呈送白金汉宫的乔治六世（George Ⅵ）。人们清楚地记得简报上讨论战舰损失的情况，1942 年损失十分惨重，但士气仍然高涨。[77] 布里奇斯回忆道：

> 所有人都夜以继日地工作，很多人连续几年都不曾松懈。但没有一个人觉得条件艰苦，更不要说心存怨恨。我清楚地记得，那些年没有一个人离开工作岗位。[78]

在极为残酷的条件下，政府高层的领导和模范作用是保持士气的最重要因素。如果内阁是一艘舰艇，那么布里奇斯便是舰长。科尔维尔写道，"没有人抱怨，因为战争中国家高层最需要干劲和士气"。"如果没有布里奇斯领导下强大的内阁办公厅的沉着应对，没有伊斯梅将军领导下的国防部的耐心部署，政府系统早就在压力之下瘫痪了"。[79]

战时内阁办公厅的演进

1944 年 6 月 6 日诺曼底登陆（D-Day）前的几个月，布里奇斯异常繁忙，但进攻成功展开后，布里奇斯便轻松了很多。1944 年 9 月，他试图出台界定现代内阁办公厅工作职责的专门文件。布里奇斯指出，显然，在这方面"没有任何相关法律条文或官方文件"。布里奇斯认为，内阁办公厅的职责主要包括三个方面：一是"常规秘书职责"；二是"为有关部门的议题准备、整理材料和信息"；三是相较而言比较乏味的"联络职责"。

"常规秘书职责"是秘书处的核心职能，自 1916 年 12 月成立以来汉基便竭力巩固这一职能，包括：

· 组织会议
· 起草、传达会议议程、备忘录和其他文件
· 起草、传达会议纪要及决议
· 跟进决议进展，确保决议被执行落实
· 起草报告
· 将报告存档和编制索引

"为有关部门的议题准备、整理材料和信息"在一定程度上属于新增职能。布里奇斯遍览史料，找到了内阁办公厅作为政府协调枢纽的依据。他找到了 1904 年财政部的一份会议纪要，其中写道，"整理、整合与本委员会有关的信息"是帝国国防委员会的职责之一。内阁办公厅后来成为政府系统的重中之重便是以帝国国防委员会为直接参照，这也解释了为什么它能像滚雪球一样，逐渐囊括了经济处（Economic Section）、中央统计局（Central Statistical Office）等众多机构，并负责为政府汇总相关研究和情报，这一发展趋势在战争时期尤为明显。布里奇斯在文件中指出，"整理来自各部门的信息，形成供讨

论的备忘录草案或电报是常规秘书职责的自然延伸，所有委员会秘书处都在不同程度上履行了该职责"。[80]

"联络职责"是指负责英国国内外组织和个人间的联络。联络职责很早便不由某一大臣单独负责了。内阁办公厅具体的联络职责包括：负责政府和国际联盟间的联络；负责与总司令及其他海外高层军事人员的情报联络；负责与北美供给委员会、非洲经济事务委员会（African Economic Affairs Commitree）、联合供给委员会（Allied Supplies Committee）的秘书处联络。联络职责是战后内阁办公厅的主要职责，联络范围后扩展至英联邦和欧洲。这一文件完美界定了内阁办公厅的职责，预测了战后内阁办公厅的发展，包括 2010 年成立国家安全委员会（National Security Council）。过多地将大臣的职责转移到内阁办公厅将损害内阁集体责任制，面对这一风险，布里奇斯也早有准备，他说：内阁办公厅在代表内阁委员会行使联络职责时，必须加以严密监督。[81]

布里奇斯撰写会议纪要的方式与汉基不同，后者"通常记下所有参与讨论的大臣的个人言论"，相比之下，布里奇斯领导下的内阁办公厅会对观点、利弊进行总结，具体观点不会对应到个人，除非某位大臣的观点意义重大，必须标明是何人所述。[82]实际上，布里奇斯曾在 1943 年对如何撰写会议纪要做过阐释：

秘书长要求，在起草战时内阁会议决议时，如果条件允许，应避免提及观点表述人。会议纪要所有内容都是战时内阁的共同决策，若有必要，可附上讨论概要。[83]

后来出任英国首相的哈罗德·威尔逊当时是一名政府统计员，1939 年以专业人员身份进入政府，在回忆与布里奇斯在会议纪要问题上相关的一件往事时，他说道：

1940 年，我 24 岁，为一场著名会议撰写了会议纪要。当时，爱德华·布里奇斯爵士走进我的办公室——这并不符合常规，他派人传唤我即可，他说，"你来写会议纪要，我不知道他们讨论了什么"。我结结巴巴回答道，自己没有出席会议，不知道大臣们讨论了什么。他说就算我出席了，也不会比他知道得多。我试图推辞，但没有用，他把笔记隔着桌子扔了过来，让我读一遍。我读完后还是一头雾水。这样，他要求我一小时内写出会议纪要，说"这是你的任务，你知道他们会怎么决策，凭推测写。你尽管写，没有人会质疑"。他是对的，确实没有大臣对我的会议纪要提出质疑。[84]

威尔逊口中这位冷酷生硬的布里奇斯并非其常态，但威尔逊确实不喜欢财政部及曾在财政部任职的官员，后来威尔逊出任首相后也一直如此。

战争结束

随着战争接近尾声，布里奇斯开始越来越多地关注战后英国及国际局势。对于后者，他研究了同盟国决定由美国、英国、苏联接管德国的计划。1944 年 11 月 1 日，他给手下一名高级官员写了一封信，这封信文笔十分生动形象，却预言准确：

这是个恐怖的想法。据我所知，美、英、苏各派出一名高级官员组成统治德国的领导集团这一想法由来已久，现在才正式达成一致。但我不得不说，这一系列三头怪物式的设想在我看来却是恶魔撒旦梦寐以求的景象之一。我想象不出这样一种制度该如何运转，除非三头怪物的一个头是虚设的，另一个头整天烂醉如泥。但这绝不可能！ [85]

很多人认为伊斯梅和布里奇斯的配合是同盟国取得第二次世界大战胜利的决定性因素，乔治六世也表示赞同。伊斯梅写道："在照了几次合影之后，国王陛下说他自己、布里奇斯和我应该被视作唯独三个在战争中职位没有变化的人，谢天谢地，这一提法并未实现。" [86] 如果布里奇斯像 1918 年的汉基一样发表演说，祝贺内阁办公厅取得第二次世界大战胜利，应该会有记录。事实上布里奇斯肯定会这样做，可档案中似乎没有相关记录。但布里奇斯对内阁办公厅工作的认可的确发自肺腑。1945 年战争结束之时，内阁办公厅有 123 名高级官员，453 名下属，共 576 人。[87] 但内阁办公厅几乎没有时间来庆祝胜利。5 月 7 日欧洲胜利日（VE Day）后不久，1945 年 5 月 23 日，布里奇斯目睹了联合政府的解体，强势的保守党成为执政党，丘吉尔再次出任首相，7 月大选两个月之后，工党上台，克莱门特·艾德礼担任首相，成为首个本党派在议会中占绝对多数的首相。艾德礼与布里奇斯的合作极为融洽，两人在很多原则上持相似看法，历史学家肯尼斯·O.摩根称两人的关系为"惺惺相惜"。[88]

布里奇斯的注意力被日本战事牵制，无暇放松。8 月 14 日，他记录道："内阁晚上 10 点 50 分召开会议，讨论日本投降事宜。"外交大臣欧内斯特·贝文起草通告。会议纪要写道："开始于美国时间 6 点半，结束于晚上 7 点，美国时间夜晚 12 点。"艾德礼问道："可以了吗？"贝文回答他将与美国国务院（State Department）进行确认。艾德礼回复："如果可以，我将于午夜 12 点播报，会提前发出警告。"当晚，艾德礼在内阁会议室向全国宣布，对日作战将于第二天，即 8 月 15 日结束。8 月 15 日成为第二次世界大战对日作战胜利日（VJ Day）。[89] 两周后，1945 年 8 月 28 日，针对广岛、长崎遭受原子弹轰炸，艾德礼写道："我们可以宣称，实质上是这项发明结束了战争。新的世界秩序必将从此刻开始……时间不多……只有无畏的行动才能拯救文明。"[90]

彼时，布里奇斯殚精竭虑任职已达 7 年之久，身心俱疲。

诺曼·布鲁克以"共同内阁秘书长"的身份进入内阁办公厅，缓解了布里奇斯的压力。历史学家约翰·布（John Bew）指出，"艾德礼和布鲁克也相处和谐……"。[91] 但 1945 年 12 月，和凯恩斯（Keynes）一同前往华盛顿和美国官员会面，商定英国战后巨额贷款这一重大事宜的仍是布里奇斯。布里奇斯在美国备受尊崇，他的出席保证了谈判最后阶段的顺利进行。协议最终达成，被传回国内大臣处。布里奇斯预测"他们会抱怨不满，但最终会接受"。[92] 布里奇斯是正确的，在布里奇斯的见证下，贷款协议于 1945 年 12 月 6 日签订。布里奇斯是唯一一位离任后继续在文官系统中担任其他职务的内阁秘书长。布里奇斯卸任后出任财政部常务副大臣，虽然不及内阁秘书长位高权重，但仍政绩卓著。布里奇斯于 1956 年退休，退休时 63 岁，超过了正式退休年龄。此后布里奇斯生活平静，1957 年受封贵族。布里奇斯的孩子们事业有成，其中儿子汤姆是希思任期内在唐宁街 10 号任职的外交官。生命的最后几年，布里奇斯投身学术，欣然担任了雷丁大学（University of Reading）校长一职。

1965 年，丘吉尔去世，葬礼上，布里奇斯是扶枢人之一，在圣保罗教堂门口迎接丘吉尔覆以国旗的灵枢，然后将其送入教堂。其他内阁大臣如伊斯梅和布鲁克也是扶枢人。作为一个恪守原则的人，布里奇斯一生严守政府机密，未保留任何具有重要历史意义的私人信件。但有一次例外，1956 年，丘吉尔的私人医生莫兰勋爵（Lord Moran）出版了《温斯顿·丘吉尔：

生死存亡》（*Winston Churchill：The Struggle for Survival*）一书。布里奇斯认为莫兰违反了保密原则，且对于丘吉尔的描述有失准确，丘吉尔的朋友维奥莱特·伯翰·卡特（Violet Bonham Carter）的《我所知道的温斯顿·丘吉尔》（*Winston Churchill：As I Knew Him*）一书也存在偏颇。布里奇斯答应为历史学家约翰·惠勒-班尼特（John Wheeler-Bennett）的《即刻行动》（*Action this Day*）一书供稿，以正视听。[93]

1969 年 8 月布里奇斯去世之际，他整理完了父亲所有手稿的 2/3。布里奇斯的起居室里贴满了他亲笔书写的小卡片，直至生命的尽头，他仍保持着认真严谨的书写习惯。他想要整理好父亲散乱的手稿，正如他为深陷第二次世界大战中的英国政府带去秩序与条理一样。

第五章

/

诺曼·布鲁克：
20 世纪中期的指挥官
（1946—1963）

撰写内阁会议纪要时，

要记录的不是他们说了什么，

也不是他们认为自己说了什么，

而是他们本应说什么，

如果他们已经想到了他们要说什么。[1]

布鲁克的履历和性格

诺曼·布鲁克生于 1902 年 4 月，即布尔战争结束的前一个月，因此，第一次世界大战爆发时，布鲁克刚好因年龄不够未能参战，而所有他效忠过的首相都参与过第一次世界大战。1967 年 6 月，布鲁克逝世，年仅 65 岁。他去世前一个月，披头士乐队发行了专辑《佩珀军士孤独之心俱乐部乐队》（*Sergeant Pepper's Lonely Hearts Club Band*）。但在 20 世纪中期，布鲁克辅佐了一位工党首相，三位保守党首相。他带领着英国这艘巨轮经历了以下关键时期：福利国家的发展，大英帝国以及不列颠世界大国地位的衰落，政府对经济的干预。

和布里奇斯不同，布鲁克出生于城郊一个传统家庭里，因此性格也更为保守。父亲弗雷德里克·布鲁克（Frederick

Brook）是布里斯托中学（Bristol School）的一名老师和监学，布鲁克则就读于伍尔弗汉普顿文法学校（Wolverhampton Grammar School）。毫无疑问，布鲁克是学校里的佼佼者：曲棍球队队长，足球队主力队员，无懈可击的优胜辩手，军官训练团队长，《伍尔弗汉普顿人》（Wulfrunian，伍尔弗汉普顿文法学校校刊）编辑，合唱团单簧管手，[2] 牛津大学沃汉姆学院（Wadham College）奖学金获得者。他在中期测评（学位教育的第一部分）中位列榜首，但让人不解的是，以他的才智，总测评排名却跌到第二。妻子是艾达·戈沙克（Ida Goshawk），没有子女。对布鲁克这种背景的青年来说，进入公务员系统似乎顺理成章，1925 年，他在公务员考试中名列第三，进入内政部。他在工作开始阶段稳扎稳打，得到内政部常务副大臣约翰·安德逊的青睐后平步青云。约翰·安德逊是两次世界大战期间 4 位重要的公务员之一，其他 3 位分别是莫里斯·汉基、沃伦·费舍尔和霍勒斯·威尔逊。

1932 年，安德逊从内政部退休，出任孟加拉总督（Governor of Bengal），但从印度回来后，安德逊接受了张伯伦的任命，成为掌玺大臣，是为数不多的退休后能够再次出任政府部门大臣的官员。安德逊毫不犹豫选择了布鲁克作为他的首席私人秘书。布鲁克后来在帮助安德逊筹备战争事务中发挥了重要作用：1939 年 9 月安德逊成为内政部大臣，布鲁克随之被调回内政部，受命将防空预警也划归内政部大臣职权范围；1940 年 10 月，丘吉尔任命安德逊接替内维尔·张伯伦出任枢密院议长一职，布鲁克以私人秘书的身份再次随之被调动。枢密院议长职责广泛，所有负责国内事务的内阁委员会都归枢密院议长负责。在那里，布鲁克对政府系统有了深入了解。他出色领导了安德逊团队，两人的关系在此期间也愈加牢固，并一直持续到1958年1月安德逊去世。

1942年3月，鲁珀特·豪沃思卸任战时内阁副秘书长一职，布鲁克很自然地成为继任者。1943年11月，丘吉尔任命伍顿勋爵（Lord Woolton）为新成立的重建部大臣（其前身由劳合·乔治于1917年设立）；伍顿邀请广受赞誉的布鲁克担任重建部常务副大臣。1945年7月，重建部被撤销，布鲁克担任第二内阁秘书长，与布里奇斯共事，1947年，布里奇斯被调回财政部后，布鲁克独任内阁秘书长。

布鲁克身型健硕，头颅很大，目光深邃。语速缓慢，下笔亦慢，字斟句酌。头发总是一丝不乱，办公桌上总是干净整洁，思维总是条理清晰。他在每个方面都是一丝不苟：约会守时，性情平和，判断谨慎。他喜欢旅行，偶尔打打高尔夫球，在家里做做木匠活，这就难怪人们会开玩笑地说他"打造内阁"[①]了。但他真正的爱好和乐趣是他的工作，他就是为工作而生的。在伯克·特伦德看来，他是典型的白厅人，"本性自律克制，但又富于创新……生来就是个协调者"，擅长消解部门间的分歧。[3]下属认为他严峻朴素，阿姆斯特朗回忆道，"布

---

① cabinet（内阁）本意为柜子。——译者注

鲁克让人又敬又怕，没有多少幽默感"。[4] 历史学家凯文·提克斯顿（Kevin Theakston）说，布鲁克非常严肃，"内敛克制"，只有为数不多的几个亲密好友。[5] 他的同事之一谢菲尔德勋爵（Lord Sherfield），即罗杰·马金斯（Roger Makins），说他私下里"非常热情，有魅力"，"并不是一个冷酷无情的管理者，只是非常坚定"。[6] 这就不难理解为什么媒体称他为"神秘的人"了。如果他愿意接受一场开诚布公的长采访，像汉基或卡多根那样记日记，或随便写些书信，我们肯定能对 1945 年到 1962 年这段历史有更加深入的了解，但他没有，也没写过回忆录，仅有的文字就是为《即刻行动》一书写的稿子，回忆了与丘吉尔共事的历史。

当然，布鲁克严峻的外表下隐藏着温情。麦克米伦的媒体秘书哈罗德·埃文斯（Harold Evans）有一次形象地说他是"奥林匹克式的人物，冷峻的外表只是部分掩盖了他可爱的性情和贫乏的幽默感"。[7] 丘吉尔的医生莫兰勋爵认为布鲁克比布里奇斯更平易近人："这就不难理解为什么内阁如此倚重和信任他了。"[8] 布鲁克在某种程度上是一位枯燥乏味、称职合格的官员，能够辅佐好历任首相，融入多届内阁。性格上和政治上都是保守派的布鲁克热衷于英联邦事务，秉持英国历史传统。他自我改变以适应前进中的社会改革，但在性别和种族平等问题上仍然态度保守。

在担任内阁秘书长的 17 年里，布鲁克拥有着绝对权力。彼得·轩尼诗（Peter Hennessy）说，"几乎所有内阁、首相事务，布鲁克都有涉及，包括最高机密、核问题和战争计划"。[9]
但也有人批评他的工作方式，提克斯顿说："因循守旧者认为
有时候布鲁克似乎过于认同他效忠的首相和政府，有时确实如
此。"[10] 他的角色相当于"参谋长"，像 20 世纪 30 年代效忠张
伯伦的霍勒斯·威尔逊或 70 年代初效忠于爱德华·希思的威
廉·阿姆斯特朗（William Armstrong）的角色。但与他们不同
的是，他反对过度认同，但可能出于极高的敬佩之情，布鲁克
会过于维护丘吉尔。[11]

效忠艾德礼（1941—1951）

战争期间，布鲁克和艾德礼是关系非常紧密的工作伙伴，
因此两人十分高兴能够再次共事。第二次世界大战期间，政
府各部门的职权遭到极大削弱，因此艾德礼政府多有"超级
大臣"，包括欧内斯特·贝文、赫伯特·莫里森、休·道尔顿
（Hugh Dalton）和斯塔福德·克里普斯（Stafford Cripps）。比
起丘吉尔，艾德礼更有条理，行事前后一致，思想倾向也更明
显，推行鲜明的社会主义政策。财政副大臣（Junior Treasury
minister）道格拉斯·杰伊（Douglas Jay）说他是"典型的维多
利亚基督徒，认为任何一个人，不管是军官、议员还是首相，
都应该做好自己的工作，履行好自己的职责"。[12]

1945 年，英国转入和平时期，像 1918 年一样，内阁及其
下属委员会将经历一次彻底的调整。艾德礼在政府安排上态度

保守，更愿意维持战时高效运转的政府体系。他保留了内阁委员会，但进行了进一步规范。艾德礼的传记作家之一肯尼斯·哈里斯（Kenneth Harris）称赞他"工作目标从一开始就十分明确，即尽快结束会议"。[13]此外，艾德礼领导下的内阁会议形式简练，内容具体，十分便于记录会议纪要，这对布鲁克及其秘书来说是个额外福利。当然，艾德礼也有缺陷，内阁副秘书长（Deputy Cabinet Secretary）乔治·马拉比（George Mallaby）后来回忆道，艾德礼会突然发脾气，公开斥责官员，不留情面。"没有准备就来参会，浪费每个人的时间，这非常差劲！"艾德礼曾说。马拉比补充说："我从来没有……见过丘吉尔和下属如此讲话。"[14]但实际上，丘吉尔可能更加唐突无礼。

1945年7月丘吉尔卸任首相后，乔克·科尔维尔仍留在首相私人办公室，他认为除道格拉斯-霍姆（Douglas-Home，1963—1964）外，艾德礼是20世纪最不以自我为中心的首相。但他的自我倾向会在某种刺激下突然爆发。当有同事批评军队时，艾德礼会勃然大怒，上过黑利伯瑞公学（Haileybury School）又是第一次世界大战军官的艾德礼对此无法容忍，错愕的同事会听到他突然厉声诘问"你到底什么意思"或"把那该死的嘲笑用到你自己身上吧"。[15]

1942年2月，艾德礼在丘吉尔手下担任副首相，全面负责各领域工作，因此艾德礼可以说是20世纪上任时准备最充分的首相。1945年7月10日，就任首相后的前几天，艾德礼面对着一系列需要决策的重大复杂问题：经济复苏问题，接管德国和奥地利问题，对斯大林（Stalin）的政策，建造本国原子弹，完成国家从战争到和平时期的过渡。布鲁克在每个重大决策中都发挥了核心作用。

在艾德礼的积极支持下，1945 年后，布鲁克巩固了布里奇斯在战争期间建立起来的内阁委员会体系，核心的常设委员会包括国防委员会、经济政策和内政事务委员会（Economic Policy and Home Affairs Committee）、立法委员会（Legislation Committee），这一模式持续了 50 年。"这些委员会，"布鲁克说，"极大地减轻了内阁的负担；因为权力下放……大量事务可不必经过内阁，直接由各委员会决策实施。"[16] 除内阁委员会外，布鲁克还对大臣履职进行了规范，1946 年起草了首个《大臣履职程序问题》（"Questions of Procedure for Ministers"），经艾德礼批准后下达各部，此后，各届首相都会在此基础上对该文件进行更新。

尽管进入内阁的前 18 个月名义上是与布里奇斯共同领导内阁，但实际上布鲁克独力承担着内阁的领导工作。从一开始，布鲁克便敢于同艾德礼政府中最有权势的大臣正面对抗。1947 年 11 月，将在下议院进行预算演讲的财政大臣道尔顿在入场时提前向一位记者披露了税改信息。布鲁克怒不可遏。道尔顿的预算演讲还没结束，报告便出现在当日晚报的初版上（实时新闻的早期案例）。布鲁克致信艾德礼谴责道尔顿，表示道尔顿的非官方言论让人无法接受：他"提前泄露了他无权决定的预算案"。[17] 道尔顿最终被迫辞职，尽管林斯基特别法庭（Lynskey Tribunal）赦免道尔顿无罪，但他重返内阁时权势大减。

布鲁克的强势还表现在他与安奈林·贝文（Aneurin Bevan）的对抗中。安奈林强烈反对财政大臣休·盖茨克尔（Hugh Gaitskell，1950—1951）推行药品有偿服务以覆盖朝鲜战争支出的计划。布鲁克在给首相的简报中写道："内阁周一将就一个原则问题做出决策……议题将以以下形式交由内阁决策：政府摒弃免费、普及医疗服务的原则在政治上是否可行？"[18] 英国国民卫生服务体系由贝文参与建立，因此贝文强烈坚持无偿原则。他要求将他的反对意见记录在内阁会议纪要上。1950年8月19日，布鲁克告诉贝文，因为决策是由内阁成员共同做出的，记下反对意见将违背内阁集体责任原则：

> 大臣如果反对某一决议，经充分辩论后仍未说服同僚，在此情况下，集体责任原则要求该大臣认同所做决议……该大臣必须与同僚持同种意见或必须辞职。[19]

讨论一直持续了9个月，1951年4月19日，布鲁克的内阁会议纪要记录道，贝文表示："如果要投票，我会对《国民健康法案》（National Health Bill）投反对票。我将辞职。我希望此事记录在案。"[20] 4天后，贝文如期辞职。这是艾德礼政府一个重要的历史转折点，标志着工党内部政见分化的加深。

布鲁克极为看重内阁集体责任制和大臣负责制，后者是指大臣就本部门政策和施政对议会负责。布鲁克极少公开发表演讲，但在 1959 年 6 月，布鲁克在他之前就职的内政部发表演说，详细阐述了该问题。他认为，内阁责任制早在 1916 年内阁办公厅成立之前便已存在。在 18 和 19 世纪，做出集体决策并不难，因为当时讨论的议题并不复杂，并且主要是政治问题，"大臣们了解政治，但对经济问题却并不在行"。彼时的决策影响大多局限在政府某部门，不会影响整个政府。此外，大臣们也与现在不同，社交的基本形式是在"豪华的宅邸里，参加女主人组织的政治集会……很多决策（实际上）是在这种形式下完成的"。[21]

布鲁克因此说道，1900 年以来英国的发展，特别是自 1911 年《国家保险法案》（National Insurance Act）以来，福利国家的发展，使各大臣遵守集体责任制变得尤为重要。国家福利的大幅增加和 1945 年之后的经济形势大大增加了遵循集体责任制的难度，但仍有很多方法来确保集体责任制的落实，包括向所有大臣传达会议纪要，当议题涉及有关各部门，相关大臣要出席内阁会议，通过委员会确保相关大臣参与议题讨论和决策等。

丘吉尔重掌大权（1951—1955）

布里奇斯退休后，布鲁克继任财政部常务副大臣和文官长（1952 年 8 月，布里奇斯已经 60 岁）。此前，1951 年，鉴于他在核心内政部门的工作经验，艾德礼在卸任前任命从未进入财政部的布鲁克担任财政副大臣。这一安排并没有考虑到 1951 年 10 月温斯顿·丘吉尔会重新出任首相。丘吉尔并不愿与托马斯·帕德莫尔（Thomas Padmore）共事，后者曾是财政部的一位高级官员，将出任新一任内阁秘书长，丘吉尔戏称其为"波多斯纳普先生"（Mr Podsnap）。距 72 岁生日仅有一个月的丘吉尔不喜欢和新面孔且志不同道不合的人共事，但他了解布鲁克，高度认可其担任内阁副秘书长 18 个月里的表现。为什么非要接受换新人呢？他断然要求布鲁克继续担任内阁秘书长。布鲁克欣然接受。他喜欢并敬重丘吉尔，视他为志同道合的爱国者兼英国历史的推崇者。此外，自 1945 年后，内阁秘书长一职便被确立为政府要职。他有什么理由离开权力核心呢？

1945—1951 年，布鲁克一直与时任反对党领袖的丘吉尔保持联系，特别是在《第二次世界大战回忆录》（*The Second World War*）的撰写上。艾德礼同意丘吉尔及其研究团队使用政府档案，条件是不泄露政府机密，不寻求政治利益。内阁办公厅将对文稿进行审查。回忆录里有些部分是布鲁克亲自改写的，自 1948 年至 1953 年，回忆录一共出版了六卷。布鲁克删掉了包括布莱切利园（Bletchley Park）在内的所有机密。布鲁克十分了解丘吉尔的行事方式和脆弱之处，认为自己有义务辅佐老首相尽其所能领导英国，保护他免受公众打扰，免遭内阁反对派的讥讽。他认为丘吉尔在重回唐宁街10号的前两年和他在第二次世界大战期间一样极具威信："首相的指令仍像以前一样被传达下去，但很少的指令会像过去那样被贴有'即刻行动'的标签，而现在则已经完全没有了。"[22]但气氛的完全转变是在1953年6月丘吉尔中风之后。布鲁克和丘吉尔的亲密关系是以和布里奇斯的疏离为代价的，布里奇斯在担任内阁秘书长期间，没能像同期的伊斯梅、雅各布和科尔维尔一样同丘吉尔建立起亲密自然的关系，甚至在战争中也没有。但布里奇斯和布鲁克在第二次世界大战期间关系紧密，我在《丘吉尔的祥和晚年：1951—1955年的保守党政府》中曾写道，二人"总是进出彼此的办公室，是亲密的私交好友"。[23]两人最初的裂隙出现在艾德礼上任的前18个月里，布鲁克在担任了常务副大臣（重建部）后，非常渴望能够独掌内阁办公厅。他对布里奇斯感到愤恨，认为他对内阁秘书长一职恋恋不舍，并可能已经意识到内阁秘书长的核心地位和影响力正在超越财政部负责人或文官长。[24]在政府改革方面，两位要员的分歧也开始显现，布里奇斯认为是他推动并巩固了技术人员、经济学家、科学家和统计学家这支新团队在内阁办公厅的地位，布鲁克则认为新团队自然应属内阁办公厅管辖，而非财政部。

　　1951年，布里奇斯和布鲁克有过短暂的联手——反对丘吉尔对政府核心重新洗牌，实行"超级大臣"制度。但丘吉尔上任后坚持由布鲁克继续担任内阁秘书长，二人的联手很快瓦解。（这会是布鲁克长期以来竭力保住丘吉尔首相之位的原因之一吗？）布里奇斯成了被孤立的财政部要员，他改革白厅的努力也付之东流。1952 年 3 月，他绝望地致信布鲁克："……如果在政府里工作了一辈子、深刻了解政府体制的我们都无望地放弃了从内部对其进行变革的所有努力，那么我们这个时代还有任何改革的希望吗？"[25] 工作受阻，失去内阁秘书长一职，在对决中落败，包括决定丘吉尔的授勋名单，目睹曾经的下属变为上级，二人的关系趋冷在所难免。毫无疑问，布里奇斯忌妒布鲁克的影响力，他可能还反对混淆文职官员和各部官员的职责界限。1956 年，艾登决定进军苏伊士前夕，二人关系进一步恶化。布里奇斯觉得在这件事情上，自己被排斥在外，事实也确实如此。20 世纪 50 年代早期，内阁秘书长和文官长之间的公开对抗达到了顶点，布鲁克考虑尽快在政治上实现两个职位的合并也证实了这一点。[26]

　　丘吉尔喜欢布鲁克超过布里奇斯的一个佐证是他授予了前者一个极为珍贵的荣誉。科尔维尔写道："他（丘吉尔）敬重诺曼·布鲁克爵士的智慧和勤勉，与其共事融洽愉快，因此举荐他进入'别样俱乐部'（Other Club）[1911 年由丘吉尔和 F. E. 史密斯（F. E. Smith）创立，成员每两周在萨沃伊酒店（Savoy otel）共进一次晚餐]。[27] 这是丘吉尔能授予的最高私人荣誉，汉基和布里奇斯都未获此殊荣。"[28]

　　布鲁克在丘吉尔重任首相后就迅速与其再次建立了关系。1951 年圣诞节第二天，布鲁克随同前往华盛顿会见美国总统杜鲁门（Truman）。布鲁克是丘吉尔起居室里共同举杯庆贺新年的内部小团体中的一员。莫兰写道："钟敲了12下，他的思绪似乎飘到了很远的地方。他从椅子上站起来，放下杯子，双臂交叉，开始唱《友谊地久天长》（*Auld Lang Syne*）。唱完了之后，他又唱了《上帝保佑国王》（*God Save the King*）。然后他（丘吉尔）回到位子上，似乎这一仪式宣告结束。"[29] 紧接着，丘吉尔便就各种问题询问布鲁克的意见，大臣和文职官员的任职，如何处理棘手的政策和谈判，这些显然已经属于布里奇斯负责的文职领域。布鲁克成了周末丘吉尔的查特韦尔（Chartwell）庄园和乡间别墅的常客，并且基本上一直是丘吉尔出国访问的随行人员："这不是因为布鲁克的外交能力出众，只是丘吉尔离不开布鲁克沉着冷静的判断和建议。"[30]

　　布鲁克有时会与丘吉尔针锋相对。毕竟，他地位稳固，不用担心会失去什么。他们的第一次争论是因为丘吉尔坚持认为政府应该"缩减规模"。布鲁克画了一幅政府组织结构图给丘吉尔，涵盖了60个委员会、47个分委会和17个工作组。但丘吉尔不为所动。他想大幅削减内阁委员会甚至全部撤销，亲自负责政府各个领域，担心自己无法掌控复杂的内阁委员会体系。布鲁克选出9个可以被撤销或合并的委员会，但这并没有满足丘吉尔，丘吉尔回应道，布鲁克"只放走了庞大鸟群里的几只而已"。[31] 他告诉布鲁克："请给我一个可以讨论的清单，这样至少我们能开始着手。"[32] 几天后，为满足丘吉尔节约经费的要求，布鲁克又选出了5个可以被取缔的委员会。

　　在精简内阁委员会体系的这场战争中，丘吉尔赢得了几场小战役，布鲁克却赢了战争。很快，主要内阁委员会便恢复到艾德礼任职时的运行状态，丘吉尔负责国防委员会，财政大臣巴特勒负责经济委员会，枢密院议长索尔兹伯里负责内政事务委员会，内政大臣大卫·麦克斯韦·法伊夫（David Maxwell Fyfe）负责立法委员会。外交事务将在内阁会议上被讨论。[33] 丘吉尔随后瞄准了仅由官员组成的内阁委员会，继续给布鲁克施压要求裁撤，有一次要求立即撤销 20 个委员会。很快，高级官员开始向布鲁克抱怨原本各司其职的内阁委员会体系一片混乱。他们的补救措施是增加在政府俱乐部的见面次数，或在内阁办公厅共进午餐的机会，确保在没有官方委员会的情况下，政府工作能够正常进行。[34]

　　丘吉尔和布鲁克的主要分歧是丘吉尔想要建立"超级大臣"制度，由超级大臣负责众多政府部门，取代内阁委员会。布鲁克在其之前的大本营——工党中迅速找到了同一战线，工党同样强烈反对丘吉尔轻率改革。1951 年 11 月和 1952 年 4 月，工党两次表示，事务协调工作此前都是由各内阁委员会负责人私下进行，但现在协调大臣的身份将被公之于众。[35] 布鲁克和其他政要是否通过消极行政阻碍了丘吉尔进行改革？我们不得而知。但"超级大臣"制度从未得到有效落实，"不到一年，随着丘吉尔的注意力从政府机制转向别处，各部和各内阁委员会便恢复了原来的运行模式"。[36]1938 年 8 月，丘吉尔致函文官长布里奇斯，要求他"起草一份声明，阐明改革试点应该积极展开，表明有必要进行改革，以及取得的成果显示相关职位的设立和裁撤是必要的。声明大约 500 字"。[37] 知名白厅观察员彼得・轩尼诗认为，声明"十分具有讽刺意味"。[38]

　　尽管丘吉尔推行了改革，但 1952 年内阁会议总量有增无减，共召开了 108 场会议，多于 1950 年艾德礼在任时的 87 场。经济政策委员会、内政事务委员会和立法委员会等常设委员会开会次数保持稳定或者增多，国防委员会开会次数稍减。[39] 第二年，布鲁克致函丘吉尔，他或许带着一丝满足地说道，1953 年内阁或委员会会议没有实质性的减少。[40] 丘吉尔也热衷于简化官方文件，布鲁克建议他重新刊发 1940 年的一份规范，布鲁克于 1951 年 11 月在政府上下传达过这份规范。[41] 几天后，丘吉尔采纳了该建议，附言："政府文件过于冗长。1940 年我提倡简化官文，显然，我必须再次倡议。"[42]

　　在悉数保留内阁办公厅的得力下属和其他部门的临时调派人员方面，布鲁克总能在与丘吉尔的对抗中占得上风。布鲁克喜欢保留一小拨他认为能够长期胜任工作的下属，但他没有遇到一位，能像他辅佐约翰・安德逊那样辅佐自己的得力助手。在他之下是内阁副秘书长伊恩・雅各布，后者在丘吉尔的举荐和建议下，曾担任过一段时间的国防委员会负责人。在内政方面，布鲁克之下有两位内阁副秘书长，其中一位是乔治・马拉比，乔治・马拉比的履历与众不同，曾是一名学校校长，但他的内阁办公厅官员的身份更加鲜有人知，乔治・马拉比后来写了两本书。[43]

　　在内阁会议上，布鲁克坐在丘吉尔旁边，由内阁副秘书长负责会议纪要。涉及重要议题时，布鲁克会亲自记录，书写工整，篇幅大约为2/3张纸左右，内容与下达给各大臣的最终版相差无几。会议纪要必须在内阁会议当日下午4点前完成，一般不提及具体大臣的名字，布鲁克坚持会议纪要终稿必须简洁、切题。当大臣特别要求显示自己的姓名且其观点不与最终决议相冲突时，会议纪要中会出现大臣姓名。对于布鲁克的"铁律"，马拉比写道，"我们在会议结束后回到内阁办公厅……然后仔细检查笔记，不能遗漏讨论中出现的任何重点……不能涉及任何有违内阁集体责任制的内容"。[44]

布鲁克监管下的内阁决议符合集体责任制的要求，但并不是所有大臣都表示认可，特别是有历史意识的大臣。住房大臣哈罗德·麦克米伦记得自己曾向马拉比表示，他认为内阁秘书在歪曲历史：

50年或100年后的历史学家读到这些会议纪要时会产生错误的看法。他们会惊喜地赞叹内阁成员都思维缜密，能够有条理、有逻辑地讨论每一个议题，得出明确具体的结论。可是你知道，事实并非如此。[45]

内阁办公厅对此的回应是，他们完全意识到这可能会扭曲历史，但他们更关注实际效果："这一为布鲁克所推崇，经布鲁克完善的纪要形式是推动决议落实的最佳形式。"[46]

布鲁克在起草内阁会议议程上花费了大量精力，并越来越多地向丘吉尔提出直接建议。内阁办公厅会征询大臣和官员们的议程意见，但很少询问丘吉尔，这通常由布鲁克自行决定，因为他了解哪些议题最需要进行讨论，但这没能避免丘吉尔打乱布鲁克的有序安排。[47]会议一开始，布鲁克会宣布某议题是最重要的，应该首先进行讨论。和汉基需要面对的劳合·乔治一样，丘吉尔的怪癖会完全打乱布鲁克的精心安排，包括打乱通知等候室的非内阁大臣进入会场的准确时间安排。有时丘吉尔自己会搞不清楚，当布鲁克的下属指出首相遗漏了议程中的某个议题时，丘吉尔会恼羞成怒斥责道："你在做什么？我知道该怎么做。你该管住自己的嘴，做好自己手头的事。"[48]

丘吉尔只会欣然接受一个人的指责，那就是布鲁克。1952年3月，丘吉尔写信给布鲁克说他非常不喜欢美国人的"最高机密"一词，更喜欢使用传统的英国表达"绝对机密"，因此想重新启用后者。布鲁克很快回复道："我和您一样不喜欢'最高机密'一词，也希望它从来没被采用过。"但继续表示现在北约、英联邦和美国都使用"最高机密"这一表达，如果再用"绝对机密"会造成严重混乱。此外，布鲁克不动声色地提了一句"1944年，这一表达经您同意后采用"。两天后，丘吉尔回复："我妥协。"[49]

1953年7月23日，丘吉尔中风发作，政府在布鲁克的主持下正常运行，但布鲁克在这一过程中扮演的复杂微妙的角色却存在争议。1951年，在布鲁克的坚持下，科尔维尔重回内阁担任布鲁克的首席私人秘书。布鲁克与科尔维尔和他的议会私人秘书克里斯托弗·索姆斯（Christopher Soames，布鲁克小女儿的丈夫）一起封锁了丘吉尔中风的消息，这在现在根本不可能，但在当时却是可能做到的。祸不单行，丘吉尔的指定继任者安东尼·艾登于 6 月 10 日在美国波士顿接受了手术，修复在英国做的胆道修复手术带来的损伤，他需要长时间休养。[50]丘吉尔并不看好排在艾登之后的巴特勒。因此，布鲁克不得不用上所有的决断、谋略和智慧来确保政府正常运行。

丘吉尔被悄悄运回查特韦尔，布鲁克团队利用丘吉尔与媒体大亨的友谊，很快，"丘吉尔身体暂时抱恙，政府正常运行"的报道传播开来。在科尔维尔的坚持下，布鲁克不得不抛弃某些顾虑，允许非政府大臣的索姆斯接触秘密文件。8 月中旬，丘吉尔的身体状况开始好转。8 月 18 日，他愉快地告诉医生："中午我要用餐，同时听诺曼·布鲁克汇报内阁会议议程。"[51]松了一口气的布鲁克说："他的恢复速度让人吃惊。"[52]

因此，不顾内阁绝大部分成员的反对，布鲁克建议丘吉尔继续担任首相，如果他愿意的话。内阁希望丘吉尔这次暂退是其卸任的预备，但让内阁失望的是，丘吉尔仅在 9 月外出度了一次长假。10 月，丘吉尔在保守党年会上宣布他将继续担任首相，完成重要的外交使命，内阁对此更加不安。第二党鞭泰德·希思（Ted Health）上台称赞丘吉尔"鼓舞人心的领导力"和"气势磅礴的演讲"。[53]但秋天过后，丘吉尔的精力开始衰退。布鲁克写道："他先是为生命而战，接着又为职位而战。"[54]12月，莫兰和布鲁克就政府的未来问题进行了一次重要讨论，莫兰称赞布鲁克像一名高明的医生，"我很赞同布鲁克的观点。"
他写道。他们从健康角度阐述了丘吉尔接下来的首相生涯，莫
兰一字不差地记道："在战争中，首相可以同时处理两三件事，
并把它们一一安排好——这是他的过人之处。那时，他可以轻
松处理众多事务。但现在，他成了一个慵懒的首相，早餐后会
看看小说。但从整个国家的角度来讲，他仍应该继续担任首
相。"[55] 为什么布鲁克始终坚持让 79 岁高龄身患重病的丘吉尔
留任首相，阻碍正常的政治更替，让指定的继任者艾登焦灼等
待呢？很难知道确切原因。但我们却知道，"他和乔治六世的
私人秘书艾伦·拉塞尔斯（Alan Lascelles）观点一致，认为艾
登不应该使用副首相头衔，因为这会影响国王选择新首相的权
力"。[56] 同时丘吉尔越来越怀疑喜怒无常的艾登能否胜任首相
一职。科尔维尔和我说过多次。布鲁克是否也有此顾虑？如果
有，我们知道他永远不会和任何人说起，就像他永远不会告诉
任何人他为什么支持丘吉尔。

　　推迟只是推迟，不可避免的接任终归会来。1953 年 12 月，
布鲁克以为内阁仍在丘吉尔的掌控之中，这一信念经历了圣诞
节之后异常艰难的 7 个月，一直持续到 1954 年 7 月。[57] 但并
非人人都认同布鲁克的判断：历史学家、丘吉尔第二次世界大
战期间的大臣艾德华·格里格（Edward Grigg）之子约翰·格
里格（John Grigg）在《文汇》（Encounter）上发表了一篇文
章，谴责布鲁克处理丘吉尔中风一事的做法及 1953 年后丘吉
尔仍继续担任首相这一事实。[58]

丘吉尔决意继续担任首相直至与苏联达成谅解，他认为这是 1953 年 3 月斯大林死后带来的一个新契机。5 月 11 日，在科尔维尔的支持下，丘吉尔在艾登缺席的外交部会议上发表了震撼人心的演讲，反对外交部与苏联举行会谈的建议。此时，忠诚的布鲁克左右为难。对于会谈前景，内阁经常出现分歧，与丘吉尔意见相左的主要是艾登和索尔兹伯里。在 1954 年 7 月的内阁会议上，丘吉尔表示与外国领导人进行磋商是他作为首相的权利，对此，索尔兹伯里回应道，如果丘吉尔这样认为的话，"我们也应该考虑一下我们的权力了"。丘吉尔不得不退一步，表示"我或许对巩固世界和平期待太高了"。[59]

1955 年 3 月中旬，就在丘吉尔辞职前夕，分歧再次加剧。丘吉尔视即将访欧的美国总统艾森豪威尔（Eisenhower）为最后一次延迟卸任的机会。对于丘吉尔再次延迟卸任的计划，内阁错愕不已。1953 年 3 月，艾登已经在筹备初期大选，很担心外界对这次访问的看法。丘吉尔说："会有人说我们推迟艾森豪威尔总统的访欧行程，是为了仓促举行大选，让自己的党派从中受益。"[60] 内阁会议讨论了进行选举投票的日期，以利用或防范艾森豪威尔访欧的影响。艾登问丘吉尔："如果艾森豪威尔推迟到夏天访欧，首相您会卸任吗？"丘吉尔回答："我会考虑在这种新情况下自己所担负的责任。"此时艾登已经怒不可遏，回应道："如果那时我还不能胜任作为首相与艾森豪威尔会面的工作，那我永远也胜任不了首相一职。"[61]

布鲁克此时面临的状况是，举国上下刚刚欢庆完丘吉尔的

80岁生日，这位备受尊崇的首相可能在气愤中下台，并使保守党和整个英国陷入分裂。但他不作为也有风险：如果丘吉尔继续留任首相，内阁可能集体辞职。[62] 最终，布鲁克从中斡旋，促使对方做出了"正确的选择"。"总的来说，"莫兰说道，"在挑衅面前，艾登表现得体。"布鲁克承认，丘吉尔首相生涯的最后几天充满忧伤。最终，1955年4月5日，丘吉尔前往皇宫觐见新继位不久的伊丽莎白二世。第二天，根据皇室惯例，艾登接受女王召见，成为新一任首相；这一职位，艾登等了15年甚至更久，但艾登的身心状态俱佳，并没有受到延迟上任带来的沮丧情绪的影响。

艾登和苏伊士危机（1955—1957）

艾登对国内政策缺乏了解，布鲁克即使因此对他担任首相的资格有过质疑，他也不会和任何人提起。艾登的传记作家理查德·索普（Richard Thorpe）对此明确表示："诺曼·布鲁克对艾登十分忠诚，不可能认为他没有能力担任首相。"[63] 如果说丘吉尔中风后是否具备继续担任首相的能力一事让布鲁克陷入了道德上的两难境地，那么艾登则让布鲁克遭遇了职业生涯上最大的道德危机，这便是苏伊士危机。1956年7月26日，埃及总统纳塞尔上校（Colonel Nasser）突然出兵，夺回了原来由英法控制的苏伊士运河，并对其进行国有化，苏伊士危机爆发。接到该消息时，艾登正在主持国王和伊拉克总理的晚宴，两人均建议艾登以英国一国之军力迅速痛击纳塞尔。

布鲁克一直对中东的潜在危机心存警惕。英美在英国的中东政策上存在分歧，1945 年，布鲁克致信艾登，表达了自己的担忧。即使在担任外交大臣时期，艾登也清楚，和艾森豪威尔讨论解决埃及问题时，需要仰仗布鲁克的意见。布鲁克表示："我们对埃及政权没有信心。"[64]1956 年 4 月，艾登担任首相整一年后，布鲁克写信给艾登，提醒他 1953 年 2 月他在任内阁秘书长时曾下达过一份文件，文件中总结道：

> 埃及对英国在苏伊士运河驻军隐忍已久，认为人们会继续容忍美国或法国军队进驻埃及或中东其他地方的想法只是妄想……如果我们要继续控制这一地区，我们必须利用民族主义运动。[65]

艾登考虑了这一建议。但当苏伊士危机爆发时，他却选择了与阿拉伯民族主义者纳塞尔针锋相对。

1956 年夏，布鲁克越来越担忧艾登的思想倾向以及国内外日益反对英国采取报复行动。8 月，他明确建议艾登：

> 内阁全体成员一致认为，不能放任纳塞尔如此行动，因为如果他成功了，我们便会失去石油，失去英国基本的生活保障，更不用说英国在中东地区和作为世界大国的影响力。内阁因此认为，我们必须不惜一切代价加以制止，如果其他所有的方法

都失败了，那么我们最后不得不做好使用武力的准备……但有内阁成员在不同程度上认为，在使用武力之前，我们必须能够表明我们确实竭力试图以和平手段加以解决并且穷尽了所有非武力途径。[66]

他补充道："当前，一些大臣表示不确定英国的'中间派'会在多大程度上支持采取武力行动。"[67]布鲁克认为诉诸武力需要纳塞尔有进一步挑衅行为，而通过联合国达成的国际协议至关重要。布鲁克当时的私人秘书，后来的内阁秘书长约翰·亨特（John Hunt，1973—1979）后来坚称，布鲁克对苏伊士问题极为保密，他对发生的事情几乎一无所知。[68]但布鲁克什么都知道，他是埃及委员会秘书长，埃及委员会（官方）、苏伊士国防委员会（临时委员会）主席。他知道苏伊士问题的所有机密，包括最阴暗的那些。

10月23日，在内阁会议上，艾登提醒各位大臣，英国和法国正面临两个选择，长期谈判或早期军事干预，但后者很难无期限地被推迟，因为"英国和法国的军队都不能被视为处于备战状态"。如果进行军事干预，他总结道，"内阁需要做出果断决策"。[69]艾登没有告诉诸位大臣，前一天以色列总理大卫·本·古里安（David Ben Gurion）、外交大臣帕特里克·迪恩（Patrick Dean）已经秘密前往法国，同法国政治、军事高层会面。他们共同策划了阴谋行动，即以色列率先进攻埃及，英法假称保护运河，以维和者的身份介入。因为会议是在巴黎西南部的塞夫尔进行的，该秘密条约被称为《塞夫尔条约》，1920 年和土耳其的和平谈判也是在此地举行。

迪恩回到伦敦，向艾登出示了该条约。艾登大惊失色，说他没有同意签署这份条约，命令迪恩销毁所有记录。倒霉的迪恩又被派往巴黎，说服法国方面也销毁证据。法国阵脚大乱：迪恩被关进一个房间，门被上了锁。无水无饭被关押了 4 个小时后，一名官员进来告诉他说法国拒绝销毁条约。此外，这名官员还提醒迪恩以色列也有条约副本。

10 月 29 日，条约被付诸行动。以色列入侵埃及：在联合国安理会上，英法对美国请求终止以色列入侵埃及的决议投了反对票。英国要求埃及撤出苏伊士运河，要求遭拒，英法入侵埃及。10 月 30 日，内阁召开会议，专门讨论苏伊士运河事件。布鲁克在笔记本上赫然写下"不予记录"。[70]

埃及军队很快被击败，但他们很快堵塞了艾登试图占领以保持开放的河道。11 月 6 日，处在总统中期选举中的艾森豪威尔采取果断行动，他郑重警告艾登不要入侵埃及，否则将对英国金融领域实施制裁措施。英国国内，下议院和全国上下爆发了激烈的争论，工党领袖休·盖茨克尔称入侵行动"愚蠢透顶"。[71] 随着联合国以 64 票反对、5 票赞成的报票结果反对军事入侵，英国内阁开始分裂，英镑骤跌。在仅侵占了 23 英里河道后，艾登被迫终止了军事行动。

7 周后，1956 年 12 月 20 日，爱德华·希思（当时的党魁）在内阁之外和艾登的首席私人秘书谈话时说道：

内阁秘书长诺曼·布鲁克爵士从内阁办公厅见完首相后走进门来，样子像接到了切腹命令的日本武士。我们全体沉默，布鲁克说："他告诉我要销毁所有相关文件。我得去做了。"说完，永远忠诚于首相的诺曼爵士起身销毁了能够证明英、法、以色列苏伊士阴谋的《塞夫尔条约》及其他文件。安东尼·艾登一直否认有过此协定……并且从未改口。[72]

布鲁克在苏伊士问题上犯了两个错误：一是未能制止 12 月 20 日艾登在下议院会议上说谎（"并不知晓以色列会进攻埃及"）；二是销毁了文件。20 世纪 80 年代，政府在将相关文件交给国家档案馆之前对其进行了审阅，当时的内阁秘书长罗伯特·阿姆斯特朗写道，布鲁克"知道自己销毁的是与苏伊士问题相关的秘密文件"。[73] 有人指控布鲁克说过他"绝不会让真相泄露出去"。随后的内阁秘书长们也对布鲁克的行为表示谴责。布里奇斯言辞激烈，说如果他当内阁秘书长，"苏伊士危机根本不会发生"，[74] 在此之前以及在此之后，都没有一位内阁秘书长如此严厉地控诉过另一位内阁秘书长。由此可以看出，布鲁克此举的愚蠢和对首相的愚忠之甚。如果确实是布里奇斯在任内阁秘书长，密谋可能会被公开，入侵苏伊士以及由此对英国在中东地区声望带来的毁坏或许也不会发生。当我问罗伯特·阿姆斯特朗是否会听从首相的指令销毁文件时，他停顿了很久。他平静地表示，希望自己不会那样做，但如果他没有销毁的话，他会让文件放在一个极为机密的地方，只有以后的内阁秘书长才知道的地方。[75] 理查德·威尔逊说，如果他面临相似的情形，他希望不会像布鲁克那样做，安德鲁·特恩布尔则称布鲁克的行为是"应受谴责的"。[76] 阿姆斯特朗猜测是否布鲁克会认为自己的做法不会造成多大后果：毕竟法国和以色列都持有条约副本。他也肯定会想到第二次世界大战结束时丘吉尔也曾销毁过敏感文件。

布鲁克与布里奇斯的交情就此结束，但他在艾登 1957 年 1 月 9 日辞职后，仍与他保持着特殊联系。1957 年 3 月，继任首相的哈德罗·麦克米伦拜访了艾登。在 20 世纪，没有一位首相——包括劳合·乔治和张伯伦——在卸任时声誉如此不堪，拜访这样一位身败名裂的前任是件十分微妙的事，布鲁克为麦克米伦准备了文件。文件表明布鲁克十分清楚艾登的忧虑及其焦躁不安的精神状态。艾登想要和人交流，布鲁克因此建议新首相谈论核武器问题。1957 年的核裁军运动让布鲁克开始担忧愈加强烈的反核情绪。艾登认为这起源于允许美国部署核导弹的决定。布鲁克说，"艾登思考了为什么会出现这种状况……他认为公众会有这种观点是出于恐惧，一定程度上还由于反美情绪"。[77] 艾登还想谈论石油问题，他认为纳塞尔的目标是控制沙特阿拉伯及其石油供应，因此明智的做法是寻找其他石油供应渠道。

布鲁克说，艾登还想谈论自己的回忆录的事情，他急切地想出版回忆录，一部分原因是他想证明自己的清白（他仍然否认有过阴谋），另一部分原因是他想筹钱（《泰晤士报》提前支付了他 10 万英镑）。艾登希望麦克米伦和内阁办公厅允许他使用政府档案，丘吉尔在出版六卷本的《第二次世界大战回忆录》时便借助了政府档案。艾登的第一卷本《自始至终》（*Full Circle*，1960 年）写的是他在第二次世界大战后的任职经历，其中说到了苏伊士问题。1967 年在一次私人访谈中，艾登最终还是承认了事实，但他表示这只能在他死后公布。他最终承认了合谋，但辩解道："整个事件和为之所做的准备的初衷全是为了避免它后来造成的不好的结果。对此我不会道歉。"[78]

艾登还责备了他的同僚，特别是巴特勒。艾登的妻子克拉丽莎（Clarissa）在私人信件中提到了 1968 年 9 月 9 日艾登写的一份备忘录，这份备忘录意在表明，在苏伊士问题上，布鲁克理解他的决定。

今天在诺曼·布鲁克伦敦的家中，布鲁克对我说，他仍认为被迫改变对苏伊士问题的策略来安抚以拉布（Rab）为首的软弱的同僚是场灾难。他们当时没有做好和埃及发生正面冲突的准备，但军队已经箭在弦上。另外，他们打算采取更为险恶的阴谋。但作为内阁成员的拉布从此之后便开始说话半真半假，批评也随之而来。换句话说，我们为之改变了战略的那群人后来被证明是最不忠诚的。

"自始至终，苏伊士问题的所有进展我都会知会拉布。拉布没有缺席任何一场重要的内阁会议，有时，拉布迟到，我们会等他抵达后再开始。"诺曼·布鲁克告诉我拉布还出席了众多苏伊士委员会会议，有一次还是会议主持人。

诺曼·布鲁克不告诉我他研究了内阁委员会的构成，内阁委员会经他同意才能设立，但内阁委员会成员是由内阁会议选定的。

我向诺曼·布鲁克表示有传闻说，在苏伊士危机期间，在蒙巴顿的劝示下，女王给我打电话表达了关切。这当然全无根据。但我认为这则传闻会出现在周日《泰晤士报》的莱西（Lacey）连载栏目上。诺曼·布鲁克告诉我，他确定并没有这回事。[79]

麦克米伦（1957—1962）

麦克米伦是连续四位在第一次世界大战中服过役的首相中的最后一位，在 1955 到 1957 年，麦克米伦担任过财政大臣和外交大臣，尽管时间短暂，但他仍被视为担任首相的合适人选。与希思和梅杰不同，他是一位更乐于和文职官员而非大臣共事的保守党首相。麦克米伦和四位官员最为亲密：弗雷德里克·毕晓普（Frederick Bishop）、蒂姆·布莱（Tim Bligh）、菲利普·德·祖卢埃塔（Philip de Zulueta）和诺曼·布鲁克。毕晓普曾是内阁办公厅的助理秘书长，后来在 1956 年，在布鲁克的推荐下，成为艾登的首席私人秘书。麦克米伦保留了他的职位，并且对其极为倚重，曾于1957年初苏伊士危机后派毕晓普前往华盛顿修复英美关系。1957年，毕晓普陪同麦克米伦进行了一场重要的国事访问，会见苏联领导人尼基塔·赫鲁晓夫（Nikita Khrushchev）。1959年大选时，麦克米伦在苏塞克斯东格林斯特德（East Grinstead，Sussex）毕晓普家的花园里练习竞选演讲。1959年底，毕晓普重回内阁办公厅出任副秘书长之后，仍会就外交事务向麦克米伦进言。麦克米伦和毕晓普的继任者、新任首席私人秘书布莱同样关系密切，布莱很快明白他首先应效忠于首相而非文职系统，由此成为麦克米伦核心圈子的一员。[80]1960年1月至2月，麦克米伦在布莱陪同下，对非洲进行了长达6周的访问，布莱担任麦克米伦首席私人秘书直至1963年10月麦克米伦卸任。麦克米伦十分倚重他的外交事务私人秘书盖·米拉德（Guy Millard）。1957年米拉德离职后，菲利普·德·祖卢埃塔接替他，并在此后6年里成为麦克米伦的肱股之臣。不出所料，在体验了唐宁街10号的工作强度和至高权力后，毕晓普、布莱和德·祖卢埃塔均因无法再适应文职工作而提前离开了文职系统。

布鲁克已经容忍了科尔维尔曾享有的特殊地位，后者于1955年随丘吉尔离开了文职系统。当官员们对首相过度认同而失去中立立场时，布鲁克似乎也没有像后来的内阁秘书长那样变得很焦虑。布鲁克被称为麦克米伦的"幕僚长"，这是他的继任者都极力回避的头衔。这一职位由托尼·布莱尔在1997年正式设立，任命前外交部外交官乔纳森·鲍威尔（Jonathan

Powell）为唐宁街 10 号幕僚长。[81]麦克米伦对内阁办公厅的描述阐明了这一点：

> 内阁办公厅和唐宁街官员地位等同却又不只效力于首相。内阁办公厅的负责人是内阁秘书长，内阁秘书长及其同僚同样效力于各部大臣。但因为所有内阁文件在下达前必须经过首相同意，由大臣组成的所有常设的或临时的委员会的设立也必须由首相批准，所以内阁秘书长是协调者，同时也是首相的特殊密友。我很荣幸从一开始便获得了诺曼·布鲁克爵士的鼎力协助。[82]

我们或许会对"特殊密友"一词吹毛求疵。布鲁克之后，再没有内阁秘书长能成为首相的"特殊密友"，而他们也不会寻求成为首相的"特殊密友"，认为这并不合宜。

1959 年，麦克米伦阅读过劳合·乔治的战争回忆录后写的日记为我们提供了另一个解读视角。麦克米伦思考后认为，比起劳合·乔治，自己获得了更多支持："今天看来，差距还是很大的。私人秘书部对我心怀敬意，尽心竭力。内阁办公厅也能够高效运转。"[83] 这一对比并不成立，尤其在辅佐首相的团队规模上，劳合·乔治的内阁秘书和首相秘书处的团体规模超过了历史上的任何一位首相。这极有可能是因为麦克米伦对此并不了解。大多数首相对前任首相的职业生涯知之甚少这一点总让人惊讶。

比起艾登时代，麦克米伦在位时的内阁的讨论更加自由，和丘吉尔时期相比也更加严谨有序。缪尔希尔勋爵（Lord Muirshiel）、苏格兰大臣约翰·麦克莱（John Maclay）回忆道，麦克米伦是个"让人愉快的内阁领袖，大臣们在内阁会议上虽然有一些局限，但都很愉快"。[84] 但有一点，麦克米伦习惯于回避问题，而不是直面问题，这一特点在首相身上很常见，也可以理解。道格拉斯－霍姆提到过一件事，很能说明这一点：

　　一天早上，我早早到了内阁办公室，发现内阁秘书长诺曼·布鲁克爵士把我们的座位都换了。我问发生了什么。是重新洗牌了吗？还是我们当中有人在夜里去世了？"噢，不，"诺曼爵士回答，"并非如此。首相受不了伊诺克·鲍威尔（Enoch Powell）隔着桌子投过来的严厉斥责的目光，所以我必须把他移到边上。"[85]

1957年，麦克米伦主持内阁会议86场，1960年主持了65场，而1961年只主持了60场。1961年，布鲁克上呈麦克米伦一份相关备忘录，针对会议次数减少一事说道，"内阁进行集体决策的次数似乎有所减少"。[86] 麦克米伦在备忘录下方用红笔写道："总的来说，我觉得大臣做到了……恪尽职守。"[87] 内阁会议在周二或周四举行，时间是上午10点半或11点。地点也发生了改变，麦克米伦上任两年半后，唐宁街10号开始翻修，附近的海军部成为开会场所。在此期间，还设立了新的内阁职位，如国防大臣一职，而陆军大臣、海军大臣、供给大臣等原有的职位则被撤销。[88] 麦克米伦时期，内阁经常会通过各委员会中大臣做出的决议，很少有对立。但也有例外，1960 年 7 月 13 日，内阁成员在关于英国加入欧洲经济共同体的讨论中产生分歧，在讨论总结阶段，麦克米伦表示将告知下议院，内阁在"加入欧洲经济共同体问题上遇到了难以逾越的障碍"。[89]

内阁之下的委员会体系也经历着变革。前国防委员会和经济事务委员会被合并成国防及海外事务委员会。内政事务委员会仍负责所有内政事务，但在战争中更名为鲜为人知的枢密院议长委员会。另有一批新常务委员会设立，包括未来立法委员会、经济政策和原子能委员会，后者在 20 世纪 60 年代初被撤销。内阁之下还有被称为"五花八门"或"一般性"的分委会，负责某一具体议题，如 1959 年成立的负责扩大高等教育的分委会，1960 年成立的负责对阿曼（阿拉伯东南部沿海地区）进行军事援助的分委会。20 世纪 50 年代之后，随着时间的推进，尽管内阁仍握有最终决定权，但开始越来越多地采纳分委会的意见。[90]

尽管在苏伊士危机之后，英国面临重重考验，但在麦克米伦的领导下，唐宁街 10 号迎来了自艾德礼之后便一直缺少的稳固和统一。但首相任务之重还是出乎麦克米伦的预料。1958 年 3 月 11 日，内阁就 20 世纪 50 年代晚期政府面临的内阁问题展开大型讨论。麦克米伦开场发言，表示政府自 1956 年以来成功抵御了种种政治动荡，但他认为"没有一届政府曾面临如此多难以解决的问题"。大臣们纷纷点头赞同这番"像煞有介事"的言论。每位首相在就任一年左右都会有此言论，表示首相工作如此艰巨，各项事务如何棘手。[91]

意识到这是一个巩固与新任首相关系的好机会，布鲁克在讨论结束后致信麦克米伦，表示"想到一些建议"。[92] 布鲁克在信中十分巧妙地向麦克米伦提供指导。麦克米伦担心大臣们没有充分时间来进行战略性思考，布鲁克因此建议众多大臣和他一起开会，并补充道，"如果我能和各位常务副大臣沟通，将有助于解决问题"。[93] 他就如何在 1985 年至 1959 年改善立法方案给出了建议，并在准备大选问题上有一些出色的见解。同样，1959 年预算是选举前的最后一次预算，布鲁克提出 1958 年要确保"无所作为"，以保证 1959 年预算大获人心。面对核裁军运动和反战反核抗议的升级，布鲁克建议各大臣自行筹划运动以抵制对核武器的"恐惧浪潮"。[94]

和丘吉尔一样，麦克米伦在出国访问时会要求布鲁克陪同。从一开始，布鲁克便证明了他的价值，麦克米伦飞往百慕大会见美国总统艾森豪威尔时，布鲁克在简报中提醒麦克米伦：艾森豪威尔"年事已高"，处理事务会越来越多地涉及"一般性问题"。[95] 出国访问时，布鲁克长时间工作，通过电报，更多通过内线电话跟进白厅事务，同时确保麦克米伦处理好外交事务。1961 年 4 月，麦克米伦的媒体秘书哈罗德·埃文斯在日记中描述了布鲁克在从渥太华飞回伦敦的飞机上工作的场景："航程只有两个小时，飞机上又热又挤，诺曼·布鲁克身穿海军蓝毛衣，坐在对面伏案疾书。"[96] 布鲁克的工作在国外并非无人知晓。1961 年，美国国务院给新任总统肯尼迪的一份秘密简报中说，布鲁克是"文职官员中最杰出的人物"，并补充道，他"作为内阁秘书长，必定深谙政府机密，可以确定布鲁克在无形中拥有巨大权力"。[97]

布鲁克对战后英国处境的洞察几乎无人能及。麦克米伦曾在苏伊士危机后要求布鲁克撰写一份报告，分析英国的国际地位，轩尼诗认为这是第一份真正正确分析了大英帝国得失的报告。[98]

布鲁克在国际事务中的核心地位主要得益于曾担任国防大臣和外交大臣的麦克米伦想要推行自己的外交政策，并通过温顺服从的外交大臣，特别是塞尔温·劳埃德（Selwyn Lloyd）加以落实。

麦克米伦对布鲁克的依赖在 1958 年 7 月的伊拉克危机中可见一斑，伊拉克的一个军事集团推翻了 1921 年费萨尔（Faisal）国王建立的亲西方的哈希姆（Hashemite）王朝。美国政府始料未及，美国中央情报局局长艾伦·杜勒斯（Allen Dulles）告诉艾森豪威尔，纳塞尔是幕后主使。美国担心这一事件会在中东地区产生连锁反应，约旦及其他国家的亲西方政府会纷纷倒台。西方国家应该进行干预吗？政府对此能做些什么？麦克米伦的日记为我们还原了事件的经过：

1958 年 7 月 16 日

最后，我花了 10 分钟进行思考。我和拉布及布鲁克进入另一个房间，试图做出决定。我们认为内阁将采取这一"徒劳无功"的行动，如果国王明天被杀害，我们将不会原谅自己……此外，比起对失去所有伊拉克盟友做出反应，不作为更能加剧阿拉伯国家（海湾地区）的反动。

我回到自己的办公室——所有人都到齐了，我想再从头梳理一遍利弊。然后我环顾办公室。所有人都"表示同意"，我就说："那就这样办。"内阁凌晨 3 点散会……诺曼·布鲁克开始协调工作。他实际上通宵未眠。确认过所有该做的事都已经做完之后，我大约 3 点半上床休息。

7 月 17 日

我该如何告知下议院？ 3 点半的时候，我必须告知下议院实情。但什么是实情？似乎没人知道。整个上午我都待在书房里，试图处理其他事务来隐藏自己难捱的焦虑。我们所知道的只是以色列政府还在。布鲁克（将责任归咎于自己）几乎要哭了。毕晓普和其他私人秘书对此表示十分理解和同情。[99]

1958 年 7 月，在伊拉克革命中，国王费萨尔二世（Faisal Ⅱ）、摄政王、王储、总理均遭杀害。阿拉伯民族主义国家伊拉克共和国成立，结束了与西方的盟友关系。新政体不容异教，成千上万的伊拉克人逃离家园，20 世纪 70 年代萨达姆·侯赛因成为伊拉克领导人，并于 1979 年 7 月出任伊拉克总统。

第二次世界大战后，去殖民化成为历任英国首相的重要关切。英国对武力维持英联邦犹豫不决，反殖民主义运动兴起，"冷战"爆发，美国对英联邦的维系无动于衷，这些都加速了这一进程。1947年印度独立后，去殖民化的具体细节由殖民部负责，但起重要协调作用的是内阁办公厅。苏伊士危机后，去殖民化进程加快，1957年加纳独立，1960年尼日利亚和坦桑尼亚独立，这表明英国的国际地位不断衰落。麦克米伦希望去殖民化被有序推进，各国可自愿选择加入英联邦，在这一点上，布鲁克以及后来的特伦德功不可没。

1960年1月和2月，布鲁克陪同麦克米伦开启了著名的非洲访问之旅。一位随行人员写道，他像"一位恰好随行的普通游客……（当地官员）几乎没人认为他是英国政府的核心人物"。[100]此次访问持续时间很长，和现代首相为期一天的国际访问迥然不同，在此期间，布鲁克总揽全局，包括向尼日利亚议会介绍英国内阁的情况。2月3日在开普敦，麦克米伦在南非议会上发表了题为《改革之风》（"Winds of Change"）的演讲，演讲的核心部分也是由布鲁克起草的。麦克米伦说"整个非洲刮起了改革之风。不管我们是否情愿，民族意识的觉醒是一个政治事实"，并抨击了南非的种族隔离政策。他明确表示，英国会避免法国正在阿尔及利亚进行的那种有害无益的殖民战争。演讲期间，听众有几次"完全沉默"，演讲结束后，仅有稀稀落落的掌声响起。[101]经历了开普敦的紧张氛围后，2月5日，麦克米伦一行终于登上"开普敦城堡号"，踏上归程，因此也就不难理解"航程中那种轻松愉悦的氛围"了。麦克米伦的传记作家阿里斯泰尔·霍恩（Alistair Horne）回忆道，"庄严肃穆的布鲁克在和女士们贴身共舞后，白色晚礼服的翻领上留下了口红印，成了大家的嘲笑对象"。[102]

汉基非常关注自治领的问题，布鲁奇斯关注较少，在布鲁克的努力下，内阁办公厅成为英联邦事务的负责机构，负责定期召开会议的也是内阁办公厅，而非英联邦关系部（Commonwealth Relations Office）（该部于 1968 年和外交部合并，成立外交和联邦事务部）。1946—1962 年，布鲁克作为秘书长，在伦敦组织了 11 次英联邦领导人全体会议。多年处理英联邦事务的经验，与英联邦各国政治家间的交情，以及对各国面临的问题的深刻理解，使布鲁克成为深受英联邦各国信赖的人。

英联邦会议起源于 1887 年后定期举行的殖民地总督会议和始于 1911 年的"帝国会议"。殖民地独立后，问题开始显现。选择成为共和制国家后是否仍是英联邦的一员？这是一个体制困境。如果接受君主为国家首脑，共和制国家能否成为英联邦成员？ 1948 年，布鲁克作为首相特使，被派往新西兰、澳大利亚和加拿大处理敏感问题，试图找出一条共同出路或商讨新独立的印度共和国能否继续留在英联邦；8 月，布鲁克在途中给他的私人秘书写信："亲爱的拉塞尔斯，收到你的信时我还在渥太华……现在我在飞往澳大利亚的飞机上给你回信，他们的看法……和我们一样——他们希望英联邦是独立民族的自由联合体……他们将继续保留'自治领'的称号。"[103]1949 年《伦敦宣言》（London Declaration）里，印度表示将于 1950 年成立共和国，虽然国内不再存在王权，但仍属于英联邦的一员。

布鲁克深度参与了第二次世界大战后英国作为核大国崛起的过程，他主持了 1946 年那场内阁委员会会议，会上外交大臣欧内斯特·贝文坚持英国要发展自己的原子弹，他说过的著名的一段话是："我们必须有这个东西……我们必须把该死的英国国旗印在上面。"[104]1952 年 10 月，英国原子弹爆炸，但当美国研发出威力更大的氢弹时，英国又面临着另一个困境：英国是否要研发自己的氢弹？英国能否负担得起？布鲁克领导了一个代号为"GEN 465"的委员会：1954 年 3 月 12 日，委员会在布鲁克办公室开会讨论可能的结果。1946 年美国《麦克马洪法案》（McMahon Act）出台后，英美之间的合作受到严格限制，英国只能单独研发。[105] 布鲁克的笔记显示，7 月 7 日，丘吉尔和大臣们讨论了核计划进展，开头说道："内阁必须决定……我们应该怎么做……（我们）必须让它（俄罗斯）明白，它不能组织有效反击……（我们必须）制造氢弹，占据一席之地。"[106]

7 月 8 日，这一问题在内阁会议上再次被提起并引起争议。一些大臣需要更长的时间来思考如此重大的问题。丘吉尔的观点是，是否应该制造氢弹"主要是个道德问题"。艾登认为这一道德问题早在工党政府决定制造原子弹时就回答过了。[107] 最终决定是要制造氢弹。命令下达后，研发英国自己的氢弹的工作就此展开，但这项工作面临着燃料不足和美国援助有限的难题。1958 年 9 月，英国原型氢弹成功爆炸。

多年来，布鲁克就在思考如果核战争爆发，政府该如何架构的问题。他对这一领域的兴趣可以追溯到 20 世纪 30 年代，当时布鲁克领导下的内政部负责社会紧急状况应对、《战争手册》和防御准备。1955 年年初，他是仅有的几位看过斯特拉思委员会（Strath Committee）报告的人之一，这份报告估计，如果核战争爆发，会有 2 000 万人当场死亡，400 万人受伤，英国必须实行军事独裁。1955 年 5 月，艾登上台，布鲁克向其展示了该报告，这份报告被列为保密文件，直到 2000 年。[108]

麦克米伦在任期间经历了"冷战"中的两件大事：一是 1961 年柏林墙建成时的柏林危机，二是 1962 年的古巴导弹危机。1963 年核裁军运动达到高潮，之后开始降温，在很多人眼里，使用核武器和第三次世界大战爆发确有可能发生。布鲁克写信给麦克米伦，谈到应对之策：

我准备了大臣名单，如果爆发核战争，名单上的人分别将留在伦敦，或前往地区首府，或前往伯灵顿（Burlington）……在此基础上，我附上了可分派的高级大臣的名单。附件中还有留在伦敦或根据需要承担其他任务的副大臣名单。起草名单时，我假定下议院必须留在白厅，被任命为副首相、授权进行核反击的大臣将前往伯灵顿。我还假定苏格兰国务大臣应该在苏格兰。[109]

"伯灵顿"是指威尔特郡（Wiltshire）的地下核掩体。若核战争爆发，布鲁克、首相、12 位大臣连同参谋长和一小部分指定官员将从皇家骑兵卫队阅兵场乘直升机撤离，前往掩体所在的安全地点。[110]

在这段时期，人们也在考虑更加和平地利用科学。内阁办公厅在成立之初便与科学挂钩，当时英国正处于第一次世界大战期间，政府竭力寻找能赢得战争的科学手段。丘吉尔有计划地任用的弗雷德里克·林德曼（Frederick Lindemann）教授［后来的彻韦尔勋爵（Lord Cherwell）］实际上是首位首席科学顾问，经常就有争议的问题给出意见。1951 年，丘吉尔第二次出任首相时，再次起用了林德曼。科学史家大卫·埃杰顿（David Edgerton）指出，20 世纪的文献没有对顾问和执行官进行区分，前者是指林德曼一类的官员，后者则是服务政府各部的首席科学家。[111]

索利·朱克曼（Solly Zuckerman）是首位公认的首席科学顾问，1960 年由麦克米伦任命，首席科学顾问至今已有 10 位。朱克曼不是军事专家或核专家，如举足轻重的政府科学家亨利·蒂泽德（Heary Tizard）和威廉·彭尼（William Penny），他是一位动物学家，之所以被选为首席科学顾问，主要是因为他能向首相和政府提供各个领域的一般性科学建议。首席科学顾问在 1995 年以前一直隶属于内阁办公厅，后划归贸易和工业部。

布鲁克在任时，内阁秘书长的情报职责扩大，1962 年，布鲁克的继任者特伦德上任后，情报工作则完全归内阁秘书长管辖。自艾德礼之后，布鲁克加强了对情报工作的审查，1951年，对新文职人员审核制度进行了重大改革。1951年，盖·伯吉斯（Guy Burgess）和唐纳德·麦克莱恩（Donald Maclean）叛逃苏联，布鲁克提高了对重大事故的警戒。1955年，当金·菲尔比（Kim Philby）被媒体指控是"第三者"，即可能是间谍后，布鲁克对情报工作的关切程度再创新高。

公开的证据引起了布鲁克的警戒，但1955年10月，布鲁克私下致函艾登，劝说他不要展开调查（外交大臣麦克米伦则极力主张）。布鲁克担心对政府官员展开大规模安全问题调查可能侵犯个人自由："我们当中的大多数人并没有打算放弃我们拼命守护的公民自由。"[112]1955年，菲尔比被正式认定是清白的，麦克米伦对下议院表示："我没有任何理由认为菲尔比先生在任何时间背叛了祖国利益。"[113]麦克米伦、布鲁克和整个政府都被蒙骗了：菲尔比确实是个间谍，并于1963年1月从贝鲁特逃往苏联。这表明布鲁克十分天真，缺少看穿一名情报人员业已堕落的洞察力。但主要的问题出在情报机构的领导层：1956年，中情五处处长迪克·怀特（Dick White）被任命掌管秘密情报局（中情六处），得到的指令是将秘密情报局调动起来，布鲁克促成了这一任命。[114]

1956年，布鲁克被任命为文官长，成立于1936年的联合情报委员会因此由外交部划归布鲁克管辖，布鲁克由此经历了焦灼的几年。具体细节由布鲁克和外交部外交官、现任联合情报委员会负责人的帕特里克·迪恩在一份协议中商定，[115]内阁办公厅负责联合情报委员会的秘书工作。布鲁克煞费苦心，起草了组织结构图，联合情报委员会是核心部门，外交部将情报上报联合情报委员会，后者通过参谋长委员会报告给内阁国防委员会。[116]新体系意味着首相，亦即内阁秘书长将直接控制情报报告，首相"红皮书"取代了原来的"CX"情报报告。[117]

麦克米伦的任职后期，也是布鲁克的任职后期，因为一系列间谍丑闻而蒙上阴影。1961年8月，布鲁克警告战争大臣约翰·普罗富莫（John Profumo）留意与史蒂芬·沃德（Stephen Ward）的接触，史蒂芬·沃德是一名私人接骨医生，与苏联海军大使专员有联系。普罗富莫以为布鲁克在暗示他结束和19岁夜店模特克莉丝汀·基勒（Christine Keeler）的不正当男女关系，也很快照做了。然而布鲁克并不知道基勒，也没有和麦克米伦提起沃德和普罗富莫的事情。随后的丑闻成为麦克米伦政府的一大污点，极大地损害了麦克米伦的可信度，因为他选择了相信普罗富莫。丹宁报告也显示，布鲁克曾警告另一位内阁大臣远离沃德，但报告没有指责他未将警告普罗富莫的事告诉麦克米伦。[119]

1962年春发生了瓦萨尔事件（Vassall Affair）。布鲁克提醒麦克米伦说，中情五处的职员瓦萨尔在维多利亚附近的俱乐部里出卖国家机密。"一派胡言，"麦克米伦回道，"维多利亚附近没有俱乐部。"[120]1962年9月，麦克米伦在和卡林顿勋爵（Lord Carrington）开会时写道：

又有一起间谍事件——发生在海军部，性质十分恶劣。一位行政官员，同性恋，中了俄罗斯使馆间谍的圈套，五六年来一直在泄露国家机密（有轻有重）。在俄罗斯"叛逃者"的帮助下才揪出了他。加上媒体煽风点火，又将是一次大骚动……[121]

麦克米伦很难理解在性问题上与他想法、行为迥异的人，似乎在 20 世纪 60 年代初便越来越与现代生活脱轨。布鲁克越来越疲惫，也无法让麦克米伦理解他管辖之下的大臣和官员们的行为。

就政府改组向首相进言是内阁秘书长的职责之一；他们比首相更加了解整个政府的状况，哪些大臣可以被重用，哪些大臣可以被提拔，或者哪些大臣可以被撤职。在官员任命问题上，布鲁克与麦克米伦的关系十分紧密（又是关系"紧密"，有人会问，会不会越界了呢？）。1962 年那次被称为"长刀之夜"（Night of The Long Knives）的大规模重组中，麦克米伦撤销了 7 位内阁大臣，布鲁克全程辅佐，特别是极力说服麦克米伦解雇财政大臣塞尔温·劳埃德。[122]艾登表示劳埃德"得到了十分不公正的对待"，这一表态登上了报纸头条。艾登和麦克米伦之间不断的摩擦是希思和撒切尔之间不合的前例，除公众看法和任期外，在敌对方式上也很相似。艾登想要回到主流政治圈，但认为麦克米伦不允许他占有一席之地，事实也确实如此。麦克米伦授予艾登的爵位仅是子爵而非伯爵，这让艾登勃然大怒，但迫于压力不得不接受，1961年，艾登以埃文伯爵（Earl of Avon）的身份进入上议院。

1962年12月，内阁办公厅由大乔治街搬回了白厅街70号，布鲁克退休。麦克米伦下令将工作进行分割，财政部掌握大权。1956年10月布里奇斯退休后，鉴于布鲁克在政府中的统筹领导能力，内阁秘书长和文官长二职均由布鲁克担任。即便是对有着超高职业素养的布鲁克来说，这份工作也过于繁重。布鲁克本应该在改善文职体系、促进政府现代化方面有更大的作为。尽管财政部的经济和金融事务由共同常务副大臣负责，先是罗杰·马金斯，后是弗兰克·李（Frank Lee），但是布鲁克的工作仍然过于繁重。布鲁克是文职体系的最高负责人，同时还要作为首相的首席顾问、秘书处负责人承担常规内阁秘书事务，负责礼仪、道德、情报、英联邦事务，同时还是首相的首席外交政策顾问。在1962年的新一轮任命中，设立了两位常务副大臣，但都隶属于财政部，一位负责经济和金融事务，另一位作为文官长负责人事和管理政府部门。

1967年6月，布鲁克的讣告中说，他受到"所有同事的深切喜爱和信任"。[123] 在一定程度上确实如此，尽管布鲁克并不擅长建立同事情谊，也不会招揽新老政要。罗伯特·阿姆斯特朗说："我从来没有听到有人表达过对布鲁克的喜爱，但他却备受尊崇……他就是权威。"[124]1963年1月，他被封为诺曼·布鲁克勋爵，1961年2月13日，麦克米伦在海军部为布鲁克举办了不同寻常的告别宴会，虽然唐宁街的修葺工作已经完工，但麦克米伦仍住在海军部。《泰晤士报》报道，麦克米伦邀请了布鲁克担任内阁秘书长期间的所有前首相和大臣。[125] 当时的布鲁克已经身心俱疲，健康状康也令人担忧。1964 年，布鲁克有些奇怪地被任命为英国广播公司（BBC）负责人，布鲁克年事已高，这份工作实际上并不适合他。没有哪位前内阁秘书长曾选择这样一份苦差事。布鲁克并不胜任这份工作。他竭力适应陌生的环境，没有时间享受来之不易的退休时光，也没有时间回味他一生中取得的重大成就。在他短暂的退休生涯中，他是否最终意识到自己在竭力服务政府的过程中违背了文职中立的原则？我们永远无法知道。1967 年 6 月，布鲁克在位于切尔西的家中去世，是仅有的一位年仅 65 岁便逝世的内阁秘书长。

第六章 /

为内阁办公厅落户安家
（1916—2016）

如同英国首相办公室一样，内阁秘书长及其下属从未拥有过专门为其建造的办公地点。让我们暂时从审视历任内阁秘书长中抽出身来，看看他们及其下属曾经工作过的办公场所。在成立之初的 50 年中，内阁办公厅曾在若干不同场所安身，直至搬到今天位于白厅街核心地带的驻地，颇具象征意义地比财政部更靠近唐宁街 10 号首相官邸，并通过一扇全英国最庄严也最神秘的大门与首相官邸紧密相连。

白厅花园 2 号

内阁办公厅的第一座府第恰如其分地坐落在白厅宫曾矗立的土地上，那里曾经是都铎王朝和斯图亚特王朝的国王们杂乱无章的府邸，现今则是位于白厅路和泰晤士河之间的那块区域。白厅花园 1 号到 3 号的三座建筑建于拿破仑战争高潮时期，即 1806 年至 1807 年，这片土地自那时起就被波特兰公爵（Duke of Portland）占有。另外三座，白厅花园 4 号到 6 号则是在土地租约于 1824 年到期时建立的。[1] 一排六栋建筑清一色地被设计成配有地下室、地上有四层楼、带折线型屋顶的阁楼。建筑物的墙面优雅地混合着砖砌和灰泥粉饰，入口门廊竖立着多立安式柱子。房子里面用石头砌成了主楼梯，采光依靠上面椭圆形的天窗。这座建筑因靠近泰晤士河而魅力大增。不过到了维多利亚时代，泰晤士河变得污秽肮脏时，房子的地理位置就变成了好坏参半的属性。

本杰明·迪斯雷利在白厅花园 2 号度过了他的晚年，而他后来搬入马路对面的唐宁街，部分原因是他觉得爬楼梯让人筋疲力尽。他的传记作者罗伯特·布莱克（Robert Blake）在传记中描述了 1874 年 2 月迪斯雷利是如何在被维多利亚女王要求组建新内阁之前的最后一刻找到了这座房子，而正是在这里，他在"合理的舒舒服服"的氛围里组建了他的第一个内阁。[2]

42 年后，当莫里斯·汉基不得不在短时间内为内阁秘书处寻找办公楼时，他通过明察暗访，确定了白厅花园 2 号是理想的地理位置。

不过，汉基想要更大的地盘。仗着首相劳合·乔治以其无限权力对他庇佑有加，足智多谋的汉基要求工程部强行征用白厅花园 2 号两旁的房屋，也就是白厅花园 1 号和 3 号。这两座楼的使用者（白厅花园 1 号是国家俱乐部，白厅花园 3 号是若干政府办公室）几乎没有时间打包行李，他便发出指令，要求把白厅花园 2 号与左邻右舍的墙打通，创造更加开阔的办公空间。尽管一下占了三座房子，内阁办公厅的地址信息仍然保留为"白厅花园 2 号"。汉基在日记里记下了工程启动那些天的混乱场面：

"一场可怕的混乱开始了，墙上开始被凿洞，房屋格局全部被重新安排，以便作为新的办公室。当时我的员工如何设法继续工作简直是一个谜。一个房间里有三四个人在工作，一个人在口述，竭力让自己的声音压过锤头电锯发出的噪声；另一个人就某重要国是进行业务访谈；第三个人则着手撰写备忘录。他们是那么忠于职守，热情洋溢，若非如此，他们的工作根本无法完成。[3]

汉基在1918年11月第一次世界大战停战后，对内阁办公厅的职员发表了一次讲话，其中回顾了办公楼被改造期间那戏剧般的画面：

"那时我们几乎无处容身；我们只有此刻大家所在的这栋小楼，咱们团队的人数也少得可怜……但十分精干。有一支规模小但是忠诚坚定的核心骨干在帮我做事……他们在极为困苦和过度拥挤的条件下忠诚坚定地工作着。那是一个寒冷刺骨的冬天，而且……我们只能从这个小房子白手起家……打字员和散布各处的文员在地窖、阁楼以及一切能待的地方工作……到处都是锤子的敲击声、喧嚣和尘土，但就是在这样的环境里，布满了敬业工作的员工。[4]

1922年10月，在劳合·乔治政府垮台之后，汉基趁机又开始运作为内阁办公厅选址的事情。当他看到位高权重的财政部常务秘书沃伦·费舍尔从白厅花园搬到唐宁街与"首相在同一屋檐下办公"时，汉基满腹狐疑。[5] 财政部实际上是占据了原来枢密院在唐宁街的办公室，把枢密院挤到了索恩－巴里大楼（Soane-Barry Building），现在是白厅街 70 号。在鼎立支持内阁办公厅的劳合·乔治首相下野后，汉基和费舍尔对内阁办公厅的未来的看法截然不同。汉基希望内阁办公厅保持完全独立，费舍尔则希望将其纳入到财政部，从而在靠近首相办公室的核心架构里为自己建立一个据点。内阁办公厅在 1922 年没有搬迁，尽管汉基声称："我预计……我们将搬到马路对面去（即白厅大街），因此，我们的一些文书和信使服务最终会与财政部的相关服务合并。"[6]

到 20 世纪 20 年代，白厅花园已经开始日渐老旧，尽管工作人员对他们经历百年风雨的办公室还是心满意足。玛格丽特·沃克在两次世界大战之间的和平年代在内阁办公厅工作，她回忆起一些现已消失的办公室："你从白厅大街看不到它们。它们被称为白厅花园，从我们房子的前面，我们会看到堤围，在堤围外面有三个美丽的花园。"[7] 一份政府报告用鄙俗且无礼的语气把该地区描述成：

充斥着破旧不堪和令人厌烦的建筑。（这片区域）开发得相当不到位，用现代化办公室取代这些陈旧落后的建筑已刻不容缓，如此才能满足近年来白厅街区集中安置政府部门总部办公用房的需求。[8]

在白厅花园的三座主要建筑中，首先被建成的是由乔治·吉尔伯特·斯科特（George Gilbert Scott）设计的外交部办公楼，这座建筑于 1861 年开工，至 1868 年竣工，里面安置了印度事务部、殖民地事务部（Colonial Office）和内政部。1782 年，南方事务部和北方事务部合并成立了外交部。起初，外交部在唐宁街 10 号对面的联排房屋办公，办公场所年久失修。事实上，1852 年，外交大臣办公室顶棚的一部分直接断裂，掉到了他办公桌上。第一次世界大战期间和其后，英国政府部门大幅扩张，这就需要白厅街区腾出地方安置新成立的空军部（1918 年）、贸易委员会（Board of Trade）、劳工部（1916 年），交通部（1919 年）和卫生部（1919 年），这些新部门已经远远超过了大乔治街新近竣工的政府总部大楼的容纳量，这座楼此后在 20 世纪的大部分时间里成了财政部的所在地。

白厅三大建筑的第二栋楼就是这座毗邻外交部的、位于大乔治街的政府总部大楼，由约翰·布赖登（John Brydon）设计，但主要蓝图是基于英尼戈·琼斯（Inigo Jones）在 17 世纪时为扫除多年来七拼八凑的白厅楼舍、重建白厅宫而设计的图纸，可惜当时未能建成。大乔治街政府总部大楼建设始于 20 世纪初，其西翼于 1908 年建成使用，毗邻圣詹姆斯公园，东翼则于 1917 年竣工，面向议会大厦。这座大楼在设计时被构想为与外交部大楼相对应的政府国内部门办公楼，它被建在一个狭窄的街道上，周围布满了历史悠久的建筑，有些可以追溯到 1698 年白宫最后被烧毁前，原本计划安置教育委员会（Board of Education）、建筑工程部（Ministry of Works）和地方政府委员会（Local Government Board）。财政部原本在唐宁街旁的老肯特楼（Old Kent Building）办公，直到 1940 年搬到了大乔治街政府总部大楼。

大乔治街政府总部大楼的设计宗旨是要在围墙周围建造实用合理的开放式办公室，包括三个大型内部庭院。布赖登设计的切尔西市政厅（Chelsea Town Hall）和巴斯（Bath）的维多利亚艺术画廊（Victoria Art Gallery）闻名遐迩，即使不说他是一位杰出的建筑大师，至少也算是功成名就的建筑家了。他选择用波特兰石材做政府总部大楼的外壁。幸亏大楼的设计是按照英尼戈·琼斯的蓝图设计的：若非如此，想象一下 20 世纪中期可能会在这个历史名胜区域上建造出什么货色，真是让人不寒而栗。这座大楼最初被命名为"新公共部门办公室"，与"旧公共部门办公室"，即外交部大楼相对应，起初入住的部门包括教育部、地方政府委员会和建筑工程部，不久后，卫生部也搬进来了。

新成立的卫生部本来没有被放到政府总部大楼安置计划中，但由于缺乏其他集中办公场所，只能让卫生部也搬了进来。1929 年的一份内部文件惋惜地写道，政府总部大楼容纳能力严重不足，竣工后不到 10 年，工作人员就不得不被塞进完全不适合办公的空间内，包括"原本只是用来开商店的地下室"。

　　据档案记录，人们采用了一切可能的措施，如增加人工照明和加强通风，使办公场所勉强能用。但不可否认的是，没有哪个政府部门会心甘情愿将他们的员工安置在这种类似地窖的办公室中。[9]几乎是在政府总部大楼竣工的同时，人们就发现随着政府规模的迅速扩大，无论是总部大楼还是吉尔伯特·斯科特设计的外交部大楼都不够大，无法提供所需的政府办公空间，还需要扩建办公场所。设计1914年贸易委员会办公楼的古典主义建筑师文森特·哈里斯（Vincent Harris）被选中，他要在泰晤士河畔设计一座新古典主义风格建筑，该建筑计划于1938年第二次世界大战爆发前投入使用，但实际又拖延了21年才全面竣工。这就是我们今天所知的国防部大楼。它使政府总部大楼和外交部大楼都黯然失色，其三层楼是前两座大楼的三倍。为了建造这座大楼，人们认为拆除白厅花园及其他一些精美的历史建筑无伤大雅。随着各个办公楼从20世纪30年代中期开始被逐渐清空，在白厅花园2号工作的内阁办公厅的员工是拆迁前留下的最后一批人员。1937年12月，建筑工程部致财政部的公函要求迅速批准内阁办公厅搬迁到里士满排屋附近，并指出，"在内阁办公厅搬进新家前有大量工作要做"。[10]公函接着说，"白厅花园内阁办公厅工作人员占用的房间与他们在里士满排屋的办公场所面积相差较大，这可不是一次简单的搬家，需要购置更多的家具和地板"。[11]内阁办公厅要求财政部为其搬家拨款11 690英镑，并最终表达了他们"尽快开始搬家的愿望"。[12] 财政部的 J. A. 巴洛（J. A. Barlow）表示，他将授权拨款"总预算支出……10 110 英镑——比先前授权的数额少 1 580 英镑"。[13]

里士满排屋

里士满排屋的入口直接面对唐宁街，随后笔直向东边的泰晤士河方向延伸。这里整片地区都曾经是白厅宫的一部分。日记作家塞缪尔·皮普斯（Samuel Pepys）在描写查尔斯二世（Charles Ⅱ）和布拉干萨（Braganza）的凯瑟琳（Catherine）王后来到这座宫殿时，如是记载街上的建筑物：

于是我们愉悦地走到了白厅，通过国王的住所，我们进入了白厅花园，然后到了草地滚木球场，从那往上走到达俯视泰晤士河的新国宴厅（Banqueting House），这是一个我所见过的最赏心悦目的地方。[14]

后来，里士满公爵占领了这片土地，并于 1738 年将原有房屋拆毁，建起一座里士满宫，不过在 1791 年，里士满宫被大火烧毁。19 世纪 20 年代，这里又建起 8 座联排房屋，被称作里士满排屋。《伦敦综录》（*Survey of London*）中这样描述里士满排屋：

　　8 幢一流住宅，家居和长期办公两相宜，在房屋的北面有一个露台，马厩后面是一片草坪，旁边为新住户留了一片面积颇大的河边休闲场，休闲场西北角恰如其分地建造了一座住房和大门，在那里有一条通道可以进入前面所说的露台。[15]

　　20 世纪 30 年代，里士满排屋的 2 号楼和 3 号楼成为政府一般办公用房，6 号、7 号、8 号楼供内阁办公厅使用，4 号、5 号楼仍然由私人占用。[16] 里士满排屋矗立至今，在整个白厅附近区域也极少保留着这样的 19 世纪家用住宅，并体现着 19 世纪时的风貌。内阁办公厅搬家后，其最初 20 年成立的一些职能部门需要被分开安置。史料组搬到了宴会厅宫毗邻的白厅格威瑟宫（Gwydir House），而今天那里是威尔士事务部（Welsh Office）所在地。格威瑟宫建于 18 世纪 70 年代，本来是白厅宫的一部分，外界对格威瑟宫的租约于 19 世纪到期后，房屋又重新为王室所有；改革俱乐部（Reform Club）曾经在 1837 年至 1841 年建新办公楼期间临时租用过这座楼。内阁办公厅搬进里士满排屋只待了两年，第二次世界大战的巨大压力迫使其再次搬迁。战争期间，随着政府职能的大幅扩张，内阁办公厅搬到了离权力中心更近的地方，进入了大乔治街政府总部大楼。1940 年年底搬迁结束。大家预期伦敦会遭受猛烈的空袭威胁，新楼更加安全。办公区的一些员工听到搬家的消息松了一口气。正如伊恩·雅各布所言：

人们长期以来感到里士满排屋太过危险。楼宇弱不禁风。地下室用梁木之类的东西加固，我记得战争伊始，我躲进过这样的地下室，待了一个或两个晚上。[17]

大乔治街政府总部大楼

随着战争的迫近，那些寻觅安全办公地点的重要政府部门官员选择政府总部大楼新建的那一半、有水泥地基的办公室作为安身之处。地下室作为内阁会议的安全备用工作地点，还容纳了空军部、情报长官联席会议（Joint Intelligence Chiefs）和盟军人员。大楼采取了一系列空防措施：在一层建了一块厚厚的防炸弹的水泥板，以保证地下室里的工作活动，西院拉起了巨大的鱼雷网捕获掉下来的炸弹。楼里采取了特殊的空气过滤措施，以防敌人用有毒气体炸弹攻击。[18]

本来由贸易委员会使用的一层办公区，被选作内阁办公厅的合适安置地。300多名员工从里士满排屋、格威瑟宫和汉基因不断扩员而占据的其他核心地区的办公地点搬到总部大楼里。准备工作相当繁重，正如现存文献中记录的，准备工作包括："修葺办公场所和新启用的公共办公室，以满足内阁办公厅所有员工的需要，包括把半地下楼层的窗户用砖头封上，加强建筑外沿防护……在断电措施下全面检查并为从里士满排屋搬过来的餐厅装配设备。"

此外，还要把地下室的空间分割开，为通宵上夜班的人建造休息间。工程总费用达 54 905 英镑，财政部批准开支时说"对工程而言费用不高"。[19] 在诺曼·布鲁克任期内，总部大楼成为财政部大厦，内阁办公厅仍留在那里一直到 20 世纪 60 年代初期，直到今天，内阁办公厅还有部分机构留在那幢楼里。

白厅街 70 号

1945 年第二次世界大战结束后，对唐宁街遭轰炸而被破坏的地方进行修复的工作进展极其缓慢。前后三任首相——艾德礼、丘吉尔、艾登任内都没有取得太大进展。1957 年 1 月艾登卸任后，轮到麦克米伦首相来啃这块硬骨头。他琢磨能否让财政部搬回老肯特楼，"200 年来，历任财政大臣都在那里办公"。不过，他觉得只有给财政部在老楼旁边找一座挨着的附属建筑来满足已扩容的财政部对于办公设施的需求，才能促成搬家。他意识到，"即使把老楼被轰炸部分修复，那幢楼仍然太小，无法容纳财政部全部职员"，所以他决定让财政部留在政府总部大楼，而把内阁办公厅搬到财政部老楼。他写道："我建议，财政部老楼修复好后，应该给内阁办公厅使用。"[20] 两周后，建筑工程部给予积极回复："我认为如果能促成这件事，这个主意非常有吸引力。"[21] 唐宁街东部的建筑群过去曾是财政部的一小部分，包括白厅的索恩－巴里大楼，老肯特楼和唐宁街边的一些建筑，将被划给内阁办公厅使用。枢密院、枢密院议长办公室和司法委员会留在原来的办公楼里。根据现存文献的记载，内阁办公厅除了需要办公场所外，还需要足够的会议室供各委员会开会，需要能派出小货车在没有电子邮件的年代运送公文到白厅各处，需要安保措施。

4间屋子被划给委员会使用，包括财政部会议室和旧的金融事务国务大臣（Financial Secretary）办公室。传送文件的工作被安排在楼后面进行，将会径直穿过财政部草坪修一条单车道小路。[22] 这一地区浓厚的历史古迹特色深深地影响着规划者的决策："进行任何改造都必须要百般小心地保护仅存的历史古迹。"尤其是，"斗鸡场小路（Cockpit Passage）两边建筑半地下、一层、二层、三层楼的都铎时期的建筑结构必须被完整保留，任何新建筑都不能遮挡都铎时期的这些建筑结构"。[23] 人们为保护白厅宫的古迹付出了巨大努力，建筑师都被叮嘱要优先重视保护文物古迹。"我理解您是赞成保留网球场周边看似主体为都铎时期的墙壁的，"[24] 一位建筑工程部官员在1960年10月给其中一位建筑师约翰·查尔顿（John Charlton）的回信中写道，"我强烈建议保留都铎建筑特色的角扶墙、地下室窗户和保护完好的吊窗，这些在图纸附件中分别用A、B和C标识出来了。"[25]

现存的图纸展现了建筑蓝图是如何把各个不同元素融合到白厅街70号楼中的。这些元素包括：由索恩于1827年建造的司法机构侧翼，后来由巴里稍加修改；由贝利于1847年大刀阔斧改造过的面对白厅的长条形办公楼；1847年巴里建造的由国王亨利八世（Henry Ⅷ）网球场改造的延伸建筑，后来曾经成为蒙茅斯公爵（Duke of Monmouth）的住所。白厅街70号的入口处独具匠心的设计使其同时通往斗鸡场和财政部老楼的入口，成为展示白厅宫保存至今的建筑的窗口。另外，白厅70号还囊括了多塞特宫（Dorset House），这是一座位于面对皇家骑兵卫队阅兵场（Horse Guards Parade）建筑群边缘的小楼，由18世纪曾居住于此的多塞特公爵（Duke of Dorset）得名。1961年后期，麦克米伦首相的议会私人秘书蒂姆·布莱提出了把唐宁街10号和老肯特楼连接在一起的问题。 内阁办公厅常务副秘书弗雷德里克·毕晓普曾是布莱的前任，他深谙唐宁街10号的情势，于是给布莱写信提道，"布鲁克认为你在11月17日信件中提出的建立连接唐宁街10号、白厅和老肯特楼通道的想法方向正确。我们将会在你的建议基础上拟订方案，即在唐宁街10号和老肯特楼之间建造一道上锁的门，由首相府高级官员和大臣们掌管相应的钥匙。我不认为我们还需要继续讨论这个问题，大家都已达成共识"。[26]

就这样，白厅街区最著名的内部门廊诞生了。连接首相官邸与内阁办公厅的门从1963年开始给予了从伯克·特伦德开始的历任内阁秘书长前所未有的直接向首相汇报的机会，尽管个别时期，如特伦德的继任者约翰·亨特担任此职务时没有享受这个权利。罗伯特·阿姆斯特朗是一位充分利用了这个机会的内阁秘书，他写道："我算过时间，从我（内阁办公厅）的办公桌到达唐宁街10号首相面前需要53秒钟，而且只要你和首相关系不错，他就会说："把罗伯特叫过来！"[27]麦克米伦的新闻事务秘书哈罗德·埃文斯在日记中写道："在唐宁街10号工作，就跟谈恋爱一样，距离就是一切，拉近距离就是能驱动你在正确时间到达正确地点的本能。"[28]一道门也给首相带来了意想不到的好处。据布里克（Blick）和琼斯记载："利用（联通门）来实现特殊目标变得简便可行。在随后几十年中，首相把唐宁街10号办公空间无法安置的首相府员工安排到内阁办公厅的办公室去继续为首相效力。"[29]

理查德·威尔逊记录了在处理危机的时候，距离将会成为怎样的特殊优势："例如，'9·11'事件就是一个非常棘手的问题。我记得当时我待在唐宁街10号拐角处内阁办公厅的办公室里……我给相关的所有人打电话，调动伦敦一切人手来应对紧急事态，我们实时盯着电视上发生的事情，觉得这绝对是一场噩梦。我想这可能是最棘手的时刻了。"[30]

内阁办公厅历经百年沧桑，三迁其居，才找到最完美的办公地点。在这个离唐宁街10号只有几十秒步行距离的办公室里，过去掌管重要国务的王国重臣曾在此辅佐国君，如今掌管内阁重要事务的内阁秘书长在此辅佐政府首脑。

第七章

伯克·特伦德和
约翰·亨特：适应现代化时代
（1963—1979）

从 1963 年到 1979 年的 16 年是充满讽刺和不敬的年代，1955 年由亨利·费尔利（Henry Fairlie）创造的词汇——权贵人物已不再能够自然而然地引发敬意，"白厅里的人"简直成了众人嘲笑的对象。这段时期从 1961 年《第三只眼》（Private Eye）创办起，到 1980 年 2 月电视上首映电视剧《是，大臣》终止。这段岁月里，英国的经济和社会经历了严重动荡，抛给内阁办公厅一系列亟待处理的新问题。这些年对政府来说很难熬，公务员的满腹怀疑一定程度上也削弱了内阁秘书长的权威，学究气的内阁秘书长特伦德发现很难与哈罗德·威尔逊首相和随后的爱德华·希思首相建立亲密关系。不那么机智灵活的约翰·亨特在 6 年内为 4 位首相服务，他表现如何呢？在所有内阁秘书长当中，他可是在如此短时间内服务首相最多的秘书长。他会重新恢复失落的权威，还是会将大权拱手让给在白厅另一头咆哮的怪兽——英国文官制度负责人？这个位置已不再属于英国财政部。自 1968 年开始，新成立的公务员部（Civil Service Department）的领导成了英国文官制度的负责人。

伯克·特伦德

特伦德出生在格林尼治（Greenwich）的一个中产阶级家庭，并在南克罗伊登（South Croydon）的维特吉夫特中学（Whitgift School）上学，随后进入牛津大学的默顿学院（Merton College），并于 1936 年获得了古典学的一等学位。[1]大学毕业考试后，他直接进入公务员系统，被分配到教育部工作，尽管一年后他被调财政部，在那里他持续工作了 25 年，赢得了"聪颖、细心和不知疲倦的管理者"的声誉。在 1939 年被任命为财政大臣约翰·西蒙的初级私人秘书官（Junior Private Secretary）之前，在财政部工作的前些年，他都专注于国防财政，这个领域成为他终生的兴趣所在。1941 年，离开大臣私人办公室后，在第二次世界大战剩余的大部分时间内，他都在财政部负责监督防务设备问题。他赢得了"英国财政部中最聪明和最优秀人物之一"的声誉，这使他在 1945 年到 1949 年被任命为财政大臣（道尔顿，以及其后的克里普斯）的议会私人秘书（直到他被另一个新星威廉·阿姆斯特朗接替）。在成长中央经济规划幕僚之前，特伦德回到财政部工作，监督英国国内财政工作。布鲁克是特伦德的赏识者，1953 年他把特伦德调到内阁办公厅担任副内阁秘书，但特伦德于 1956 年返回财政部，迅速晋升为常务副大臣。

20 世纪 50 年代和 60 年代并不是财政部的黄金时代。经济顾问罗伯特·霍尔（Robert Hall）认为，布里奇斯担任常务副大臣时间过长，并且对那些陈腐的常务副大臣太过宽容。[2] 巴特勒说话向来不拘小节，他对霍尔说："这些财政部的头脑根本不称职。"[3] 布里奇斯一直任职到 1952 年 8 月他的 60 岁生日之后，部分原因是缺乏合适的继任者。最终，巴特勒选择了才华横溢的驻美大使罗杰·马金斯，后者于 1956 年继任财政部常务副大臣。道格拉斯·艾伦（Douglas Allen）是财政部的又一颗新星，不过巴特勒和许多人一样，认为这样的安排效果并不好："他没有国内公务员的经验，这本身就已经不好了，而布鲁克……又被内阁工作缠身，没有时间担负其作为英国公务员领袖的职责。"[4] 当 1960 年马金斯退休时，常务副大臣的位子再次与财政部内部高级官员无缘，时任贸易委员会官员弗兰克·李被任命此职务。

然而，1962 年，当李中风后，相对年富力强的威廉·阿姆斯特朗接任了这个职位。随后，1964 年 10 月，威尔逊首相由于长期不信任财政部，将该部门的部分职权转移到新成立的经济事务部；不过这一尝试只维持了 5 年就以失败告终，部分是因为财政部极力反抗。1963 年 1 月，布鲁克认为特伦德是其内阁秘书长的不二继任者。

麦克米伦首相欣然接受这一人选，不过随后他决定，如同 1956 年前的安排那样，将内阁秘书长的职权进行分割，文官负责人的头衔又赋予了财政部联席常务次官之中的一位。于是劳伦斯·赫尔斯比（Laurence Helsby）被任命为文官负责人，这令政府内部人士都大跌眼镜；赫尔斯比于 1945 年进入公务员体系前是杜汉姆大学（Durham University）的经济学讲师，才进入政府两年就被提拔到了艾德礼首先议会私人秘书的位置，从 1947 年一直任职到 1950 年。

1968 年，威廉·阿姆斯特朗接替赫尔斯比成为文官负责人。无论是赫尔斯比还是阿姆斯特朗，都没有成为名副其实的文官负责人，他们发现自己与首相被隔绝开来，远远没有内阁秘书长那样接近首相的机会。但威廉·阿姆斯特朗由于和特伦德关系良好，工作上就顺利多了。正如罗伯特·阿姆斯特朗所说："威廉和伯克在财政部是密友，威廉希望身在财政部的他和内阁办公厅的特伦德之间的伙伴关系能够最大限度地减少两个部门之间的摩擦与争议。"[5] 威廉·阿姆斯特朗基本如愿以偿。

特伦德对自己的新职位兴奋不已，他觉得这个职位代表公务员职业生涯的顶峰。他年少时期过得充实而有滋味。他是约翰·勒卡雷（John le Carré）小说的忠实粉丝，对特工工作有着浓厚的兴趣，[6] 还热衷于维护与华盛顿约翰逊和尼克松政府的关系，并且醉心于看护好英联邦的运行。他对国内政治事务并不太感兴趣，就如他对 1964 年以后哈罗德·威尔逊首相身边的官僚们充满政治色彩的阴谋诡计不感兴趣一样。

特伦德是布里奇斯的出色门徒，布里奇斯拥有特伦德所崇拜的一切优良品质。特伦德努力仿效布里奇斯对同事的热情以及对于公务员正确划分职责边界的透彻洞见。[7] 希思首相尽管与特伦德并不亲近，却在《英国人物传记辞典》（*Dictionary of National Biography*）中写下了赞美特伦德的词条：

特伦德拥有极高的智慧，可以瞬间直击任何问题的要害……他从来不让周边的人通过他的表情或言辞察觉到他一丝一毫的个人观点或情感。身材高大而严肃的他会回应其他人的幽默，但很少报之以自己的幽默。所有跟他打过交道的人都知道[7]在任何情况下，他的一举一动都无可挑剔。[8]

特伦德如是描述内阁秘书长的角色：

他可不是首相的私人仆从……必须有一位身居中枢的要员确保政府这架机器能正常运转……这个人需要相对超脱：不能在部委的争斗中选边站，要确保每一个部门的立场都能获得平等的关注。他还得应对无穷无尽的工作中的波折，竭尽全力让工作回归正轨。[9]

特伦德给首相的汇报总是"详尽而平衡地阐述各方立场"。阿姆斯特朗解释道："如果他写下了一个可能的结论……那是为了提示首相从这些结论中可能推导出什么决策。内阁办公厅给首相的每一条建议都必须经他签字。与此同时，他十分清楚地知道，作为内阁秘书长，他要对每一位内阁成员负责，尤其是对他的大老板即首相负责。"[10]

约翰·齐尔考特（John Chilcot）与特伦德共过事，后来他自己也成了白厅的名人；他十分敬佩特伦德有惊人的才能，可以"把复杂的思想和系统性思考进行高度提炼，然后用非常通俗和简练的方式清晰地表达出来……他简直就是天赋异禀的'官场'大师"。[11] 后来担任美国国务卿的亨利·基辛格（Henry Kissinger）当时经常与特伦德通话，他描述特伦德"城府很深，消息灵通，谨慎有加，谋略过人，魅力非凡"。[12] 作为万无一失的化身，特伦德和他的前两位首相麦克米伦、道格拉斯－霍姆相处得十分融洽。但他和威尔逊首相不太合得来，威尔逊最终希望找一个更易于调教、跟自己在同一个频道上的人来代替他；与之相似，希思想要的是一位忠实的"执行者"，而不是一个深邃的思想者。

为麦克米伦和道格拉斯－霍姆工作（1963—1964）

麦克米伦首相并不喜欢更换幕僚，因此对已精疲力竭的离任的布鲁克依依不舍。但是他对特伦德很熟悉，自其担任内阁副秘书长开始就喜欢并信任特伦德。麦克米伦的传记作家理查德·索普捕捉到了首相的真实看法，他说"麦克米伦发现特伦德十分正直"。[13]1962 年 11 月，作为候任内阁秘书长，特伦德与麦克米伦促膝长谈，讨论特伦德新年上任后他们将着手处理的 5 个主要问题：关于加入欧盟的谈判进展；经济问题；国防部统一问题；英国"现代化"问题；古巴导弹危机后英国在"冷战"中的角色。

麦克米伦对索普承认："我觉得布鲁克爵士已不能全身心为我工作"。[14] 在首相和特伦德讨论的新安排下，特伦德将成为麦克米伦的"内阁长官"。在麦克米伦随后的日记中，每一天都有大段关于特伦德的内容，远超过过去布鲁克长篇记述的关于间谍和情报的事情。[15] 特伦德上任还不到一个月，法国总统戴高乐（Charles de Gaulle）就否决了英国加入欧洲经济共同体的申请。

对作为首相的麦克米伦来说，这可是沉重的一击。索普写道："他的'策略全部化为泡影'，他只能寻求'体面地下台'。"9 月，[16] 关于普罗富莫事件的《邓宁报告》（*Denning Report*）公布，麦克米伦的病情给了他在保守党大会召开前辞职的理由。特伦德密切参与了首相辞职的全过程，确保在整个过程中落实了最严格的公正无私的操作准则。布鲁克如果在的话，也许会想方设法让麦克米伦留任，就如他让丘吉尔留任一样。但特伦德不会。女王于 10 月 18 日亲自来到麦克米伦的病床前接受辞职。道格拉斯－霍姆就任首相后，特伦德迎来了最愉快的时光。他发现新首相是一位颇有教养、有条不紊、严谨直正的领导。在特伦德服务过的四位首相中，霍姆是他最愿意服务的，这并不奇怪，因为特伦德认为霍姆是所有首相中最没有得到应有好评的一位。[17]

特伦德敬佩霍姆"处置政府事务"和驾驭内阁的方式："议程简明清楚，面面俱到的长篇大论全部被缩短。"[18] 然而，两人共事的时间如此短暂是特伦德的重大损失：霍姆的首相任期差两天才满一年。霍姆差一点就赢得了 1964 年 10 月大选——唐宁街 10 号的"花园房女士"（首相府打字女秘书）已经在为他欢呼了——但工党以 5 席的优势赢得了多数席位。[10]
内阁办公厅本来已经为制定保守党的政策宣言制订了详细的计划，就如他们为所有获胜的政党一样，但想象英国从 20 世纪 60 年代中期到末期将由霍姆领导的保守党政府执政尤为困难。霍姆深深敬佩特伦德和他对内阁委员会工作的督导，这些对政府顺畅运转都是至关重要的。

霍姆后来又表示："善加利用内阁委员会的确是政府成功的秘诀。内阁秘书长在此可发挥巨大作用。他可以对任何一个委员会的主席说，'瞧，方案还是这个样子，可不应该提交给首相和内阁。你必须在提交前进一步完善'。"[20]

对霍姆而言，他短暂的首相任期被一件主要立法工作占据：废除再销售价格保证。他在去世前罕见地接受了一次采访，而且特意要求 2000 年前不得播出，他把当年这一立法工作称作"荒唐事"，害得他输掉了大选，他直接指责说是泰德·希思坚持要立法。[21]

与此同时，特伦德的大部分时间被另一件事情占据：出版基尔穆尔勋爵（Lord Kilmuir）的回忆录——《政治冒险》（*Political Adventure*），他于 1963 年夏天过后把这本书交给了内阁办公厅审批。至于这位大卫·麦克斯韦·法伊夫，他自 1951 年起曾担任内政大臣，自 1954 年开始，他成为英国少见的任期极其漫长的大法官，直到 1962 年被麦克米伦首相解职。特伦德立即对回忆录的内容产生了警觉，霍姆首相也是如此。"至少这本书有三个部分由于不同原因让我担心，"特伦德

写道，"也就是苏伊士运河事件、艾登首相 1957 年辞职和 1962
年'长刀之夜'内阁改组。"[22] 肯尼迪总统于 11 月 22 日遇刺，
随后他的葬礼在华盛顿举行，这些都占据了霍姆和特伦德的时
间，拖慢了他们考虑回忆录的进程，基尔穆尔对此大为恼火。
让霍姆感到头疼的是，这本书对现任内阁大臣加以批评，尤其
是大选还有几个月就要举行了，哈罗德·威尔逊领导下的工党
充满干劲，正渴望从书中找到一些文字加以利用。

　　霍姆和特伦德猜测基尔穆尔是通过这本书发泄对于 1962
年内阁重组中他被解职的愤怒和失望，同时也希望通过一本充
满争议内容的书获得好销路和长篇连载版税。霍姆对于书中指
责巴特勒和塞尔温·劳埃德的内容非常担心，而特伦德则对书
中披露苏伊士运河期间内阁委员会工作的细节忧心忡忡。他们
一致同意基尔穆尔应该到唐宁街来见霍姆，并讨论、标注出他
们担忧的书稿内容。基尔穆尔于 12 月 5 日来到唐宁街，但这
位前任大法官抱着一副蔑视的态度，只同意对内阁委员会点出
的内容进行细微修改，而对其他修改意见则据理力争。

　　霍姆提醒基尔穆尔，他正在书写的人不仅是政府阁员，也
是他多年的大臣同僚。[23] 他给这位前同事提出了一些尖锐的意
见，说他"不应该忘记自己现在作为一位有公正见解的人而享
有的极高声誉"。[24] 当时，"50 年规则"仍然实行，特伦德奋力
斗争，以防给未来有人利用特权地位继续出书大开方便之门。

　　这本书终于在 1964 年初出版，仅仅做了很小的修改，而
且还在《旁观者》（*Spectator*）长篇连载。泄密这种做法到了

20 世纪 60 年代变得非常流行，霍姆不得不面对议会的令人不舒服的质询，即政府是否对基尔穆尔施过压。公众极其反感达官显贵试图保守官场秘密的做法。不过，令特伦德更无所适从的是威尔逊的工党政府对长期惯例的挑战，1964 年 10 月，工党把保守党赶下了台。

特伦德和哈罗德·威尔逊（1964—1970）

道格拉斯－霍姆毕业于贵族式的学校伊顿公学，曾以邓格拉斯勋爵（Lord Dunglass）的身份担任内维尔·张伯伦首相的议会私人秘书，他与出身公立学校的威尔逊真是有天壤之别，后者一心想在全世界掀起科学和现代化革命。威尔逊的传记作家本·皮姆洛特（Ben Pimlott）如是描述他在 1964 年 10 月大选中时隔 13 年后首次将工党带回权力中心后第一个平静而美好的日子：

48 岁的他是 20 世纪最年轻的首相，正处于精力和能力的盛年，才担任反对党领袖一年半就大获成功并为此惊喜不已，对于自己可以成就的事业自信满满。他清楚地相信自己也相信他的党得以赢得选举的纲领。他清晰地知道自己该如何着手实施。[25]

仿效 1933 年罗斯福总统刚执政时的举措，威尔逊拿出了一个"开局百日计划"来突袭白厅。他希望特伦德成为他雄心勃勃的施政纲领的一个组成部分，他认为内阁秘书长可不只是"给内阁委员会派秘书，并确保文件被妥善散发"。

威尔逊是唯一一位从普通公务员起步的首相，1943—1944年曾在燃料部担任经济和统计司司长，其对公务员系统应如何运作有着清晰的观点。在当选首相后不久，他接受了一次采访。威尔逊说，他预见内阁秘书处：

以后不只是向首相报告政府机械的工作以及内阁委员会的工作，同时还会成为一个提供简报的机构，这样首相才能掌握最新消息并对工作得心应手……我脑海中的首相即使不是公司的总经理，也应该酷似一位全职的执行董事长。[26]

1967 年，他又加入了一些新的思想：

内阁办公厅是首相的私人部门。内阁秘书长是全体内阁的公仆，应该参加所有内阁会议，但他同时也是我的个人秘书兼首席顾问。他为我提供建议，向我报告信息，不仅是关于内阁会议和我主持的其他内阁委员会的情况，也包括所有与政策相关的政府的一般运行情况。[27]

特伦德与他的新首相起初关系非常好：威尔逊告诉第一任海外发展大臣芭芭拉·卡斯尔（Barbara Castle），特伦德"是我见过的最棒的公务员"。[28]威尔逊的官方传记作者菲利普·齐格勒（Philip Ziegler）说，威尔逊对特伦德极为尊敬，只是还有一定的怀疑。[29]

唐宁街 10 号和白厅广为流传着一个预言，也就是威尔逊政府会做什么：传说会对被认为过于亲近被赶下台的保守党的官员进行清洗。特伦德简直是抚慰大家情绪的模范，他一方面安抚着那些情绪燥热的官员，另一方面迅速赢得了候任政府的信任。他用令人印象深刻的安抚方式和权威妥善处理了政权更替，堪称实现这一目标的楷模。

特伦德在威尔逊于 10 月 20 日召开第一次内阁会议之前给他写了一份经典的简报，既提出了策略性建议，又避免让首相感到屈尊：

在会议议程第一项中，您可能想对您的同事说几句关于一个通用标题"程序"的事情，我认为它应该包括以下事项：欢迎和道贺的话，提醒大家公共事务行为的主要准则。

大多数准则都已经总结在"内阁大臣程序事务问答"中了，在您的许可下已经散发，我希望它在第一次内阁会议前就能到达诸位内阁大臣之手。您可能觉得有必要要求您的同事认真学习经过时间考验且付出过惨痛代价的以往经验的汇编……

（a）授权

尽可能多地授权，让大臣们直接参与协商。需要集体讨论的问题，应该先提交给相关委员会。只有最重要且紧急的事情才能提交给内阁……

（b）简短

无论是备忘录还是为会议讨论进行的口头汇报，都应该尽可能简短。尽管在实践中很难恪守这一原则，但坚持这个原则的益处很明显。

（c）保密

"信任"和"机密"这两个词具有同一词根绝非偶然：互信是内阁承担集体责任的基础，而这种互信取决于政府对其内部所议事项能够严守隐私，特别是在内阁。面对报纸、电视等日益复杂的压力，恪守这一原则变得越来越困难。但忽视这个原则可能造成的损害非常严重。在这一点上，您可能希望给您的同事一个警告，至少在几周之内，在政府评估完他们面临的棘手问题之前，您的同事应该是"可以见到但决不会听说（相关消息）"。

（d）内阁办公厅

我希望您也花点时间告诉内阁成员，内阁办公厅是为整个政府服务的，并能协助大臣们履行其集体责任。我们会尽力帮助他们；如果我们以任何方式协助任何一位大臣，我希望他会毫不迟疑地让我知道……最后，对一件小事——内阁开会时能否抽烟做出明确规定总是有好处的。在做出决定的时候，您别忘记在一天中的大部分时间里，内阁会议的房间往往也是你的私人工作室。[30]

特伦德写的最后一段值得细细品味，他给他的读者提供了明确的选择，但同时巧妙地使他认为这是正确的结论。威尔逊和特伦德之间最早的冲突出现在 1965 年 7 月，首相想要缩减内阁。威尔逊打定主意，希望建立"一个更小的核心圈子"，而依据不同会议的需要，再让"其他内阁成员和官员加入"。[31]特伦德并不喜欢这个调子，并说服威尔逊这是行不通的。但这却成为未来将要发生的事情的预兆。

英国在 20 世纪 50 年代成为核武器国家之后，内阁秘书长承担了新职责。他最早的工作之一是向首相汇报核武器的情况，彼得·轩尼诗对此在书中进行了描述。特伦德为威尔逊详细汇报了"关于联合情报委员会、间谍技术以及敌对音频监视和窃听的危险"，[32]威尔逊听得如痴如醉。特伦德耐心地解释了英国自苏伊士运河危机以来的新的地缘政治现实，随着英国在世界舞台上的实力不断削弱，现在不得不减少对原始军事力量的依靠，而更多依靠情报和外交力量，因此，"今后的政治情报将与军事情报一样重要，如果不是更重要的话"。[33]

内阁秘书长的另一项职责是，监督为首相指定核武器问题副手的过程。特伦德在圣诞节前夕给阿列克·道格拉斯－霍姆的一封信中，尽可能谨慎、周到地说道，副手的职责是，"如果您在紧急关头无法行使职责的话，他们将被授权进行核报复"。[34]因此，内阁秘书长在核战争中发挥着至关重要的作用。[35]例如，他要向三军参谋长、舰队指挥官和皇家空军指挥官当中被指定为第一和第二核副手的人通报情况。他当时负责提醒内阁采取必要措施，以确保皇家空军打击部队和北极星潜艇部队准备就绪，并且在与首相私人议会秘书协商后，安排首相与美国总统通话。[36]

在整个"冷战"期间，内阁办公厅的一个特殊橱柜里存放着政府的作战计划，以及空白的皇家委任状，以便万一发生核袭击事件后，在核废墟中仍能及时任命区域专员。[37]特伦德开始引起大臣的猜疑，部分是因为他对华盛顿和英联邦的关系、情报、核安全等事务十分热衷，这并没有得到许多政府官员的认同，他们的重点仍在经济和社会政策。特伦德似乎对英联邦事务情有独钟，甚至在1965年任命了专门的英联邦秘书长且伦敦不再举行英联邦会议之后，他仍然是英联邦事务的核心支柱，并且悉心指导该组织的运行。

威尔逊首相本人对英联邦和英帝国事务并没有持久的兴趣，但是却被裹挟着陷入了这些问题。当英国殖民地罗德西亚（Rhodesia）于1965年11月单方面宣布独立时，伊恩·史密斯（Ian Smith）领导的白人至上主义政府明确拒绝了伦敦关于占人口多数的黑人治理国家的要求。威尔逊决定以实施制裁为回应，内阁办公厅负责协调实施。但内阁官员们毫不知情的是，在唐宁街首相府著名的"花园房女孩"中，有位打字员在1966年至1967年间把情报传递给了罗德西亚政府，这可是令人敬重的"花园房女孩"们绝无仅有的一次出现了这种情况。[38]

1966年初，威尔逊对其政府的微弱多数地位不满，发起了新的大选。他上任仅一年半就进行的这次豪赌大获成功。工党在3月31日大败保守党，新夺取了48个议席，并把多数优势扩大到了 96 个议席——这是工党自 1945 年以来第二大的席位优势。大选结果揭晓后，特伦德起草了一份主题直白的备忘录，标题是"大选后的战略"，提醒威尔逊他曾亲口表达过的愿望，即要成为一个更有效力的执政者：

> 我一直记得你想要把新政府的工作节奏放慢，用更稳健的'步伐前进'——我对此的理解是，根本上，在问题提交内阁前要进行更有效的讨论；虽然多花了点时间，但是最后会由更少的内阁官员，在更小的压力下做出决定。这就需要建立更为系统化的委员会体系，包括部长级的和执行官员层面的；需要更全面而且有条不紊地发挥这些委员会的作用（包括定期评估委员会的工作和进度）；以后还要对选择内阁部长担任内阁'闲职'更加慎重，这些闲职人员可能成为许多委员会的顺理成章的主席人选。[39]

接着他又回到了经常讨论的话题，也就是威尔逊经常表露的想要建立更小的核心内阁的想法：

> 虽然大选前的内阁可能有些过尾大不掉，但内阁大小只是个相对的概念。人们经常提出建立小内阁并想付诸实施，但除了战争期间，小内阁并没有表现出能充分弥补其缺陷的优势，即小内阁会削弱集体责任感，让属于小圈子成员的大臣们承担过重的责任，而且更重要的是，它不能给予首相具有足够代表

性的"政治基础"，让首相从容执政。同样，我对过度联邦化的部门也持怀疑态度，如果部门规模庞大而又数量稀少，那么它相对分散的行政部门而言就更难驾驭，而且要在集体权力之间建立合理平衡也难上加难，这方面的问题和小内阁是一样的。任何一个参加过讨论透彻而激烈的内阁会议的人都会明白我的意思。[40]

特伦德希望确保威尔逊的第二届政府行事更简单有效。他对文山会海忧心忡忡，担心过多的会议散漫低效。他告诉威尔逊，内阁办公厅在 1965 年发送了 1 591 份备忘录，服务了 546 场内阁会议和委员会会议。太多的会议对内阁办公厅官员施加了太大的压力："我忧虑的是，内阁办公厅不能太庞大，我们应该尽可能有效地配备人手。"[41]威尔逊首相懒散的会议风格跟艾德礼大相径庭，这就让他的大臣们理所当然地在会议上表现散漫，会议成了空谈的场所。[42]

理查德·克罗斯曼（Richard Crossman）的日记为我们提供了威尔逊时代内阁工作的诸多情况，虽然有点党派偏见。克罗斯曼第二次世界大战前是牛津大学的一位哲学教师，自 1964 年至 1970 年曾连续担任内阁岗位，包括下议院党派领袖（1966—1968）。他是一个左派，但从来没有丢掉过其相对超脱的学院派评论家的风范，他对特伦德和白厅的工作非常挑剔。内阁同事沙克尔顿勋爵（Lord Shackleton）说克罗斯曼在威尔逊内阁里是讲话最多的，"一直扮演着批评家的角色"，尽管他的话并非最有影响力，沙克尔顿认为最有影响力的是"托尼·克劳斯兰（Tony Crosland）、罗伊·詹金斯（Roy Jenkins）、乔治·布朗（George Brown）和丹尼斯·希利（Denis Healey）"。[43] 然而，克罗斯曼相信，用提克斯顿的话说，"特伦德帮助威尔逊淡化其过激的发言，最后撰写出了内阁会议纪要"。[44]

内阁委员会尤其是克罗斯曼的一个眼中钉。1964 年加入政府时，他惊奇地发现：

除了一般只有大臣参加的内阁委员会之外，还有一系列执行官员委员会；内阁大臣的工作完完全全地在行政官员层面又被干了一遍。也就是说，行政官员在内阁委员会召开前已经达成的决定，部门委员会常常很难再达成不同的结论。[45]

克罗斯曼在日记中不屑地写道："重要的是必须牢记，历史学家不能相信内阁会议纪要能告诉他们内阁发生的真相。纪要写的都是内阁官员告诉你发生的事情或者他们相信的事情。"[46] 克罗斯曼希望看到，从行政部门到立法部门，权力和监督能够实现再平衡。克罗斯曼与特伦德讨论了这个想法，似乎于 1966 年下半年达成了妥协，即同意加强议会的委员会体系。但任何共识都是短暂的，他们两个人于 1967 年开始冲突日增，甚至是在很多次要的小事上。

同年 9 月，威尔逊的内阁团队在契克斯（Chequers）召开传统的夏季后会议。克罗斯曼不想在办公室里开会，而是想留在附近的小镇艾尔斯伯里（Aylesbury）。特伦德发现他的意图后，就此"大做文章"。"绝无可能，"特伦德说，"如果看见上议院议长和上议院官员出现在艾尔斯伯里，记者就会认为你们是在开秘密会议，并推论你们在讨论上议院改革。"[47]1970年4月，大选后不久，两个人又在《公务员保密法》上发生一次分歧，就会议纪要撰写人违反法案是否能被起诉发生了争论。克罗斯曼自然认为撰写人不能被起诉，也不应该被起诉。

特伦德对克罗斯曼的攻击越发恼火。他相信克罗斯曼根本不理解内阁办公厅和现代文官制度的运行方式。[48]特伦德认为委员会体系是用于服务内阁大臣并帮助他们达成愿望的，而不是阻碍他们实现目标的。但他无法说服对此持怀疑态度的人。塔姆·达勒耶尔（Tam Dalyell）在他的关于克罗斯曼的传记中认为，特伦德的内阁会议纪要"不能反映卡拉汉和芭芭拉·卡斯尔所说的没有记录在案的真实斗争"。[49]特伦德发现越发难让大臣们觉得他处理问题的方式是有价值的。内阁成员中他的批评者日益指责他应对工党无法在许多雄心勃勃的政策目标上有更大的进展负责，这些指责当然是不公平的。多年来，如果各政党的政策没有得到推动，他们的大臣就会习惯性地责怪白厅的机制。

使特伦德与内阁关系受损的事件早早就到来了。《每日快讯》（*Daily Express*）发表了记者查普曼·宾切尔（Chapman Pincher）的一篇文章，宣称"邮局和商业电报服务发出的数以千计的电报都被安全部门截获了"，[50]实际上暗示政府正在以产业级规模拦截加密电报函件。

政府试图发送"国防部通知"来阻止查普曼：这一通知要求媒体不能刊发被认为危害国家安全的内容。但下议院收到了一份关于威尔逊政府秘密向媒体发布"国防部通知"数量的质询。特伦德建议首相不要反应过激。威尔逊对此置之不理，相反他指责《每日快讯》发布"耸人听闻和不正确的故事"。[51]他由此卷入了长达一周的激烈对抗，使反对党领袖希思有机会要求任命枢密院议员组成委员会来调查政府行为。

威尔逊拒绝接受委员会的调查结果，这引起了媒体的愤怒，"国防部通知"委员会秘书长被迫辞职。特伦德在一些方面为此次政府失利承担了责任。"我怀疑哈罗德自'国防部通知'事件后再也没有特别信任过特伦德，特伦德负责处理这一事件，其后两人日渐疏远。"克罗斯曼在他的日记中写道。[52]威尔逊知道克罗斯曼一直批评特伦德，他对克罗斯曼透露："你知道，特伦德不总是和我很亲密。他是有自己地位的人物，内阁秘书长也有自己的影响，可以自行其是。"[53]克罗斯曼在日记里私下对这一交流进行了反思："我想尽管哈罗德认为特伦德跟自己不很亲近，但特伦德认为自己对首相是忠诚的，并忠于巩固首相的地位，他对其他内阁大臣没有这样的忠诚。"[54]特伦德的意见总体上还是很重要的。1967 年，他引导威尔逊做出了另一个决定，当时他建议威尔逊让英镑贬值。英国自 1947年以来就维持 1 英镑兑换 2.80 美元的汇率，强势英镑被认为对维系英国人民生活水平和国家声誉很重要，但持续的贸易赤字却在战后多年笼罩英国，必须用外汇储备竭力弥补。特伦德在写给威尔逊的信中说：

> 我们没能成功缓解国际收支不平衡。通货膨胀（在国际收支不平衡背景下表现为进口过剩）持续停留在过高水平，全世界都看到了这一点。因此，我们还没有恢复对我们有能力维持英镑汇率的国际信心。当存在这种根本性的不健康因素时，任何事情（无论多么非理性）都可能在没有预警的情况下诱发对货币的挤兑——如我们所知，我们正在经历第三次或第四次这种挤兑。[55]

1967 年 10 月、11 月，英格兰银行对政府是否做了足够努力来保护英镑缺乏信心，决定加息 1 个百分点。但威尔逊 11 月中旬将英镑贬值到 1 英镑兑换 2.4 美元（即贬值 14%）。11 月 18 日，他发表电视讲话，试图安抚民众情绪，宣布"'你们口袋里的英镑'是不会贬值 14% 的，经济也会由此复苏"。威尔逊的信誉和工党政府的信誉却再也没有全面复苏。特伦德在 20 世纪 60 年代后期对威尔逊的影响日渐削弱。沙克尔顿勋爵成为公务员事务部大臣，他说："特伦德是一个很和善和睿智的人。但要理解他的角色究竟是什么很难。（除了内阁会议纪要外）人们很难意识到他的影响。"[56]

这对特伦德所起到作用的评价不太公平，威尔逊的议会私人秘书迈克尔·霍尔斯（Michael Halls，1966—1970）工作得相当吃力，因此留给特伦德大量发挥其作用的空间，其作用也在加强。这是特伦德的能力的一个重要标志，他使内阁政府能够正常运转，在他管理下的政府的规模显著扩张，1964—1965 年，公开开支占 GDP 的 34%，到了 1969—1970 年就占到 38%。政府进行了一系列自由化改革，特伦德即使对其中一些改革措施不是很同意，也都努力促成了。他忠诚地服务于政府，即使在困难的最后一年，当年卡斯尔的题为《取缔冲突》（*In Place of Strife*）的白皮书引发了与工会的龃龉，一直到1970 年 6 月大选才得以平息。威尔逊的团队认为，如果首相没有把大选从 6 月 11 日推迟到 18 日，可能就赢了大选，而那时发布了糟糕的贸易数据，损害了政府经济管理能力的声誉。[57]

威尔逊和特伦德的瓜葛没有就此结束。威尔逊 1970 年 6月离任时欠了 14 000 英镑的债务，还要养活自己庞大的办公室班子。他想到写回忆录的主意，《星期日时报》为此支付他240 000 英镑。这本书主要是他的新闻秘书乔·海恩斯（Joe Haines，1969—1976）执笔，特伦德需要审查这本书，他坚持关于中国的段落必须修改。[58]

特伦德和希思（1970—1973）

保守党新首相爱德华·希思的到来使特伦德重新焕发活力，希思以 31 票的多数优势席位赢得了大选。[59] 特伦德同希思在艾登首相期间担任党鞭时相识，特伦德成为内阁秘书长后对希思日渐了解。特伦德期待和希思共事，但一开始两人就产生了分歧。希思对于威尔逊任首相期间混乱的工作风格日益厌恶，他进入唐宁街时认为，"我们必须改变政府结构……我将全力完成这项任务……因为我担心大臣们花费大量时间处理日常琐事，而不是用心于战略性思考"。[60]

这想法倒也与特伦德的想法一致，但希思想要减少内阁委员会，甚至缩小内阁本身的规模。特伦德在威尔逊执政期间辛辛苦苦搭建起这个紧密而有效的内阁委员会体系，他认为目前的运转模式符合好政府的标准。他力图告诉希思，政府运转自从1964年保守党下台后，已经取得了显著改善。他说，毕竟内阁委员会体系依靠的是一些没有担任具体部门负责人的内阁大臣（尤其引人注目的是上议院议长）来主持委员会，这些人"没有自己的部门利益"。[61]特伦德在三任风格迥异的首相中建立了对什么有效、什么无效的令人惊叹的理解。大选前特伦德就与希思见面讨论委员会体系，但希思可不是灵活善变的人，他对这些难以容忍。他坚持要推进自己的想法，建立两个新的"超级部委"。内阁成员从威尔逊时期的21人减到18人。特伦德感到不悦，他写道：

如果改革的结果是大臣们对自己同事的工作变得漠不关心，那就令人遗憾了；如果一些有重要价值或政治敏感的问题被拿到内阁时进行集体讨论为时已晚，那就是破坏性的结果了。[62]

　　1973 年，内阁的人数再次增加到 21 人，对此特伦德感到略带嘲讽意味的满意。对于设立中央政策审查小组这项创新，特伦德并没有提出异议，1970 年希思起草的《中央政府重组白皮书》（The Reorgnisatio of Central Government）已经预示了中央政策审查小组的设立。[63]1964 年，威尔逊提出组成由马西亚·威廉姆斯（Marcia Williams）领导的"政治办公室"，当时特伦德也不得不接受。但特伦德认为中央政策审查小组中有更多合乎宪法的因素，于是他提议由银行家、科学家和前情报官员维克多·罗斯柴尔德（Victor Rothschild）作为其第一任负责人。[64]但特伦德对于这个新机构的名称不甚满意，他遗憾地告诉轩尼诗："审查小组应该被称作'智库'。"

　　我记得我挠着头，咬着我的铅笔，想着'我们究竟给这个新机构起个什么名？'然后我发现，现在的名字中这几个词是最能准确地表达它的含义的，即它是中央机构，是关于政策的机构，在中央层面审查政策，而且它是幕僚小组，而非一个政治单位。[65]

　　这个新小组很快就以"智库"和中央政策审查小组的名义开始运作，直到 1983 年玛格丽特·撒切尔取消了这个机构。罗斯柴尔德在 1971 年成为小组第一个也是最成功的领导人。他招募了一支天赋异禀的团队，由借调来的白厅官员和来自私营部门的人员混合组成（几个人来自壳牌，罗斯柴尔德曾经在那里担任研究部门负责人）。不可避免的是，他们一开始工作，就搅乱了白厅的氛围。罗斯柴尔德对 1972 年 5 月的一个艰难时刻回忆道：

伯克·特伦德今早召集内阁常务秘书开会，讨论中央政策审查小组的工作，有四名小组成员在场。我对微妙的气氛向来不敏感，但其他三名小组成员却有人预感常务秘书会猛烈抨击他们的工作，有人觉得他们会稍加挑剔，还有人觉得我们有足够的方案能应对任何不测情况。

他讽刺地总结道："伯克爵士（即特伦德）不用说，他总是保持中立。"[66] 尽管如此，希思坚信审查小组的价值，他在回忆录中写道："他们经过了全面的研究，并把工作成果呈报了上来。我把审查小组看作我在唐宁街 10 号时期最好的创新之一。"[67] 英国政府只能思考下一次大选之前的问题这一特点可谓臭名昭著，建立一个能够长远考虑的办公室是一个不错的想法。这就解释了在 1983 年之后发生的许多事情，包括布莱尔尝试建立战略部门，网罗白厅中非常聪明的人来思考更长远的问题。但最终，审查小组没能充分发挥其功能就寿终正寝。[68]

与所有民主国家一样，白厅的眼前问题和政治考量会战胜长期思考。希思与特伦德的关系并不总是令人担忧。国家档案馆展示了特伦德起草的许多有用而内容广泛的文件，用于支持希思的工作并且使政府的工作更高效。一个典型的例子是他在

1970 年 8 月初递交给希思的一份绝密纪要：

> 我一直在思索我们从现在到党代表大会之间可能需要处理
> 的主要问题，您或许希望得到一些对未来形势的判断，您可能
> 在北爱尔兰遇到麻烦，本月也是伦敦潮汐泛滥的周期性风险时
> 刻。在不久的将来——我们必须依靠临时性措施。[69]

9 月，特伦德再次提示希思可能出现麻烦的问题，包括
"为南非提供武器"、"保护印度洋南部的海洋"以及"是否在
销售受挫后继续运营协和式超音速客机"。他提示的另一个问
题是就公共预算做决策，并且提示这个危机可能在下个月中旬
或月底到来。

"在我提到的两个关键时期，内阁将必须非常努力地工
作！"[70]他向新首相提出了如是建议。特伦德成功说服希思同
意进行重要改革，加强内阁办公厅处理突发事件的能力，他在
1969 年想游说威尔逊进行同样的改革时没能成功。他告诉希
思，他担心：

> 没有任何一个中央政府机构能核对并提供必要的背景资料，
> 让您、其他大臣和……内阁成员们能够对在紧张时期出现的复
> 杂问题做出及时而有根据的决定，这些问题可能会从"战争过
> 渡阶段"发展到核战争的边缘，甚至可能直接发展为核战争。[71]

希思很高兴特伦德能够发起这一改革建议，与白厅三大主管部门（外交和联邦事务部、国防部和内政部）负责人召开会议。他说，需要建立一个新的危机管理中心，可以把它命名为白厅紧急情况中心（Whitehall Situation Centre）。该中心应收集、整理和呈报有关部门提供的政治、国防和军事情报，以便大臣和高级官员能够根据最新的信息迅速做出决定，并使所有信息同时被传达到有关的人。[72]

他设想在内阁办公厅设立一个会议室，大臣和官员可以使用闭路电视直接听取外交与英联邦事务部、国防部和内政部的报告，并听取其他专家的意见。这个机构设立于1972年，当时被称为"冬季紧急情况委员会"（Winter Emergency Committee），它演变成了内阁办公厅应急小组。内政部一直在1920年的《紧急权力法案》（Emergency Powers Act）指导下负责这方面事务，从1935年到1971年，这种紧急情况报告由民事防务部撰写。1972年，内阁办公厅紧急应变小组会议室举行了第一次会议，协调政府对全国矿工联合会（National Union of Mineworkers）罢工的应对行动[73]。此后，它被用于各种目的，包括反恐，并成为核战争应急计划的组成部分。[74]即使在内阁办公厅内设立了内阁办公厅紧急应变小组会议室之后，紧急计划和民防职能仍被保留在内政部"应急计划处"（Emergency Planning Division）。

2001年，布莱尔担任首相期间，内阁办公厅通过国内应急秘书处（Civil Contingency Secretariat）承担了制定所有针对民事和军事应急事件的危机应对策略的责任。这些改变是及时的，因为希思政府比战后任何其他政府经历的危机都多。比如北爱尔兰问题，在 20 世纪 20 年代初劳合·乔治提出解决方案之后，大部分时间是平静无事的，当希思上台时，这一问题已经变成棘手问题。希思上任仅三天，特伦德就向他警告说，这个省的问题得发生"奇迹"才能改善。

他提醒道，形势"可能会变得更糟"，首相"必须准备……暂停斯托蒙特议会（Parliament of Stormont，即北爱尔兰议会）……并将阿尔斯特行政政府（Executive Government of Ulster）置于我们自己提名的人手中。"[75] 次年，特伦德建议希思不要实施拘禁政策，希思则不情愿地搁置了这一建议。内阁北爱尔兰委员会于 1972 年 1 月 11 日开会，特伦德在汇报中对于谈判能否取得结果感到悲观。3 月，希思暂停了斯托蒙特议会，并恢复了伦敦直接统治北爱尔兰的政策。亨尼西认为，最终证明，北爱尔兰"在整个希思政府任内消耗精力方面排名前三，甚至是最消耗首相时间的问题"。[76]

国内另一大担忧是经济和工业政策。希思与工会几乎是斗争不停，并因 1971 年《劳资关系法案》（Industrial Relations Act）而与工会的矛盾激化，这一法案试图引入新的工会活动法规，冲突导致一些参与系列罢工的工人被监禁。自 1926 年总罢工以来，政府与工会的矛盾从未如此激烈。1972 年的矿工罢工是自 1926 年以来矿工的第一次罢工。全国矿工联合会于 2 月复工，但是到 1973 年，该联合会变得更加倾向于进行斗争，当时左翼激进主义者迈克尔·麦加希（Michael McGahey）当选为副主席。绝望的希思要求特伦德增加对矿工和其他好斗分子的监视，当军情五处告诉希思不能对罢工进行预警时，希思大怒。希思对军情五处施压，相信安全部门可以采取更多行动应对左翼激进分子的挑战。据说军情五处后来同意了对"工业颠覆"活动的监测，特伦德则向希思保证"（监视）操作会非常谨慎"。[77]

特伦德的心思仍然放在他的主要问题上，尤其是英美关系政策。美国国家安全顾问亨利·基辛格相信特伦德对威尔逊首相"漫不经心"地忽视这种特殊关系感到痛心，在丘吉尔和麦克米伦执政时，英美特殊关系受到高度重视。[78]当然，1970年爱德华·希思执政时，情况并没有得到很大改善，希思在任时一心想把英国带入欧洲共同体。因此，特伦德有些惊讶但当然绝非不悦地发现，自己是白厅中走在最前面的大西洋主义者之一，对他对英美关系的态度，华盛顿也了然于心。特伦德与基辛格之间的独特关系可以在关于1973年4月的一次会议记录中找到。

特伦德描述基辛格是个"行色匆匆的人"，他认为毕竟正如美国人指出的那样，水门事件"可能会在尼克松剩下的三年中占据其相当大的精力"。在一次会议中，特伦德对基辛格在整个会议期间没有提及越南和更广泛的印度支那地区这个话题感到惊讶，基辛格反而强调他希望与英国建立密切的工作关系，包括通过一系列的工作组开展工作，并由"最高层督导小组通过每月举行一次会议进行协调……对跨大西洋关系的未来进行正式研究"。基辛格愿意只与英国人就此开展工作，但特伦德认为，"如果不尽早让德国人或法国人参与，这个过程就不会进行得太久"，并建议希思在访问巴黎，会见法国总统乔治·蓬皮杜时探讨这个话题。

基辛格似乎对欧洲不愿意"在任何一个主题上用一个声音说话"感到愤怒。[79] 除了在既定安排下见面之外，基辛格和特伦德还定期就各种议题进行交流。基辛格把他们的关系描述为对英美关系在一段时期的汇总：

> 我们经常交流对领导人或问题的看法。在英国政府和美国政府之间，这种关系并不是很正式的。所以，如果我们在一个问题上需要建议，我会打电话给伯克·特伦德，然后他会引入正确的英国相关机构参与，或者他会自己找到答案。[80]

基辛格对特伦德另眼相看，并给他的名人朋友，如演员小道格拉斯·费尔班克斯（Douglas Fairbanks Jr）和《华盛顿邮报》（*Washington Post*）的出版人凯·格雷厄姆（Kay Graham）打电话，邀请他们和英国内阁秘书长一起吃晚餐。[81] 基辛格对格雷厄姆做了一个关于内阁秘书长有趣的描述："他是……某种程度上我在英国的相同角色，然而他是常任的。"他继续说，他认为特伦德是一个"杰出的人——真是一个好人"。[82] 这两位名人似乎都欣然接受邀请，但遗憾的是，没有关于这次难以置信的聚会期间讨论内容的记录。1973 年 1 月，在特伦德和基辛格举行会议后，基辛格向尼克松总统汇报说，特伦德对美国政府的越南政策显然感到"高兴"，并评论说，"他们在我们采取行动时从未说过任何话"。[83] 他很可能指的是"第二次后卫行动"，即 1972 年 12 月美国对越南民主共和国的猛烈空袭，但美国提前结束了空袭。基辛格补充说："他非常支持我们的决策。如果说他有天性的话，应该就像你的天性一样，他本来希望赢得胜利。"尼克松回应说："好吧，你和我知道，我们不能那样做。"不久之后，基辛格回到了主题："他认为欧洲将在某一天为你所做的事感恩你。我告诉他……欧洲人……做得更多的是破坏北约联盟。"[84]

尼克松似乎也高度重视特伦德。1970 年 1 月，他坚持要给"特伦特"（译者注：原文 Trent，似乎是表明尼克松拼错了特伦德的名字）威尔逊最近出席的一场国家安全委员会的记录，"我认为他应该参加会议，我不知道他不在那里"。[85] 1973 年 7 月，尼克松有一次展现出他记得与基辛格会面的英国代表团中有一位"特伦特"，并要求基辛格，"除非他很难打交道……代我向他转达（特伦德）我个人的最美好的祝愿，如果他不是个好人，就转达我的最不美好的祝愿。"[86] 英国内阁秘书长的名字（基本上）能被尼克松记住，并受到当时正饱受非议的尼克松总统的赞扬，这表明他多么受到美国政策制定者的尊重。

相反，威尔逊和希思与白宫首脑之间的关系相当复杂。在希思开始更重视欧洲而非大西洋事务后，他们的关系进一步恶化。基辛格后来反思道：

> 泰德·希思并不是世界上最容易打交道的人。美英关系从来都不曾破碎，但是当首相没有像人们想象的那样积极沟通时，特伦德提供了确保两国沟通能够有效和正确地运作的桥梁……一座临时桥梁，而不是一座排他性的桥梁……以便使沟通顺利进行。

1971 年 7 月，基辛格在高度保密的情况下访问了中国。中国自 1949 年以来在共产党接管大陆之后一直遭受排斥，基辛格的访问特别敏感，为尼克松第二年的历史性访问铺平了道路。希思早已对中国特别感兴趣，但基辛格却没有提前通知他。希思总是很敏感地觉察到别人的怠慢，作为回应，他切断了唐宁街 10 号与美国政府之间的正式沟通。

现在轮到特伦德收拾残局了。正如基辛格回忆的那样："我打电话给特伦德并问道，'这到底是怎么回事'，他说，'我不能通过电话告诉你，但是当我再过一周去美国时，我会告诉你，我们会解决这个问题'。"[88] 两国的沟通已经适当恢复。希思坚信英国的命运在欧洲，而且随着首相任期的延续，他试图将英国与美国拉开距离。1973 年 7 月，英国官员告诉美国同行，从此以后，希思政府将寻求与美国进行多边谈判（包括欧洲人），而不是传统的英美双边磋商，这种双边磋商已成为"特殊关系"的标志。

特伦德在电话里告诉基辛格，"我今天觉得非常难过"。基辛格回答说："这是我们两国历史上悲哀的一天。"基辛格对特伦德说："对我而言，你和我将依然是朋友。"[89]特伦德回答说："如果不是这样，我会讨厌现在的情况。"与和美国的分歧相比，欧洲问题是首相和他的内阁秘书长分歧更严重的问题。这是希思首相任期内的最大主题，希思对特伦德的大西洋主义和对英联邦的热爱感到失望，这意味着特伦德无法与希思分享他对欧洲的热情。

尽管希思只有 25 席的多数优势，并且估计有 40 名议员对欧洲一体化持怀疑态度，但他仍然坚持推动他的"十字军东征"。议会推动相关立法时进行了不少于 105 次分组表决。《欧洲共同体法案》（European Community Act）于 1972 年 10 月获得通过，英国于 1973 年 1 月加入欧洲共同体。

尽管特伦德有自己的信念，但他并未在工作中体现出来，内阁办公厅在协调英国的欧洲政策方面发挥了核心作用，"无论在加入欧洲共同体谈判还是后续工作上"。[90]特伦德很高兴内阁办公厅而不是其他部门成为这项工作的负责部门。加入欧洲共同体的工作机制最初是在 1961 年建立的，其中大部分工作由财政部负责，但是当麦克米伦的计划在 1963 年失败时就暂停运转了。当 1971 年这一工作机制恢复时，有一个问题是，应该继续由财政部负责还是由外交与英联邦事务部负责。内阁办公厅因其在跨部门协调方面的声誉而获胜，在 20 世纪 70 年代中期，没有任何主题需要在白厅内部进行跨部门讨论。[91] 因此诞生了欧洲秘书处（European Secretariat），轩尼诗认为"（内阁办公厅）获得了（当之无愧的）赞誉……与任何其他欧洲共同体成员国相比，它对欧洲政策的安排更有效"。[92] 事实上，公务员安东尼·帕特爵士说，内阁办公厅与白厅的协调允许政府组建一个由外交官迈克尔·帕利泽（Michael Palliser）领导的"前十一"（First Eleven）谈判小组。[93]

特伦德在私人关系上与希思首相渐行渐远，希思开始更多依赖他的议会私人秘书罗伯特·阿姆斯特朗，希思与他都挚爱音乐。同样，他找到了英国文官制度负责人威廉·阿姆斯特朗（与罗伯特·阿姆斯特朗没有关系），后者作为顾问比特伦德更有成效，而且他同情希思的执政风格，这是一个额外的福音。

早在 1971 年春天，希思和威廉·阿姆斯特朗就定期开会；那年秋天，阿姆斯特朗被委派领导一个秘密行动小组，负责对失业率上升做出反应，这是一个需要专业性的领域。希思打心眼儿里热爱欧洲，他对法国的公务员模式印象深刻，那里的官员在政治上更加活跃，而且没有那么多微妙的"太极"，这与传统的白厅官员相反，他们的风格是为他勾勒出一系列选择，同时不愿意自己提出强有力的建议。[94] 随着一系列危机的出现——涉及经济、工业、安全、爱尔兰和北爱尔兰等问题，希思越来越依靠威廉·阿姆斯特朗。"阿姆斯特朗实际上成了希思的内阁长官，并获得了政治影响力。

结果在 1973 年，阿姆斯特朗被人们称为"副首相"，历史学家罗德尼·洛说。[95] 希思的传记作家约翰·坎贝尔写道："希思越来越倾向于并最终危险地依靠那些不会对他构成威胁的官员。尽管他的政治同僚非常忠诚，但他们都有自己的政治职业规划、选区和利益，而他的政府官员却专心致志为他服务。"在他写下这些时，他脑子里明显想的是阿姆斯特朗，此外他还对希思做出了明确的评价："高级公务员都认为他是他们中的核心一员。"[96] 道格拉斯·赫德（Douglas Hurd，1952—1966）曾是外交和联邦事务部的外交官，他是另一位进入唐宁街10号并成为希思团队的核心成员，担任希思的私人秘书。随着希思首相任期的延续，他明确提及希思对特伦德的作为感到沮丧。

赫德抱怨说，内阁执行官员在三个关键时刻让大臣们感到失望：处理1972年1月英国士兵"血腥周日"枪击事件的后果，在1973年关于通货膨胀的讨论，以及1973年下半年准备与全国矿工联合会对抗的时刻。[97] 但是，就因为没有完全像希思希望的那样玩这场游戏，特伦德就一定是错误的？相反，他遵守他的公务员守则和个人信条，并拒绝过度卷入政治游戏，这是值得称赞的。希思对特伦德的失望后来人所共知，中央政策审查小组成员威廉·普洛登（William Plowden）就是其中一位，他认为特伦德的内阁办公厅未能提供足够帮助。

据他的儿子迈克尔回忆，特伦德那时开始寻找退路。罗伯特·阿姆斯特朗后来说，特伦德有双重动机离开："他认为干10年已经足够长了"，并且他无法"再对希思将国际政策转向以欧洲为重感到同情"。[98] 1973年9月，他成为首位提前退休的内阁秘书长，在他离职并成为牛津大学林肯学院（Lincoln College）院长之际，他收到了基辛格的一封信："我承认，当看到你重新进入学术圈时，我很羡慕。你带着各地同事的尊重和仰慕，我向你致以最美好的祝愿。"[99] 他的过早离职是一位伟大的公职人员职业生涯的一个凄美结局。

约翰·亨特和希思

特伦德即将出局已非常明显，约翰·亨特作为他的副手加入了内阁办公厅，为日后接替内阁秘书长做准备。亨特出生于 1919 年，是参加过第一次世界大战的英国皇家炮兵军官的儿子。他的父母是罗马天主教徒，所以把他送到了唐斯德公立学校（Downside Public School），在那里，他在学术和体育方面表现出色。他在剑桥大学马德琳学院（Magdalene Collegt）崭露头角，仅两年后就加入了英国皇家海军，获得了二等学位。[100] 他成为唯一一个在第二次世界大战中服过役的内阁秘书长，至今他还总是有一副军人做派，而且总是迫不及待地要支持军方。

在战争期间，他被部署在护卫舰上，是一位合格的信号官。1944 年，他被派到远东，在那里，年仅 24 岁的他接受了日本驻军的投降。他与玛丽·罗宾逊（Mary Robinson）结婚，玛丽于 1942 年生下了他们三个孩子中的第一个，并于 1971 年去世。1946 年，亨利从海军退役，但他对远东着了迷，于是选择加入内政部的自治领办公室（Dominions Office），那时这可是一个高级的部门。

亨特迅速晋升，成为干劲十足的年轻大臣帕特里克·戈登·沃尔克（Patrick Gordon Walker）的私人秘书，后来沃尔克担任威尔逊内阁的外交大臣。亨特的沉着给沃尔克留下了深刻的印象。在访问斯里兰卡时，他们会一起游泳。"据说这里有鲨鱼，所以我总让他在我前面游：他似乎从不介意！"[101]运气——尤其是在正确的时间出现在正确的地点——在所有内阁秘书长的晋升中都发挥着作用。当布鲁克发现亨特时，亨特很幸运地成了英国首任驻渥太华高级专员公署秘书长，1956年，布鲁克邀请亨特成为他的私人秘书。布鲁克对亨特印象深刻，成为他的导师和精神动力，就像当年布里奇斯对特伦德的影响。在担任了一段时间联合情报委员会秘书长之后，亨特于1960年再次被布鲁克调回内阁办公厅。当他离开时，联合情报委员会记载了"对亨特先生所做的伟大工作致以最热烈的感谢"。[102]

亨特努力要爬到金字塔顶端。1962年，他加入财政部并成为常务副秘书。1968—1971年，亨特成为新的公务员部的首任公务员专员（Civil Service Commissioner）。他很快就以公务员制度的坚定捍卫者著称，反驳该制度的批评者，特别是富尔顿委员会。这个委员会是威尔逊首相于1966年成立的，旨在审查公务员制度的运行情况。亨特于1971年再次晋升，成为第三常务秘书。从1972年起，他被任命为内阁办公厅的第二常务秘书。亨特曾与威廉·阿姆斯特朗在财政部密切合作，两人在政府工作方面有着相似的看法。1973 年，希思邀请亨特在特伦德仍在位时对内阁办公厅进行审计，并在特伦德离任后提出改进建议。

亨特仔细阅读了希思给特伦德的所有关于改善内阁委员会会议的纪要，并与 50 多位部长进行了讨论，征求他们的意见。他对当前的机制非常不满。他说委员会数目太多（46 个大臣级委员会和 12 个正式委员会），完全没有对有集体责任的委员会和仅协调低级别部门业务的委员会进行区分。此外，他发现该系统过于被动和疲于应付，没有足够的时间去探索重大的政策问题。[103]

亨特小心翼翼地避免批评特伦德本人，坚持认为所有变革必须等待特伦德退休后进行，但他仍然指出了内阁办公厅的几个不足之处："内阁办公厅应该不只是会议记录员聚集的地方，更应该是确保政府事务正常运转的机构。"[104] 新成立的欧洲事务秘书处本来负责处理白厅和欧洲共同体的关系，结果运行不久便寿终正寝，令很多人感受颇深，他相信应该从其背后的推动因素中吸取教训。此外，内阁办公厅需要成为一个"待遇更有吸引力的工作场所"，这将"帮助我们获得顶尖人才"。[105] 他认为，内阁办公厅已经失去了部分"连接首相、大臣和白厅机制的桥梁"作用。他让内阁办公厅一扫沉疴并焕发活力的办法是引进高质量的人才，并提升常务副秘书的级别，这将使内阁办公厅成为白厅消息最灵通的部门。在内部，组成内阁办公厅的各种要素之间需要加强协调。亨特提出了每周召开一次战略会议的建议，他希望罗伯特·阿姆斯特朗从他所在的唐宁街 10 号到内阁办公厅参加会议，以便帮助抵消一些对内阁委员会制度的负面批评。亨特终于清楚地意识到，如果他要做好这份工作，就要摆脱一些"伯克·特伦德爵士目前所专注的工作……以便集中精力处理那些更能为您（首相）带来帮助的事情"。[106] 这需要在更多工作上充分授权他人，特别是在经济工作方面。亨特是位战术大师，在将威廉·阿姆斯特朗带去见希思之前，他很明智地提前与阿姆斯特朗在所有的工作建议上达成了一致。

其实，在亨特接手内阁办公厅之前，他已经给希思留下了良好印象。他曾给希思写过一封私人信件，感谢他"对我表现出的信任……我很高兴为您服务，担任您的内阁秘书长"。[107] 他还写信感谢希思邀请他和他的女儿夏洛特以及最小的儿子马丁一起去唐宁街 10 号观礼女王官方生日皇家阅兵庆典，这算得上是一个非常周到的考虑。1973 年，亨特与第二任妻子马德琳（Madeleine）结为伉俪，玛德琳是枢机主教巴希尔·休姆（Cardinal Basil Hume）的寡居姐妹。亨特是第一位被任命为内阁秘书长的天主教徒，据说他也是自从亨利八世在 1529 年罢免了御前大臣托马斯·沃尔西（Thomas Wolsey）以来，在白厅正式服役的最高级别的天主教徒。

亨特与希思的"蜜月"并不长久，很快希思就显得不耐烦了。他很快就转而催促亨特削减内阁委员会："我们就不能再消减更多的委员会吗？现在仍然有 113 个委员会。"[108] 亨特回信指出，他已经废除了 53 个基本上没有必要的委员会，但剩余的委员会仍然发挥着重要作用，这些委员会主要是由政府行政官员组成的。

亨特说，只剩下 25 个部长级委员会（包括小组委员会）和 7 个主要的常设委员会。但亨特安慰希思道，"尽管如此，我将继续坚持进行削减内阁机构的斗争"。[109] 罗伯特·阿姆斯特朗在回信中以外交口吻写道："首相，很高兴知道您会继续这场斗争，并希望您能够斩获更多战利品。"然后他用夸张的辞藻写道："应该按斩首的人头数给奖赏，而不是发什么生产力绩效奖金。"[110] 削减内阁委员会一直是希思首相执着的头等大事，因此也成为内阁秘书长的当务之急。

亨特与希思共事的 4 个月被证明是一场浴火洗礼。正如提克斯顿所写的，如果在一个工作不那么狂热的时期，亨特很可能与希思和谐共事。和特伦德相比，亨特更多的是"充满活力的'行动者'，是希思喜欢的风格。"[111] 与特伦德那种不置可否、学术范儿的文件相比，希思当然更喜欢特伦德那种风格清爽的简报。亨特的简报一般采用一种共同的格式：第一部分提供背景并列出选项，第二部分概述可能存在的问题，而第三部分提出他自己的建议。[112] 不过我们倒是有可能夸大了亨特的重要性。坎贝尔认为，当唐宁街面临一系列危机时，亨特在希思面前绝不可能取代威廉·阿姆斯特朗充当关键战略顾问的角色。[113] 威廉·阿姆斯特朗的健康状况在多重压力下迅速崩溃，但他很快康复了，后来在米德兰银行（Midland Bank）董事会主席的岗位上大获成功，但于 65 岁时猝然去世。[114] 他毕竟是在帮助政府监督经济政策后，立即决定到一家清算银行担任高级管理人员的，这确实引起了一些担忧。直到哈罗德·威尔逊首相给他开了"绿灯"，他才如愿离去。威廉·阿姆斯特朗属于白厅中未能当上内阁秘书长的巨匠之一，但其实重要的只是时机问题，否则他也能担任该职。如果他当了内阁秘书长，会更接近汉基所扮演的角色，而不是布里奇斯在任时的模式。

亨特和威尔逊（1974—1976）

希思在 2 月 28 日提出举行大选，并抛出了"谁执掌英国？政府还是工会？"的问题。保守党赢得 297 个席位，工党获得 301 个席位，自由党获得 14 个席位。亨特深度参与了希思试图组建自由党－保守党联合政府的努力，并和女王的私人秘书马丁·查特里斯（Martin Charteris）保持密切联系，尽管希思殚精竭虑，但组建联合政府仍然以失败告终。希思组阁不成，威尔逊 3 月 4 日重新回到了唐宁街 10 号。[115] 对亨特而言，这是刚跳出油锅，又坠入火海。对他而言，幸运的可能是他比威尔逊更年长，身体更结实，当他接替特伦德担任内阁秘书长时 55 岁，在 11 位内阁秘书长中就职年龄排名第三。与其在 1964 年到 1970 年任职期间相比，威尔逊则显得身亏气衰。乔·海恩斯说威尔逊的身体非常虚弱，疾病缠身，他的愿望

"已不再是像 20 世纪 60 年代那样勇担前场中锋，而是当个中前卫就心满意足了"。[116] 他的疾病与酗酒有些关联。阿姆斯特朗的继任者，议会私人秘书肯尼斯·斯托（Kenneth Stowe）说，"下午 6 点以后再让他做决策，他已经完全不着边际了（由于饮酒）"。[117] 威尔逊的另一位助手说，下议院"首相问答"的日子是最糟糕的，那时威尔逊在问答前需要喝白兰地让自己振作，问答结束后又需要喝更多的白兰地庆祝。[118] 而且，威尔逊可能已经有痴呆症的早期症状，他到退休时备受这些症状折磨。无论如何，威尔逊伟大的政治生涯是以羸弱哀怨收场，而没有惊天动地的谢幕。

现任卫生部国务秘书芭芭拉·卡斯尔认为亨特"相对于他的前任而言不那么咄咄逼人，但是……他魅力也逊色一些，所以我认为，他会更好地适应（威尔逊内阁）新的氛围"。[119] 亨特是顶级执行者，就像一位尖端技术专家——虽然不如特伦德或布鲁克那么睿智，但是他能大师般地让工作落地完成，并且深谙在政治巨兽之间来回汹涌的电流之力。亨利·基辛格认为"亨特比伯克·特伦德更一本正经，并且更严格地恪守内阁秘书长的规定职责。我们（白宫）能从他那里得到的非正式建议要少得多——不过我们对这种建议的需求也不那么多了"。[120] 内阁办公厅历史学家伊恩·比斯利（Ian Beesley）称亨特"有礼貌，往往很和善，但乍看之下，他可能会显得不讨人喜欢，难以接近……（虽然）他的一些资深同事从未感到能与他亲近"。[121]

在威尔逊的忠实追随者，如乔·海恩斯和伯纳德·多诺霍（Bernard Donoughue）等人看来，亨特是一个"帝国主义扩张分子"，他想要将一个集权的唐宁街 10 号纳入他的"帝国版图"。斯托甚至说："约翰希望我们都成为他的'殖民地'，我们决不会就范。"[122]

主持会议是他的标志性技巧之一。像所有优秀的会议主席一样，他确切地知道自己希望会议实现什么目标，以及如何引导会议走向正确的结局。他将自己的方法提炼成了一本手册——《会议主席应该和不应该做什么》（"The Dos and Don'ts of Chairmanship"），于 1977 年在公务员部的期刊《管理服务和政府》（*Management Services and Government*）上发表。"不要试图调和，"他告诫说，如果事情陷入胶着状态，就要：

1. 引入一个全新的因素。

2. 如果其他人都失败了，就让一个没有卷入纷争的人站出来说话……

3. 要以轻松的心态讲话。[123]

像特伦德以及所有前任一样，亨特对外交和情报事务很感兴趣，并兴致盎然地在"七国集团"领导人的例行会议上担任首相代表或"夏尔巴"的新角色。这一角色源于 1974 年美国、英国、西德、日本和法国的高级财政金融官员召开的会议。1975 年，法国总统吉斯卡尔·德斯坦（Giscard d'Estaing）邀请这五个国家加上意大利的财政部长和央行高官在巴黎附近的朗布依埃城堡（Château de Rambouillet）继续讨论全球经济危机。这个会议后来演变成了六国国家领导人的会议，加拿大加入后成为"七国集团"。在"七国集团"领导人例行会议上的角色使亨特与美国密切合作，帮助推动英国首相和卡特总统之间达成协议，部署三叉戟导弹以取代英国老化的北极星导弹。正如比斯利所写的，亨特的大部分时间都用于积极管理情报机构的工作，"特别是在美国水门丑闻之后"。[124] 尽管亨特自己也警告希思，内阁秘书长有无法聚焦工作的风险，因此剥离自己的一些责任十分重要，但他还是发现自己的工作无穷无尽、耗费心神。不过亨特没有再担任英国公务员负责人的职责，威廉·阿姆斯特朗担任该职务直到 1974 年，然后是道格拉斯·艾伦担任该职务到 1978 年，然后是伊恩·班克罗夫特（Ian Bancroft）担任该职务到 1981 年，这几任都不完全令人满意。

尽管如此，亨特还是找到了自己作为内阁秘书长可以留下最持久影响的工作方向：将内阁办公厅铸造成一支强大而更优秀的人才队伍。到 1979 年离任时，亨特有五名副手，包括新设立的"经济、工业和科学事务副秘书长"。其他四名副秘书长分别负责内政和社会事务、国防和海外事务、欧洲事务以及情报工作。从 1974 年 3 月 10 日开始，伯纳德·多诺霍成为威尔逊首相府新的政策组负责人，他认为亨特是"白厅乃至整个国家中最强大的官员"，他成功地将权力重新带回内阁办公厅并恢复了内阁办公厅的声望。[125] 对威尔逊政府的新闻秘书乔·海恩斯而言，亨特是"白厅中最有权势的人……在亨特任职期间，权力流入内阁办公厅"。[126]

后来，亨特在当代英国历史研究所的一次研讨会上说，内阁政府"很麻烦……很难应对，（并且）有点各说各话的混乱，"他接着说，"能发展到今天已经不容易。是一个能够维护民主和开展问责的混乱局面。"[127] 亨特正是为了实现这一目标：他希望将完善的结构和良好的秩序带回政府中心。

威尔逊的新团队在 1974 年掌权，他们对毫无废话、腰杆挺直的亨特倍感钦佩，这与他们在 1970 年大选之前与严苛的内阁秘书长共事的记忆形成了鲜明对比。亨特还敢于在权力面前说真话。"亨特在许多方面给予了很多帮助，他觉得工党政府读的报纸太多了。"多诺霍在他的日记中记录道，而他认为：
"上一届保守党政府花了太多时间来听英国广播公司的电台广播，并声称这个电台是由共产党人经营的。"[128] 当威尔逊告诉亨特，他有意在唐宁街 10 号建立一个政策室（Policy Unit）时，亨特很激动，这个政策组由伦敦经济学院学术界出身的多诺霍领导。威尔逊希望从他的核心班子中获得比 1964 年至 1970 年执政时更多的政策建议；政策组的独特之处在于它只为首相工作，不像中央政策审查小组那样为整个内阁工作。领导亨特曾试图驯服政策组并将其整合到白厅的工作机制中，就像特伦德对中央政策审查小组所做的那样。他提出了一份框架性文件，界定了政策组的职权范围，包括其与内阁委员会的联系。文件中写道，政策组可以有限地参与内阁委员会，但不能直接与唐宁街 10 号私人办公室沟通，也不能直接参与指导性情况简报。

多诺霍是一位精明的操盘手，一般的高级官僚无法与其斗智。前一年，他和乔治·琼斯（George Jones）一起写了一本关于狡猾而强大的工党政治家赫伯特·莫里森的传记。多诺霍是在与亨特斗智过程中幸存的高官，也是和亨特水平相当的操盘手。亨特的优势之一就是他有能力赢得那些让首相信任的人的信任，多诺霍和海恩斯显然属于此类人。多诺霍对内阁秘书长工作的核心问题很感兴趣，"内阁秘书长的首要职责是对作为一个集体的内阁负责，还是对首相个人负责，而首相的左膀右臂又总是在内阁中"。他观察到当发生冲突时，亨特总会支持"他的终极主人和权力中心——首相"。[130] 威尔逊和卡拉汉都利用亨特的计谋和能力来影响内阁提出的问题，以及哪些大臣参加哪个委员会，从而推进他们自己的议程，并遏制那些反对他们的人，特别是托尼·本恩（Tony Benn）。[131]

克罗斯曼的日记给亨特制造了非常大的麻烦。克罗斯曼于 1974 年 4 月去世，但他的遗嘱执行人和《星期日泰晤士报》（Sunday Times）希望连载其日记，一直要求公开发表。"日记不可避免地存在一些问题，因为其中的内容非常详细地记录了许多内阁会议的讨论情况，"亨特惊慌失措地写道，担心该出版物"可能标志着一个分水岭"。多诺霍和海恩斯强烈反对采取行动，但亨特仍然坚持，威尔逊也支持他的路线。威尔逊授权亨特与检察总长萨姆·西尔金沟通，西尔金的立场更强硬，但仍未能成功获得阻止出版的禁令，而亨特则声称该出版物违反了公共利益。

多诺霍说，威尔逊"坐下来，轻声发笑，并且非常高兴地"看到他的内阁秘书长焦虑不安。[132]公众的同情和批评意见强烈支持出版商乔纳森·凯普（Jonathan Cape）和《星期日泰晤士报》，他们无论如何都要进行连载。但是，亨特认为，如果不表达强烈抗议，其他大臣会进一步效法做出违规行为，以后再也无法阻止。亨特发现这是一个痛苦的事件，但他很快就克服了困难，并且克罗斯曼的日记激发了相关规则的制定，关于部长撰写回忆录的"拉德克利夫规则"（Radcliffe Rules）出台并，它提供了一些明智的新指导方针。

亨特对于威尔逊团队的一名成员马西亚·威廉姆斯一直拿不准，威廉姆斯现在的角色远远不如1964年至1970年时重要，但仍然可能是一个令人生畏和具有破坏能力的人物。在她抨击威尔逊后，威尔逊就会拿白兰地借酒消愁。威廉姆斯对亨特充满好奇，这成了唐宁街10号频繁议论的话题。她不信任多诺霍和海恩斯：每当她感觉到有靠边站的危险时，她就会用指尖轻拍她的手提包，其中隐藏着一些她臆测的关于威尔逊的秘密，不过她的臆测也不算错误，没有人愿意在公共场合看到她藏着的秘密。[133]

英国于1973年1月加入欧洲共同体，给工党带来了很多问题，中间派产生了分裂。威尔逊于 1975 年动用权宜之计，就英国是否仍应保留欧洲共同体成员地位举行全民公决。具体工作是由内阁办公厅的欧洲事务秘书处执行的，由高级官员帕特里克·奈恩（Patrick Nairne）领导，他向亨特汇报。如果大臣们要在公开场合互相辩论，公投就会引发新的问题。亨特提出了内阁要"求同存异"的建议，以保持内阁正常履行职责，这借鉴了拉姆齐·麦克唐纳在 1932 年的关税改革中允许内阁成员保留不同意见的先例。一位与亨特共事的官员描述了他在执行协议方面是怎样控盘的，他"把文件当成自己的所有物，并决定最终达成什么样的共识才是有意义的"。[134]

1975 年 2 月，内阁大臣就下议院领袖泰德·肖特（Ted Short）起草的关于他们立场复杂的文件展开讨论时，亨特展现出了对工党部长的同理心和机智。芭芭拉·卡斯尔想知道部长是否应该有一个"公投工具箱"来简化问题。亨特快如闪电地递给她一张纸条：

公投工具箱？重新谈判的结果、政府根据个案提出建议、投票路径图、投票卡片、民意调查回答卡、根据结果自选携带一瓶砒霜[135] 或一瓶香槟。

威尔逊对公投结果充满信心。奈恩后来说："内阁秘书长约翰·亨特和我在公投前一天晚上和首相谈了一下，首相对这个话题没有兴趣，他认为显然结果会是'是'（留在欧洲共同体）。亨特远没有那么自信。奈恩评论道："尽管每个人都假设，很明显媒体的压力使投'是'的支持者必然会获胜，但这可不是内阁秘书长的假设。"[136] 所以内阁办公厅的高官要花时间思考"不"的结果。事实证明，针对"不"的结果制定应急方案，在 1975 年可比在 40 年后要容易得多。加入欧洲共同体才短短两年，英国几乎没有融入欧洲，正如奈恩所说的那样，政治家说"你不能把他们都带那么远"。[137] 大臣们相信投票结果将把英国留在欧洲共同体的一个原因是，媒体一致坚定地支持欧洲一体化，这与 2016 年公投的结果截然不同。

公民投票顺利完成并且 67% 的选票支持英国留在欧共体，威尔逊准备在他 1974 年 3 月重返唐宁街 10 号两年之际执行他的秘密计划——卸任首相。内阁在 1976 年 3 月威尔逊宣布辞职时震惊了，这是威尔逊成功保守的少数秘密之一。多诺霍记录了威尔逊如何在上午 10 点出发前往白金汉宫："我走到前门，目送他们开车离去——没有一个记者或媒体人士，他们从王宫回来时也没有……这是有史以来被保守得最好的秘密。"[138] 卡拉汉回忆道，当大臣们 3 月 16 日聚集到内阁开会时，威尔逊叫住了"泰德·肖特、丹尼斯·希利和我，并向我们三个人透露了这个消息"。[139] 雪莉·威廉姆斯（Shirley Williams）建议向新闻界发表声明，稿件由罗伊·詹金斯和卡拉汉修改，他们接受了亨特的建议，即在首相离任后发表这个声明。正如卡斯尔记录的那样，"这群公务员会想每一件事"。[140] 威尔逊的盛大告别晚宴在唐宁街 10 号的大宴会厅举行。

所有23名内阁大臣、约翰·亨特，以及被邀请回来的伯克·特伦德都参加了宴会。"特伦德对于错过他返回牛津的火车显得很激动，并在9点45分就离开了，当时哈罗德·威尔逊还没讲话。"多诺霍如是评论。[141]

亨特和詹姆斯·卡拉汉（1976—1979）

卡拉汉于1976年4月5日成为首相，开启了亨特权力达到顶峰的时期。他必须要这样，因为挑战来得很快。亨特立即与卡拉汉建立了良好的工作关系，卡拉汉钦佩亨特能够有效地把业务完成的技能。他们都对军队心怀敬仰。卡拉汉热爱内阁政府，亨特对此非常高兴。他们俩没有伟大的想象力，但两个人都非常直率。这是一段幸福的关系，即使正如肯尼斯·O.摩根所说，他从未听过卡拉汉对亨特表示过特别关心。[142]卡拉汉政府在1974年10月的选举中只获得了微弱的优势，在1977年，多数优势完全消失，这促使其与支持工会的自由党议员达成盟约。根据比斯利的说法，"在时局不稳的情况下，亨特的巨大贡献是他仍然管理着内阁的运转"。[143]他是无可争议的内阁办公厅的主人，"被广泛认为资历很深，他在圈子里已经有很长一段时间了，如今他仍保留着自己独有的看法……他有自己的标准"。[144]内阁成员未能凝聚在一起，这更加剧了亨特的任务的艰巨性，有人说："吉姆（即卡拉汉）的内阁里有太多的能说会道的人，立场坚定的人却太少。"[145]

卡拉汉政府受到来自各方的压力，包括来自克莱斯勒公司的压力。该公司要求"政府提供 3.25 亿美元的援助，否则就威胁要关闭其在英国的业务"。[146]1974 年 2 月大选后，威尔逊迅速安抚了工会，但如今工会对经济没有复苏的迹象感到沮丧，于是开始再次秀肌肉。苏格兰和威尔士也在努力争取更大程度的权力下放。为了巩固在下议院确保顺畅工作的多数席位，卡拉汉与苏格兰民族党（SNP）和威尔士党（Plaid Cymru）达成协议，同意将权力下放给他们。尽管亨特对这种做法持怀疑态度，但还是帮助卡拉汉铺平了道路，并且他是第一个强调著名的"西洛锡安郡"（West Lothian）问题重要性的人，即苏格兰和威尔士议员可以就仅涉及英格兰的问题进行投票，而英格兰议员对仅涉及苏格兰和威尔士的事情却失去了投票权。[147]

卡拉汉政府最令人担忧的问题在其执政不久就早早出现，即 1976 年夏天需要国际货币基金组织（IMF）进行救助的那场危机。特别是在 1976 年早些时候政府的公共支出白皮书不被认可后，投资者开始相信英镑将贬值。当英镑在 1976 年 6 月达到创纪录的低点时，政府从一个银行财团申请了一笔 53 亿美元的备用贷款额度，到 9 月提款达 10 亿美元，条件是在 12 月之前还清。很明显，英国政府需要国际货币基金组织提供 40 亿美元的贷款。作为贷款条件，国际货币基金组织官员希望英国政府大幅削减公共支出，这对工党政府来说很难实施，正如拉姆齐·麦克唐纳在 1931 年所发现的那样。卡拉汉召开了 9 次内阁会议，试图让有意见分歧的大臣达成共识，托尼·本恩建议实施紧缩经济政策，与之相对的是财政大臣丹尼斯·希利赞成接受国际货币基金组织的条款。亨特支持卡拉汉的每一项工作，为他就如何应对大臣们提供建议，并确保内阁仍然能履行集体责任。他注意到卡拉汉是如何转变到最终支持财政部的立场的："我认为他起初并不全力支持丹尼斯·希利的立场。在某种程度上，他是在测试财政部的观点，并且观望是否能找到其他解决方案，（但）在（关键）的一次……痛苦的会议结束时，他决定站在希利一边。"[148]

亨特与接替罗斯柴尔德担任中央政策审查小组负责人的肯尼斯·伯里尔（Kenneth Berrill）密切合作，为"世界末日情景"准备文件，即无法与国际货币基金组织达成协议时的应对文件，这个文件只有 4 份副本。这份由亨特签署的文件题为"如果我们没有获得国际货币基金组织的贷款会发生什么"，于 1976 年 12 月初被递交给了卡拉汉。这是一份语气严峻的文件。亨特写道，"几乎肯定会立即出现英镑危机"。"我们可以采取某些措施（如关闭外汇市场），这将使我们撑几天，但撑不了更长时间了。"然后，该文件梳理了英国可能的选项，例如，考虑到"如果放弃我们的国防承诺……将招致最大的国际恶意，同时导致人们对英国失去信心"。文件最后总结道：

我们不能忽视我们每月在经常账户和结构性资本账户上有 2.5 亿英镑的赤字。因为要支付备用款项，我们的储备金已经减少，无法长时间堵塞这个漏洞……这似乎表明，政府可采取的唯一方法是……允许所有相关方（我们的主要债权人、国际货币基金组织和我们自己）三思并等待（可能）更可能提供帮助的卡特政府的到来。[149]

　　吉米·卡特确实在 1976 年 11 月赢得了美国总统大选，但他们的帮助已经不是必需的了。卡拉汉派遣亨特作为特使前往德国进行秘密访问，看看总理赫尔穆特·施密特是否可以提供经济援助。不过德国的帮助同样不是必需的。最终，英国政府同意削减预算，国际货币基金组织同意向英国提供贷款。1977年的经济环境的改善速度超过预期，政府不需要利用国际货币基金组织的全部贷款了。但这是一次令人羞辱的经历，这有助于国家做好准备，迎接 1979 年以后撒切尔提供的强大治疗方案。尽管亨特不是公务员事务的负责人，但仍是白厅的杰出人物，他与财政部的关系更加紧张。[150]亨特与财政部常任秘书道格拉斯·瓦斯（Douglas Wass）争夺地盘的战争几乎面临失控的威胁。1976 年 4 月，离开威尔逊私人办公室后于 1975 年返回财政部的罗宾·巴特勒报告说，"内阁办公厅和财政部的关系仍然相当紧张"。
　　道格拉斯·艾伦是公务员事务负责人，也是瓦斯的前任财政部常任秘书，他在 1976 年 10 月提出了他的意见，"（艾伦）对财政部大加批评"。[151]卡拉汉本人曾担任财政部长，他与亨特讨论了将财政部拆分为财政部和公共支出部的想法。卡拉汉的传记作家肯尼斯·O.摩根谈到了卡拉汉作为首相对财政部有本能的不信任，他认为自己在当财政大臣时，没有对财政部官员坚持自己的意见，特别是在 1967 年英镑贬值时。[152] 亨特于 1964 年曾讨论过拆分财政部的事情，于 1977 年 2 月再次对议会专责委员会提出了将其拆分的问题。

亨特与多诺霍就此进行了一次谈话，之后多诺霍写道："我想知道的是首相是否授权亨特放手推动这一改革。人们很难相信内阁秘书长会在没有更高授权的情况下提出拆分财政部的建议。"[153] 亨特作为内阁秘书长，在财政部的时间相对较少，他本人也绝不是财政部的粉丝。他给卡拉汉发的纪要中关于拆分财政部建议的那一部分得到了卡拉汉的称赞，后者在边上空白处写了一向"非常好"。[154] 财政部对突如其来的生存威胁感到极为惶恐，瓦斯评价道："亨特真是个怪人。"而瓦斯的领导希利可比瓦斯好斗多了："我们现在准备把约翰·亨特大卸八块。"[155]

在白厅的两头巨兽的这场拳击搏斗中，亨特展开进攻的方式给多诺霍留下了深刻的印象：内阁秘书长对公务员事务负责人给予迎头一击。他写道，亨特肯定是"白厅中最敏捷、最高效的操盘手"，他"非常高效和强硬"，拥有"铁腕手套中的铁拳"。[156] 多诺霍对内阁秘书长的密切关注将被证明非常有用。 他是经典电视剧《是，大臣》和《是，首相》的顾问。电视剧中半虚构的首相议会私人秘书伯纳德·伍利（Bernard Wooley），不仅仅与多诺霍的名字相同，而且他的长官汉弗莱·阿普尔比爵士（Sir Humphrey Appleby）也分享了亨特的强硬无情的特征。

正如多诺霍后来评论的那样，"约翰爵士确实有与汉弗莱爵士相同的八面玲珑和布道诡辩的技巧。但约翰爵士绝对不是一个滑稽的人物"。[157]确实如此。但是多诺霍在现实生活中为一些事件征求亨特的建议时，也感受到了一丝滑稽的味道。多诺霍觉得特别好笑的是，每次亨特想穿过著名的绿色和米色内门进入唐宁街 10 号时，不得不先给唐宁街 10 号打电话，这扇门是连接内阁办公厅和首相官邸的大门。多诺霍会与首相议会私人秘书定期合伙戏弄亨特，拒绝马上给亨特开门，声称首相公务缠身。他说，"直通首相府是白厅权力中的'弹药'"。这个小插曲恰好被放进了电视节目的一集中。[158]

亨特担任内阁秘书长的时间比工党政府执政的时间长。1979 年 5 月，保守党在玛格丽特·撒切尔的领导下赢得了选举，这预示着她的动荡曲折、至关重要和果敢决断的首相生涯的开始。当她进入唐宁街 10 号时，她收到了亨特送来的写有她所接手的政治局面的长篇简报。简报的结论是："在短期内要针对这些问题做很多工作……最紧迫的是预算方案以及货币供应政策目标等相关问题。"亨特强调了内阁办公室的核心地位："内阁办公厅的首要关注点是……确保工作……有条不紊地及时被推进，以便大臣们有充分的决策依据。"[159]

亨特被迅速卷入撒切尔的旋涡。他的干预措施多种多样。有一次，他拒绝了日本政府在东京经济峰会上提出的由 20 名"女空手道高手"来保护撒切尔夫人的建议。"约翰爵士说，撒切尔夫人将作为首相出席峰会而不是以女性的身份，他确信她不需要这些女士的保守"。[160]

尽管亨特技艺高超，但撒切尔没有时间关照她从工党继承的这两位公务员：亨特和议会私人秘书肯尼斯·斯托。"她不信任亨特，"一位非常了解内幕的知情人士说，"他显然是上一个时代的宠儿，现在可没有时间与首相重新建立关系。亨特离职也没什么可遗憾的。"[161] 约翰·坎贝尔也写了一本撒切尔传记，说撒切尔发现亨特"太爱管事——他敏锐，办事务实，但太倾向于告诉她该做什么"。[162]

亨特准备在 60 岁时退休，把自己重新塑造成一名成功的商业人物，首先他担任了巴黎国民银行（Banque Nationale de Paris）主席，然后是保诚保险公司（Prudential Corporation）的主席。亨特是一个虔诚的天主教徒，直到他的生命结束，他是出版天主教杂志《碑牌》（*Tablet*）的信托基金主席。他在 88 岁时因癌症去世，2008 年 10 月，教会在威斯敏斯特天主教教堂（Catholic Westminster Cathedral）为他举行了一场安魂弥撒。[163] 白厅国防事务高官迈克尔·昆兰（Michael Quinlan）对亨特的一生进行了总结："他通过自己所做的事情和担任的角色，丰富了这个国家的公共生活。"[164]

第八章

罗伯特·阿姆斯特朗和
罗宾·巴特勒：最后的传统主义者
（1979—1998）

经过 20 年的困顿和衰退，英国在颇有争议但强有力的撒切尔夫人领导下，在世界舞台上重新崛起。1979—1998 年，英国只有两位首相在任，而且都是保守党人，另外也只有两位内阁秘书长。阿姆斯特朗和巴特勒是第二次世界大战后两位杰出的公务员。他们内心的信念和价值观是如此相似，但表面上却截然不同：一个毕业于伊顿公学，另一个是哈罗校友；一个气质如劳斯莱斯银影（Rolls-Royce Silver Shadow），另一个气质似宾利欧陆敞篷（Bentley Continental Convertible）；如果把一个想象成皇家阿尔伯特音乐厅（Albert Hall），另一个则是特威克纳姆体育场（Twickenham）。英国正在迅速变化，"冷战"走向终结，而且政府正在缩小。这两位伟大的传统主义者将如何管理国家？

罗伯特·阿姆斯特朗

罗伯特·阿姆斯特朗简直太适合当内阁秘书长了。尽管他和首相根本不是一个路数，但却为首相的整个任期一直服务。整个 20 世纪，他是唯一一位只为一位首相服务的内阁秘书长。他是泰德·希思的亲密朋友，是一位彻头彻尾的欧洲主义者，一位伊顿老校友。从某种意义上说，撒切尔接受了对他的任命有点出人意料。因为日后撒切尔不轻易听从别人的建议，她需要有更驯服的人辅佐自己。但如果她没有任命阿姆斯特朗，她以后一定会后悔的。阿姆斯特朗是杰出音乐家托马斯·阿姆斯特朗（Thomas Armstrong）的儿子，后者曾是牛津大学基督教会学院的一名学者，他在那里获得了古典希腊与拉丁研究二等荣誉学位。他在白厅的辉煌始于 1950 年，当时他作为副主任科员进入财政部，他的才能很快被认可，并于 1954 年被调入财政大臣罗宾·巴特勒的私人办公室工作。1964—1966 年，他被借调到内阁办公厅工作，当时的领导是他非常钦佩的伯克·特伦德，后来他成为财政大臣罗伊·詹金斯的议会私人秘书。1970 年 7 月，他被任命为新首相爱德华·希思的议会私人秘书，他的前任亚历山大·桑迪·伊瑟利斯（Alexander Sandy Isserlis）仅在任几周就早早离开。阿姆斯特朗在威尔逊首相任期的第一年为其服务，随后被任命为内政部副大臣，两年后担任常务副大臣。

阿姆斯特朗于 1979 年至 1987 年在撒切尔手下任职，并成为了解撒切尔的大师。然而，他从未真正成为撒切尔夫人所说的"我们自己人"，像她的两位主要官员，新闻秘书伯纳德·英厄姆（Bernerd Ingham）和外交事务私人秘书查尔斯·鲍威尔（Charles Powell）那样的自己人。尽管如此，他和撒切尔以类似布里奇斯和丘吉尔或布鲁克和艾德礼的关系模式建立了异常成功的关系。[1] 他因此避免了过于认同撒切尔的陷阱，就如布鲁克当时受丘吉尔影响，或查尔斯·鲍威尔后来受撒切尔的影响，鲍威尔谈到他们的关系时说："有时有种奇怪的感觉，很难说清楚单独的我是什么，她是什么。"[2] 阿姆斯特朗对撒切尔从不傲慢，不像有些官员可能会做一些出格的事。[3] 他与首相保持一定距离，并如其后任罗宾·巴特勒一样在这一点上坚定不移，"不要成为首相私人办公室的附庸"，这意味着内阁办公厅总是有些是唐宁街 10 号竞争对手的感觉。[4]

阿姆斯特朗每天都会去见撒切尔几次，周五早上，他们将举行一次长时间会议来讨论将要处理的内阁和内阁委员会事务。早些时候，她就批评了阿姆斯特朗撰写的备忘录，对备忘录不以为然。

"我突然听到自己说：'不，首相，您错了。'"当时，她停止批评，说：'罗伯特，你为什么说我错了？'"（我从未称她为玛格丽特，而总是称"首相"。）于是我就告诉她为什么我认为她错了，她没有打断我的讲话，当我说完后，她说："谢谢你，罗伯特，你说得很对，我错了。"我意识到，虽然她对自己的想法了如指掌，但她非常愿意讨论，如果你知道什么，她会聆听你说的话。我从来没有在公共场合跟她纠缠，但在私下我们可以争论。[5]

在所有的内阁会议上，阿姆斯特朗一直坐在她的右首，这是所有的内阁秘书长共同的座位，他都敏锐地观察着她与其他与会者的互动。有一次，为了让事情进展得更顺畅，他建议她打破自己一贯的作风，即不要一上来就亮出自己的观点，而是按照"常规方式主持会议：邀请提出提案的大臣阐述观点，然后让大家讨论"。他提出这个建议是因为他知道撒切尔如果反对这个文件，就会使其陷入孤立的境地。撒切尔听从了他的建议："她静静地坐在那里，就像坐在钢琴旁边，琴弦被不断拉紧，持续紧绷，我甚至想琴弦是否会绷断。"在她总结了会议的精神，表示大家一致支持文件内容后，她"冲着阿姆斯特朗问道：'我做得都对吗，罗伯特？'而且态度十分亲切……我说：'是，首相。'"[6]

阿姆斯特朗把他在担任詹金斯和希思的议会私人秘书时学到的策略全使了出来。在担任希思的议会私人秘书时，为帮助他工作，阿姆斯特朗设计了一个蓝色的首相专用盒子，上面有一个红色的带子，他会把最高机密情报和个人文件放进去。以前曾使用"双层信封"来装绝密文件，以便低级官员和唐宁街10号的助理看不到里面的内容，但这种方法现在显得太费力气。威尔逊把他的作品命名为"老条纹盒子"。彩色盒子在卡拉汉任首相期间得以保留，一直被使用到撒切尔担任首相职位。如果阿姆斯特朗有特别希望撒切尔连夜读完的文件，他会狡猾地把它放进盒子，即使这个文件不像其他文件那样机密。他知道首相总是优先阅读盒子里的文件。[7]

阿姆斯特朗不像特伦德和亨特那样经常陪同撒切尔出国访问。然而1981年2月，他陪同撒切尔率领一行官员拜访刚刚就任美国总统的里根。他再次陪同首相访问是在 1983 年 5 月底，出席美国威廉斯堡峰会（Williamsburg Summit），那时离大选只有一周。他继承了亨特的角色，作为英国"夏尔巴"代表参加"七国集团"会议。白宫对阿姆斯特朗并不热情。"如你所知，我们在筹备过程中和她的私人代表（罗伯特·阿姆斯特朗）发生了麻烦。阿姆斯特朗并不支持我们挫败法国人的无益提议，反而一直试图在我们和法国人之间进行调解。"里根时期白宫的一份备忘录愤慨地记载道。[8] 随着时间的推移，阿姆斯特朗陪同撒切尔出访的次数大大减少，并不是因为他本能地更支持欧洲主义而不是大西洋主义，而主要是查尔斯·鲍威尔于 1984 年进入唐宁街，成为撒切尔在外交政策方面的贴身参谋。

因此，阿姆斯特朗在里根政府中并没有留下特伦德在尼克松政府中那样的印象。但是里根在 1984 年特别就是否会见"英国工党"领导人尼尔·金诺克（Neil Kinnock）征求阿姆斯特朗的意见，他认为直接找撒切尔首相不太合适。[9] 美国人认为阿姆斯特朗是处理此类事务的适当的无党派人物。里根的助手罗伯特·麦克法兰（Robert McFarlane）于是给阿姆斯特朗发了一封电报：

　　总统并不倾向于会见金诺克，但我们不希望制造出英国内部的政治争议事件。因此，如果撒切尔首相认为总统应该同意会见他，请您告诉我。我很高兴我们之间的紧密关系使我可以直接问这样坦率的问题。[10]

阿姆斯特朗没有提出异议，金诺克与里根的会面随后被安排在 1984 年 2 月。会见平安无事，但是也没有给在野政治家金诺克加分。

撒切尔夫人最初的感觉是，白厅高官反对她的激进主张，这种想法随着时间的推移而成为不断增长的本能，这倒不是因为她认为白厅惯于反对保守党，而是她怀疑白厅官员很保守。当 1980 年他们与各部常务副大臣共进晚餐时，她对罗伯特·阿姆斯特朗低声耳语道："他们都反对我，罗伯特，我能感受到。"[11] 有趣的是，她没有说"你们"，而是故意用"他们"这个词，暗示撒切尔认为他是站在她这一边的，而且总的来说，阿姆斯特朗确实可以算是首相这边的。撒切尔没有时间管理文官长伊恩·班克罗夫特和他的公务员部，这个部门是 1968 年根据《富尔顿报告》（Fulton Report）创建的。因此，她于 1981 年 11 月决定废除这个部门，并将其职责分摊到内阁办公厅和财政部，班克罗夫特提前退休。此后两年，阿姆斯特朗和瓦斯担任文官长，但是当瓦斯 1983 年退休时，撒切尔认为她不想让瓦斯的继任者、财政部常务副大臣彼得·米德尔顿（Peter Middleton）担任文官长，"我不想要萍基和帕基（Pinky and Perky，英国广播公司的儿童电视节目，主人公是一对玩偶小猪）的双簧戏。罗伯特，你必须自己干。"她告诉阿姆斯特朗。[12] 布里奇斯离任后，文官长的头衔在布鲁克任期内于 1956 年首次合并，当他显然不能胜任这么多重担时，这个头衔在他于 1962 年底离任时再次被分拆。阿姆斯特朗的两位前任特伦德和亨特大张旗鼓地写信给他，祝贺他独任此职务。"他们俩都认为，正如我也认为的那样，这个决定是正确、合时宜的安排，他们俩也都希望能在自己在任时实现这一合并"。[13]

撒切尔夫人热衷于让内阁办公厅的指挥棒扩大指挥范围，把白厅各个部门的工作融入一个连贯的整体，然后不断使之进步、优化、提升，防止其陷入常见的政府混乱。[14] 阿姆斯特朗最初不确定他是否想承担所有这些额外的责任。他知道布鲁克就发现干这么多工作很难。尽管阿姆斯特朗对自己的能力一向自信，他能迅速从一个主题切换到另一个主题，然后"不用换挡就能切换回到原来的主题"，[15] 但他的长处是做一位核心人物，出谋划策，指点江山，而不是当一个管理像公务员体系如此庞大的组织的总经理。但他部分接受了这个任务，因为他确实对公务员队伍的管理感到担忧，认为急需加强管理，但如果管理职能重新回到财政部，这种管理就会"被抛到九霄云外"。内阁秘书长作为"核心人物"，是担此重任的理想人选，他与白厅的其他常任秘书不一样，而是每天都与首相沟通。此外，撒切尔也与其他首相不同，她希望对整个白厅的情况了如指掌，并把视察各个部门当作自己的任务。她把自己看作所有"高层管理人员"的领袖，她也确实是，她对议会的"首相答问"十分认真。"（她的态度）深深影响了唐宁街 10 号的工作风格，因为她要求汇报机制必须有助于她按自己的风格处理问题。"[16]

阿姆斯特朗不断扩大的职责很快进一步加强，1985 年 2 月，他发布了《公务员职责与责任》（"Duties and Responsibilities of

Civil Servants"），这是继布里奇斯之后发布的第一份公务员官方指引。[17] 指引的第二版于两年之后发布，这样一来，官员有权就公务员道德问题向文官长阿姆斯特朗寻求裁定。

中央政策审查小组是撒切尔下手的另一个对象。她于 1983 年撤掉了这个机构，部分原因是她认为这个小组泄密。她还认为公务员队伍需要裁员，不要把那么多时间放在战略制定上，而是要更加聚焦于提高管理效率。约翰·霍斯金（John Hoskyns）自 1979 年起担任撒切尔的首任政策组负责人，他持相反观点，认为尽管内阁办公厅在协调白厅工作和向首相提交简报时发挥了作用，但中央部门（即白厅）的力量仍然太弱。所以他认为中央政策审查小组在白厅内可以发挥"中央大脑"的作用。但他说服不了撒切尔。撒切尔把白厅的公务员队伍缩减了 1/5，部分职能分包给了外部机构。

阿姆斯特朗精力充沛地捍卫着撒切尔。1981 年 1 月，在白厅主要经济部门的常务副大臣召开的一次经济会议上，会议记录者克里斯托弗·道写道："与会者普遍表现出明显的失望和焦虑，政府部门不断缩小，裁员仍在进行。"[18] 常务副大臣道格拉斯·瓦斯问道："参会人员有没有什么……应该做的？他们是否应该让各位内阁大臣评估他们当前面临的政治风险——不仅仅是在内阁中讨论半小时，还应该在财政部讨论半天？"阿姆斯特朗用坚定的语气打断了问话，并说如果公务员开始教育大臣什么是政治，一定会遭到迎头"驳回"。"除非首相想要进行，否则不会有政治风险评估，首相不想。"[19] 他斩钉截铁地说。道在给英格兰银行行长一份机密文件中写到："阿姆斯特朗显然非常希望用一切可能的措施降低汇率并加入欧洲货币机系。"[20]

内阁秘书长有一项职责是与英联邦联系，该职责自汉基在任以来曾一度成为内阁秘书长的核心工作，但后来其重要性降低了。阿姆斯特朗承担了公务员制度的额外职责，这意味着他能处理内阁秘书长传统的海外联系工作的时间更少了。然而，在撒切尔的第一个任期内，英联邦出现了一个特殊问题，而且将会越发凸显。加拿大自 19 世纪 40 年代开始自治，1867 年成为自治领，1931 年《威斯敏斯特法令》（Statute of Westminster）通过后，加拿大事实上已经独立。然而，加拿大宪法必须通过威斯敏斯特议会法案进行修改，这样加拿大国家机构在技术上从属于英国国家机构，并由英国法律正式管辖。加拿大总理皮埃尔·特鲁多（Pierre Trudeau）想要让加拿大宪法"本国化"，他在 1980 年 6 月威尼斯"七国集团"经济峰会上向撒切尔提出了这个问题。阿姆斯特朗事先已告诉撒切尔，应向特鲁多说清楚，单边要求国土化将会给撒切尔带来问题，因为加拿大 10 个省的省长未必都赞成。[21]

1980 年，加拿大问题变得越发紧迫，阿姆斯特朗警示英国政府正被困在角落中。如果加拿大议会单方面通过决议，英国将会被迫由威斯敏斯特议会通过类似议案，"以免因无端干涉加拿大内政而被攻击，但是通过这样的议案，同样会被加拿大一些省政府，尤其是魁北克省所攻击，因为它破坏了信任"。[22]

阿姆斯特朗与他的加拿大同职衔官员、枢密院长官麦克尔·皮特菲尔德（Michael Pitfield）密切合作，他与皮特菲尔德关系甚笃——紧密到英国驻渥太华高级专员莫兰勋爵（他是丘吉尔首相的医生的儿子）感觉自己被排除在了讨论之外。1981 年 11 月，莫兰来找阿姆斯特朗，说他和皮特菲尔德的关系"影响了自己"在加拿大总理眼中的"'法定谈判代表'的地位"。更有甚者，众所周知，美国驻渥太华大使在上任前和尼克松总统进行了一次详谈，而莫兰"无论是在上任前还是在此后，都说不出他什么时候见过首相"。[23]

让阿姆斯特朗长松一口气的是宪法危机最后得以避免，当特鲁多与加拿大 10 个省当中 9 个省长就本国化措施草案达成协议后，魁北克省仍不同意，其省长勒内·莱韦斯克（René Lévesque）认为本国化措施不应该被制定，并且给撒切尔写信解释了他的立场。[24] 皮特菲尔德给阿姆斯特朗打电话说，他希望"那些一直坚持反对宪法议案的英国议会议员不要加入支持魁北克的名单（即加入支持魁北克的战斗）"。[25] 那些议员果然没有这么做，议案通过了。英国政府向议会提交了《加拿大法案》（Canada Act），很快就于 1982 年 2 月通过。同年 4 月，英国女王以加拿大女王的身份到达加拿大渥太华签署了法案。[26]

当月，阿姆斯特朗将面临他在撒切尔内阁工作期间的最大挑战。与他的前任相比，他的工作中没有太多与海外或军事有关的活动。但马尔维纳斯群岛战争（Malvinas War）展现出他在外交政策上有先见之明，在风暴核心仍能指挥若定。阿姆斯特朗在 1980 年 1 月给撒切尔的文件中提醒她，阿根廷人正在逼迫英国就马尔维纳斯群岛做出回应：也许未来让渡一些权利更符合英国的利益？他提示驱赶阿根廷入侵者前景不佳：最近的英国海军基地在 3 000 英里之外的阿森松岛（Ascension Island），军舰需要三周时间才能到达斯坦利港（Port Stanley）。而且，要想取得胜利，英国军队就得"派比群岛人口还要多的军队过去"。[27]

　　1982 年 4 月 2 日，星期五，大家一直担心的进攻终于传来了消息。内阁于上午 9 点 45 分开会，阿姆斯特朗的纪要中写道："首相说，看上去阿根廷从南佐治亚（South Georgia）入侵马尔维纳斯群岛迫在眉睫。"[28] 晚上 7 点 30 分内阁再次开会，"首相说，虽然没有得到直接来自马尔维纳斯群岛的消息，但看上去阿根廷已经开始入侵马尔维纳斯群岛了。还不清楚是否有抵抗，也不知道损失程度或伤亡人数"。[29]

　　撒切尔最后总结道，内阁同意命令海军舰队集结完毕后立即启航，她还告诉大臣们，她在第二天即周六的下议院辩论中有更多话要说。[30]

　　战时内阁成立——官方名称是南大西洋海外和国防委员会。5 名内阁大臣每天上午 10 点 30 分在唐宁街 10 号开会。阿姆斯特朗坐在撒切尔旁边，跟他在内阁会议中的座位一样。内阁办公厅认真钻研两次世界大战和苏伊士战争的所有战时内阁记录，从中寻找能够学习的经验。会议结束后，国防参谋长特里·卢因斯（Terry Lewin）会到内阁办公厅阿姆斯特朗的办

公室，他们与外交和联邦事务部常务副大臣安东尼·阿克兰
（Antony Acland）和国防部常务副大臣弗兰克·库珀（Frank
Cooper）分别会见。两位常务副大臣会告诉他们大臣们做了什
么决定，要采取什么行动，次日战时内阁需要什么样的简报。
在阿姆斯特朗的办公室召开的这个会议被称作"阿姆斯特朗集
团"，但阿姆斯特朗说："我不想让这个会议具有官方地位，因
为我不想让首相觉得还有一个公务员官员委员会在臆测战时内
阁的决策。"[31]

阿姆斯特朗可以像布里奇斯在第二次世界大战期间审视丘
吉尔那样敏锐地观察撒切尔：

她在这几周比她在首相任期内其他任何时间都过得充实。
她充分了解自己要承担的责任，并勇敢承担责任……她在不需
要决策的时候不轻易做决策，但她一旦做出决策，就勇往直前。
她毫无踌躇。[32]

整个战争期间，阿姆斯特朗对撒切尔"始终关心要把损失
和伤亡率减到最小"甚为触动，还有她的人文关怀。"她其实
比人们认为的要更同情人民，在那几周时间里……她表现出
对……鳏寡孤独和死难家属的深切同情。她给每一位战争遇难
者的家属写信。"[33]

"她并不会对很多人展露出性格的这一面。"阿姆斯特朗
说道。她欣然明了"当真正需要的是果断和坚持时，做铁

娘子"。[34]

当战争接近尾声时，阿姆斯特朗 5 月底给撒切尔起草了一份文件。2003 年伊拉克行动遭到的一个主要批评就是没有足够重视战后重建计划。相反，阿姆斯特朗倒是有时间思考后面的事情。"在我看来，政府将会面对非常棘手的政治安排问题。当我们重新夺回（群岛）后，"他给撒切尔的文件写道，"英国舆论将会认为这是一场重大胜利，他们将希望雷克斯·亨特总督（Governor Rex Hunt）回归原位，能驻军马尔维纳斯群岛保护。"他提醒英国可能会持续受到阿根廷的攻击，如果阿根廷不愿意接受既成事实，继续对群岛进行军事骚扰，将"使我们的胜利得不偿失，代价高昂"。[35] 他写道，美国和国际舆论也不会乐见英国永久对群岛进行殖民统治。[36] 但是撒切尔可没有心情在英国伟大胜利之际搞妥协。最终群岛由重兵把守，建立了"马尔维纳斯要塞"，令人不安地恢复了战前的现状。

撒切尔在第二任期（1983—1987）内取得了两次重大选举胜利，这成为她首相生涯最辉煌的岁月。她的内阁大臣和公务员队伍全力支持她。他们看到了她的神奇之处：1981 年 9 月她重组内阁，重挫她的反对者，1982 年取得马尔维纳斯群岛战争胜利，在 1983 年 6 月选举中大获全胜。他们发现她简直势不可当。她对公务员队伍也取得了胜利，确保她认可的人都能被提拔到显赫位置；由支持货币主义政策的彼得·米德尔顿接替道格拉斯·瓦斯的财政部常务副大臣之职，这充分体现了她的用人策略。在阿姆斯特朗娴熟的操作下，内阁政府的运作也在马尔维纳斯群岛战争后迅速恢复正常，内阁委员会的会议增多，专项工作组的决议减少，集体责任制重新恢复主导地位。1982 年是撒切尔首相任期内内阁开会最多的一年，这绝非巧合，总共开了 53 次会议，而 1980 年只开了 45 次，1981 年只开了 41 次，1983 年以后，每年开 38 次到 40 次不等。这么多次会议肯定不可持续。[37] 到了 1985 年，撒切尔又回到在内阁委员会架构之外的非正式小组进行决策的老习惯。1985 年 12 月和 1986 年 1 月的韦斯特兰事件（Westland Affair）震惊了撒切尔，此后一段时间里又恢复了集体责任制的议事机制。[38]

1985 年的《英国 - 爱尔兰协定》（Anglo-Irish Agreement）基本上是阿姆斯特朗个人努力的成果。撒切尔在回忆录中把这件事作为几件让她一回首便感到受挫的事情之一，她认为自己屈从于官员尤其是阿姆斯特朗的影响，违背自己的判断做出了决定。[39] 作为一名彻底的爱国主义者，就如同在欧洲问题上一样，撒切尔觉得任何削弱英国主权的举措都会让她不舒服。内阁秘书长阿姆斯特朗在爱尔兰问题上提供意见时体现的艺术性达到了前所未有的高度。撒切尔执政前两年的档案文件充斥着对爱尔兰问题未来到底如何解决的求索。1980 年 11 月，阿姆斯特朗在给撒切尔的文件中讨论了美斯监狱（Maze Prison）发生绝食的情况，他写道：

很快，如何维持北爱尔兰街头的和平就会成为问题……我想有理由认为爱尔兰共和军临时派（PIRA）和爱尔兰国民解放军（INLA）可能会考虑在某个阶段采取某种"引人注目的"恐怖主义行径来支持绝食。[40]

6 个月后，绝食领袖鲍比·桑兹（Bobby Sands）饿死，紧张局势显著升级。

桑兹之死促使阿姆斯特朗更加坚决地要寻找一条持久的出路，他和自己在都柏林的反对派德莫特·奈利（Dermot Nally）开始密切合作。撒切尔倒是乐于让阿姆斯特朗掌握广泛的控制权。她不信任外交部能处理好北爱尔兰事务，认为他们不能保护英国的利益，她对北爱尔兰事务部也评价不高。谈判持续多年，阿姆斯特朗领导着从内阁办公厅、外交和联邦事务部、北爱尔兰事务部抽调的英国官员组成的谈判团队。尽管阿姆斯特朗竭力说服撒切尔和内阁大臣，但撒切尔不愿妥协，这使阿姆斯特朗对谈判的前景感到悲观。阿姆斯特朗希望找到"一种方法，能让爱尔兰政府在一定程度上与北爱尔兰执政当局建立政治上的联系，这种方法能在一定程度上满足爱尔兰的诉求，但又不会损害英国的主权，同时刚好能让统一派接受。[41]

最终，1985 年 11 月，《英国－爱尔兰协定》签署，它赋予爱尔兰政府在北爱尔兰政府中的"顾问"角色，但同意除非北爱尔兰省人民多数投票赞同，北爱尔兰的宪法地位不得改变。撒切尔早期的传记作家雨果·杨（Hugo Young）把签署协定称作"阿姆斯特朗最好的时光之一"。[42] 奈杰尔·劳森（Nigel Lawson）在他的回忆录中写道，这份协定"是在完全保密的情况下，主要由内阁秘书长罗伯特·阿姆斯特朗主持签订的。"这并非毫无原因，玛格丽特（撒切尔首相）很明显认为内阁各部门太容易泄密，不值得信任。[43]

　　撒切尔同意签订协定，一方面是迫于美国要求英国与都柏林妥协的压力，另一方面是对爱尔兰共和军在 20 世纪 80 年代初期发动一系列炸弹袭击的回应，袭击的高潮是 1984 年 10 月的布赖顿炸弹爆炸（Brighton Bomb）。[44]恐怖分子帕特里克·马吉（Patrick Magee）于 9 月 14 日至 17 日在布赖顿逗留，他在海滨的格兰德酒店（Grand Hotel）629 房间——他自己的房间浴池下安放了炸弹。他预期炸弹能炸碎一个月后撒切尔来参加保守党年度大会时将要下榻的房间。炸弹于 10 月 12 日凌晨 2 点 54 分引爆，炸死 5 人，炸伤多人。撒切尔当时正在其卧室套房，准备次日的大会演讲。炸弹爆炸严重损坏了浴室，但是她和她丈夫丹尼斯（Denis）都没有受伤。作为政府公务员，阿姆斯特朗并未出席保守党活动。"消息传来……我不知道首相是否还活着。"他回忆道：

　　我梳理了一遍如果她不幸遇难我应该做的事情，如何确立继任者，在举行选举前确立代理首相的流程，我应该找谁商谈，还有我应该推荐谁……[45]

　　首相议会私人秘书罗宾·巴特勒在爆炸发生一小时后给阿姆斯特朗打电话，告诉了他关于英国高级守护者的至关重要的消息：首相平安无事。随后几小时发生的事情深深巩固了两个人的关系，并为巴特勒接替阿姆斯特朗的内阁秘书长一职铺平了道路。巴特勒在爆炸前帮助撒切尔准备演讲中与政府事务有关的内容。她凌晨两点半就完成了演讲准备工作，"按照她的标准完成得很早"。她的演讲撰写班子离开了，留下巴特勒与撒切尔在客厅中单独待几分钟。他手中有一份唐宁街 10 号送过来的纪要，是关于一件比较局部但还算有理由让首相优先决策的事情：1984 年利物浦花园节（Liverpool Garden）之后展览会场将如何处置，撒切尔告诉他——已经凌晨两点半了，而且她第二天要进行重要演讲，她宁可当场读一遍文件，然后立即答复巴特勒。于是，巴特勒留下来，等待撒切尔定夺花园会场的未来，而后才能离去，到他已久久盼望的床上睡觉。

正当他坐在那里思考撒切尔还要多久时，巨大的爆炸声震撼了房间。他曾听到过几次炸弹爆炸，其中包括炸死撒切尔 1979 年竞选时左膀右臂艾雷·尼夫（Airey Neave）的爆炸。"我马上意识到发生了什么，很快就想到，既然现在你和首相单独在一起，而有人想炸死她，你应该做点合理的事情。"[46]"巴特勒担心另一颗炸弹可能随时引爆，建议撒切尔远离窗户，以防碎玻璃击伤她。他回忆道，奇怪的是客厅的灯还亮着。撒切尔的第一个反应是："我必须去看看丹尼斯是不是还好……我不能离开。"[47]一个消防员很快冲了进来，保护她撤离到 10 号车中，很快将其送到了霍伍（Hove）警察局。巴特勒随后独自回到首相套房中取回大会演讲稿、政府文件和衣物。

由于完全不清楚格兰德酒店的伤亡情况，撒切尔很快从霍伍转移到新的安全区域——雷威斯警察训练学院（Lewes Police Training College），那边有房间可供他们睡觉。凌晨 5 点他们到达学院，随后不久，巴特勒接到了来自保守党主席约翰·冈默（John Gummer）的电话，告诉他确实有死难者。巴特勒曾提议要不要叫醒撒切尔，但最终决定还是不叫醒了：

早上 8 点，撒切尔出现在我面前，我说情况比我们想得还糟，诺曼·泰比特（Norman Tebbit）和约翰·韦克厄姆（John Wakeham）受重伤。罗伯塔·韦克厄姆（Roberta Wakeham）罹难。玛格丽特·泰比特（Margaret Tebbit）重伤，麦克莱恩夫妇（Macleans）遇难。她几乎毫不迟疑，回答道："现在是 8 点，9 点半大会必须准时开始。"我吃了一惊，说道："你当然不能继续去参加会议了，你知道你最亲密的同事或遇难或重伤。"她毫不迟疑地说道："我们必须宣示恐怖主义不能击败民主。"当然她完全正确。于是大会 9 点半准时开始。她站在讲台上，穿着我从格兰德酒店取回的衣服，光彩照人。她说道："我们深受震动，但绝不畏惧。"她的姿态完美地展现出了力量。[48]

撒切尔和巴特勒的关系在矿工罢工事件中变得更加紧密。巴特勒、阿姆斯特朗以及其他若干人都认为亚瑟·斯卡吉尔（Arthur Scargill）的全国矿工联合会所采取的行动对英国构成国家威胁，研究撒切尔时代的历史学家克里斯·科林斯（Chris

Collins）写道："在唐宁街 10 号，经历过希思政府时代的人们会更倾向于把工会罢工看作国家威胁。"[49] 大罢工从 1984 年 3 月 6 日开始，历时几乎整整一年，这是自 1926 年大罢工以来最严重的工会抗议行动，远远超过希思首相任期内的罢工规模。撒切尔一举击败了全国矿工联合会，大大削弱了工会运动的势头，获得了一次重大胜利。但这 12 个月可以说危机重重，撒切尔在多条战线上同时推动政策实施，阿姆斯特朗则在一旁帮助她协调诸多事务正常运转。在整个斗争中，阿姆斯特朗和巴特勒是撒切尔的左膀右臂。7 月底，阿姆斯特朗在给撒切尔的文件中保证，8 月起就能够对矿工罢工实施有效监测，并建议撒切尔在休假前主持一次 MISC101 的会议，这是一个负责监测罢工情况的内阁委员会。他对撒切尔说道，"内政大臣和枢密院议长"都会留在国内工作，同时能源部（Department of Energy）会整月对罢工进行日常监测。"8 月，内阁办公厅可以负责为一切需要召开的会议提供服务……MISC101 秘书处两名成员中至少有一名会留在办公室工作。"[50] 阿姆斯特朗完成的另一项任务是确保首相如期休假。

从阿姆斯特朗在大罢工中期给撒切尔准备的一份简报中，我们可以对他如何辅助撒切尔有所了解。1984 年 11 月 15 日，阿姆斯特朗把这份简报放在撒切尔准备连夜阅读的文件盒中，撒切尔把盒子拿到了唐宁街 10 号官邸楼上批阅。阿姆斯特朗在文件中这样建议道："明天的会议讨论分为三部分可能更为简便，先报告罢工情况，然后评估改革罢工工人福利待遇相关措施的时机，最后商议对外表态口径。"[51] 他说，撒切尔可以在会议开始时请能源部常务副大臣汇报在岗坚持工作的人员和矿井的数量，请内政部常务副大臣汇报暴力事件的情况，然后请就业大臣（Employment Secretary）汇报英国劳工联合会议（Trades Union Congress）可能表明的态度，可以质询大法官为什么对罢工纠察队出现的严重违法暴力事件的起诉进展迟缓。

他详细向撒切尔报告每一位关键的内阁大臣在罢工事件中的立场，并预测社会服务部大臣（Social Services Secretary）会提出对与这次罢工高度相关的福利改革应如何拿捏时机，也对撒切尔如何应答提出了建议。

他在简报最后总结道，撒切尔应该以通常的开会方式结束会议，请能源部常务副大臣就对外表态口径提出建议，尤其是关于工人复工、暴力事件、福利改革等问题的口径。最后，简报提醒撒切尔明天内阁会议之后，下一次 MISC 101 应在 11 月 20 日举行。[52]

撒切尔对斯卡吉尔和全国矿工联合会接受苏联共产党资助的消息十分警觉，这条新闻可是极具宣传价值的。阿姆斯特朗在给巴特勒的信中写道，"已经采取措施推动新闻媒体对斯卡吉尔先生进行调查，看看他或全国矿工联合会的其他成员是否和苏联或者其他欧洲国家使馆进行联络，讨论接受资金援助事宜。斯卡吉尔很可能含糊其词，甚至在回答问题时撒谎，但是他们确实做了这样的事情，迟早会尽人皆知的"。[53]

撒切尔也并不是在所有处理工会的问题上都和阿姆斯特朗

意见一致。在处理英国政府通信总部（GCHQ）的问题上，他们俩彻底摊牌了一次。英国政府通信总部是政府设在切尔滕纳姆（Cheltenham）的情报和监测中心，该中心员工是否能加入工会成了两个人分歧的焦点。阿姆斯特朗居中调停，达成了一个协议，英国公务员工会可以将政府通信总部作为其会员单位，但保证不能要求通信总部工会采取产业行动（即罢工等）。撒切尔毅然专断，于 1984 年 1 月推翻了这项协议。她认为在这么敏感的机构设立工会违背国家安全利益。她提出，如果政府通信总部员工成为工会会员，就会出现两面人式的忠诚，所以断然拒绝了阿姆斯特朗的居中调停。由此引发的几个月的激烈斗争，直到上议院高级法官裁定撒切尔的禁令是有效的。不过，撒切尔的禁令激怒了政府通信总部的员工和部分高级长官。他们本来以为撒切尔给了阿姆斯特朗便宜妥协的空间，阿姆斯特朗为此也押上了个人信誉，谁知道到头来却发现，撒切尔根本就没兴趣进行任何妥协。一位常务副大臣说："这种做法相当不体面，尽管没听到罗伯特（指阿姆斯特朗）抱怨过。但是不少人，包括一些部长，都认为撒切尔可悲地利用了阿姆斯特朗……她把阿姆斯特朗套在局里了。"[54]

在臭名昭著的《反间谍特工》（*Spycatcher*）事件中，撒切尔对待阿姆斯特朗的方式更是广受批评。1985 年，军情五处前情报官员彼得·赖特（Peter Wright）策划出版个人回忆录《反间谍特工》。这本书的内容极具争议性，其中详细描述了今天饱受诟病的军情五处和中央情报局针对哈罗德·威尔逊的联合行动。赖特最具破坏性的内容莫过于指控军情五处局长罗杰·霍利斯（Roger Hollis）是苏联间谍。当然，这样的指控饱受争议，可能也缺乏依据。撒切尔对赖特大发雷霆，担心他的书会带动其他公务员和情报机构人员的回忆录如潮水般面世。她立即下令在全国禁止《反间谍特工》出版。但由于赖特居住在澳大利亚塔斯马尼亚（Tasmania），英国还得去书籍出版地，也就是澳大利亚的法庭寻求禁令。不幸的是，尽管赖特违反了英国《公务员保密法》，但该法案并不能延伸到英国国土之外。但是派谁去澳大利亚呢？撒切尔与阿姆斯特朗就人选进行了激烈的讨论：军情五处局长肯定被排除在外了，因为在官方对外公开承认的政府部门中没有这个机构；总检察长也不合适，他不能作为证人站在澳大利亚的法庭上；内政部常务副大臣又对这个案件知之甚少。除此之外，就只剩下阿姆斯特朗了。

撒切尔与阿姆斯特朗讨论这个问题时，向他解释了为什么首相本人不能去，但是还是必须派一个人去。她明确告诉阿姆斯特朗："我并不是命令你去……如果你不想去的话。"但随后她又说，阿姆斯特朗代表英国政府非常合适。阿姆斯特朗可不是个逃避责任的人，他同意这样的安排，他感到自己至少对这个案件很熟悉，他曾经密切参与处理英国情报官员是否与苏联有瓜葛的问题。特伦德曾告诉阿姆斯特朗，霍利斯很可疑，而且艺术史专家安东尼·布兰特（Anthony Blunt）肯定是苏联的间谍。1979 年 11 月，布兰特被证实是间谍，撒切尔按照阿姆斯特朗的建议公开指出布兰特是剑桥苏联间谍圈里的"第四号人物"。"我 1972 年就知道这件事，"阿姆斯特朗说，"而且我对背景情况可能比其他非情报机构人员知道得都多。我还知道其实我不应该知道这么多，更不能透露出去。所以，我想派我去澳大利亚也是对的。"[55] 阿姆斯特朗心底想的是：

　　彼得·赖特的书激怒了情报部门的其他同僚，他们纷纷表示如果要是让赖特蒙混过关、把书出版，他们就自己写书驳斥赖特写的东西……《反间谍特工》中充斥的内容不仅危害国家安全，而且误导大众，罔顾事实。[56]

　　但是，澳大利亚之旅对阿姆斯特朗而言并不愉快，当他在机场出口现身时，和记者发生了争执，他"拿旅行箱甩向摄影记者，并且把其中一人推到了墙上"。[57] 对阿姆斯特朗这样一个温文尔雅的君子来说，这种行为可有点反常，也显露出《反间谍特工》事件带来的公众压力超乎寻常。到澳大利亚后，另一件意外迎面扑来。阿姆斯特朗本来以为会由首席大法官审理此案，结果是鲍威尔法官审理此案，而出版社聘请了极难对付的律师马尔科姆·特恩布尔（Malcolm Turnbull），后来这位大律师成为澳大利亚总理（2015 年至本书成稿之日）。特恩布尔懂得如何跟阿姆斯特朗绕圈子，他把阿姆斯特朗比作电视剧《是，大臣》中的汉弗莱·阿普比爵士，迫使阿姆斯特朗承认没有"把真相和盘托出"，这一措辞可是被媒体兴高采烈地抓住了。阿姆斯特朗后来反思自己这样的措辞对不对，现在它变成了大众热议的词汇。不过，阿姆斯特朗承认，"从此以后这个说法成了阿姆斯特朗的标签"。[58] 整个事件滑向了一场政治闹剧。英国报纸试图公开连载《反间谍特工》的内容，结果收到了雪片般的订单。最后这些媒体被法庭以涉嫌藐视法庭罪审理。不过，这本书还是在苏格兰全境销售，英格兰能买到的书也越来越多。1987 年中期，对英国报纸禁止刊登这部小说的禁令解除。

1987 年，阿姆斯特朗退休后，上议院最终审判的结果令他相当欣慰。审判结果谴责赖特破坏保密规定，认为赖特实际上违反了《公务员保密法》。"所以，整个过程最终产生的结果，还是让我坚信我过去坚持的事情是对的。"阿姆斯特朗说这番话时已经在安享退休后的宁静了。[59] 然而正是由于种种曝光，赖特饱受争议的书成了国际畅销书籍，雄踞《纽约时报》（*New York Times*）畅销书排行榜榜首，赖特本人出乎意料地成了极为轰动的英雄。回头看这件事，阿姆斯特朗去澳大利亚出庭是个错误，他本人和政府的诉讼很容易因此成为笑柄。不过反过来，如果什么都不做，那也全然违背了撒切尔和阿姆斯特朗的信条。赖特出版这本书本身就是向英国政府提出挑战，对此没有简单和清晰的应对答案。阿姆斯特朗回国后，撒切尔私下里送给他两瓶威士忌——可能算是承认她对这件事至少要付部分责任。[60]

撒切尔在其首相任期中段达到权力的巅峰，但是《反间谍特工》事件给她带来不少麻烦，而韦斯特兰事件（Westland

Affair）的影响比之更甚。这件事起因于政府救助一家叫作韦斯特兰直升机（Westland Helicopters）的公司。撒切尔倾向于由美国公司西科尔斯基（Sikorsky）飞机制造公司接盘，而国防部国务大臣迈克尔·赫塞尔廷（Michael Heseltine）更倾向于由欧洲财团接手。赫塞尔廷声称撒切尔在他管辖的问题上专断独行，也不允许召开适当的内阁会议讨论这个理应集体商议的问题。气急败坏的赫塞尔廷竟然把这件事公之于众，在内阁之外寻求在欧洲范围内解决韦斯特兰问题。1986 年 1 月 6 日，英国政府泄露了副总检察长的一封信件，指控赫塞尔廷的言论"严重失实"。[61]

1986 年 1 月 9 日，阿姆斯特朗参加了他任内氛围最为尴尬的内阁会议，并且做了纪要。撒切尔要求大臣们从此发表任何关于韦斯特兰问题的言论时，都必须先经内阁办公厅审核。纪要里记录了国防部国务大臣的意见："这件事的处理根本没体现集体责任。适当的内阁商讨也荡然无存。他不能接受在首相的总结中记录这个决定。因此他必须离开内阁。"纪要接着写道："国防部国务大臣此刻退出了会议。"[62]赫塞尔廷走出了内阁会议室，穿过唐宁街 10 号长长的走廊，在照相机拍摄下公然离去。内阁继续开会，阿姆斯特朗的纪要写道：

内阁再次重申，政府的政策是让韦斯特兰公司自行决定用某种最符合公司和员工利益的方式解决问题。内阁讨论了该决议应如何在实践中被落实，以确保履行集体责任。内阁同意在敏感的商业谈判仍在进行时，任何大臣的相关言论都要经过内阁办公厅的跨部门审核，以保证政府的所有对外答复均与内阁的政策保持一致。赫塞尔廷认为自己不能接受内阁相关程序并离开了内阁。首相对他的决定表示遗憾。[63]

此事 25 年后，阿姆斯特朗再度回忆起赫塞尔廷走出会议室时内阁成员们的错愕表情：

我们都不知道赫塞尔廷只是退出会议还是辞职了。所以当他拿着文件昂首走出会议室时，我们都坐在那里，在激烈争吵后舔着自己的伤口……几分钟后，有人冲进屋里十分激动地说道：'迈克尔·赫塞尔廷站在台阶上说他辞职了！'……接着内阁休会半小时，半小时之内就将任命乔治·扬格（George Younger）[①]的公文呈报女王陛下并获得其准许，然后内阁会议继续召开，少了一位苏格兰事务国务大臣，但多了一位新任国防部国务大臣。[64]

阿姆斯特朗接下来的一些做法备受批评。总检察长迈克尔·哈弗斯（Michael Havers）会见了阿姆斯特朗，要求对副总检察长的信件泄露事件进行调查，威胁说如果公务员体系内部不进行调查，警察就要介入调查。阿姆斯特朗见到撒切尔并

① 当时任苏格兰事务国务大臣。——译者注

自告奋勇负责调查。约翰·坎贝尔对阿姆斯特朗的调查进行了批评："请罗伯特·阿姆斯特朗负责调查从一开始就是装模作样。这种调查只能是打掩护，而且事实上的确如此。"[65] 坎贝尔甚至进一步指责阿姆斯特朗太卖力帮助撒切尔逃避谴责，他亲自去议会专责委员会做证："她阻挠专门委员会的工作，拒绝让查尔斯·鲍威尔和伯纳德·英厄姆做证，反而让阿姆斯特朗代表公务员体系出来，用高超的手段给整个泄露事件洗脱责任。"[66] 不过，在坎贝尔做证前，撒切尔已经安全脱身了。内政大臣列昂·布里坦（Leon Brittan）在阿姆斯特朗公布调查报告后于 1 月 23 日辞职，表示对泄露事件负责。本来大家预计在下议院会有戏剧性的辩论上演。撒切尔一度担心自己能不能挺过议会辩论。但是工党领袖尼尔·金诺克没能利用辩论发难，错失良机，让撒切尔全身而退。

1983 年，公务员部解体，阿姆斯特朗认识到需要对内阁办公厅同人进行更多授权。虽然财政部拿走了确是公务员薪酬和编制的职权，内阁办公厅还是得到了对公务员进行招聘、培训和人事管理的职权，阿姆斯特朗本人还于 1981 年执掌负责英国政府部门人事任命的高级官员任命专责委员会（Senior Appointments Select Committee），他有权就公职任命和每年的女王褒奖人选向首相进言。 因此，阿姆斯特朗决定从今往后，扩大内阁办公厅监管秘书处的副秘书长的权力，使其可以直接向首相汇报，只是将其简报抄送内阁秘书长，以便内阁秘书长能够在需要时进行补充汇报。副秘书长还应该有权代表内阁秘书长批准首相亲自主持的内阁委员会会议纪要。内阁办公厅高官的权力扩大后，政府其他部门的高级官员就可以更顺畅地被调到内阁办公厅任职，而且这里的职位对高层官员更有吸引力。

在阿姆斯特朗任职期间，内阁办公厅在其他方面也出现了规模和使命的变化。1979 年，撒切尔任命了一位"效率顾问"（Efficiency Adviser）德里克·雷内（Derek Rayner），他的编制在内阁办公厅，但是实际在唐宁街 10 号的班子里工作。1982 年，财务管理计划（Financial Management Initiative）开始实施，管理和人事办公室（Management and Personnel Office）扩编，成为财政部和内阁办公厅联合办公的机构。1983 年，中央政策审查小组被撤销，新设立了"科学与技术秘书处"（Science and Technology Secretariat），相应地，内阁办公厅再次扩编。由于撒切尔本人受过科学方面的教育，在她亲自推动下，科学与技术秘书处迅速成为英国政府中的实权机构。1986 年，约翰·费尔克劳（John Fairclough）担任秘书处负责人，这进一步扩大了秘书处的权力，费尔克劳来自 IBM 公司，是一位工作积极、精力充沛的官员。[67] 算上这个委员会，已经有 5 个秘书处在阿姆斯特朗监督下运转了，其他 4 个分别是：经济秘书处、内政秘书处、欧洲事务秘书处和海外与国防事务秘书处。另外，情报评估小组（Intelligence Assessment Staff）独立管理其专业领域事务，但其负责人一度兼任联合情报委员会主席以及协助阿姆斯特朗协调军情五处和军情六处的工作。1986 年，其职能被拆解成协调员和联合情报委员会主席两个独立的岗位。

撒切尔最关注的还是经济秘书处（Economic Secretariat），该秘书处负责经济、能源和工业事务。若干精明强干的政府代表先后担任委员会负责人，包括后来接任内阁办公厅秘书长的理查德·威尔逊。欧洲事务秘书处（European Secretariat）和科学与技术秘书处更为积极有为，喜欢"插手"其他部门的事情，这两个委员会都已成立多年，可以追溯到布鲁克时期甚至更早。欧洲事务秘书处从全局协调对欧洲共同体的政策，每次欧洲理事会开会前，委员会负责人都要向撒切尔汇报情况。1984 年 6 月，法国枫丹白露（Fontainebleau）召开的欧洲理事会是一场与众不同的漂亮仗，撒切尔成功获得了欧洲共同体的大幅关税减让，这使她对欧洲事务秘书处的信心倍增。[68]

撒切尔每周四召开内阁会议，通常是上午 11 点在唐宁街 10 号召开。尽管阿姆斯特朗经常提出异议，但撒切尔还是宁愿既不在全体内阁会议也不在内阁委员会上就关键问题做决定，而是在与官员的非正式会议中拍板。[69] 1973 年秋天特伦德卸任时，英国政府的重大决策仍然主要是在内阁全体会议上做出。到了希思首相卸任时，原来一周两次内阁会议的习惯终结了：威尔逊首相和卡拉汉首相在任时，平均一周召开略多于一次的内阁全体会议，只是在形势紧迫时才增加开会频率，比如 1976 年国际货币基金组织相关的危机事件发生时，1979 年亨特卸任内阁秘书长时，主要的常设内阁委员会［如内政和社会事务委员会（Home and Social Affairs）、海外和国防事务委员会

（Overseas and Defence）、经济事务委员会（Economic Affairs）和立法事务委员会（Legislation）等］已经取代内阁全体会议成为主要决策场所。[70] 一位当时的部长说道，"把问题提交内阁全体会议基本都是以失败告终，撒切尔执政时很少这样做"。[71] 撒切尔的个人风格也是造成这种改变的原因之一。她曾经担任过教育大臣（Education Secretary，1970—1974），当时的经验告诉她，参会人数一多，基本上不可能达成她想要的结果。阿姆斯特朗最伟大的成就之一就是，在马尔维纳斯群岛战争和韦斯特兰事件后恢复了内阁会议和内阁委员会等会议制度：不过他必须为维持这些会议的现状经常开展斗争。

在内阁会议开始前，撒切尔会主持一个和上、下议院的业务负责人的会议，她的新闻秘书伯纳德·英厄姆也会参会，以便确保她在内阁会议前得到全面充分的信息，并且尽可能取得她想要的结果。

撒切尔以行动表明她希望由更低层面的议事机制来做决策……全体内阁会议有 20 多位成员，这使内阁无法成为一个做决策的常规场所。此外，只有当大臣们对议案非常有把握时，才会把它拿到全体内阁会议中讨论，否则就是自取其辱。[72]

奈杰尔·劳森回忆道，内阁会议是他每周可以放松的时间，因为会上基本没有什么重要的事情。[73]

在内阁会议中，通常先讨论政治和商业议题，外交议题紧随其后，通常以欧洲共同体议题结束外交议题的讨论。在这之后，会有各种相关问题的探讨，有时也会讨论与金融相关的议题。

撒切尔的个人风格，加上她对冗余程序越发不耐烦，时不时还会对阿姆斯特朗本人发火，这些都增加了阿姆斯特朗工作的难度。阿姆斯特朗无法持续应对高强度的工作，每年只能休息 21 天。

阿姆斯特朗努力维持当年布里奇斯对公正的内阁办公厅和独立的公务员体系的宏图伟愿，试图在公务员官员和选举官员之间划一个明确的分界。撒切尔的个人主义风格使这一愿景的实施面临极大压力，因为她渐渐地仅依靠英厄姆和鲍威尔这两位顾问，他们忠实地为她效力至她任期结束。阿姆斯特朗为首相和英国政府提供了卓越的服务，而且做出了自我牺牲。但是，尽职尽责地做好这两个角色几乎是不可能的，所以必须要有所取舍。

罗宾·巴特勒和撒切尔

阿姆斯特朗推举了两位继任人选：克莱夫·惠特摩尔（Clive Whitmore）和罗宾·巴特勒。两位都足够称职，且都担任过撒切尔的私人秘书。惠特摩尔是第一人选，他年长巴特勒几岁，而巴特勒本来是财政部常务副大臣的当然人选。但是撒切尔选择了曾与她在布莱顿爆炸中共患难的巴特勒担任内阁秘书长。[75] 巴特勒拥有精英的经典成长轨迹：哈罗公学的尖子生，牛津大学的双料第一，1961 年进入财政部，1972—1975 年担任希思和威尔逊的私人秘书，在财政部工作 10 年后便进入了唐宁街 10 号。

在巴特勒于 1985 年卸任撒切尔的私人秘书后，他给撒切尔写了一封 6 页纸的长信，暗示着他们关系的紧密程度：

亲爱的首相，您的仁慈——不仅是上一周，而且是过去的整个 3 年中 ——对我和我的家庭具有重要的意义。但是我仍然对您在过去几周经受巨大工作压力，殚精竭虑之余，还为我离开（唐宁街）10 号准备一个这样的送行仪式而感动不已。[76]

在他离开之前，撒切尔为他在唐宁街 10 号准备了一个特殊的送别晚宴，邀请他和他父母、他的妻子吉尔（Jill）和他们的 3 个孩子参加。他在信的结尾写道："如果要说一件使我感到伤心的事情，那么就是我在人们都指责您的时候离您而去。但我安慰自己说政治总是有起有伏。"[77] 撒切尔随后帮助安排了巴特勒在财政部的新岗位，他在 1985 年至 1987 年担任公共支出部门的第二常务副大臣。巴特勒和丹尼斯对于橄榄球的共同爱好更加深了他与撒切尔一家人的情谊，丹尼斯·撒切尔在巴特勒参与的几场比赛中做裁判。[78] 撒切尔选择在达维其（Dalwich）购买私人别墅也与巴特勒有些关系，虽然她不喜欢那个建筑。巴特勒一家住在达维其。[79] 所以 1988 年 1 月，他是兴奋和激动地回到她身边的，两个人都认为他的这一任期对彼此都大有裨益。然而，他们俩都将会对此感到失望。

巴特勒认为这一任命是他公务员生涯中的巅峰。"我总是认为公务员体系具有非常高的标准，能够成为其带队人，我感到很自豪。"他说道：

当你置身内阁办公厅时，一定会感到亲身融入历史中；尤其是在内阁办公厅的大会议室和位于其正对面的财政委员会大厅（Treasury Board Room），那里是 18 世纪乔治三世召见大臣的地方……

内阁秘书长的办公室坐落于一个古老的斗鸡场中……你时刻置身于一座宫殿中。然后你又来到了唐宁街 10 号，（你会想起）自从这里成为首相府邸之后发生的所有往事……你会想到丘吉尔在战时会议上的场景；想到张伯伦和哈利法克斯……你简直无法停止对历史的感受，我认为，这增加了这个岗位的荣耀感。[80]

巴特勒甚至认为他这个年纪担任该职位是完美的，也是十分重要的。他当时 50 岁，所以在 60 岁退休前有整整 10 年。巴特勒已经做好了长时间担任内阁秘书长的心理准备。罗伯特·阿姆斯特朗是他的导师，他说："我是他的孩子，我是他的伙伴，我是他的门生。他多年来一直担任我的导师。"[81] 阿姆斯特朗在 1972 年帮助巴特勒取得了唐宁街 10 号经济事务私人秘书的职位，这使他们并肩工作了 3 年。这一次，又是阿姆斯特朗热衷于看到巴特勒接惠特摩尔的班，在 1982 年成为撒切尔的私人秘书。"到 1988 年，我从他身上学到了我所能从他那里学到的所有本领。"[82] 伯克·特伦德是另一个对巴特勒产生影响的人。"他精明强干、擅长运动、热爱工作，不会追求任何兴奋感，不会自我放纵，非常自律。"[83]

作为历史上第一个在任期内同时全程兼任文官长的内阁秘书长（布鲁克和阿姆斯特朗都是在中途接任这一职位的），他希望对自己的领导岗位全情投入，高效工作。他经常离开白厅去拜访英国境内的各个政府部门办公室，这成为他的一大特色。他的大部分时间都是在为"下一步"计划运筹帷幄，并让彼得·坎普（Peter Kemp）监督实施，他对中央政府部门的职能进行了大刀阔斧的改革，"向直接相关但自主运营的机构分散职能"，而且这些机构主要是从白厅外聘请负责人。[84] 在他的 10 年任期内，超过 75% 的公务员体系的工作被转移到了这些机构。他坚信"下一步"计划关于授权的理念，同时也坚信扩大相关部门及机构职能的效果。特瑞·彭斯（Terry Burns）是彼得·米德尔顿卸任后的继任财政部常务副大臣，巴特勒与其合作十分紧密。巴特勒分享了他对授权工作的看法："我们认为管理公务员系统的主要任务是培养出对工作负责的人才，给予各团队财政预算，让团队中的人才坚守职责，确保人才能完成政府设定的目标。"[85] 他是这样描述他的风格的："我首先必须是团队中的领头羊……我希望我的常务副大臣感觉到……我会支持他们，他们也会支持我，而且为了政府和公务员系统的利益，我们将通力合作。"[86] 当时在内阁办公厅工作的戴安娜·戈兹沃西（Diana Goldsworthy）意识到了巴特勒时期是一个过渡阶段，"回头去看，那是由旧式的公务员体系——公务员提议，内阁大臣决策——向 21 世纪初的现代化公务员体系转型的阶段"。[87]

巴特勒舍弃了一些令其前任耗费心血的工作：内阁秘书长需要充当"七国集团"或"八国集团"会议的"夏尔巴"，要处理英联邦政府首脑和欧洲理事会的相关工作。正是因为舍弃了这些工作，巴特勒才得以集中更多精力履行英国文官长的职责。他对内阁办公厅中位高权重的欧洲事务秘书处的领导进行了充分授权，这多亏了内阁办公厅在 1972—1973 年与财政部的争夺中获胜，将协调欧洲事务的职责抢到了手中。内阁秘书长的主要考虑之一就是如何平衡对首相尽职和对全体内阁履职，从而避免内阁办公厅成为首相办公室的一个下设部门或仅代表首相说话。"我认为只有当各部门和其大臣认为内阁办公厅是一个诚实的中间人，而不仅仅是为首相自行其是而上下其手时，我们才能有效调动他们的积极，才能真正让内阁发挥作用"。[88] 在意料之中的是，与同撒切尔和后来担任首相的布莱尔合作相比，巴特勒发现与梅杰首相合作时会轻松得多。

巴特勒很享受他的双重角色带给他的机会。身为内阁秘书长，他还经常有机会向首相提出公务员系统的有关问题。总的来说，他觉得首相对公务员系统的问题没多大兴趣，也没有时间过问这些事。巴特勒这两个角色在公众中的形象真是天壤之别，他需要有极为高超的应对艺术。但是作为文官长，他又需要出现在公众舞台上，在媒体面前代表公务员系统。

当巴特勒两年半后重返唐宁街时，他发现撒切尔"比我担任她的私人秘书时更加疲惫不堪……她还是一如既往地敏锐，但是有时在做决定时会显得有些唐突，她比从前更加依赖她私人办公室的那些下属了"。[89] 巴特勒的评价切中了他们之间将会发生的矛盾。他认为撒切尔对伯纳德·英厄姆和查尔斯·鲍威尔的依赖"十分危险"。[90] 他尤其对鲍威尔提出了批评。奈杰尔·威克斯（Nigel Wicks）是巴特勒私人秘书一职的继任者（1985—1988）。鲍威尔曾在其担任私人秘书期间给其造成了严重阻碍。鲍威尔是外交政策专家中的核心人物，但是也越来越多地参与制定国内政策。"我认为（奈杰尔）觉得我干涉得太多了。"鲍威尔很多年后回忆道。[91] 的确，事实也是如此。巴特勒和鲍威尔的关系破裂是出乎人们意料的，他们俩已是长达 15 之久的老朋友了，也曾是近邻，早年间巴特勒在财政部、鲍威尔在外交部（Foreign Office）工作时，他们还经常一起出差。[92]

1988 年，美国白宫参谋长霍华德·贝克（Howard Baker）拒绝接见罗宾·巴特勒，这标志着与鲍威尔的地位相比，巴特勒作为内阁秘书长，在世界舞台上的声望已经摇摇欲坠。阿姆斯特朗于 1987 年见过几次美国国防部长（Defence Secretary）法兰克·卡尔杜齐（Frank Carlucci），白宫内部文件宣称：

罗宾·巴特勒爵士是内阁秘书长，这一职位与贝克参议员在白宫的职位相当。但是，两者有显著的差别。罗宾·巴特勒爵士是一名公务员。他在内阁中是一名官员，的角色应当是代表高级公务员代表唐宁街 10 号的政治集团的高级公务员发言。这样看来，罗宾·巴特勒爵士不处理一般的政治事务。[93]

当三个月后里根总统计划访问伦敦时，问题出现了。撒切尔和鲍威尔都未准备让巴特勒作为迎接团队的一员。巴特勒坦率地向撒切尔控诉，如果未来还需要他在有关美国的情报问题上保有一丝可信度的话，他应当出席主要会议。[94]罗伯特·阿姆斯特朗早在 1986 年的时候就关注到了鲍威尔的问题，并表示鲍威尔已经在当前的位置上工作 3 年之久，他在唐宁街 10 号的时间太长了，是时候重启他的外交生涯了。针对此事，阿姆斯特朗与包括首相和鲍威尔本人在内的所有相关人士进行协商，最终决定在 1987 年年底给鲍威尔安排一个大使职位。在 1987 年大选后，也就是阿姆斯特朗退休前夕，撒切尔改变了主意，她对阿姆斯特朗表示，她无法在这一时期替换鲍威尔。所以，这件事就交由阿姆斯特朗的继任者来处理了。[95]在上任后不久，巴特勒便决定，鲍威尔开始下一份工作正是时候。鲍威尔已担任私人秘书一职长达 5 年之久，而通常该职位的任期为2~3 年：

帕特里克·怀特（Patrick Wright，外交和联邦事务部常务副大臣）跟撒切尔说："真的应该让查尔斯开始下一份工作了。"

撒切尔说："哦，不！"他们随即表示："我们希望他离开，首相。"他们提出将瑞典作为鲍威尔的下一履职地点，撒切尔仍然坚持："不，不。"6个月后，他们又提议鲍威尔去瑞士，她回应："不，肯定不行，不，不。"[96]

尼古拉斯·戈登－伦诺克斯（Nicholas Gordon-Lennox）在劝说下同意为鲍威尔腾出位置，提前从马德里大使的职位上退休。撒切尔准许了这一提议，但后来她和鲍威尔又都改变了主意。最后一根稻草压了下来。巴特勒对此回忆，这是撒切尔唯一明确拒绝他建议的一次。[97]

他认为自己已走投无路，必须就此事跟撒切尔理论一番了。为防官员"入乡随俗"，并在回到原部门后带来麻烦，公务员体系向来不鼓励官员在私人秘书办公室任职过久。30年前，马克米兰对菲利普·德·祖卢埃塔的过度依赖带来了类似的问题。菲利普担任马克米兰的外交事务私人秘书长达6年，给外交部和白厅其他部门带来了类似的紧张气氛。更深一层的原因是巴特勒对鲍威尔更接近首相的忌妒心在作祟吗？巴特勒日后承认："当我担任撒切尔私人秘书时，我绝对没有相等的地位和影响。"[98]当撒切尔的力量愈见衰弱，她就愈加依赖鲍威尔和英厄姆的意见。鲍威尔对此坦白，他不确定哪些是撒切尔个人的看法，哪些又是他的看法，他们在看待事情的观点和身份上已经高度融合了。英国外交部外交官珀希·柯利达（Percy Cradock，后来的驻华大使）在1985年被撒切尔任命为联合情报委员会主席。柯利达曾经在她的第二任期内对她的外交政策产生了重要影响，但是影响力逐渐减弱，他后来为鲍威尔腾出了位置。巴特勒的另一个担忧是唐宁街 10 号撒切尔私人办公室的公务人员的工作能力问题。大家对撒切尔政府的无能的高级公务员议论纷纷，财政部和内务部的同事也担心他们会在这一事件中受到牵连。

在撒切尔于 1988 年 9 月 20 日发表疑欧论的布鲁日演讲前的那段时间里，鲍威尔对演讲稿严加看管，因此巴特勒对此事参与甚少。[99] 由外交部常务副大臣杰弗里·豪（Geoffrey Howe）带领的外交和联邦事务部建议撒切尔把在布鲁日欧洲学院（College of Europe）演讲的机会作为她的平台，并敦促她在演讲中表达出对欧洲的"积极"态度。负责欧洲事务的约翰·克尔（John Kerr）和豪的私人秘书史蒂芬·沃尔（Stephen Wall）是对撒切尔此次发表亲欧演讲的最强力支持者。华尔提醒他们不要"太卖力地推销这个主意"，而克尔认为"此事值得一试"，以此看看撒切尔届时的态度。[100] 为了安抚欧洲各国对撒切尔持有疑欧论的担忧，克尔尽力使撒切尔的演讲呈现出亲欧的态度，越亲欧越好。

在演讲的两个月前，唐宁街 10 号出人意料地要求外交和联邦事务部提供一份演讲初稿。然而，欧洲委员会主席雅克·德洛尔（Jacques Delors）向欧洲议会传达了他希望在 10 年内将包括税务和社会立法在内的 80% 的欧洲立法权转交给欧洲共同体的意见惹恼了许多人。撒切尔必须针对此事此进行回复。一周后，她在美国广播公司的《吉米·杨秀》（*Jimmy Young Show*）中公开表示，"德洛尔错了，在这件事情上他越界了，我认为他不应当这样表态"。[101] 外交和联邦事务部准备的演讲稿初稿最终上交唐宁街 10 号审批，不过鲍威尔把演讲稿重写了一遍，他几乎没有使用原稿中的任何内容。巴特勒与豪私交甚好，两人在欧洲问题上的理念也相似，在撒切尔准备演讲的这段时间里，他们曾多次进行讨论。因此巴特勒丝毫不为豪对鲍威尔版本的演讲稿的看法感到抱歉：

> 国务大臣对这份演讲稿的总体评价是，演讲稿中有一些明显且基础的错误，它看待世界的方式就好像我们从未履行过任何条约一般。它也没有意识到哪怕是在一个国家中对欧洲问题的多元观点。[102]

华尔和克尔与鲍威尔进行了交流。克尔还在 9 月 6 日给鲍威尔写了张便条，认为鲍威尔理解他们对此事的担忧。但两天后，德洛尔在英国工会联盟于伯恩茅斯（Bournemouth）召开的会议上的讲话导致事态进一步恶化。在会议中，他表示强烈要求在欧洲层面进行集体商谈，并邀请与会代表加入欧洲框架。他的这一言论得到了大家的支持，与会代表因此起立鼓掌。奈杰尔·劳森大法官是一位疑欧论者，他坚信外交和联邦事务部曾鼓励英国工会联盟邀请德洛尔发表演讲，并指责他们仅考虑自身利益。对撒切尔来说，德洛尔的言论是一个危险信号，这进一步刺激了她在演讲时应激昂地表达出她对欧洲问题观点的想法。撒切尔表示，欧洲共同体的力量只有在接受各国传统，同时不被"乌托邦"这个概念分散精力时才最强大。对此，她有一个著名论调："我们尚未在英国范围内成功地减弱不同国家的概念，现在却看到一个在欧洲层面的超级大国在布鲁塞尔施行统治。"[103]

她在布鲁日的演讲极具有争议，也成为一个重要的历史时刻，从此保守党不再是"欧洲的政党"，反而扮演"疑欧论政党"一角长达21年。外交和联邦事务部责备英厄姆为了使演讲不会对他们有帮助，从而故意扭转了演讲态度。外交和联邦事务部准备的原有稿件，对欧洲事务发表了许多溢美之词。巴特勒认为正是这次演讲为撒切尔日后的垮台埋下了伏笔。豪也认同这一观点，他在回忆录中写道："我认为（布鲁日演讲）是我开始明确困扰我已久的与忠诚相矛盾的时刻。"[104]

她与她的内阁在欧洲问题和"投票税"问题上的不一致看法是有其必然逻辑的，巴特勒对此总结。伟大的领袖通常难以与她的下属和同事相处，丘吉尔在战争时期便是如此，同样，许多人认为像艾德礼一样保持超然态度极具挑战性。1986年，撒切尔与公务员体系的关系非常紧张，她对他们感到十分沮丧，他们对她也持有同样态度。撒切尔指责韦斯特兰事件的惨败部分是由于公务员体系运转不利。她指责他们没能在经济学家艾伦·华尔特（Alan Waters）卸任后帮她找到一个合适的顾问。她开始倾向于理想化已卸任了的私人秘书和顾问，同时贬低其继任者。鲍威尔和英厄姆会为过度袒护撒切尔，以防她适应新任下属，从而威胁了他们的权威而感到内疚吗？或者他们其实是英雄般的伟人，只是单纯出于保护一个腹背受敌且越发羸弱的首相的目的，以帮助她能继续工作吗？

十分讽刺的是，人头税的产生是撒切尔首相任期内一个经典的"教科书"式的政策制定过程，但还是遭到了惨败。但是大臣们似乎没有参与推出这一政策。对罗森（Lawsor）和很多人来说，"这是撒切尔政府损失最为惨重的决定"。关于为什么会发生这件事情的解释是……首相脱离了她的大臣们。"[105] 当然，有迹象表明内阁的凝聚力和协调性有所减弱，同时，在1990年，撒切尔的政策的民调支持率有所降低。在与巴特勒召开一场会议前，撒切尔收到的一份简报提到，一位国务大臣士气有所下降，需要一场"鼓舞士气的谈话"。[106]

撒切尔的最后一年任期是她最为忧虑的一年，这段时间，她的行为举止很不稳定。1990年8月，伊拉克独裁者萨达姆·侯赛因入侵了科威特（Kuwait）。她和布什总统在针对打击伊拉克的跨国合作中发挥了重要作用。内阁办公厅从战时内阁中被排除了，由鲍威尔负责记录会议纪要。撒切尔刻意避免将战时内阁组建成内阁委员会，这样就可越过内阁办公厅。从未有哪位首相，无论是在两次世界大战时期，还是在苏伊士或是马尔维纳斯群岛战争时，曾考虑不建立正式的内阁委员会来召开会议。正如一位知情者所说："她对海湾（Gulf）地区的态度变得愈加古怪，事情变得非常混乱。这件事情已经完全不符合程序了，它的合法性受到了破坏。"[107]

巴特勒试图建议采用其他方式重新获得控制权。安德鲁·特恩布尔（在 1988 年之后任撒切尔的私人助理，是威克斯的继任者）在为撒切尔和巴特勒于 9 月 27 日召开的一场会议准备的简述中表示，海湾问题非常设机构小组应当设在内阁办公厅应急小组内，以便在敌对时期将其启动。同时他建议启动演习，以防召开紧急会议的事情被传出去后会很快引发战争。[108]

撒切尔于 1990 年 11 月下台，巴特勒对此无能为力。他们之间的关系也处于低谷，并且在 20 世纪 90 年代一直未能好转，尽管撒切尔表示对此感到难过，巴特勒同样如此。"我喜欢事情井然有序，"巴特勒近期表示，"我不喜欢看到首相离开。我确实没有做任何迫使她离开的事情，当然我也没有权力阻止这一事件的发生。尽管我确实考虑过，就像丹尼斯·撒切尔说的那样，她应当更早地选择离开。"[109]

巴特勒和媒体

1990 年 11 月，约翰·梅杰（John Major）接替了撒切尔的首相之位，巴特勒对此感到欣喜，这种快乐更多的是为了公务员体系而非他本人。梅杰的继任意味着一切将回到内阁政府的传统；在梅杰的领导下，内阁办公厅和内阁系统在整个阿姆斯特朗和巴特勒时期度过了最为常规和传统的一段时期。11 月

28 日上午 11 时，当唐宁街 10 号敞开大门迎接约翰·梅杰和诺玛·梅杰（Norma Major）时，巴特勒是第一个开门问候、欢迎他们来到新家的人。他为他们准备的简报质量以及他对于重新洗牌的建议很快给梅杰和他的亲密团队成员莎拉·豪格（Sarah Hogg，政策室负责人）和约翰逊·希尔（Jonathan Hill，政策室负责人）留下了良好的印象。他们在 1992 的普选后意识到，巴特勒对大臣们的情况十分了解，对他们能力和性格的了解远远超过他们自身。[110]

梅杰和巴特勒也都不是陌生人了；梅杰在巴特勒担任财政部第二常务副大臣时期担任首席秘书。他们曾经在公共支出问题上有过紧密的合作。梅杰加入财政部时正值他们处理公共支出问题，所以此次合作，梅杰已经能够信任巴特勒的判断了。巴特勒承认："他总是向我寻求建议。"[111]

梅杰和巴特勒是奇怪的一对。梅杰是公立学校出身，且从未上过大学，背景十分普通。巴特勒是哈罗公学校友，牛津大学培养出的大公务员。相异的特质使他们相互吸引，并建立了很好的关系。在运动方面，特别是在板球方面，他们有着共同喜好。[112] 巴特勒赞扬梅杰愿意回归内阁传统的决心。梅杰表示：

玛格丽特在内阁讨论事情的方式是提出她最倾向的答案：无耻但有效。我恰恰相反，喜欢在私下里说出我的观点，在会议前会见与我持相反意见的人，鼓励讨论，进行最终总结。方式不同，但我认为，同样有效。[113]

巴特勒对此表示同意："他希望重新建立内阁政府，减少他在内阁中的统治，鼓励内阁成员进行讨论。"[114]梅杰遵从传统的决心使他获得了白厅所有人的喜爱。鲍威尔在梅杰政府早期的几个月仍然担任外交事务私人秘书，就连他也退回到边界，遵从传统，向新任首相证明他是忠诚且有用的。梅杰毫无顾虑地指派巴特勒负责记录在第一次海湾战争前期（1990—1991）战时内阁的会议纪要。

联军从 1991 年 1 月 17 日进行空袭，地面突袭于 2 月 23 日启动。巴特勒担负起了为大臣们在战争时期建立一个支持系统的任务。这期间，他夙兴夜寐，早晨 4 点半在内阁办公厅召开员工评估会议，6 点召开联合情报委员会会议，8 点邀请相关的常务副大臣召开会议，之后是 10 点的大臣会议，11 点是大厅通报时间。对巴特勒来说，这段时期是担任内阁秘书长以来最紧张的日子。[115]100 个小时的地面战役开始了，布什总统在 2 月 28 日宣布停火，并宣布科威特解放。在梅杰的深思熟虑下，他允许巴特勒参加了所有其希望参加的国际访问，其中包括梅杰在 1990 年 12 月首次对布什总统的访问。在飞机上，巴特勒写信感谢布什总统和芭芭拉·布什（Barbara Bush），"感谢你们超乎寻常的温暖和友善，感谢你们准许我在戴维营（Camp David）度过周末……这是我的荣幸，也是非常难忘的一次经历"。[116]巴特勒也出席了 1993 年 2 月在华盛顿特区会见新就职的克林顿总统的国事访问。[117]

在地面战争开始前不久，新政府收到了关于另一场战争的暴力提醒。1991 年 2 月 7 日上午 10 时，唐宁街 10 号的内阁会议室正在举行一场会议。像往常一样，巴特勒坐在梅杰的右首。在白厅的不远处，一个载有 3 个灰浆管的白色货车停靠在国宴厅旁 —— 而司机却驾驶一辆摩托车飞奔而去了。片刻，自制的灰浆管冲着唐宁街连放 3 弹。其中一弹在内阁会议室旁 12 米的花园里爆炸了，灰浆炸弹损坏了窗户和部分建筑主体，留下了一个宽达 1 米多的大坑。

巴特勒清晰地记得当时的情景：

在灰浆炸弹爆炸前，我听见约翰·梅杰说的最后一个词就是"炸弹"。立刻，便有一颗炸弹爆炸。整个屋子都在晃动，窗户都碎了……内阁房间尽头的法式窗户被震了进来，我立刻猜想……这是一次恐怖袭击，袭击者都会从后墙过来，他们马上要在内阁的窗前朝我们猛烈射击。所以，我迅速就钻到了桌子下面。钻到桌子底下后，我发现梅杰也在，他就在我旁边。[118]

巴特勒认为这是伊拉克的特工针对空袭采取的报复性恐袭。当时也在会议现场的查尔斯·鲍威尔大声喊道："采取紧急行动！"这提醒了大家——当唐宁街 10 号被袭击时，首相应快速进入安全区域。[119] 巴特勒陪同沉着镇定的梅杰进入了另一个房间。他们在猜想是否有另一辆汽车炸弹会在附近引爆。

当确认不会再有后续袭击且无明显危险迹象时，会议在其他房间继续进行。与布莱顿爆炸事件不同的是，此次没有人在袭击中丧生，一位工作人员的后脑勺被飞来的玻璃划伤，这是此次事件中仅有的伤害。威尔士大臣大卫·亨特（David Hunt）在他的日记中写道："可能只有在英国，你会听到内阁在一场灰浆炸弹袭击后继续讨论东英吉利和英格兰东南部的严重天气情况。"[120]

巴特勒非常重视情报工作，说服梅杰应对爱尔兰共和军的工作应由大都市警察特别分支机构（Special Branch of the Metropolitan Police）转移至军情五处是他的早期贡献之一。"冷战时期的破坏目标正在减少，国内的反恐行动给军情五处带来了新的任务。（军情五处）出色地完成了这项任务，他们给爱尔兰共和军带来了巨大压力，得到了首相的赞赏"。[121]

在梅杰执政时期，大臣和官员重新建立了召开内阁委员会会议的习惯："内阁体系变得更加制度化且更进一步地融入到政府框架中。"[122] 在内阁办公厅建立公共服务办公室显著提升了管理效率。

1991 年 7 月开始的公民宪章运动是梅杰执政时期最重大的倡议，梅杰团队感谢巴特勒在事前、事中、事后所给予的支持。巴特勒和特恩布尔一道在对此事持怀疑态度的白厅推进该倡议。人们一度就是否应用姓名来识别公务员进行争论，有的人认为这会使公务员"易受攻击"，但也有人表示这会鼓励人们像对待其他普通人一样对待那些姓名不详的官员。巴特勒甚至在参加一场在唐宁街 10 号举办的发布会中带着"我是罗宾，我可以帮助你吗？"中的徽章。[123] 这项宣称提高了公共服务水平，同时减少了公共支出的倡议备受指责。然而也有人认为这是一项引领时代的工作，是一个非当权派家庭成长起来的领袖试图为国家建立秩序，以保证普通老百姓可以从中受益。

巴特勒意识到他总是从公众的角度出发考虑问题。他最高调地干涉过的事是史考特调查案件（Scott Inquiry），此事还牵涉 20 世纪 80 年代的伊拉克武器销售事件。调查于 1992 年启动，由法官理查德·史考特爵士（Lord Justice Richard Scott）监督，于 1996 年结束。"这是一个非常高调的事件"，巴特勒对此回忆道：

> 我认为，许多媒体都以为此次事件将会演化成"水门"事件，政府中各种各样的欺诈事件将会被公之于众。所以他们用了 3 年时间，一直寻找相关线索。他们花了相当多的时间，并造成了一定程度的影响……我十分确信我没有做过任何会让我担忧的事情，这让我满怀信心。但不管怎样，我们经历了非同寻常的严格审查。[124]

巴特勒意识到自己在为针对政府的不道德指控进行辩护。仅占有极少多数席位的梅杰政府是脆弱的，时常遭到右翼疑欧论者的攻击。在此形势下，自 1992 年由约翰·史密斯（John Smith）带领的一个充满信心的工党冉冉升起，史密斯去世后，由托尼·布莱尔于 1994 年 7 月接任领导人。

处理人身攻击是巴特勒作为内阁秘书长遇到的最为困难的问题，因为他需要向首相汇报有关违反道德的事情。当约翰逊·艾特肯（Johnathan Aitken）于 1995 年 4 月被指控违反大臣条例，允许沙特商人为其垫付巴黎里兹（Paris Ritz）酒店的费用时，他公开斥责了指控者，并宣称他是无辜的。私下里，他向巴特勒发誓他是清白无辜的，并得到了巴特勒的公开背书。

后续的调查证明艾特肯在酒店费用的事情上撒谎了，他为此入狱。"如果我回过头来想，这对我来说是十分艰难、无地自容的一段时期。"巴特勒对此承认道。[125]

考虑到其破碎的政治遗产，或许梅杰最大的成功便是掌权 7 年。在大选后民调显示可能会产生一个悬浮议会的情况下，有如此之长的首相任期确实难以预料。1991 年，巴特勒预料到将会产生悬浮议会，便写信给女王的私人秘书罗伯特·费洛斯（Robert Fellowes）。巴特勒同时向律师咨询候任首相何时能成为正式首相，此外，在梅杰的要求下，他还就若首相在"结果不明"的大选结果公布后寻求二次解散议会，将会发生什么情况等进行咨询。讨论的结论是，在 20 世纪还未听说过有哪位君主在大选后如此短的时间内拒绝解散议会，所以也不应该请女王解散议会。

当民调显示可能会出现一个"结果不明"的大选时，巴特勒承担起了制订远景计划的责任，就像内阁办公厅通常做的那

样。档案显示，内阁办公厅会预测不同的情形，例如当保守党
以多 1 个席位获胜时，或者以少 3 个多数席位而惜败时，或者
当工党少 22 个、26 个或 27 个多数席位时的情形。巴特勒 3 月
3 日给梅杰写信，描述了大选可能会出现的情况：

如果工党获得了非常多的但并非全部的多数席位，而你还
没有准备好与其他政党共同领导一个联合政府，如果此时你内
阁里有其他人已经准备好了的话，你可以向女王建议指派其他
人任职，她也很可能会同意。然而，在此时也并不能保证那个
人可以与其他政党达成一致，或者那个人也可能受到工党的反
对。女王是不会选择一位未获得所在政党支持的人做首相的。

所以在任命那个人为首相前，女王会请他考虑其是否能够
建立一个有效的政府并获得所在政党的支持。与此同时，她很
有可能要求你继续担任首相，正如撒切尔夫人所做的那样。阿
什当先生（Mr. Ashdown）至少希望有一些时间来对联合政府的
条款进行磋商，并获得自由党的支持。这可能会是一段非常不
舒服的时期，至少是在交接阶段。[126]

巴特勒行事谨慎，他请研究员列出了一张单子，其中记录
了 1835 年至 1979 年每次大选的结果和每届执政政府惨败的案
例。[127] 他给特恩布尔写了一份备忘录，他观察到，"与大选前
6 个月比较，执政党赢得了除 1974 年（10 月）和 1979 年外的
所有选举"，与此同时，"与大选前 6 个月相比，自 1970 年以来，

民调结果每次都会更倾向于保守党"。[128]巴特勒是正确的。在1992 年 4 月 10 日大选结果逐渐揭晓时，梅杰赢得了选举，自1987 年以来，他失去了 40 个席位，但仍获得了 21 个多数席位，这是人们没有意料到的。

梅杰在大选时所赢得的支持迅速消散了，在 1992 年 9 月的黑色星期三，英国被迫退出汇率机制。这一事件严重影响了梅杰的声誉和英国政府的信用。梅杰和他的团队都为此感到震惊，巴特勒在这段时期成为首相的左膀右臂。在困难时期，虽然巴特勒一直很小心地与首相保持一定距离，但他对梅杰的尊敬从未改变，也随时做好了为梅杰提供他最佳建议的准备。巴特勒越发绝望，但与和撒切尔共事时不同，他的失望并非针对梅杰，而是针对内阁大臣们。在 1998 年卸任内阁秘书长一职后不久，他表示，"内阁政府在欧洲问题上意见分歧很大，在自律性和尊重传统方面极为匮乏。在内阁里说的话都可以准确无误地在《标准晚报》（*Evening Standard*）上看到"。[129]由于巴特勒对梅杰十分忠诚，加之他对欧洲问题的同情，他的所作所为未能安抚梅杰的敌人，那些托利党中的右翼分子。

虽然他未曾受到如威尔逊政府的大臣们对特伦德攻击，他仍然承受了大臣们的恶意。疑欧派的约翰·莱德伍德（John Redwood）是其中一个主攻手，他十分蔑视巴特勒在内阁会议中的讨论。他轻蔑地表示："平淡无奇。"克罗斯曼对此呼应道，"有关梅杰时期的事情，他们几乎不能给历史学家提供任何信息"。[130]

　　梅杰十分感激巴特勒全方位的支持，其中最主要的是巴特勒在北爱尔兰和平问题上具有开创性的探索。唐宁街 10 号的外交事务私人助理洛·莱恩（Rod Lyne）是梅杰最亲近的助手。洛有来自北爱尔兰事务部的约翰·齐尔考特和昆丁·托马斯（Quentin Thomas）的支持。巴特勒像他的前任阿姆斯特朗一样，与都柏林的德莫特·奈里（Dermot Nally）紧密合作。1993 年 6 月，巴特勒秘密前往爱尔兰，接受爱尔兰共和国总理阿尔伯特·雷诺兹（Albert Reynolds）的一封信，这封信的内容后来成为唐宁街 10 号的宣言。巴特勒是飞到了都柏林外的波德诺（Baldonnel）军用机场与雷诺兹会面的。在喝咖啡时，雷诺兹把一个信封放到巴特勒手中，强调这是他第一次依照"已商定好的原则"而达成具有历史意义的爱尔兰共和军协议，根据协议，英国将依照多数原则对北爱尔兰是否离开英国加入爱尔兰一事进行投票。[131] 巴特勒于 11 月再次来到都柏林，就梅杰认为有走向和平的可能性一事进行沟通。但是他强调，清除统一派的质疑是最终走向和平的前提。

　　1993 年夏，梅杰在政府险些未能顺利通过备受争议的《马斯特里赫特法案》（Maastricht Bill）的事件中听取了巴特勒的建议。梅杰、巴特勒和道格拉斯·赫德召开了一场会议，巴特勒提出了一个明确建议。他认为在第二天获得信任票将会保证梅杰取得胜利。"我冒险地说，最应该做的事情是抓住主要矛盾，把它当成一个信心问题，然后解决这一问题。"巴特勒表示。他继续说道："我不太可能给玛格丽特·撒切尔同样的建议。"[132] 他是正确的。疑欧派保守党议员在面临他们的政府可能会倒台的情况下回到了统一战线。《马斯特里赫特法案》以 40 票的优势被通过。

梅杰也有拒绝巴特勒建议时候，例如 1995 年 6 月他从党内的领导职位退下，竞选连任。

巴特勒总是认为梅杰很容易对媒体的批评过度敏感，他会因媒体的不公对待（这种不公对待总是发生，而且十分无情，尤其是来自右翼媒体）而难过很久。6 月 22 日早晨，梅杰告诉巴特勒他准备辞去工党领袖，由议员来决定他们对他当首相是否有信心。他事先没有跟巴特勒提及这一计划。巴特勒讲述此事时表示，"我们对此没有分歧。他那天早晨告诉我他准备那么做，我对此表示'我担心这会是一个错误'，但是我们之后再也没有讨论过这件事"。[133]

为了巩固梅杰的地位，巴特勒认为内阁中需要有一个"善于解决问题的人"，就像威廉·怀特洛（William Whitelaw）为玛格丽特·撒切尔做的那样。1995 年，巴特勒竭力协助迈克尔·赫塞尔廷成为新任副首相。[134] 赫塞尔廷担心他的职位将会成为一个闲职，但是巴特勒在 1995 年 7 月的一次长达两个小时的会议后说服了他。[135] 巴特勒告诉赫塞尔廷，事情可能与他想的不同。赫塞尔廷明确向巴特勒表示他新办公室的装修应该与他的地位相匹配：

当我去见罗宾爵士时，他向我展示了他的房间—— 像宫殿一般，镶有嵌板，你会期待文官长的房间就是如此。毕竟大臣们不断更换，但是公务员体系一直都在。在一杯咖啡的时间里，我坐在雅致的沙发上，跟他讲了曾经是房屋部部长（Minister of Housing）邓肯·桑兹（Duncan Sandys）的故事。房屋部的常务副大臣接待了邓肯，并向其展示了楼里的办公室，同时带新大臣看了将要属于他的房间。随后他们回到常务副大臣的房间喝咖啡。邓肯十分无辜地问道："这是谁的房间呢？"常务副大臣回答道："这是我的，大臣。""好的，很好。"邓肯回答。罗宾可能领会到了我的意思。他把白厅街70号三层的一个非常大的会议室给了我——与唐宁街10号的需要安全通行证的连接门。[136]

虽然在首相选举中获得了胜利，加之有精力充沛的赫塞尔廷坐在首相的大办公室中帮助他重建政府秩序，但梅杰仍然无法在首相任期的最后两年中重新赢得主动权。在政界人士看来，布莱尔取得下一次大选的胜利是不可避免的。在巴特勒顽强且能干的私人秘书亚历克斯·艾伦（Alex Allan，1992—1997）的帮助下，巴特勒继续与梅杰紧密合作至最后。历史会证明在这100多年中，巴特勒与梅杰这7年的合作是最有效的合作之一。长达18年的保守党执政的年时突然结束了，首相/内阁秘书长是否能够一致在唐宁街新的守卫者的更替中存活下来？

第九章

新工党，新挑战：
威尔逊、特恩布尔和奥唐奈
（1997—2010）

托尼·布莱尔领导下的工党在 1997 年大选中赢得了绝对多数，并在 2001 年和 2005 年的大选中大获全胜。当选政府提出了一个雄心勃勃的计划，即让落伍的英国走向现代化。在内阁办公厅成立 81 年以来，第一次要面对一个有着总统做派的首相。因为这位首相决心通过唐宁街 10 号来发号施令，推动计划的实施，而非通过内阁办公厅。布莱尔首相面对 4 位性格迥异的内阁秘书长，虽然每位都有着不同的工作方式，但他们都决心使白厅能够良好运转，以协助这位与众不同的首相，同时也为内阁大臣提供平等的支持。内阁秘书长会如何面对布莱尔呢？对许多人来说，接下来的岁月里发生的事情实在令人吃惊。

　　巴特勒很欣赏梅杰在 1997 年大选中展现出的斗志，但是，与梅杰一样，他知道保守党注定要失败[1]。1997 年 5 月 1 日大选前夕，巴特勒举办了一场聚会，并邀请两位国家高级官员出席，一位是女王的私人秘书罗伯特·费洛斯（Robert Fellows），另一位是唐宁街 10 号的首席私人秘书亚历克斯·艾伦。这场聚会的目的是进一步完善权力交接的细节，并确保星期五的大选可以顺利进行。[2] 一个年轻的新政府即将上台，这意味着他们将对已有政策采用全新的处理方式，对此巴特勒异常兴奋。他希望证明一点，即在保守党执政长达 18 年后，"我们希望表明，公务员队伍将像服务于保守党一样服务于工党"。特别是，因为"我们对他们不那么熟悉。我们希望尽量平稳地过渡到新政府"。[3] 从个人角度讲，他对自己的任职年限感到满意，8 个月后他将退休。"因此，如果我们彼此不能很好地相处，我们也不用永远在一起共事。"[4] 他很快就会找到答案了。

巴特勒和布莱尔

1997 年 5 月 2 日，星期五，对唐宁街 10 号内外的很多人来说，这标志着一个新的充满希望的年代即将来临：

这一天天气非常好，当然，唐宁街 10 号外满是挥舞旗帜、欢呼呐喊的人群。我站在内阁会议室外面。唐宁街 10 号的员工以传统的方式在前门的两侧列队。我认为最好的欢迎方式是布莱尔一家进入唐宁街 10 号，然后布莱尔的家人和托尼·布莱尔分别致谢，大家鼓掌，如此等等。有一个在花园房工作的女孩泪流满面，布莱尔停住脚问道："你怎么啦？"女孩说，"哦，非常欢迎您。但是，我真的很怀念我们和蔼可亲的梅杰先生，非常怀念"。当然，托尼·布莱尔完全能够理解。然后，……我在走廊的尽头迎接他，与他握手，打开内阁会议室的大门，走了进去。[5]

巴特勒在布莱尔上任后的首要任务之一，与梅杰刚上任时一样，便是给首相解释在发生核战争时首相的职责。这包括布莱尔必须写一封"最后的信件"，向英国三叉戟（British Trident）潜艇部队的指挥官下达指令。信件的内容是，在英国被敌国的核武器攻击时，如果首相去世或无法履行职责，是否使用核导弹进行报复。指挥官必须遵守首相的命令。没有人知道首相会如何决定。布莱尔得知自己的新职责后，"变得非常安静，脸色苍白"。[6]谈话结束后，他们走出去，来到内阁窗户外的天井。他们坐在俯瞰花园的柳条椅上，讨论着内阁职位的任命问题。很快，谈话就透露出，布莱尔和他的团队对巴特勒关于大臣任命的意见并不十分感兴趣。很明显，布莱尔因为缺乏睡眠而显得非常疲乏，但是初次会见让巴特勒认为前景光明。

巴特勒和布莱尔并不是陌生人。一年前，他们就有过一次热情的交谈。那时，巴特勒和他的妻子吉尔在自己家为托尼和切丽·布莱尔（Cherie Blair）办了一场晚宴。他们在很多问题上达成了一致。布莱尔一家接受了巴特勒的意见，他们应该从传统的首相官邸唐宁街 10 号搬到唐宁街 11 号的楼上的房间。那里更加宽敞，更适合人口较多的家庭。布莱尔一家要求有一辆童车，以便接送孩子。巴特勒立刻同意了。在讨论乔纳森·鲍威尔①（Jonathan Powell）的任命时有些尴尬。乔纳

---

① 乔纳森·鲍威尔是英国外交官，在托尼·布莱尔担任首相期间，即 1997—2007 年，担任唐宁街的幕僚长。在任期间，他也是英国关于北爱尔兰问题的首席谈判代表。——译者注

森·鲍威尔是外交官，是查尔斯的弟弟，1995 年加入布莱尔的私人班子。"我非常希望你任命乔纳森·鲍威尔作为你的顾问，而不是首席私人秘书。"巴特勒说。布莱尔不假思索地说，"我没有让他当首席私人秘书的想法"。[7] 一年过去了，眼看着工党即将在大选中获胜，巴特勒造访了布莱尔在伊林顿的住所以进行更深入的讨论。笑容满面的布莱尔告诉他，他想让乔纳森·鲍威尔担任首席私人秘书。巴特勒震惊了。历史上从没有过政治任命的首相首席私人秘书，即使是像鲍威尔这样在公共服务领域任职多年的人。这个职位总是由白厅（通常是财政部）最聪明和最好的雇员来担任。巴特勒和布莱尔就此展开了争论，结果是布莱尔"不情愿地"同意，亚历克斯·艾伦可以在现在的职位上留任三个月，然后由布莱尔按照自己的喜好选择一个首席私人秘书的继任者。[8]

因为布莱尔坚持己见，伊林顿讨论的尴尬很快延续到唐宁街。大卫·布兰克特（David Blunkett）在 1997 年 5 月透露，"我们在可以有多少特别顾问的问题上有过斗争。罗宾·巴特勒一直试图说服托尼，应该有个非常非常严格的范围。但是，似乎唐宁街 10 号有很多特例"。[9] 巴特勒提议，扩大现行枢密院令（Order in Council）的例外安排范围。枢密院令规定，"由某一内阁阁员任命，向阁员提供建议的人，其任期在政府任期结束后终止"。[10] 延续例外安排后，他们的角色就不会仅限于向大臣提建议，也包括监督公务人员。但是，鲍威尔和坎贝尔很快便意识到，巴特勒跟他们完全不是一路人。他们给他取了个绰

号，"老古董巴特勒"，并把他看作汉弗里爵士（Sir Humprey）
式的拦路者，认为他在他们的现代化项目中没有价值。直到鲍
威尔2011年出版《新马基雅维利》（*The New Mchiavelli*），巴
特勒才开始真正意识到布莱尔团队对他敌意之深。他非常吃惊
地发现，鲍威尔把巴特勒与疲惫的布莱尔在那个星期五早上的
谈话，及他关于核责任的解释，当作故意试图以屈尊纡贵的姿
态对待一个年轻、缺乏经验的首相，并以自己的想法影响首
相。巴特勒认为鲍威尔的想法毫无依据，滑稽可笑。[11]

　　巴特勒给布莱尔提供了一份简报。内阁办公厅在大选期间
一直在忙碌地准备这份简报。简报囊括了新首相在政府中可能
面临的所有主要问题，包括荣誉、政府的结构、如何任命大
臣、"写给大臣的程序指引"、"女王的演讲和立法程序"、"宪
政改革"和官邸等。就布莱尔应如何履行政府首脑的职责，巴
特勒有一些非常明确的建议。他知道布莱尔希望政府能有一个
强有力的核心，但是，没有一个首相可以自己扮演所有的核心
角色。首先是首相不可能有那么多时间，首相应该把自己放到
一个像终审法院般的位置。[12]

　　内阁办公厅的简报提醒布莱尔，内阁必须保持21个成员
的规模，并且就如何实现这个神奇的数字，提供了一些有益的
建议。他们建议合并副首相和兰开斯特公国大臣（Chancellor
of the Duchy of Lancaster）两个职位，而且交通部国务大臣

___
①　汉弗里爵士是英国讽刺电视剧《是，大臣》中的角色，特点是给领导安排繁忙
　　的公务而实际掌控权力。——译者注

（Secretary of State for Transport's department）可以归入环境和交通部（Department of Environment and Transport）。[13] 巴特勒给布莱尔写信讨论内阁的职责，请他考虑内阁在他的新政府中应该扮演的角色。他解释了政治环境如何使内阁变成了一个清谈馆，大臣们聚集起来讨论近期的事件，宣泄一下多余的精力。反之，内阁委员会或临时小组才是真正的决策机构。[14]

巴特勒希望新首相会恢复传统的内阁政府。简报含蓄地提醒布莱尔，直接管理唐宁街 10 号的不是他自己，而是内阁办公厅。[15]

简报的核心是实施工党的竞选宣言。简报解释道，"改革上议院议员制度，取消世袭贵族的投票权"的议题虽然篇幅不长，但是非常有争议；"通过《信息自由法》（Freedom of Information）"的议题虽然篇幅中等，但基本上毫无争议。[16] 在这两项措施中，布莱尔和他的继任者注定是要为后者而后悔的。因为这让政府增加了大量的额外工作来应对打探政府秘密的行为。简报就国际形势概况及对英国的安全威胁进行了深度的说明，并用了很长的篇幅介绍了有关北爱尔兰的形势，确保首相对情况有足够的了解，以打击恐怖主义并继续努力结束，以当前的混乱局面。[17]

刚开始的三个月，一直到夏天，巴特勒与新政府合作得相当好。但是，1997 年 8 月 31 日清晨，戴安娜王妃（Princess Diana）去世的消息显示了他在职业生涯的最后阶段是何等的边缘化。那个周末的早晨 6 点 30 分，当他刚醒来打开收音机时，他以为他正在收听的是关于摩纳哥王妃格蕾斯（Princess Grace of Monaco）的历史讣告节目。当他意识到真相时，他立即给戴安娜的内弟费洛斯打了个电话，正处在悲痛中的费洛斯的妻子简（Jane）接了电话。星期天，刚开始的时候，巴特勒一直在忙着各种后勤事务，但是，过了一段时间后，布莱尔自己的团队接手了此项工作，显然巴特勒不在这个团队中。在这一周中，白厅的一个同事在晚上给他打电话说：

"你得穿过公园看看林荫路那边发生了什么事。那真是最异乎寻常的事。"我照做了。我穿过圣詹姆士公园，但是奇怪的是，林荫路那边非常安静。成千上万的人排着队放下他们的吊唁物品。我从未看到过这样的事，我也不认为有过什么类似的事。这么多人，却这么安静，真是一件异乎寻常的事。[18]

在这关键的一周，巴特勒被排除在决策团队之外，这是他与布莱尔关系疏远的一个象征。像他的几位前任一样，巴特勒对于在 60 岁的正常退休年龄离职并不感到悲伤。巴特勒曾经在希思、威尔逊、撒切尔和梅杰这几位首相的政府中一直处于核心位置。因此，他的建议可以为新工党提供非常有价值的洞见，让他们了解如何以对他们有利的方式来操作国家机器。但是，他们一脚踢开了自己的顾问，好像自己毫无价值。布莱尔的团队认为他们全都懂。在我的传记作品《布莱尔》（Blair）第一卷中的观点是，在布莱尔的第一任期中，他的团队既不懂如何利用权力，也不知道为什么需要权力。[19] 但是，布莱尔坚定地认为，巴特勒的离开应该至少是有尊严的。他在唐宁街 10 号为巴特勒一家举行了一个告别晚宴，送给他一份慷慨的礼物，一封感谢信，并且把巴特勒送入了上议院。为维护自己对所在职位的信念以及内阁政府的惯例，巴特勒已经与撒切尔和布莱尔两位首相疏远了。他的工作正变得难以开展。

理查德·威尔逊（1998—2002）

甚至在大选之前，布莱尔的团队就已经急切地在为巴特勒 1997 年退休后的职位空缺寻找继任者了。布莱尔把这个任务交给了他的导师，大法官德里·艾尔文（Derry Irvine），并要求要找到白厅中最有才能的公务员，以激励公务员队伍来执行布莱尔的计划。候选人包括：国防部常务副大臣理查德·默托曼（Richard Mottram），文化部常务副大臣海登·菲利普斯（Hayden Phillips），环境部常务副大臣安德鲁·特恩布尔，内政部常务副大臣理查德·威尔逊最终威尔逊被选中，他也是白厅中意的继任者，在常务副大臣的职位上和在内阁办公厅中有过杰出的经历。威尔逊的教育背景与他的两位前任相似，先是在牛津附近的拉德利中学（Radley College）学习，然后进入剑桥大学的克莱尔学院（Clare College）学习法律。1966 年，他决定不去当律师，而是加入公务员队伍。但是，他并没有通过传统的途径晋升到内阁秘书长（主要是通过先在财政部或内政部任职的方式），而是先在贸易委员会任职，然后进入能源部。威尔逊一流的声誉源于他在撒切尔最后 3 年任期间担任经济秘书处负责人，然后是于 1992—1994 年担任环境部常务副大臣，然后是内政部常务副大臣。1995 年，当威尔逊来到内政部时，内政大臣迈克尔·霍华德（Michael Howard）正与整个部门做斗争，霍华德认为内政部正在推行独立于政府政策的议程。威尔逊努力把大臣和部门的脆弱关系带到了相对平静的状态，因此他赢得了能干的好名声。

1997 年 7 月，威尔逊担任内阁秘书长的任命公布了。到 1998 年 1 月上任前，他有 5 个月的时间来准备迎接担任白厅最高职位的挑战。他花了大量的精力来做准备，包括与巴特勒进行一系列会面。巴特勒列出了威尔逊需要面对的所有困难。"每跟他待一个星期，我也许就变得稍微苍白一些。"威尔逊回忆道。[20] 他广泛地阅读，与所有能交谈的人交谈。他希望反复思考并向其他人学习的热情是个好兆头。他与巴特勒的个性不同，更少贵族气，年龄更小，相貌更年轻，他看上去是个相当不错的人选。

就职以前，他和布莱尔坐在唐宁街 10 号的阳台上，布莱尔谈起自己的独特之处：他是第一位对欧洲的理念没有受到第二次世界大战及其后果影响的英国首相。[21] 威尔逊对能与布莱尔的新政府共事感到非常激动。开始工作前，在谈到新版音乐剧《卡米洛特》（Camelot）时，他把新工党的团队看成与 1961

年肯尼迪政府上台时的团队相似①。英国的新一代领导人上台了，他将有机会帮助英国人民实现他们的伟大愿景。英国人民被他们这位新鲜的、随和的、对媒体友好的首相迷住了。他的魅力和能量完全不同于梅杰。梅杰在电视讽刺剧《简直一模一样的人》（*Spitting Image*）中，被描绘为苍白而无聊的人。

威尔逊对内阁秘书长的工作有非常清晰的概念，并希望能够与布莱尔的想法合拍。特伦德、阿姆斯特朗和巴特勒是他理想中的形象。"我大致了解伯克·特伦德和罗伯特·阿姆斯特朗在这个职位上是如何工作的。"他说，虽然他近距离观察了巴特勒的工作方式。[22] 在最后的几个月里，巴特勒与布莱尔的团队及其独特的工作方法产生了冲突。但是，威尔逊希望能够与他们建立起一种大家都接受的工作惯例。他为保卫集体内阁政府体系而艰苦奋斗，因为这是他所信奉的东西。为做到这一点，他确保了这个体系能够从劳合·乔治在1918—1922年任期以来的最大挑战中幸存，并再次召开全体会议。布莱尔（以及他的继任者布朗）对内阁政府都持有怪异且轻视的态度。威尔逊，这个时代最好的文官之一，使尽浑身解数来控制住他们的反感态度，并与之建立起了良好的工作关系。他把他的角

---

① 《卡米洛特》是一出1960年的百老汇音乐剧，后来多次推出新的版本。剧情是关于亚瑟王的故事，剧本改编自 T. H. 怀特（T.H.White）的小说《曾经和未来的国王》（*The Once and Future King*）。卡米洛特是亚瑟王国的都城，传说在这座城市里，真善美主宰一切。肯尼迪总统很喜欢这出音乐剧，因此《卡米洛特》就跟肯尼迪政府联系在了一起。文中这句话比喻肯尼迪政府将给人民带来充满希望的时代。——译者注

色看作是支持政府，让他们熟悉情况。他的学习曲线一直延续到第一届议会的大部分时间里。绝大多数的大臣，包括首相和财政大臣，之前都没有在政府工作的经验，甚至也没有在大型私营组织或公共部门工作的经验。

内阁的会议数量稍少于撒切尔执政时期，1998 年共召开了 36 次会议，1999 年召开了 35 次会议，2000 年召开了 36 次会议。2001 年，内阁会议的数量达到了战后的最小值，仅仅有 33 次。但是，布莱尔执政的 10 年过去后，内阁会议的次数再次开始上升，2003 年是 39 次会议，2004 年是 38 次会议，2005 年是 36 次会议，布莱尔任期的最后一年 2006 年是 37 次会议。[23] 在布莱尔在任时期，很少有人期待会在内阁的每周会议上做出决策。布莱尔知道，其他人对他作为首相的期待是，主持内阁工作。他利用内阁会议的机会，向大臣们通报即将到来的一两周的事务，以及大臣们能做什么以保证政府的命令得以落实。就像他的前任一样，威尔逊认为完整的内阁的重要性在他的时代下降了。"有很多其他场合也可以讨论重大问题，例如北爱尔兰问题……或者是外交问题……因此，我不希望暗示说，没有实质性的讨论。但是，作为最高的决策场所，权力从内阁转移了……在我的职业生涯中。"[24] 他写下的这些，从新政府成立的开头几天就已经注定了。1997 年 8 月，最新版的《大臣履职程序问题》出版，"再见，内阁政府。欢迎布莱尔总统，"记者彼得·瑞戴尔（Peter Riddell）写道，"大臣们的守则是……白厅集中了和平时期最大的权力。所有大家熟悉的关于内阁体系的教科书都不得不重写了。那种认为政府各部的负责人具有独立地位的观念完全被粉碎了。"[25]

与普遍的印象相反的是，内阁委员会在布莱尔的第一个任期中大行其道，虽然布莱尔本人很少参与其中。2001 年 11 月，共有 38 个内阁委员会，而 1995 年梅杰首相时代只有 19 个。[26]威尔逊执行了严格的制度，以保证内阁委员会平稳且有效地开展工作。每周四，他都会与他的高级秘书处人员和唐宁街 10 号的关键人物见面［特别是杰里米·海伍德，从 1999 年开始担任唐宁街 10 号的国内事务官，首席私人秘书，还有大卫·米利班德（David Miliband），政策部门的负责人］，共同计划今后三周的内阁委员会事务，并且回顾政府部门处理的主要事务。每个季度，他都会召开一次时间较长的"向前看"会议，由政府各部门梳理出各部门预计会出现的问题，并且指出具体应该由哪个内阁委员会处理该问题或这些问题应该被如何处理。"集体委员会体制仍然有生机，仍在运作，而且相当受欢迎，"威尔逊对伊拉克调查（Iraq Inquiry）电视节目说，"在布莱尔执政时期，许多决策都是通过集体委员会做出的。"[27]尤其是在布莱尔第一个任期内实施的重要的宪政体制改革。

困难产生了，彼得·曼德尔森（Peter Mandelson）甚至在工党上台之前就清晰地表达过新工党关于政府如何运作的观念，而这样的观念与传统的内阁政府的观念不太契合。[28]对新工党的领导者而言，1916 年以来由内阁办公厅领导的集体政府是软弱的标志，对梅杰政府的观察验证了这个观点，因为他们诋毁梅杰说，"好像他是内阁中的平等一员似的"。[29] 他们相信，以传统方式运作的内阁已经变得及其低效，是彻底改革的一个障碍。他们的观念是，支持布莱尔像首席执行官一样工作，为政府设计和实施清晰的战略，利用他在唐宁街 10 号的个人团队，在政府体系中推动他的政策。在这个大胆的新观念下，威尔逊扮演的是常务副大臣的指挥官角色。威尔逊，出人意料地提醒布莱尔，内阁秘书长这个职务的核心职责不仅仅是服务首相，而是整个内阁。布莱尔回答道，"我们来对付他们"。布莱尔致力于打造一个命令和控制模式下的政府，这种模式甚至与劳合·乔治和丘吉尔在两次世界大战期间领导国家的方式都不一样。[30] 对新工党的战略家来说，如果梅杰是他们的反面典型，那么他们的英雄就是撒切尔，虽然他们政见不同。他们崇拜她有力的观点，虽然威尔逊会告诉他们，他们误解了她。她经常以一种传统的方式来运用内阁委员会，虽然她这么做时相当不情愿，而这正是她的治理很有效的部分原因。在内阁办公厅任职期间，威尔逊的信念非常坚定：

　　我支持集体政府和内阁委员会体制。我觉得这一体制在极其复杂的世界里，为决策过程提供了良好的秩序和纪律。这使你有做出好决策的最好机会，虽然不一定能保证做出好决策。它强调的是集体负责制。内阁集体制定决策，这一让所有人都参与其中。这是对处于中心地位的极少数人行使权力的一种制衡。[31]

对威尔逊而言，对政府运作方式的这两种观念的冲突是明显的，他相信这使他与布莱尔建立起一种合理的关系就变得更加重要了。他们每个星期一的上午 10 点见面，讨论当前的问题，海伍德和鲍威尔通常也参加这些会面。威尔逊和阿利斯泰尔·坎贝尔经常讨论政府如何运作的问题，其中的很少一部分讨论被记录在坎贝尔的日记里。一次，坎贝尔告诉威尔逊，"我觉得在政府工作与在反对党那里工作很相似，只是前者的政策会被执行，后者的不会"。[32] 上午 11 点，威尔逊会与彼得·曼德尔森，或之后的查理·法尔考（Charlie Falconer），讨论一个小时政府事务。星期三的上午 10 点，威尔逊会主持例行的常务副大臣会议。星期四的上午 10 点半，内阁召开会议，紧接着是下午他在内阁办公室与秘书处的负责人的每周例会。星期五，他会制作一份呈报给布莱尔的报告，列出 15~20 件政府的当前事务。这个报告会被放入布莱尔的周末办公盒中，下一个星期一上午 10 点见面时，他们将讨论这些问题。

威尔逊与布莱尔的关系也许没有布鲁克与麦克米伦或者阿姆斯特朗与撒切尔那般紧密，但是，也比新工党的回忆录中所描绘的要更好一些。就像对待巴特勒一样，工党成员对威尔逊的敌意在双方共事期间倒是并不明显。1998 年 1 月，威尔逊上班第一天，布莱尔给了他一个任务清单，以及希望听取建议的领域，其中首要的便是福利改革。布莱尔向他解释，新工党的"核心圈子"包括布莱尔、曼德尔森、坎贝尔、布朗和整理民意调查结果的菲利普·古尔德（Philip Gould）。鲍威尔一开始并不是"核心圈子"成员，布莱尔一度怀疑自己的幕僚长是否选对了。大家对鲍威尔返回外交和英联邦事务办公室的可能性进行了讨论。但是，威尔逊到来之后不久，鲍威尔证明了他对布莱尔在北爱尔兰问题方面的价值，此后他被提升进入了核心圈子。

威尔逊在到任后的头几个月中，向布莱尔提交了一系列备忘录，告诉他如何运作政府以实现其目标。撰写这些备忘录的部分原因也是回应布莱尔在接受采访时对威尔逊的抱怨。布莱尔觉得自己"坐在劳斯莱斯车里，但是却找不到钥匙"。[33] 威尔逊解释了内阁委员会的价值和必要性，布莱尔却没有被说服。有时当威尔逊即使是半开玩笑地建议布莱尔应该同意某个他很不感兴趣的内阁委员会处理一项事务的时候，布莱尔也会狠狠地瞪威尔逊一眼。但是，布莱尔同意担任一些与军事行动有关的委员会的主席，如与科索沃、塞拉利昂或阿富汗有关的委员会。[34]

布莱尔愿意倚重威尔逊，这在 1998 年 7 月他对内阁的第一次重组时很明显。那一次，他撤换了 4 名不称职的大臣。[35] 当首相和内阁秘书长关系良好时，他们在内阁重组时进行了密切合作：提供行政建议，保障数据正确，技术性的规则得到遵守，一系列复杂的行动行之有效。威尔逊参加了前一个周末核心圈了召开的预备会议，到了重组的当日，在下议院首相的房间执行命令时，布莱尔对于要发布坏消息十分紧张。布莱尔对威尔逊说，"我真的希望你参加每一次会议"。[36] 会议结束后，布莱尔耸肩弓身地坐着，看起来好像完全被掏空的样子。

威尔逊最初对自己作为文官长的另一重身份还是很在意的。1998 年 10 月 14 日，他在伊林顿开了一次大型会议，本意是让新工党团队的高级公务员聚在一起，确保他们能够在一起和谐地工作，同时给工党一个机会来解释他们对公务员队伍的希望。威尔逊起草了布莱尔在聚会上的演讲稿，演讲主题是"让中央政府现代化"，在这个问题上，威尔逊是一个改革派，虽然比那些在新工党中的秘密集团的成员更温和一些。威尔逊相信渐进的改革，而新工党则信仰革命，布莱尔革命，一场很大程度上没能实现的革命。这次会议之后，威尔逊与他的常务副大臣共同起草了一份改革政府文职机关的方案，并在之后的职业生涯中坚持推进。但是，布莱尔的团队却并没有全力配合这项改革。

威尔逊，一个天生的乐观主义者，依然坚持相信可以和布莱尔共同建立一种成功的工作方式。他很欣赏布莱尔作为一个擅长沟通者的优势，与此同时，他也因为布莱尔的缺点和模棱两可而很有挫败感。他看到了在布莱尔身上同时存在着许多不同的形象：他是一个在乎自己在世界舞台上的角色的梦想家，可以变得非常粗鲁，但是，又非常有魅力。他是"一个卓越的沟通者，无论是跟一大群人沟通还是一对一地沟通，表面上非常冷静和善，但是内心深处却很复杂"。[37]

我觉得托尼·布莱尔将自己推到了诸多挑战面前，这些挑战击败了之前的若干代政治家，（例如）让工党能够当选，或者是北爱尔兰，或者是科索沃，一个类似巴尔干半岛的北爱尔兰。或者是阿富汗，或塞拉利昂，或伊拉克……他的职业生涯充满了一个接一个的不断升级的挑战，他在应对这些挑战中获得了信心。[38]

他指出，布莱尔领导下的内阁会议与撒切尔领导下的内阁会议形成了鲜明的对比：

跟布莱尔在一起时，我们会在屋外喝茶和咖啡，内阁的门开着，人们来回走动。他们把文件放到桌子上，在屋子的角落里聊天，托尼·布莱尔会与约翰·普雷斯科（John Prescott）在他的书房里进行单独交谈，也会不穿外套在屋里吃着苹果闲逛。我第一次看到这个情景时的想法是："这是不同的一代人。"[39]

他回忆起了在唐宁街与新芬党（Sinn Fein）领导人敏感的谈判中的一个场景。"我看向唐宁街 10 号的花园里，布莱尔的孩子们正在玩滑板。他们把一块厚木板放到一个大木桶上，他们爬上木板，然后木板会倾斜，再从另外一侧下来。杰里·亚当斯（Gerry Adams）和马丁·麦金利斯（Martin McGuinness）也看见了孩子。杰里·亚当斯说，'让我来滑一次'。结果是，他摔得很惨……作为我们这一代北爱尔兰人，这是一件大事。"[40]事实上，1998年签署的《贝尔法斯特协议》（Good Friday Agreement）是布莱尔在他的第一个任期中与鲍威尔共同实现的最伟大的成就。大家付出了艰苦卓绝的努力，经过9年的艰辛谈判，终于达成了协议。

布朗和布莱尔之间深刻的裂痕以及他们高度党派化的阵营，使对威尔逊而言本来已经很困难的生活变得更加困难了。自1916年之后的100年以来，从来还没有一位首相和财政大臣之间的敌意会延续如此之久。1997年工党赢得大选之时，布朗就已经出现对布莱尔的背叛了，而且这样的裂痕还被强烈的小团体主义所助长。当布莱尔和布朗联手时，他们是势不可当的。[42]但是：

布莱尔与布朗的关系分散了许多能量。这在我任内阁秘书长期间是一个很大的问题，在我的继任者的任期之中也是一样的……这个问题不仅在中央部门开展业务时能够感觉到，在各部门的行为方式中也能感受到。最根本的问题是，布朗的拥护者心中的领导者是布朗，而非布莱尔。当很多大臣都追随财政大臣而不是首相的时候，你（内阁秘书长）如何管理和协调常务副大臣呢？在我任职期间，这个问题就像吃长棒棒糖时，里面的字母始终在转动一样①。[43]

---

① 英国的一种长棒棒糖，中间会写上字，诸如"我爱你""欢迎来到我们的城市"等字样。字母往往是在接近中心的位置。这里想表达的意思是：这个问题能被看到，但很难解决。——译者注

　　威尔逊发现自己被夹在中间：布莱尔希望和他谈有关布朗的事，而布朗则希望跟他谈如何对付布莱尔。1998 年 1 月，在威尔逊到财政部与布朗进行了一次长时间的会面后，威尔逊向坎贝尔吐露了秘密。坎贝尔记录下了威尔逊的话，"托尼·布莱尔必须着手与其他人建立同盟"。坎贝尔回答道："我理解你想表达的是，花那么多时间跟戈登·布朗在一起，就像是把你自己和一个想要杀死你的人一起放逐到一个荒岛上一样吗？"他大笑了起来。[44]

　　布莱尔和布朗的分裂也对内阁事务的运作产生了深刻的影响。威尔逊努力保证内阁事务尽可能地平稳运行，议程以惯常的方式进行：议会事务，国际事务，国内事务，北爱尔兰事务，以及其他的事务。大臣们经常会为立法程序留下的空间而争吵。布朗对自己的预算方案严守秘密，在早上的内阁会议需要他提交预算方案时，他就用两倍的速度飞快地说出方案的细节。

　　布莱尔从克林顿总统那里学到了一个关键的教训，那就是：第一个任期里最核心的工作是为了赢得第二次大选。这也就意味着，在第一个任期的 4 年里，他将一直处于竞选模式。随着大选的临近——大选的日期是他呼吁的 2001 年 6 月 7 日，他开始思考如何才能够巩固自己的地位，以超越他在第一个任期内取得的相对而言不值得夸耀的成就。"就这些吗？这就是我从约翰·梅杰那里继承来的全部家当？"他会这样问，"我们是世界第四大经济体，在欧洲也扮演着重要的角色，但是，甚至都没有一个合适的部门为我服务？"[45] 他的想法越来越倾向于有一个专门为首相服务的部门。他认为因为缺乏这样的一个部门，使他在第一个任期内没能做到更加激进。但是，威尔逊对此十分不满，他使尽浑身解数反对这个计划。他告诉布莱尔，在唐宁街 10 号创造这样一个部门将是决定性的一步，将会把布莱尔的角色从首相变成总统。但是，这样做在行政上和政治上是非常不明智的，坦率地说，他不欢迎有更多的政治任命的官员到唐宁街 10 号设立新的部门。[46]

威尔逊着手设计 2001 年大选之后更大范围内的政府重组方案。他准备给布莱尔提供一部分他想要的东西，同时又不违反惯例。从 2000 年秋天开始，他在每周一早上 10 点与布莱尔的会见中，都花一些时间来讨论主要的重组方案，一个部门一个部门地谈。他们一起精心设计了一个系统，还附上这个体系如何运作的摘要和图标。在大选前的一次漫长的会议上，这个方案得以确认。布莱尔将不再设立专门为首相服务的部门。但是，这个方案的主要妥协点在于，内阁办公厅中欧洲和外交政策秘书处（the European and Foreign Policy Secretariats）的负责人应在内阁办公厅和唐宁街 10 号联合办公。他们的秘书处将继续留在内阁办公厅，但是，负责人将拥有双重头衔，同时向首相和威尔逊报告工作。目标是扩展布莱尔的外交政策团队和能力。外交事务私人秘书约翰·索尔斯（John Sawers，1999—2001）解释了这样做的合理性，"部分是因为托尼·布莱尔正在处理的外交事务，部分是因为他喜欢的工作方式，部分是因为要满足唐宁街 10 号不断增长的需要。布莱尔正在跟外国领导人打交道，布莱尔需要跟他们相类似的行政资源"。[47]欧洲秘书处本来希望在预期中的加入欧元区后，推动英国扩大在欧洲的影响，同时外交政策负责人则相当于白宫的国家安全事务顾问。

2001 年 6 月 7 日，布莱尔如愿获得了他的第二次决定性的大选胜利，工党获得了 167 个议会席位。"你现在正处于权力巅峰，可能未来都不会像今天这么强大了。"威尔逊在迎接从白金汉宫返回唐宁街 10 号的布莱尔时对他这样说。[48]那个周五的早上，布莱尔让他的内阁秘书长吃了一惊。"你不会因为我的这个决定而高兴的，"他坦白说，"但是，我已经决定了，约翰·普雷斯科特应该搬进内阁办公厅工作。"[49]把这样一位容易造成潜在意见分歧的人物安插到他的部门中，威尔逊感到相当吃惊。在他们长时间关于重新设计权力核心的谈判中，新的核心"没有约翰·普雷斯科特的合适位置"。[50]布莱尔希望普雷斯科特担任其中某个委员会的主席，以使布莱尔本人的想法在白厅能够更好地被落实，与撒切尔任首相时怀特洛扮演的角色并无二致。官员认为，布莱尔疲惫的心态和"反叛的情绪"使他改变了主意。[51]

9 月 11 日，离威尔逊担任内阁秘书长的任期结束还有整整一年，两架美国民航客机撞上了纽约的双子塔。威尔逊因此参与了情报工作，并跟布朗进行了斗争。布朗对防务或情报工作毫无兴趣，但是，他却决定，应该建立"内部情报市场"，由外交部、国防部和内阁办公厅共同负责。威尔逊向布朗建议，由于情报的高度敏感性，试图在政府部门和机构之间建立起消费关系是不可行的。风险在于，这将导致"情报不再客观"。他强烈地反对这样做，后来他说，"我很高兴地说我赢了"。[52]

纽约的事件发生时，布莱尔正在布莱顿准备面向英国工会联合会的演讲。威尔逊正在从议会广场附近返回白厅街 70 号的路上，他的司机告诉了他来自曼哈顿的消息。他们收听了广播，听到了第二架飞机飞进世界贸易中心大楼的消息。威尔逊意识到，"这不是一个偶然的事故，而是一起正在发生的非常恐怖的事件"。[54] 他立即接通了唐宁街 10 号的电话，跟海伍德，当时的首席私人秘书通话。海伍德告诉他，他们刚刚听说，白宫可能会疏散。海伍德问，"我们是否应该疏散唐宁街 10 号？"威尔逊回答："如果疏散的话，去哪里呢？"威尔逊的脑海中浮现出唐宁街 10 号的工作人员带着笔记本电脑和手提箱站在外面，寻找去处的情景。威尔逊与远在布莱顿的布莱尔很快地通了电话。布莱尔决定在回伦敦之前，在工会联合会的会议上，就这一事件说上几句。

白厅被打了个措手不及。新成立的国内应急组正在约克郡开展团队组建演练的时候，负责英国危机应对委员会的海外和国防秘书处（Overseas and Defence Secretariat）的全体职员正在去赫里福德（Hereford）的路上。当他们在 M4 公路上开过希斯罗（Heathrow）机场时，威尔逊告诉他们掉头回来。紧接着，威尔逊给议会、白金汉宫和各个情报机构打了电话。威尔逊最关心的是，伦敦本身是否将会成为恐怖袭击的目标。他还颁布了伦敦上空的禁飞令。"在房间里，我不停地从皇家骑兵卫队大楼对面的窗户向外望去。我在想，如果我看到一架正在飞过来的飞机，那将是非常恐怖的时刻。"威尔逊回忆道。[55]

"9·11"事件被证明是对海外和国防秘书处有效性的重大测试。这一事件是在过去 12 个月连续发生了三起重大事件后发生的。白厅把这三起重大事件称为"三 F"事件，口蹄疫爆发、大规模的洪水和消防警察罢工①。布莱尔在处理这三起重大事件时非常倚重威尔逊的建议，并在他的回忆录《一段旅程》（*A Journey*）中赞扬了威尔逊。[56]在 20 世纪 90 年代初期梅杰首相任内，国内应急组的工作职责从内阁办公厅回到了内政部，但是，恐怖主义处仍然留在了海外和国防秘书处。这样做的假设是，在后"冷战"的世界，国内紧急事务应该由内政部来处理。这三起重大危机快速地接连发生，让布莱尔产生了这样的想法："我们应该把这些职能集中起来。我们已经有了一套机构，我们有懂得如何应对危机的人员，为什么不把这些职能集中到英国危机应对委员会呢？"[57]因此，国内应急组在 2001 年又重新成立起来，一些职能又从内政部回到了内阁办公厅。实际上，有一个高级官员已经想到了这个方案，这个人就

---

① 三个事件的英文首字母均为 F。——译者注

是迈克·格拉纳特（Mike Granatt）。他和威尔逊一道，成为国内应急组的首任负责人。

"9·11"及其后续事件后来被证明是让布莱尔分散注意力的主要原因。本来布莱尔打算在第二个任期中实现他更高效政府的雄心的。2001年大选后，职能不断扩张的内阁办公厅并没有对布莱尔的这个追求有很大的助益，这是件遗憾的事。没有给布莱尔想要的难以捉摸的工具。英国广播公司的前董事长约翰·博尔特（John Birt）作为有经验的思想家之一，被邀请来激发大家思考如何加强唐宁街10号的运作。他和海伍德被要求提出一个方案。这个方案的早期成果就是成立了唐宁街10号政策理事会（Policy Directorate）。这个机构是唐宁街10号首相私人办公室和政策组合并后成立的，负责布莱尔的日常工作，并提供短期政策建议。这个主意是海伍德想出来的。他比其他任何公务员都了解布莱尔是如何工作的。政策理事会很受重视，并由于安德鲁·阿多尼斯（Andrew Adonis）的加入而名声大噪。安德鲁被提拔为政策组负责人。但是，2003年海伍德离开后，政策理事会也没有继续存在很长时间。阿多尼斯是布莱尔任首相期间，在内政方面最具创造性的人。"我几乎就像是有读心术那样，能够理解他在任何重大事件上是怎么想的。"他这样说，无意间重复了查尔斯·鲍威尔关于他和撒切尔关系的说法。[58]在坎贝尔领导下，成立了一个战略沟通组，这个小组从新闻办公室分离出来，由职业公务员来运作。坎贝尔因此不再承担日常媒体事务，以避免给人以"裁撒"的不良印象。但是，坎贝尔在 2003 年夏天离开了唐宁街 10 号，无法再设计或承担自己和布莱尔所期待的战略任务了。一个政府关系组被设立，一部分原因是为了让布莱尔的助手安吉·亨特（Anji Hunter）留在唐宁街 10 号；但是，她在 2001 年底离开了，并且她的继任者萨莉·摩根（Sally Morgan）后来也有了另外的任务。让普雷斯科特担任"内阁首席秘书"（Chief Secertary to the Cabinet）的计划也并不成功。这个计划是由普雷斯科特在其之外监督内阁办公厅职能扩张后的整体工作。[59] 但是，这不是他擅长的事情。公共服务改革办公室（Office of Public Service Reform）成立了，负责人是温迪·汤普森（Wendy Thompson）。这个机构的目标是鼓励变革，但是，这个办公室也没存在很长时间。

关于海外和国防秘书处以及欧盟秘书处（European Secretariat）的新安排也没有达到预想的效果。大卫·曼宁（David Manning）是海外和国防秘书处的首任负责人。他刚当上英国驻北约常驻代表不久，就被召回担任这一职务。欧盟秘书处的负责人是史蒂芬·沃尔。他在这个机构成立之前，就在内阁办公厅中负责此项业务。他上任后，象征性地搬进了唐宁街 10 号的一间办公室，离那道著名的连接唐宁街 10 号和内阁办公厅的门非常近。因为沃尔、曼宁和鲍威尔之间的关系非常牢固，这个新的安排在一段时间内产生了作用。这一新安排的好处是，英国首相的外交政策高级顾问可以像美国总统的高级外交政策顾问、德国总理或法国总统的高级外交政策顾问一样有发言权了。

这样的安排在曼宁和他的继任者尼格尔·西恩瓦尔德（Nigil Sheinwald）在任期间发挥了很好的作用。后者认为，这非常适合像布莱尔这样的首相。[60] 但是，这一新安排在欧盟事务方面却收效不大。"我现在离首相只有 30 秒的距离了，因为我实际上已经搬进唐宁街 10 号了，而不是离首相 90 秒的距离，与此同时，欧盟事务处则在内阁办公厅里面。"沃尔说，"但是，我的工作并没有实际的不同。如果说有什么不利因素的话，那就是我跟首相见面太少了，还有，我与我的高级雇员被隔开了，因为他们仍在内阁办公厅办公。"[61] 在帮助布莱尔实现加入欧元区的雄心，或者是阻止海湾战争及其后的严重错误方面，这两个秘书处都没能取得成功。

虽然唐宁街 10 号就这样变成了首相的"迷你"部门，但是，这对布莱尔试图加强对经济政策的掌握没发挥多大作用。在新的安排中，最成功的是督查室。这是威尔逊和海伍德想出来的主意，用以增强首相监督重要国内事务部门工作进展的能力。督查组的负责人迈克尔·巴伯（Micheal Barber）是从教育部调过来的。在教育部时，他监督学校的各项目标，现在他给布莱尔的监督绩效的督查部门带来了许多督查工作所需的纪律和结构。[62]

威尔逊削弱布莱尔加强集权的努力或许只取得了部分的成功，但是，他在几年间确实努力带来了白厅最为激进的政府部门重组。庞大的环境、交通和地区事务部（Department for Environment, Transportation and the Regions）被拆分了，他转而组建了几个新的部门：环境、食物和乡村事务部（Department for Environment Food and Rural Affairs）、劳动和养老金部（Department for Work and Pensions）以及教育和技能部（Department for Education and Skills）。威尔逊认为，在他当内政部常务副大臣时，内政部的工作就已经超负荷了。因此，内政部的职能应该聚焦于犯罪和司法。[63] 这就是威尔逊希望多花些时间来当好文官长的部分成果。他实在没办法把布莱尔的利益和文官长的角色结合在一起。官员纷纷抱怨"布莱尔看花园"，就是说当他听到"管理"这个词时，他就会看向窗外，凝望花园。[64]

在他任职的最后几个月，他的继任者已经被任命后，威尔逊直率地对布莱尔说，"你的问题是，不论是你还是唐宁街10号的其他人，都没有管理过任何大型组织"。"我管理过工党。"布莱尔不甘示弱。"你从来没有管理过他们，你领导过他们，这两者是不同的。"威尔逊桀骜地回答："向党派官员下达指令和管理公共服务这两者之间有着非常大的不同。"[65]

威尔逊像他的前任一样，也努力斗争以便在要求非常高的文官和内阁秘书长的职责之间寻求平衡，基本上对两项职责分别投入一半的时间。他投入了很大的精力来领导文官系统，通过访问伦敦和外地的公共服务机构来鼓舞士气。他还抽出时间关心内阁办公厅的官方历史的撰写工作。他委托撰写了最新的几本关于内阁办公厅官方历史的书籍。在撒切尔执政时期，威尔逊就在内阁办公厅工作，他一直负责协助当时的首席科学顾问约翰·费尔克罗夫（John Fairclough，1986—1990）。作为内阁秘书长，他并没有想把这个职位重新引入内阁办公厅，但是，他希望增进大臣们和高级官员对科学的理解。他开展的活动中有一项是每年组织去剑桥大学两次。剑桥大学的著名学者，包括宇航员马丁·里斯（Martin Rees）和经济学家约翰·伊特韦尔（John Eatwell），将与官员们进行座谈，官员们则会思考政策含义。在担任内阁秘书长期间，威尔逊与两位首席科学顾问，罗伯特·梅（Robert May，1995—2000）和大卫·金（David King，2000—2008）开展了密切合作。

在威尔逊任职的最后几个月，他与布莱尔之间有了一定距离，他跟坎贝尔和鲍威尔也有类似的疏远。部分原因是布莱尔第二个任期内的改革步伐令人失望，这也导致了对威尔逊本人的不公正的攻击。这倒是使他更加坚定地坚持自己的信念。2002年3月26日，在他任职的最后一年里，威尔逊发表了可能是他作为文官长最重要的演讲"对职业生涯的回顾"。这个演讲是他对政府的观点的激情澎湃的再次说明。当威尔逊提交演讲文本时，布莱尔不太高兴并举行了一个私人会议来讨论演讲稿。"我不会阻止你去演讲。"布莱尔说。但是，布莱尔给威尔逊留下的印象就是，如果他照此演讲，他将会被人们认为是对政府运作持过时观点而不是未来观点的人。威尔逊记录了布莱尔的关注点，但是，仍坚持了他原稿中的中心观点，他也清楚，这样一来，他就会冒不被人们认同的风险。但是，在后来的数年中，正是威尔逊的意见，而不是布莱尔的意见，更加准确地描绘了后来若干年里政府的发展。

2002 年，威尔逊深入地参加了有关制定阿富汗政策的工作，但是，却被排除在了大多数讨论伊拉克政策的会议之外。他猜测，这也许是因为布莱尔和他的团队认为威尔逊作为内阁秘书长的任期已经快结束了。在内阁会议之外，他只参加了一场关于伊拉克问题的会议，这离他在任的最后一天已经很近了。他很震惊地认识到，关于入侵伊拉克的讨论已经开展得很深入了。

威尔逊与布莱尔团队之间最大的分歧在于前者的继任者问题。他将于 2002 年 10 月度过他的 60 岁生日后退休。2001 年圣诞节假期之前，威尔逊就如何任命他的继任者向布莱尔提出了一个建议。他建议，首先在白厅中广而告之这个职位，并事先给出大家同意的职位描述，然后成立一个委员会，列出长名单。委员会面试候选人，进一步压缩名单，提交给布莱尔做最后选择。2002 年 1 月，布莱尔批准了这个方案，但是，威尔逊不知道的是，布莱尔的团队认为，在这些可能的候选人中，没有一个具有改进政府工作绩效的动力。他们私下提出了几个隶属私营部门的候选人。3 月下旬的一个星期一，在威尔逊与布莱尔的早会上，事态变得紧急了。

威尔逊非常担心，因为对委员会提交的名单上的人来说，似乎什么也没有发生，包括教育部常务副大臣大卫·诺明顿（David Normington），内政部常务副大臣（Permanent Secretary at the Home Office）大卫·欧曼德（David Omand），接替他担任内政部常务副大臣的约翰·吉夫（John Gieve），以及自1998年起一直任财政部常务副大臣的安德鲁·特恩布尔。布莱尔告诉他，自己想缩短选择的过程，直接面试迈克尔·比恰德（Micheal Bichard）。在2001年离开白厅之前，比恰德一直任教育部常务副大臣。从1997年开始，他在推进学校改革中的表现给了布莱尔团队很好的印象。在那之前，比恰德担任了10年的地方政府负责人。威尔逊强硬地告诉布莱尔，整个文官体系都了解任命程序，这个程序也是布莱尔同意的，因此，到最后阶段再引入新的候选人将威胁整个任命程序的信誉。他对布莱尔及其团队从来没有这么强硬过。会议没有得出结论，威尔逊返回了他在内阁办公厅的自己的房间，不知道接下来会发生什么。那天晚些时候，海伍德过来告诉他说，布莱尔让步了。比恰德不再是候选人了。[66]

2002年7月底，布莱尔在唐宁街10号为威尔逊举办了一个告别晚会，邀请了他的家人，一些私人秘书，以及其他一些他人生中的关键人物。坎贝尔和鲍威尔也到场参加这场欢庆活动。布莱尔发表了热情的讲话，送给威尔逊一对袖扣，上面有唐宁街10号前门上的扇形窗的图案。在7月的最后一次内阁会议上，布莱尔和他的部长送给威尔逊一个银质的可以镶入桌子上的凹洞中的墨水瓶，瓶上刻有内阁成员的签名。无论他们之间有多少不同意见，威尔逊与布莱尔的告别场面都有着所有温馨和真诚的表象。

安德鲁·特恩布尔（2002—2005）

　　安德鲁·特恩布尔在遴选程序中崭露头角，成为最强有力和最受认可的候选人，并于 2002 年 9 月 1 日成为内阁秘书长。特恩布尔比较满意的是，自己没有在之前就担任这个职务，而是在担任财政部常务副大臣之后。财政部常务副大臣的经历提升了他作为高级文官的经验，而这样的经验正是担任内阁秘书长所需要的。在当时布莱尔和布朗关系不睦的情况下，选择特恩布尔看上去像是一个赌博，因为他与布朗如此密切地工作了 4 年，而特恩布尔对布莱尔的使命又是如此重要。但是，布莱尔对特恩布尔接受任务后的决断力印象深刻。布莱尔希望自己在第二个任期内仍然有改革的动力。克林顿总统曾经警告过他，"别像我一样浪费了（第二个任期）"。[67]

　　特恩布尔是第一个没有上过公学的内阁秘书长。他生于 1945 年 1 月，毕业于恩菲尔德文法学校（Enfield Grammar School），而后进入剑桥大学基督学院学习经济学。1970 年，名列第一的特恩布尔加入了财政部。1976—1978 年，他在华盛顿的国际货币基金组织借调了两年。1983—1985 年，他因为成了撒切尔首相的经济问题私人秘书而出名。1988 年，当撒切尔非常需要选一个人接替她的首席私人秘书尼格尔·韦克斯（Nigel Wicks）时，特恩布尔就成了理想的人选。在巴特勒担任撒切尔首相的首席私人秘书期间，他对特恩布尔评价很高，并认为在当时的敏感时期，特恩布尔是具有这个职务所需素质的人选。

此后，特恩布尔的升迁非常快。1993 年，他成为财政部的第二常务副大臣，负责出纳工作；1997 年，他被任命为环境部常务副大臣，1997 年大选后，他被任命为环境、交通和地区事务部的第一常务副大臣。这个超级部门是为普雷斯科特量身定制的。1998 年，当布朗与他非常能干的常务副大臣特瑞·伯恩斯（Terry Burns）无法合作的问题公开化后，特恩布尔就成为被认可的人选。

特恩布尔与威尔逊是非常不同的人，前者不那么温文尔雅，也少一点学究气。特恩布尔这样描述自己的风格："注重实效、完成工作、推动变革。"[68] 他是第一个成为内阁秘书长的经济学家，他在财政部受到的训练和监督货币政策和公共支出的经历，促进了他思想的形成。他被布莱尔告知，他的简报要聚焦于公共服务改革领域，这就意味着，他那独特的关于更广泛政策领域的洞见就不会被采用了。特恩布尔相信，当他履职后，"首相会首先向内阁秘书长寻求意见"，这毕竟是他和他的前任已经看到过的，但是，他任职后不情愿地接受了这个事实，即"布莱尔并未把他的内阁秘书长视作一个主要的政策顾问"。现实情况是，"像罗伯特·阿姆斯特朗对撒切尔女士那样的状态，几乎不思考就能够做出反应，像条件反射一样的工作状态，我从来没有达到过。"但是，他相信，他也可以去适应布莱尔对于内阁秘书长的观点。"我可以努力让这个职位发挥作用。"他说。[69] 因此，他未曾想过成为布莱尔的核心团队的成员。他意识到，到 2002 年，争取与布莱尔见面时间的竞争已经非常激烈了。平息 2002 年布莱尔、布朗和艾伦·米立班德之间关于资助医院系统的争吵，或许是第一次在为数不多的类似情况下，他的政治智慧和解决问题的天才被大家所了解和接受，"但是，这种情况非常少见"。重要的是，是海伍德而非布莱尔将特恩布尔拉了进来，因为知道他是"了解货币政策和注重实效的人"。[70]

特恩布尔很早就下定了决心，他可以很好地完成内阁秘书长这一职位的三项任务中的两项。内阁秘书长的角色包括三个方面：协调政策和执行决策；文官长，包括监督公务员的行为正当性和道德准则；负责情报和安全事务。"9·11"事件之后，最后一个方面的工作成为布莱尔的主要工作。特恩布尔认为，"不可能同时做好三个方面的工作"。[71] 即使是在安全问题不那么严重的后"冷战"世界，他也目睹他的前任阿姆斯特朗和巴特勒被卷入一系列安全事件，特别是《抓间谍者》事件，错综复杂的"伊拉克武器走私"丑闻。在这些事件中，他们"发现他们自己被派去解决已经发酵了很长时间的问题：你不应该吃惊，就把自己看作被征召的消防战士就行了"。[72] 一个令人高兴的巧合是，大卫·欧曼德在一场严重的疾病后康复了，他具有 2002 年新创设的职位所需的专业技能。这个职位是"情报和安全事务协调官"（Intelligence and Security Coodinator）。欧曼德在这方面的能力非常出众，但是，这种安排也有很大的弊端。内阁秘书长不再就情报和安全事务向首相提供建议了，同时，新设的情报和安全事务协调官也不参加内阁会议，他也无法作为内阁办公厅的一部分就大臣们在防务和海外事务上的集体责任提供建议。2005年，奥唐奈接替特恩布尔担任内阁秘书长后，他实际上把情报和安全方面的任务又带回内阁办公厅，作为内阁秘书长职责的一部分。当2010年戴维·卡梅伦设立国家安全顾问职位时，特恩布尔觉得这与自己的想法不谋而合。这个职位在他2002年的提议中就已初露端倪。[73]

这个新设立的职位，与2001年设立的海外和防务事务秘书处，意味着内阁办公厅与伊拉克战争的直接牵连比上一个世纪英国卷入的战争都要少。考虑这些创新的影响时，由罗宾·巴特勒（现在是贵族）起草的，对大规模杀伤性武器情报的讨论，在2004年7月被公开报道了。"我们相信，这一改变的效果是，首相被赋予的责任比通过内阁秘书长而赋予整个内阁的责任要重。"[74]"如果我曾经审阅过这些情报……我也许已经陷入伊拉克战争，无法履行我的其他职责了。"特恩布尔回应说，一点儿也没有因为在某个阶段被排除在伊拉克事件之外而不愉快。

2003年3月开战前，内阁成员就伊拉克问题专门开会讨论了24次。刚刚赢得了压倒性胜利而开始第二个任期的布莱尔，凭借他的个性、信念与权威的力量，以及他对机密情报细节的使用，使内阁大臣没有勇气在这些会议上去挑战他。有几个人辞职了：引人注目的是外交大臣罗宾·库克（Robin Cook）在3月辞职，因为他在联合国的新任期未获批准；2003年5月，克莱尔·肖特（Clare Short）辞职。防务和海外事务内阁委员会从未召开过会议，但是，布莱尔和一些关键的官员却召开了25次小型的临时会议。巴特勒报告（Butler Report）中有关情报的记录，强调了决策的非正式性和受限制性，这对集体讨论的有效性有相当大的影响。[75]关键的问题是，内阁办公厅没有承担这些会议的秘书工作，布莱尔召开的这些关于伊拉克问题的非正式会议没有留下会议记录。我们可以想象一下，如果内阁秘书长当时扮演者传统的角色，坚持集体责任制的原则，事情就不会是这样了。如果内阁办公厅这么做了，内阁秘书长就可以安抚首相的情绪，就像布鲁克在苏伊士运河问题上安抚艾登，或者勇敢地面对首相，就像布鲁克对抗丘吉尔、亨特对抗威尔逊一样。

特恩布尔对齐尔考特调查说，2002年9月他上任的时候，已经做出了以下决定：

> 我们同意了，这不仅是我们希望做的，而且首相……已经与美国总统就下一步工作及形成一个单一解决方案的想法达成了一致，也许可以说给萨达姆·侯赛因设个陷阱——关于最后通牒的想法，在那时都已经形成了。

他说，争论军事行动利弊的时刻已经过去了。[76]2002年7月，内阁办公厅提供了一份讨论文件，标题是："伊拉克：军事行动的条件"。会议记录显示，"法律建议一如既往地过于狭隘"。[77] 会议决定，内阁办公厅应该协调发布一套关于伊拉克问题的"公共资料汇编"；并且，在资料汇编发布时，应该仍然由坎贝尔负责此事。[78] 2002 年 9 月，资料汇编《伊拉克的大规模杀伤性武器：英国政府的评估》（*Iraq's Weapons of Mass Destruction：The Assessment of the British Government*）发布了。就像伊拉克战争的其他方面一样，这套资料汇编争议颇大。

这套资料汇编不可避免地将特恩布尔卷入担任内阁秘书长以来最糟糕的时刻，那就是 2003 年 7 月武器专家大卫·凯利（David Kelly）的死亡。在飞往远东的旅途上，布莱尔几乎发狂了。他命令，在他的飞机 3 小时后在东京降落前，特恩布尔、海登·菲利普斯、大卫·欧曼德和国防部常务副大臣凯文·特比特（Kevin Tebbit）组成一个调查小组，并确定一名法官担任主席。凯利是英国广播公司记者未经授权的消息来源。而英国广播公司的报道涉及凯利认为关于萨达姆·侯赛因拥有大规模杀伤性武器的英国政府文件资料在某些方面是可靠的。7 月 15 日，凯利被下议院委员会非常粗暴地讯问。两天之后，他死了，后来胡顿调查（Hutton Inquiry）发现，他是自杀的。

特恩布尔与他之前的威尔逊和巴特勒一样，发现自己越来越支持内阁会议，即使他自己无权坚持要求布莱尔遵守内阁的正确决策。对布莱尔和鲍威尔来说，构成合理的内阁委员会与未经内阁办公厅组织的临时会议的区别只是技术性的，但是，情况并非如此。他们的想法是，通过内阁办公厅来开展工作是"高级文官阶层的垂死呻吟"。[79] 特恩布尔的结论是，布莱尔和鲍威尔清楚地知道自己在做什么，在 1997 年他们赢得大选前就已经形成了自己的行为方式。让他的假设得到证实的是，有一次，他们告诉特恩布尔，内阁办公厅是否提供秘书服务并不要紧，只要"你让正确的人进入房间"就好了。特恩布尔的反驳是，那是非常重要的事，因为"内阁委员会召开会议时，必须通知正确和有关的人员参会；你不能随意挑选一组人，不能排除你不想邀请其参会的人，而这正是布莱尔做的事"。特恩布尔对布莱尔的做法的解释是具有启发性的，"我更愿意把他看成工作节奏很快和做决定很快的人……他想绕过可能会带来问题的人直接继续"。在内阁政府的行政结构和集体责任制下，文件和备忘录被分发下去了，会议记录和结论也被分发下去了。"他们认为，所有这些都应该是步入正轨了，这样就能创造一个沙发政府① 了"。[80] 似乎布莱尔希望让时钟倒转，回到劳合·乔治的时代，甚至是 1916 年以前，汉基之前的时代。

　　2004 年 7 月，巴特勒报告出版了。巴特勒的选择的意义是非常重大的，这是唯一的一次，内阁秘书长作为公开调查组的负责人，调查自己所服务的政府的行为。在最后的几周里，他面临让他修改报告的强大压力，虽然他坚持说"基本结论没有受影响"。[81] 虽然巴特勒报告让布莱尔免于受到在伊拉克问题上撒谎的核心指控，但这个报告批评了布莱尔"沙发政府"的领导风格。布莱尔的一个助手说，"你能够感受到它对个人的敌意"。[82]

---

① 沙发政府是指政治领导人主要听取身边非官员集团人员的建议。——译者注

此后，特恩布尔给了布莱尔很大的压力，与内阁办公厅官员保罗·布里顿（Paul Britton）一起，督促布莱尔恢复具有若干内阁委员会的内阁政府，由内阁委员会来讨论问题并做出决策。各方都承认，到 2004 年，内阁将不再是关于重要决策的论坛，而可能是报告重要工作进展的地方，也是大臣们讨论主要政治和经济问题的场所。有一段时间，他们成功地做到了这一点。[83] 但是，就像阿姆斯特朗在撒切尔政府时发现的那样，在马尔维纳斯群岛和威斯特兰直升机公司事件后，政治家很快又恢复老习惯了。

有一项权力布莱尔是无法从特恩布尔手中收走的，那就是如果布莱尔在伊拉克失败了，或者是在布朗派发动的政变中失败了，特恩布尔将会安排他的继任者。当布莱尔听说特恩布尔出于谨慎所做的准备时，他承认自己"有点不自然地笑了"。[84]最有可能的选项是，在普雷斯科特领导下组成一个临时政府，直到工党完成选举程序。

特恩布尔在推动布莱尔所希望的公共部门的改革方面取得了一些成功。鲍威尔称之为"高尚的努力"。但是因为遭到了他的常务副大臣同僚的反对，改革没有取得更大的成功。相反，特恩布尔认为，他的同僚跟他一样认为白厅需要现代化，包括更好地利用信息技术，更好地进行战略思考，以及整个文官系统需要更加专业的绩效管理。这三年里，内阁办公厅更加直接地为首相服务，而不是为内阁集体服务。特恩布尔理解，这两者之间有一条微妙的界限，内阁办公厅需要服务于内阁，但是也需要直接服务于首相，否则内阁办公厅就只是加剧了唐宁街 10 号各部门之间的分裂。同时，由于布莱尔正处在最有权势的时期，2003 年内阁办公厅的部门报告很少谈及"服务于内阁"，它首先列出的目标是"支持首相领导政府"。[85] 但是，到 2006 年特恩布尔离任时，风向又转回来了，"支持内阁"的表述出现在了内阁办公厅职责说明的开头部分。[86]

内阁办公厅少有地卷入了伊拉克战争以后最重要的决策：欧共体货币统一。布朗和他的主要助手艾德·鲍尔斯（Ed Balls）非常积极地将其他人排除在决策圈子之外，以彻底拒绝这一选择。他们十分坚持，认为唐宁街 10 号应尽可能少地涉入此事。讨论特意放在财政部举行，而不是在内阁经济委员会（Economic Cabinet Committee）举行。唐宁街 10 号的团队包括沃尔、鲍威尔，以及杰里米·海伍德。"这真是太荒谬了，因为我们在会议前的一两天前从未看到过那些文件，而且文件的内容非常详细，而且及其复杂。"[87] 他们抱怨布朗和鲍尔斯是有意这么做的。特恩布尔支持财政部的立场，他发现自己与海伍德一起试图让双方达成妥协，一方面让布朗赢得争论，另一方面让布莱尔宣布，他向着关于加入欧元区的终极目标又迈进了一步。华尔是唐宁街 10 号的团队中最坚定支持加入欧元区的人，他对布朗不顾事实，只提交负面信息的做法感到兴味索然。布莱尔本来可以参加这些会议，但是，他有些担心，因为有大量的技术性的细节需要仔细研究。这是布朗和鲍尔斯精心安排的又一个计划。布莱尔变得"非常愤怒"，因为布朗对加入欧元区毫不关心。布朗"得出结论，似乎这是需要很高深的智慧才能完成的过程，而不是政治判断。其实，他^①一开始就可以指出这一点"。布莱尔受够了，他对他的充满怀疑的团队说，他可以说服大臣。他说，"把布朗留给我"。[88]

随着鲍尔斯拒绝坦诚地跟鲍威尔说话，两个团队之间的关系变得越来越令人担心。但是，布莱尔在评估过风险之后变得畏缩了。在最后一次分析中，他担心，如果财政大臣对加入欧元区保持冷静甚至是不赞成的态度，他恐怕无法赢得就加入欧元区而举行的全民公投；如果解除布朗的职务或违背布朗的意愿，让布朗改任其他部门负责人，他也担心由此引发连锁反应。这将引起很大的威胁和不满。在 2001 年刚赢得大选的时候，布莱尔正处于权力的顶峰，那是他解除布朗职务的最好时机。坎贝尔和鲍威尔一直要求布莱尔这样做。特恩布尔曾经担心财政部正在变成一个花钱的部门，把主要精力都集中在他们自己关心的项目，如税收抵免上。他认为，财政部应该回到它的传统角色上来，那就是控制支出，平等地对待各个项目。特恩布尔之所以有这样的想法，是因为他已经在财政部当了 4 年的常务副大臣。在唐宁街 10 号，一个常见的笑话就是，财政部已经成为所有部门中最花钱的部门了。[89] 布莱尔会说，"我将有我的公共服务计划，不会再被这个血腥的财政部阻挠和敲诈了"。[90]

---

① 指布莱尔。——译者注

　　但是，他能对布朗做什么呢？布朗作为高级官员虽然没有恶意，但却是他执行自己计划的最大障碍。布莱尔原本可以解除他的职务。但是，他从内心里没有想要跟布朗较量。结果就是，布朗阻止了英国加入欧元区，也阻碍了布莱尔的整个公共部门改革计划。对特恩布尔来说，1994 年约翰·史密斯（John Smith）去世后，布莱尔和布朗谈判达成的关于内政权力的分界线正在危险地开始瓦解。斗争在督查部门和公立医院系统等方面展开。布朗对督查部门尤为敏感。[91]华尔之前认为，布莱尔内心里并没有"想要一个新的财政大臣"。[92]2003 年夏天，华尔离开唐宁街 10 号时，布莱尔走过走廊跟他告别，"你一定对加入欧元区的事以这样的方式结束感到遗憾"。华尔只能表示同意，但是，他想不起来自己是怎么回答的了。[93]

　　特恩布尔就任内阁秘书长时已经 57 岁了，是就任时年龄最大的，也是 11 位内阁秘书长中服务时间最短的。他只担任了 3 年的内阁秘书长，并于 2005 年 9 月卸任。"我对此感到很有挫折感。"他最近说。[94]他是第一个同时担任过首相的私人秘书、财政部常务副大臣、内阁秘书长和文官长的官员，对此他感到满足。他非常享受这个职位的两个方面，一是与高水平的常务副大臣一起工作，二是与地方政府保持密切的联系，这需要他不断地在国内各地旅行，与地方政府的官员和议员见面。让政府变得现代化，对内阁办公厅陷入困境的部门给予明确的指示等，都让他感到满足。[95]这三年的工作没有让他跟布莱尔的关系更加紧密。很重要的原因是，2004 年 4 月，当布莱尔对是否应该继续担任首相产生"动摇"时，他完全没有动摇。"那时对我来说还看不到这样的可能。"他说。[96]

布莱尔有一项决策是让特恩布尔感到些许满足的，特恩布尔也为此付出了巨大的努力。2005 年 1 月，在布莱尔参加第三次大选前的 4 个月，布莱尔组建了一个团队，特恩布尔在团队中与约翰·博特（John Birt）一起为设计第三届任期中的项目而共事。特恩布尔的计划又一次显示他希望回到内阁政府的体制，将内阁委员会的使用作为惯例。"他特别注意到经济事务委员会很少开会，即使是开会的时候，布朗总会使会议得不到任何真正的信息。"[97]特恩布尔提及巴特勒报告的教训，努力使布莱尔部分地认识到，如果他能够更多地使用内阁委员会，他就能够通过集体责任机制，将包括财政部在内的内阁部门的大臣绑在一起，形成统一战线，避免许多公开的激烈争斗。出人意料的是，迈克尔·巴伯成了一个反对者，他相信那种更加个人化的风格，经常与大臣一对一见面，在唐宁街 10 号督查室清理未办结事项的方式，更加适合布莱尔。

在布莱尔赢得 2005 年大选后，内阁政府有一阵子成了时尚。但是，不久之后，布莱尔就开始问："我的未办结事项怎么样了？"他对内阁委员会失去了兴趣。他说，"那些东西对我没有真正的作用，他们并不能让我开展我希望的讨论"。[98]在几个月之内，2005 年大选后精心设计的委员会系统就在很大程度上奄奄一息了。正如布莱尔的新任私人秘书伊万·罗杰斯（Ivan Rogers）承认的那样，"他对担任那些内阁委员会的主席

的热情很快就减弱了。他很快就更愿意回到那种与他最信任的
人一对一的沟通方式"。[99]

格斯·奥唐奈（2005—2012）

接替特恩布尔的主要候选人有：2001 年以后一直担任教育
和技能部常务副大臣的大卫·诺明顿，2001 年以后一直担任内
政部常务副大臣的约翰·吉夫（John Gieve），2000 年后一直
担任健康部常务副大臣的尼格尔·克里斯普（Nigel Crisp），以
及特恩布尔的继任者，2002 年 6 月以来一直担任财政部常务副
大臣的格斯·奥唐奈。奥唐奈是第二位信仰罗马天主教的内阁
秘书长，是第一位而且是唯一一位没有在公学就读，大学本科
也不是在牛津大学和剑桥大学就读的内阁秘书长。他在伦敦巴
特西（Battersea）华威大学（University of Warwick）塞尔西安
学院（Salesian College）就学，毕业后在牛津大学获得了硕士
学位，并且在格拉斯哥大学（Glasgow）教授了一段时间政治
经济学。他在 1979 年以经济学家的身份加入财政部。当时流
行的风气是，就像电视剧《是，大臣》中所描述的那样，政府
部门比较流行的标准是欢迎通才，专家型的人员反倒不容易被
提拔。[100] 虽然 27 岁才加入公务员队伍算是比较晚的，但奥唐
奈在公务员体系内的升迁速度很快。他在英国驻华盛顿大使馆
任一等秘书，负责经济事务，1989 年被任命为财政大臣的新
闻官。这是一个愉快的调动，因为当时的财政大臣是约翰·梅

杰。梅杰对奥唐奈的伦敦南部背景感到满意，也喜欢他灵活的作风（以及对板球的热爱）。奥唐奈也有一个本领，那就是把复杂的经济问题向梅杰解释清楚，同时还不让梅杰感到对方是屈尊。[101] 因此，当 1990 年 11 月梅杰成为首相后，他要求奥唐奈跟他一起搬到唐宁街的另一边去。他帮助梅杰避开了首相任期内的各种旋涡，包括"黑色星期三"① 和对丑闻的指控，直到 1994 年离开。[102] 随后，他担任了一系列经济类高级职位，2002 年 6 月成为财政部常务副大臣。

奥唐奈与其他所有的内阁秘书长都不太一样。他的魅力显而易见，其强势作风跟布莱尔很像。重要的是，他们年龄相仿，并且对生活有相似的看法。[103] 奥唐奈生于 1952 年 10 月，只比布莱尔大几个月。"你是我的团队中第一个让我感觉跟我属于同一代人的人。"布莱尔就任首相时对他说。相反，巴特勒比布莱尔大 15 岁。奥唐奈"在我看来是第一个现代的内阁秘书长"，乔纳森·鲍威尔这样写道，虽然他后来又说，"让中央政府变得高效需要不止一个人"。[105]

奥唐奈拥有与不同信仰的人共事的罕见能力，所以能够赢得完全不同的人的信任，如梅杰和布朗。他也因此不可避免地赢得了声誉。但是，他也有街头打斗般的坚毅勇气，这也让他能够更加有效地支持首相。与其他内阁秘书长相比，他在政策

---

① "黑色星期三"是指 1992 年 9 月 16 日，梅杰领导的英国保守党政府因无力维护事先约定的英镑汇率底线而被迫退出欧洲汇率机制事件。1997 年，英国财政部估计退出欧洲汇率机制的成本高达 34 亿英镑。——译者注

咨询方面的经验不那么突出，但是，他是一个非常擅长实际运作的内阁秘书长。在 1998 年以来的三任内阁秘书长中，他是比较独特的一位。因为，特恩布尔和威尔逊都只服务了一位首相，但是，奥唐奈服务了三任首相：布莱尔首相任期的最后一小段，布朗任职的高度紧张的三年，以及戴维·卡梅伦。卡梅伦的联合政府下的内阁办公厅是非常少见的，这在布里奇斯成为内阁秘书长以来就从未有过。奥唐奈这样解释他与如此不同个性的人共事的秘密，那就是"归根结底是信任，他们不得不信任你，因为你想什么就说什么，你是完全审慎的。你不会选边站，而且也不是唯唯诺诺的人，那样对他们也没有用"。[106]

没有一份工作可以为一个人担任内阁秘书长做准备，虽然有些工作可以提供一些帮助。奥唐奈尤其受益于在财政部担任常务副大臣的经历，他认为做好这个工作更多的是要领导而不是管理。为提高领导技巧，他找了一位领导力教练，史蒂夫·拉德克利夫（Steve Radcliffe）。奥唐奈从他那里学到的一课是："我的目标是什么？"[107] 他也从各部门的常务副大臣那里学到了很多。这些人包括水利部的常务副大臣李·刘易斯（Lee Lewis），以及内政部的大卫·诺明顿。但是，他也依靠那些前任内阁秘书长，特别是那些曾经在财政部工作过的重要人员，阿姆斯特朗、巴特勒和特恩布尔。"我经常给他们打电话说，'哎，你以前干过这事，请告诉我你的意见'。"[108] 阿姆斯特朗在时间紧迫的情形下的写作能力，巴特勒处理敏感事件的能力，比如处理艾伦·克拉克（Alan Clark）日记出版事件，都让人印象深刻。[109] 当然，特恩布尔是他的重要导师。毕竟，奥唐奈是特恩布尔在财政部的继任者，现在又是内阁秘书长的继任者。

奥唐奈的前任都不赞成《信息自由法》，但是他却不得不执行这部法律。这个法案在他接任内阁秘书长前不久生效。虽然在理念上认同更大的公开度和透明度，但奥唐奈也不得不忍受这个法案的负面影响。大臣们开始对他和他的官员说，"我不确定我是否想开那个会议，非常感谢你"，以及"你对这事将记录下什么呢？"所以，他认识到这个法案的讽刺之处，法案的目的是要促进信息的自由获取，却影响到了信息公开的坦率程度和会议记录的质量。他对此表示：

在内阁里，你期望的是这些人如果不同意一项政策，就要尽可能清晰、公开地实际讨论政策。作为内阁秘书长，我希望内阁会议记录准确地反映内阁的讨论情况。在我任职期间，他们这么做了。这就是为什么我非常积极地要求，尽量把内阁会议记录作为机密。

奥唐奈充满信心地加入了托尼·布莱尔的团队。因为布莱尔已经赢得了三次大选。但是，时钟嘀嗒的声音比布莱尔认为的更响了，指针都面临被布朗催着走的压力[①]。布莱尔认

---

① 比喻布朗希望布莱尔尽快离任，以便自己接任首相。——译者注

识到，他在之前的首相任期中耽误了太多的时间，那时他有最大的政治资本，现在他需要有目的地工作。布莱尔跟三任内阁秘书长的关系都不融洽，奥唐奈将是他第三个任期的关键。奥唐奈近距离观察布莱尔已经几年了，他对布莱尔担任首相一事的总结是：

> 我认为，在担任首相 8 年之后，他不会根本改变他以前的工作方式。当然，他也是现代化的热情拥护者，他希望继续推进现代化，他希望公共服务体系变得更好，更加以民众为中心。因此，需要找到跟他共事的办法。他非常喜欢盘点政策以确定需要督察的事项。他总是在问，我们的方向正确吗？我们是否取得了阶段性的进展？总是诸如此类的话。所以，他的风格就是，挽起袖子，直奔主题地说，"我希望知道这些街道的犯罪案件数量，一周之内回来告诉我精确数字"。他非常关注细节，我觉得这在一定程度上都是对公务服务的不满。就好像在说"如果我不亲自去做，这事就没有人做"一样。[111]

尽管在他任期的最后两年里，他的工作节奏非常快，但在布莱尔离开首相岗位的时候，他的国内议程还远没有完成，同时，他的阿富汗政策和伊拉克政策让他饱受质疑。特别是在伊拉克战争之后，批评布莱尔首相的言论即使算不上流行，也已经变得司空见惯了。但是，我们不应该忽视他取得的成就：且不说三次大选的胜利，公共部门的改革，包括公立医院体系

（NHS）和学校的改革；宪政改革，包括移交权力；一系列旨在帮助最弱势和边缘化社会群体的改革。但是，问题在于，如果他遵循内阁办公厅的规范来工作，坚持集体责任制的传统，而不是不遵守这些规范和传统的话，他是否能够取得更大的成就呢？在内阁办公厅存在的 100 年里，从没有一位首相有这么多的优势：强劲的经济发展势头，在下议院的多数席位，（总体上）团结的执政党，弱小的反对党。如果关于伊拉克战争的错误判断能够被避免，如果对公务员能够给予更大的尊重，决策能够更加理性的话，他是否能够取得更大的成就呢？

在布莱尔的领导下的奥唐奈也是能坚持自己意见的。2006年初，在养老金改革的激烈争论中，奥唐奈赞同财政部的意见，反对布莱尔。这使在欧元问题上闹翻的双方的关系雪上加霜。这件事的高潮是，5 月初，在唐宁街 10 号花园里召开的一次会议上，奥唐奈赞成布朗的意见，认为一项拟议的盈余不应该留存，而应该在 15 年内逐步使用。[112] 毫无意外，奥唐奈从未被布莱尔邀请进入他的核心圈子，因此也就只能在布莱尔的首相任期中眼看着时间慢慢流逝。

奥唐奈与布朗（2007—2010）

2007 年 5 月至 6 月，在布莱尔首相任期的最后几周里，两位财政部出身的官员处于核心地位，奥唐奈和奥利佛·罗宾斯（Oliver Robbins）努力保障了布朗团队的顺利交接。考虑到历史上双方关系不和，双方阵营的关键人物都不愿意跟对方说话，布莱尔阵营的人还怀疑布朗迫使布莱尔阵营的人离职，这实在不是一个普通的成就。[113] 6月27日，在等待了10年之后，布朗走进了唐宁街10号，成为首相，萨拉在他旁边，似乎新的时代已经到来了。奥唐奈在唐宁街10号欢迎布朗，还拥抱了萨拉。[114] 很少有首相和内阁秘书长的关系如此令人期待。布朗也发出了多个信号，他不仅准备扫除布莱尔的一些政策，还要终结布莱尔总统般的作风。内阁政府开始工作了，他说，他希望倾听大臣们的意见。布朗同样很清楚，必须终结对内阁办公厅的边缘化。布朗委托艾德·鲍尔（Ed Ball）制订一个重建在奥唐奈领导下的内阁办公厅的计划。"我们想增强内阁办公厅的力量，以扩大首相的影响范围。"[115] 鲍尔说。布朗和鲍尔喜欢并且信任奥唐奈，因为他在财政部担任常务副大臣时，他们共事了3年，直到2005年。布朗和鲍尔与奥唐奈心有戚戚：奥唐奈希望与布莱尔建立密切关系，他的三位前任都没能成功；奥唐奈希望按照传统的方式管理白厅，即以内阁办公厅为中心；官员们都回到宪法规定的位置上去。[116] 到目前为止，一切都很好。

　　乔恩·康立夫（Jon Cunliffe）、海伍德和西蒙·麦克唐纳是新核心的先锋，他们三个人被称为"三个朋友"①。[117] "我们希望从以往编故事的和演员布莱尔转变为一个真实的、有话直

---

① 《三个朋友》是美国1986年的一部西部电影，也被译作《义勇三奇侠》《乌龙三剑客》。——译者注

说的人。"布朗的一个助手说。[118] 这个说法总结了他们怎么看待布莱尔以及他们的意图，与很多刚就任的首相一样，希望自己表现得与前任有所不同。在那些太平日子里，什么事情似乎都是可能的。布朗甚至说，政策应该首先由大臣们在下议院宣布，而不是由英国广播公司第四频道的《今日》节目来宣布，而且内阁会议应该更长一些，有更多的讨论。到底要讨论多长时间，一开始是让内阁部长有点吃惊的。

在 6 月底的第一次内阁会议上，布朗就他希望引入的一系列修改宪法建议征求意见，他围着桌子转，询问大臣们的意见。这样亲切的氛围很快就引来了长篇大论的发言，许多部长批评了这些修宪建议。奥唐奈变得有点紧张，他给布朗递了一张小纸条，上面写道，"首相，按照这样的速度，我们恐怕得在这里待到午夜了"。布朗马上把奥唐奈的纸条读给全体内阁听了。虽然奥唐奈不希望这样做，但是，这也是大家困惑的原因。[119]

布朗对布莱尔留给他的首相私人办公室这一机构并不太在意。为了替换乔纳森·鲍威尔这样的外部人士幕僚长，他希望财政部的官员来担任首席私人秘书的职务。他的第一选择是汤姆·斯哥乐（Tom Scholar）。这是布朗在 1997 年到 2001 年担任财政大臣时的私人秘书，他聪明过人。当时他已经到华盛顿为国际货币基金组织工作了。"显而易见，当戈登当了首相，汤姆就应该成为管理唐宁街 10 号的幕僚长。"一个官员说。[120] 戈登喜欢他。"汤姆非常干练，受人欢迎，非常能干。"一个同事说。[121] 斯哥乐搬进来了。但是，出乎大家意料的是，斯哥乐并不成功，他在 2008 年 1 月就离开了唐宁街 10 号。很多人认为，布朗对斯哥乐不太好，虽然他回到财政部担任了第二常务副大臣，后来又成为麦卡费尔森（Macpherson）的继任者，在 2016 年担任了常务副大臣。他的突然离开有点尴尬，留下了职位空缺和悬在首相手上的一个棘手的问题。

在外交政策方面，布朗转向了传统模式，即向私人秘书寻求意见，他选择了汤姆·佛莱彻（Tom Fletcher）。因为后者比较年轻，也没有在首相身边工作的经验，他的任命引发了人们的质疑。这个职位传统上是由外交和英联邦事务办公室那些野心勃勃的人来担任的。外交和英联邦事务办公室会仔细地挑选人选，以保证他们不必"被同化"。这仍然是刻意地回归传统。正如鲍尔所说的，"设想是这样的，在首相和公务员机器之间建立起结构化的关系，按照传统，由政治家和大臣们来领导。戈登在财政部的时候，公务员体系的运转是很好的"。[122] 但是，在几个月之内，布朗的崇高理想就烟消云散了。他决定不再相信内阁不会走漏信息，而且他对内阁委员会失去兴趣了。他认为这些委员会对他的目的而言毫无用处，这与他的几位前任一样。但是，内阁委员会的数量在布朗在任期间确实是增加了，2008 年是 41 个委员会，2009 年是 24 个委员会，比他的前任和继任者都要多很多。[123]

布朗的政治资本，在布莱尔离任后的最初几周相对较多，但随着时间的推移而逐渐减少。他提前从大选中退出了，没有什么能够比这更能够中断蜜月期了。而这场大选本可以在 2007 年 9 月给予他个人授权。在这之后，随着困难的增加，他撤回到他的亲密圈子，这个圈子里都是他在财政部时就相处融洽和信任的盟友。他期望与他的继任者、新任财政大臣阿利斯泰尔·达林（Alistair Darling）保持密切合作，想象着他是个温和的同事，就像财政部的常务副大臣尼克·麦克费尔森（Nick Macpherson）一样。跟他管理了 10 年的财政部发生争执，一定出乎他的意料。但是，当财政部不让他增加开支，也不让他延长借款期限时，他变得非常愤怒。他的这些前任下属官员认为，如果不阻拦布朗的话，布朗一定会这样做的。布朗对达林和麦克费尔森的信任一落千丈。

这场危机发生在 2007 年圣诞节前的几周。布朗非常愤怒地痛骂他的团队说，"你们没有督办"。"你没有明确你想要什么。"他们回答说[124]。"戈登发现这比他想像的情况要困难得多。"布朗对此承认道。[125] 他的助手很快就开始抱怨了，就像布莱尔的助手一样。"戈登没有管理的概念。他不擅长管理，也不是个很好的团队管理者。"[126] 他团队中的一个助手早在 2003 年就这样对我说。他在此后似乎没有学到多少关于如何领导的东西。也许他们不愿意告诉他。[127] 唐宁街 10 号的私人办公室正在成为一个让人非常不开心的地方。"戈登的一个真正的弱点是，他会从范围非常广泛的非正式顾问那里听取意见。而他们的意见往往跟我们唐宁街 10 号正在开展的工作相冲突，这就导致了混乱。"一个人说。"因为没有人知道接下来会发生什么事，这真是一个彻底的噩梦。"另外一个人说。[128]

奥唐奈发现自己陷入了过去 100 年来最无秩序的首相任期的中心。在唐宁街 10 号首相私人办公室的高级公务员中，没有人能够把混乱变为秩序。谁能填补他们的位置呢？布朗的想法越来越倾向于海伍德。海伍德在 2007 年 6 月从投资银行摩根士丹利（Morgan Stanley）回到内阁办公厅。海伍德于 2003 年 12 月离开唐宁街 10 号后，加入了这家投资银行。他是否可以取代汤姆·斯哥乐在唐宁街 10 号的核心位置呢？海伍德离开时的职位已经高于普通的首席私人秘书了。布朗和奥唐奈于是就商量确定了一个新的职位，唐宁街 10 号的常务副大臣，希望用这个职位吸引海伍德回归。在多次劝说下，他终于心软了。海伍德跟奥唐奈认识很多年了，他们是好朋友。他们在接下来的两年半里一起战斗，终于让唐宁街 10 号恢复了秩序。在内阁办公厅中，协助处于中心位置的布朗的三个专门委员会对于完成这个任务是非常重要的。一个是外交事务专门委员会（Foreign Directorate），由外交官西蒙·麦克唐纳领导；一个是欧洲和国际金融专门委员会（European and International Finance Directorate），由前财政部官员乔恩·康立夫负责；以及国内政策专门委员会（Domestic Policy Directorate），由海伍德自己负责。

具有讽刺意味的是，正是由于银行危机，布朗政府才在一段时间里回到了类似于内阁委员会的治理模式。为了管理英国，2008 年 10 月，布朗创立了一个新的机构，国家经济理事会（National Economic Council）。这个机构的成员是与经济政策最紧密相关的部长和官员，他们在英国内阁办公厅应急小组的会议室开会。这成为布朗的"战时内阁"，以应对危机，缓解随之而来的经济衰退。这个机构的设立被证明是他在担任首相期间少有的机构改革中最成功的，后来这个机构被并入经济和国内事务秘书处。[129]"我早就知道，危机将会对经济造成什么样的巨大冲击。"奥唐奈说，"我觉得当时戈登·布朗担任首相是一件非常幸运的事。因为他对经济问题非常感兴趣，他是那段时间里很好的领导人。"[130]

国家经济理事会成为布朗与财政部不断增长的意见分歧的战场。财政部的高官认为，布朗似乎生活在仙境之中，当财政大臣支持结构性赤字的时候，布朗显然没有意识到债务负担的沉重，也没有意识到他的责任。他们担心，布朗已经被伟大的经济学家约翰·梅纳德·凯恩斯（John Maynard Keynes）的作品危险地误导了，他们主要怀疑艾德·鲍尔（Ed Ball），认为他冒失地支持扩大支出。[131]布朗的戒心越来越得重，经常抨击他周围的人。"他经常会变得非常富有进攻性，在小问题上，在大问题上，在关起门来面对我们几个人时，他会向我们道歉说，'我是对我自己生气'，然后就不与人接触。"他团队的一个人说。[132]

布朗的最大胜利是召开G20峰会。2009年4月，他在东伦敦的伦敦展览中心（Exhibition Center London）担任峰会的主席。这次会议有助于重新点燃国际社会的乐观情绪：世界不会陷入 20 世纪 30 年代式的萧条之中，东欧以及其他地区的新兴经济体也不会失败。当布朗和他的团队从峰会回到唐宁街 10 号的时候，是他的首相生涯中少有的欢乐时刻。员工们聚集在一起，向他表示祝贺，鼓着掌送他回到唐宁街 12 号的办公室，那是布朗选择建立新营地的地方。大家围坐在马蹄形桌子周围。马蹄形桌子的模式，是从纽约市长布隆伯格（Bloomberg）那里借鉴来的。这时候，大家能够明显感受到他的放松。奥唐奈准备了一些香槟，不吝辞藻地夸奖布朗的丰功伟绩。[133] 他认为，当时的危机是他内阁秘书长生涯中最严重的。"在伦敦召开的 G20 峰会很容易在各国的激烈言辞中四分五裂。"他说。[134]

这样的幽默感没有持续多久。奥唐奈发现自己经常处在不得不对布朗说"不"的位置。达敏安·麦克布里德（Damian McBride）是一个非常令人担忧的人。他是财政部的前公务员，是与布朗和华尔关系密切的盟友，他被他们任命为唐宁街 10 号的政治沟通部负责人。关于他的忧虑在 2008 年夏天达到了一个高点，焦点是他在简报中反对外交大臣大卫·米利班德以及阿利斯泰尔·达林（Alistair Darling）。奥唐奈在财政部时就认识麦克布里德，也亲自观察过他如何工作。因此，对于布朗将这个人任命到唐宁街 10 号，他曾经表示过担心。[135] 他的预感没有错，所以他告诉布朗，他认为麦克布里德不适合在唐宁街工作，他需要被调到别的地方去。布朗告诉内阁，他想把麦克布里德从一线岗位上调离。但是，他不同意让麦克布里德离开唐宁街 10 号。[136]

在布朗无法管理一个稳定的内阁团队之后的几个月里，奥唐奈变得越来越沮丧，因为这是内阁秘书长的核心职责。2009年春，他建议布朗任命一位经验丰富的副首相，以增进中央政府的团结。彼得·曼德尔森成为合适的人选。[137]布朗接受了这个不符合直觉的建议。鉴于布朗和曼德尔森长期以来的激烈斗争，当 2009 年 6 月宣布这项任命的时候，引起了轰动。但是，曼德尔森是一个经验丰富的营运人员，公务员都尊敬他。曼德尔森知道如何让内阁办公厅和白厅为首相工作。这个似乎不可信的"婚姻"在一段时间里加强了布朗的力量，曼德尔森也忠心地为他服务。但是，这明显只是一个过渡性的解决方案。

2010 年初，记者安德鲁·罗恩斯利（Andrew Rawnsley）出版他的新书《政党的终结：新工党的崛起和衰落》（*The End of the Party*：*The Rise and Fall of New Labour*）时，布朗对下属的攻击性和反复无常的行为成为公众讨论的话题，奥唐奈也被牵扯进去了。书的内容在《观察家报》（*The Observer*）连载时，麻烦来了。让他们不舒服的是，罗恩斯利引用了具名的信息来源，其中包括奥唐奈和海伍德。戈登和布朗感到被奥唐奈背叛了。他们认为，罗恩斯利书中有关布朗欺压下属，并且还警告过布朗这样做不对的内容的消息来源之一是奥唐奈。"惊讶，至少是这样。"布朗面对奥唐奈的指责时这样表示。[138]

对于奥唐奈曾经警告过他关于对待下属行为的问题，布朗直截了当的拒绝让内阁办公厅陷入了进退维谷的境地。他可以不承认发生过什么事，或者承认奥唐奈曾经对布朗说过。但是，正如罗恩斯利所说的那样，这样做将会让人们认为"首相是撒谎者"，可能"引发一场宪政危机"。[139]内阁办公厅最后的解决办法就是：它声称，奥唐奈曾经与布朗首相有过交谈，主题是如何"充分发挥下属才能"。这件事离大选非常近，它导致了奥唐奈与布朗的关系恶化，并且两个人的关系再也没有恢复过来。在2010年5月6日大选后关于联合政府的会谈问题上，两个人的关系最后破裂。布朗认为奥唐奈背叛了他，正是由于他阴谋组织了这些会谈，卡梅伦与尼克·克雷格（Nick Clegg）的自由民主党进行合作，从而当上了首相。[140]

内阁办公厅：最低潮（1997—2010）

什么地方出错了？工党政府在1924年、1929年、1945年、1964年和1974年已经对文官系统产生了怀疑，包括对内阁办公厅产生了怀疑，因为他们认为其中充满了托利党任命的官员，以及同情托利党的官员。但是，工党实际上也开始在文官体系中安插自己的人，并且重视文官的工作和建议。当然，这是新工党和它的主要领导者——布莱尔、布朗、曼德尔森、坎贝尔、古尔德和鲍威尔做的事。当1994年布莱尔成为工党领导者的时候，他们认为自己是在领导一个现代化的"项目"，让这个国家和工党实现转型。他们计划用同样的方式来管理政府，并且不会服从或尊重白厅的经验。新工党的核心领导人用文字表达了他们的思想。即使在事情已经很清楚，新工党的药方被证明是错误的之后很久，彼得·曼德尔森和罗杰·里戴尔（Roger Liddle）在他们的书《布莱尔革命》（The Blair Revolution）中，仍然在鼓励和宣传他们的思想。像所有的原教旨主义者一样，他们仍然相信他们的文字。[141] 在坎贝尔的日记里，随处可见他对内阁办公厅的评价，只比阿谀奉承要稍好一点。鲍威尔在事情都结束之后，在他的书《新马基雅维利》中仍然坚持他的信仰和观点。

新工党的精英蔑视内阁办公厅的那些原则，以及保卫集体责任制和内阁政府的原则，而这些原则正是内阁办公厅的立身之本。对鲍威尔来说，"内阁政府……如果存在过的话，也在托尼·布莱尔进入政坛之前就消亡了，撒切尔最后埋葬了它。讽刺的是，罗宾·巴特勒，高级文官的领导者，既是私人秘书，又是内阁秘书长"。[142] 在撒切尔 1979 年从卡里根（Callaghan）那里继承的模式里，集体决策的意识还深入人心。内阁政府及其规章制度在她的领导下仍然非常有活力，尽管她时常因为受挫而试图绕开这些制度。[143]

1997 年布莱尔担任首相后，内阁政府和集体责任制遭受了自劳合·乔治联合政府以来最大的冲击。他对使用内阁或内阁委员会作为决策论坛感到不舒服，这样的认识在文官系统中产生了冲击波，虽然内阁委员会仍在继续运行并得到了大臣的高度评价，内阁办公厅的每个官员也都因他们的专业程度和勤奋工作而得到好评。用内阁办公厅高级官员保罗·布里顿的话来说，布莱尔的办法就是：

1997 年之后的几年里，内阁委员会系统没有做任何事情。这给白厅的其他部门发出了非常强烈的信号。白厅在其中没有利益，这使各个秘书处开展它们本应开展的工作变得非常艰难。这些工作原本是为了努力解决部门间冲突的，因为秘书处本来就没有动力。[144]

布莱尔跟巴特勒、威尔逊或特恩布尔的关系不好，也没有充分发挥奥唐奈的作用。可是到了布朗这里，他们的关系到了谷底。布莱尔因为处于核心位置却没有权力而备感挫折，结果很失望（虽然他容易与人相处），因为他遇到的官员都缺乏改革的热情，当然唐宁街 10 号的官员杰里米·海伍德是个例外。在小圈子里，鲍威尔自己是公务员，他的兄弟查尔斯在1991 年过早地离开了，他倒是对传统的文官体系最具有批判性的人。他后来说，"我们希望有成功的内阁秘书长专注于改革任务，但是他们总是慢慢地回到政策制定和危机管理上去，因为他们受到的训练就是做这些事，而且这也是他们感兴趣的"。[145] 随着掌权日久，布莱尔团队的抱怨也在逐渐增多。但是，失败的原因应归咎于他们自己，因为他们没有很好地运用唐宁街 10 号系统。这个系统在他们的前任手中运转得很好，在 2010 年之后也运转良好。

这些年，布莱尔和布朗之间的冷战破坏了内阁办公厅的运转。财政部在布朗的领导下，只是单纯地没有准备好按照通常的集体讨论和统一的规则来办事，布莱尔总是愿意与布朗面对面地解决问题，而不是借助内阁办公厅的机制。布朗在很多国内政策上成了"太上皇"，轩尼诗是这样描述的，"一个双子星政府，诸多政策群星围绕着这两颗星"。[146]白厅的高级官员早在 1997 年大选刚结束就认识到，布莱尔和布朗之间的激烈争斗导致大量的决策变成了交易。布莱尔不愿意在内阁或内阁委员会里决定政策，就是因为布朗派系的人总是会反对他的政策，并且会将任何逆转都大声宣布出来，好像是打败了首相一样。在他占上风，准备在内阁做出重要决定的时候，他就得冒失败的风险，就像是加入欧欧元区问题一样。[147]其他时候，就像在普雷斯科特担任内阁委员会主席时的争论，普雷斯科特与布莱尔一起反对布朗，要求其允许继续征收学费。[148]布莱尔的团队认为布朗的帝国统治着财政部，就像反对党一样，甚至比真正的反对党威廉·黑格（William Hague，1997—2001）、伊恩·杜坎·史密斯（Iain Duncan Smith，2001—2003）和迈克尔·霍华德领导下的托利党还要有力。1997 年 5 月，当时还是反对党领袖和影子财政大臣的两个阵营形成了汇报和反汇报的文化。现在这样的文化被带进白厅了。这些汇报的共同点是，都诋毁了内阁办公厅的工作，助长了不信任的氛围。这些报告指责了官员，包括巴特勒和威尔逊，而他们又无法回应。这是这种文化的一部分，降低了政府的诚信度和公务员体系的士气。

布莱尔和布朗之间的斗争进一步损毁了内阁办公厅，因为斗争导致布莱尔在内阁办公厅部署了一系列的部门，以避免这些单位被设置在财政部，以此来阻止布朗帝国的壮大，而通常这些部门应当设置在财政部。督查室本应更适合设置在财政部，而不是设置在内阁办公厅。在发现通往现代化的车道上的障碍物后，布莱尔本能的反应就是设立新的部门。在内阁办公厅的历史上，从来没有设立过这么多新的机构。除了督查室，新设立机构中最成功的是宪法秘书处（Constitution Secretariat），1997 年在艾尔文（Irvin）的领导下成立，目的是推动宪法改革，包括分权、人权、上议院的改革。有点价值的是绩效和创新室（Performance and Innovation Unit），负责人是苏马·查克拉巴提（Suma Chakrabartti），后来在 2002 年演变成为战略室（Strategy Unit），主要关注未来的政策和挑战，有点像中央政策审查小组。在 2001 年大选之后，布莱尔设立了公共部门改革办公室（Office of Public Sector Reform），因为他已经对通过内阁办公厅来推文官体系改革失去信心了。就像那些为数众多的科室、理事会和计划堆积到中心，由于缺乏思想，也生来对现存的白厅程序缺乏信任，这个机构也没有取得什么成果。在这些机构中工作的人员往往是精心挑选的，也是很能干的。但是，他们只是暂时在内阁办公厅办公，对内阁办公厅并不忠诚。而内阁办公厅则在这 13 年中面临着丧失凝聚力的危险。

督查室是布莱尔最喜欢的机构。布莱尔对迈克尔·巴伯的工作印象深刻。巴伯从 1997 年开始，就与大卫·布朗克^①（David Blunkett）一起在教育部工作。布莱尔决定全盘引进巴伯以业绩为导向的方法，但是，把应用的范围扩大到健康、犯罪、政治避难、交通以及少数的其他领域。巴伯过来担任了新部门的负责人。布莱尔告诉他，他想要更加激进的改革，更加综合的改革，用巴伯的口号来说，"在政治上，一周的时间太长了，但是 4 年时间却非常短"。¹⁴⁹督察室通常在星期二上午在唐宁街 10 号召开"存货盘点"会议，这 4 个部门（内政部、教育部、卫生部和交通部）可以了解布莱尔本人的态度，聚焦到实现政策目标上。2001 年 7 月，布莱尔邀请了这 4 个部门的负责人在唐宁街 10 号共进了一次特别午餐。布莱尔告诉他们，"你们将在本届议会的任期内继续担任现在的职务。你们得到了我的保证，因为我希望你们在这些职位上"。¹⁵⁰但是，在两年之内，他们因为不同的原因都离开了。

布莱尔和布朗政府获得的成就多于那些贬抑者所实现的。在北爱尔兰问题上，两任首相都做出了开创性的贡献，在这个问题上取得的进展，是他们最重要的贡献。把这些成就放出来，他们取得了三次压倒性的大选胜利就太容易了。我们真正应该关心的是，如果他们在 1997 年上任之后，不是以敌意的态度，而是以尊重的态度对待内阁办公厅以及内阁办公厅坚持了 80 年的规则，他们能否获得比实际要多出很多的成就呢？

---

① 大卫·布朗克，1997—2001 年担任英国教育大臣。——译者注

这几届政府拥有的优势，包括执政党的多数地位，强劲的经济增长，比本书关注的 100 年间的其他政府都要大。他们能够避免多少错误，能够避免多少不睦，能够节省多少经费，能够拯救多少生命呢？

在新工党风暴退去的时候，内阁办公厅已经受了很多伤，也改变了不止一点。2010 年 5 月的没有一个政党获得绝对多数的大选提出了一个新的挑战：联合政府。它能应付得了吗？

第十章 /

联合政府及以后
（2010—2016）

到 2016 年 12 月，内阁办公厅就成立 100 年了。这 6 年中，内阁办公厅经历了非常多的挑战。第二次世界大战以来，首次在和平时期出现联合政府；于 2012 年、2014 年和 2016 年监督不少于三次的全民公投；2016 年夏天，非常迅速和出人意料地，首相变更；英国计划从欧盟退出（正如它在 45 年前计划加入欧盟一样）；2012 年内阁秘书长的职位与文官长的头衔分离（31 年间的第一次）；2014 年重新设立联合指挥部；在文官体系中推进具有历史性意义的现代化，由内阁办公厅强力地推动，重点是数字化、商业技能、效率和透明度；设立国家安全委员会。国家安全委员会的设立是最近 100 年来最重要的行政创新，有点像帝国国防委员会，后来发展成战时内阁。这几年之所以如此重要，是因为它们见证了内阁办公厅恢复活力，以及在格斯·奥唐奈领导下，之后在杰里米·海伍德领导下，文官体系恢复了凝聚力和集体意识。

奥唐奈和联合政府

在 100 年间的 11 位内阁秘书长很少遇到像 2010 年 5 月 7 日早上奥唐奈所面临的那么敏感的任务：没有政党获得绝对多

数席位的大选结果。在此前的几个月里，奥唐奈咨询了英国最优秀的宪法权威，包括弗农·博格丹诺（Vernon Bogdanor）、罗伯特·哈哲尔（Robert Hazell）和彼得·瑞戴尔（Peter Riddell），他得出的结论是，大选中如果没有一个党获得绝对多数，首相不应该立即辞职，而是有权留任并可以尝试组建政府。[1] 在大选中的几周内，奥唐奈与内阁办公厅的团队为大选后的不同场景做准备。结果出来了，保守党未能获得绝对多数，工党获得第二位，这意味着，如果没有自由民主党，两个政党都无法单独组建政府。自由民主党的选择就成了焦点。这一结果在大选前的推演中是第四种场景。奥唐奈用带着黑色幽默的口吻说，"好消息是我们已经角色扮演过了。坏消息是我们没有能够成功地得出结论"。[2]

奥唐奈敏锐地觉察到英国金融和经济状况的不确定性，以及英国大选后那个周末正好遇到欧元区的金融动荡，他非常想努力把不确定的时间控制得尽可能短。欧洲国家组建联合政府的时间平均是 40 天，超过这个时间就会危及金融市场。奥唐奈向每个政党都派遣了一名高级官员。海伍德被派到布朗那里去，因为他可以应付布朗的双重身份：既是首相，又是一个正在准备组建联合政府的政党领袖。奥唐奈始终在这些程序之上，这样不管组建出来什么样的联合政府，他都可以准备好与他们一起工作。[3] 奥唐奈希望保障保守党和自由民主党、工党的会谈同样涉及重要的事情，因此，他向他们提供了来自联合情报委员会和英格兰银行（Back of England）行长默文·金（Mervyn King）的简报。

三个高级官员——女王的私人秘书克里斯托弗·盖特（Christopher Geidt）、唐宁街 10 号的海伍德，以及奥唐奈——一直在沟通。同时，政党之间的讨论也在继续。奥唐奈在内阁办公厅的会谈中，提醒各个政党关于"经济环境的严重性"和市场的脆弱状态。[4] 当民主党不会与工党一起组建联合政府的态势已经明确后，仍然有人担心在保守党和自由民主党同意组建新政府之前，布朗也许会单方面辞去首相职务。"这些谈判需要多长时间？"他敦促道，"唐宁街 10 号有一位非常不高兴的首相，他很绝望，就要辞职了。"他告诉自由民主党的团队："我认为不能让布朗再等下去了，但是我不希望在知道我们能够给女王一个新政府的建议之前，他就去向女王提出辞职！"[5] 自由民主党的领导人尼克·克雷格明白各方面的压力："今天必须达成协议。"5 月 11 日星期二的中午，他告诉他的团队："一旦我告诉布朗，与工党的交易中止，他就可以去王宫辞职了。"[6]

奥唐奈后来回忆说："事后，每个人都认为组建联合政府是当然的事，但是在那 5 天之中，联合政府将如何工作却是非常不清楚的。"[7] 在这些彷徨的日子里，奥唐奈和他的同僚一直很清楚他们的首要职责：保证英国有一个能够有效运作的政府。到了下午 7 点半，经过了"又一次长达五个半小时的马拉松式的谈判"，一份初步协议达成了，他终于放松下来了。卡梅伦起身去觐见女王，接受她关于组建新政府的邀请，他回到唐宁街 10 号时已经是晚上 8 点 40 分了。[8] 那天晚上非常晚的时候，当疲惫不堪的内阁秘书长终于能够离开办公室回家时，奥唐奈感到此时他是全英国最轻松的人了。

但是，奥唐奈知道，卡梅伦和克雷格就没那么轻松了，他们要做出一系列具体的决定，他们也许需要几个星期才能达成协议。"我真的非常高兴，两边都很成熟，没有真正的争吵……政府组建过程比我想象的问题要少多了。"他说。[9] 从一开始，他就明白，未来5年联合政府获得成功的关键因素是什么："我认为，只有一件事情可以帮助联合政府，也只有一件事情可以破坏联合政府，那就是卡梅伦和克雷格关系的紧密程度。"[10] 两位领导人分享决定权，很快就一系列棘手的问题形成了解决方案，比如，当讨论到某个内阁职位时，如果那个影子大臣卡梅伦不满意，就由自由民主党的影子大臣来担任。关键内阁委员会的主席职位相继确定，正如在"联合政府协议"中所确定的一样，包括一些激进的提议，这让那些认为联合政府将会比较谨慎的人的预言落空了。事情的另一面则是，不同的政策都被写进了协议，包括对国家医疗体系的改革。这项改革没有经过深入的考虑，因此要全部实施还相当困难。

奥唐奈注意到，组建联合政府给了两个政党的领袖放弃自己不喜欢政策的机会。当他们意识到这一点时，都暗自松了一口气。[11] 奥唐奈抓紧时间与克雷格和他的高级幕僚一起梳理了一遍成堆的决策，包括新的副首相应该在（内阁办公厅内）哪里办公，以及他们应该有多少人员在政府中任职。自由民主党的人数不多。在尼克·克雷格的新回忆录中，他说：

　　我的错误……就是接受了提交给我的模型……我只是没有想到需要有官员团队在我周围……最不能原谅的后果就是海啸一样的文书工作……我被问到对于很多事情的意见是什么。对这些事我连一点线索都没有，愚钝的技术问题。[12]

　　但是，克雷格与为他服务的文官们合作得很好，并且觉得很公平。预计到保守党和自由民主党之间的蜜月期将不会持续几个月，奥唐奈和卡梅伦的政治"维修工"奥利弗·勒特文（Oliver Letvin）一起设计了一个"联合政府委员会"（Coalition Committee）每周召开会议，并且就像被需要的那样解决纠纷。实际情况是，这个委员会很少开会。[13]从一开始，卡梅伦就给奥唐奈和其他公务员留下了深刻的印象，因为他冷静、有决断力和充满魅力。"可以看出，戴维·卡梅伦是一个习惯于管理的人。"奥唐奈说。[14]

　　当保守党和自由民主党的大臣在圆桌周围坐下后，联合政府下的内阁就开始运作了，运作方式自然也有所不同。但是，在很大程度上，其节奏并没有变化，会议大约持续90分钟，讨论议会事务，两到三个国内问题，然后是一个外交政策问题。内阁召开会议的次数比布朗政府稍少，但是基本与此前的布莱尔政府差不多。2011年，内阁会议召开38次，2013年34次，2014年38次。2015年是卡梅伦担任首相的最后一年，那一年保守党赢得大选，并组建了一个一党执政的政府。那一年，内阁会议召开了 34 次。[15]

即使是在联合政府的非常环境下，困难问题似乎也没有被提交到内阁。决策更多的是在首相和副首相每周的双边会面或者在"四方会谈"场合中做出。内阁会议的主要目的是让政府部门的成员知道有关主要决策和待公布的政策。有时候，联合政府的压力让内阁自身产生了紧张情绪。比如 2011 年 5 月，在关于投票系统的全民公投中，两党发现他们在很大程度上站在对立的两边，在内阁的房间里激烈地争吵。这样的情绪爆发在 5 月 3 日的内阁会议上，据说自由民主党的能源大臣克里斯·胡恩（Chris Huhne）对卡梅伦大声叫喊，"我就想知道你是否与这些中伤尼克（克雷格）的传单有关"。奥斯本（Osborne）离胡恩很近，他回答道，"我不想被一个就像是在《新闻之夜》（Newsnight）中的杰里米·帕克斯曼 ① （Jeremy Pasman）一样的内阁同僚挑战"。[16] 但是，这样的情景是罕见的。

海伍德曾经有些期待在大选之后去财政部，取代尼古拉斯·麦克费尔森（Nicholas Macpherson）担任常务副大臣。急切地希望引入新鲜血液的新财政大臣乔治奥斯本也表达了这样的想法。奥唐奈意识到，海伍德，这个显然注定要居于顶峰的人，如果有职位空缺，就会像特恩布尔的职业轨迹一样，从财政部常务副大臣成为内阁秘书长。奥斯本成为财政大臣后不

---

① 杰里米·帕斯曼是英国广播公司第二频道《新闻之夜》的主持人。他因为采访政治人物时，喜欢考问政治家，采访风格直率粗鲁而著名。——译者注

久，他和他的幕僚长鲁珀特·哈里森（Rupert Harrison）就认识到了麦克费尔森的价值，决定让他留任。卡梅伦也很快认识到，他不应该失去海伍德，于是也请他留下。这个计划就静悄悄地被搁置了。[17]

奥唐奈与海伍德在新政府的第一项主要政策上进行了密切配合。财政部的主要关注点是希望尽快削减财政赤字。"这很可能是由于坚持传统的财政观念的缘故，"奥唐奈沉思道，"他们非常坚决地要削减赤字。坦率地说，他们应该克制一些。我们很多人都认为他们应该以更加缓慢的方式削减赤字。"[18]奥斯本6月22日的紧急预算采取了折中的办法，在财政紧缩和保持政策连续性之间取得了一个平衡，与设想的方案相比，没那么严厉了。为此，奥唐奈感到很高兴。

但是，没过几个月，奥唐奈就再次为削减赤字的步伐是否太快而担忧了。他因为内阁办公厅的首席经济学家乔纳森·波特斯（Jonathan Portes）在2011年2月离开前不久的一篇文章受到了攻击。那篇文章建议政府转向"B计划"，也就是从财政紧缩转向更加渐进式地刺激经济。这篇文章被媒体报道了。[19]"格斯……（对于是否独自坚持执行原计划）有些犹豫……虽然他不太希望像乔纳森那样巨大的变化。"一位财政部的高级官员回忆说。"格斯那时提出建议实在不是一个好时机。这暗示他不完全赞同政府的战略。"卡梅伦团队的一个人说。[20]奥唐奈非常容易被保守党的经济强硬派打上反财政紧缩以及同情工党政策的标签。斯蒂夫·希尔顿（Steve Hilton）是个强硬的撒切尔式经济政策的支持者，他也是唐宁街 10 号的顾问中奥唐奈最不赞同的一个。奥唐奈也被逼到了墙角，因为政府启动的雄心勃勃的计划缺乏有经验的人员去推动，这样唐宁街 10 号就会缺人了。[21] 他经常问卡梅伦是否完全理解他建议的国家医疗体系和福利政策的含义。在要求他们考虑后果之后，他觉得他的工作就是保证政府兑现公开宣布的承诺，"因为那就是民主社会应该有的样子。"他说。[22] 标志着奥唐奈能力的是，他在任期间一直得到保守党人的信任，同时也获得了自由民主党的信任与尊重。如果没有这样的核心素质、信任和善意，联合政府的运作可能变得更加艰难。

奥唐奈从没怀疑过这一点，即使是在安排新的联合政府的压力和各种新问题上，他也继续履行着内阁秘书长和文官长的角色。2010 年，他的头衔中的"国家"字样被取消了，他现在是"文官长"了。这部分是为了强调政府是为英国的所有部门服务的，虽然外交和英联邦事务办公室仍然保留了自己独立的职能。在奥唐奈的头脑中，为首相和现在的副首相提供到位的政策建议是内阁秘书长的核心职责。除此之外，他认为，为内阁集体服务，保障大臣之间和部门之间有效地协调和制订计划也是非常必要的。内阁办公厅的职责之一就是让政府为军事冲突做好准备，但是 2010 年设立的国家安全咨询官（National Security Adviser）这个职位让他免除了直接的每日的职责。这一职位的首要任务之一就是危机管理，2011 年夏天，伦敦和其他城市爆发的骚乱是他在这一年里最为关注的事情。他回想起，当时有人预言"'整个社会将会瓦解'，并且要求采取非常不同的措施，而我认为并不必要"。[23] 卡梅伦最让人敬佩的品质就是冷静和决策能力。即使在最考验人的环境下，"他没有条件反射式的反应，而是坐下来了解数据"。[24]

在大卫·卡梅伦就任首相的第二天，召开首次会议的国家安全委员会是奥唐奈时代第二个重要的新设立机构。这个机构和同时成立的国家经济委员会一样，都是由大臣和官员组成，是金融危机后布朗用来掌管经济政策的工具，因为他已经不再是财政大臣了。[25] 国家安全委员会有着很长的家谱。1963年，内阁防务和海外政策委员会（Defense and Overseas Policy Committee of Cabinet）接手了原来刑事调查局（CID）的工作。2007年，布朗用"国家安全、国际关系与国际发展部长委员会"（Ministerial Committee on National Security, International Relations and Development）取代了它，并进一步吸收了布莱尔为安全和恐怖主义事务设立的委员会。[26] 创立国家安全委员会的压力来自很多方面，包括保守党——他们在 2006 年制定了一个政策文件，由前联合情报委员会的主席保林·内维尔-琼斯撰写。

国家安全委员会的设立是一个新的转变，不仅因为在内阁办公厅中它有着自己复杂的官僚机构，而且因为，正如奥唐奈所形容的，"在那张桌子周围，不仅有大臣级的高官，还有专家——情报机构的首脑，军队的首脑"。卡梅伦很快对这样的安排非常倚重，对此，奥唐奈印象深刻："他通常会说，他真正喜欢的是，让专家列出他们知道的情况、证据，然后相互提问题，然后政治家开始讨论。'好吧，基于这些情况，我们已经听到了他们的建议，我们准备决定些什么呢？……我们如何宣布呢？……我们下一步需要做什么呢？还有什么事情是我们需要这些官员去深入了解的呢？'"[28] 另外一个新事物就是国家安全顾问职位的设立，第一任顾问是彼得·里克特斯（Peter Ricketts，2010—2012），然后由金·达罗赫（Kim Darroch）接任。关注战争、防务和情报的传统责任，从内阁秘书长转移给了国家安全顾问，因此国家安全顾问也成为白厅最高级别的外交官。这样的安排有点像 1938 年至 1945 年的情况，伊斯梅负责内阁办公厅关于防务、外交方面的工作，布里奇斯负责全面工作，直接管理内部事务，但是，国家安全顾问为内阁秘书长服务。

奥唐奈尽力为公务服务系统贡献智慧，尽量保证政府不仅仅是各部门的集合。"这很需要把高级官员都集中到一起。"他说。[29] 两位官员的言论让他的立场有些动摇。一个是吉尔·莱德（Gill Rider），他来自艾森哲（Accenture）；另一个是索尔班·本尼塔（Siobhan Benita），他是奥唐奈带入内阁办公厅以增强战略和传播能力的，他可以做更多的工作以打破部门之间的樊篱。他因此创设了一个"最高 200"（实际上由大约 150 名官员组成），他们定期离开各自的部门在一起开会，以增进更透彻的了解和更深入的关系。[30] 他不同意对公务员背景进行负面评论，也反对受欢迎的电视剧《厚度》（The Thick of It）对官员和政治家的讽刺性的评价，他希望为公务员赢得正面的评价。他的同事也急切地希望显示，公务员不全是男性、白人、牛津大学和剑桥大学毕业（他承认，这是个挑战，因为他本人有这三方面的特征）。在布朗任期之中，他第一次以内阁秘书长的身份参与了电视直播，在2009年7月英国广播公司的《政治秀》（*Politics Show*）节目中，此后又在不少公开场合露面，当时反复出现的主题就是官员应该充满激情地提供公共服务而不必担心，特别是在关心弱势群体的问题上。

2010年10月，奥唐奈启动了内阁手册项目，列出了在英国与政府有关的法律、规则和公约。他还负责监督建立内阁办公厅的行为洞察小组（Behavioural Insights Team），通常被称作"提醒小组"，大卫·哈尔彭（David Halpern）运用行为科学、政治理论和经济学的洞见，影响个人和团体的决策，以帮助实现政府的政策目标。[31] 卡梅伦政府的另外一个创新，就是对"福利"的度量。奥唐奈本人支持这个项目，这在当时是一个饱受争议的话题。他赞同亚里士多德（Aristotle）的观点，政府的目标应该是让居民自由发展的空间最大化，不仅仅是获得货币度量意义上的成功。从2010年开始，英国国家统计局（Office of National Statistics）开始统计国家的愉悦程度："当然，在一个民主社会里，"他说，政府应该关注的部分内容就是，"人民的感觉是怎么样的？他们总体上感觉他们的生命是有意义的吗？他们感到满意吗？他们快乐吗？"[32]

奥唐奈承担的另外一项任务是内阁办公厅在情报和安全方

面的职责。2004 年 7 月的巴特勒报告明确表示，这些职责需要完全回到过去的传统，由首相和内阁来负责。布莱尔对这个报告隐含的批评很敏感，他只是部分地采纳了这个建议；2007 年开始，布朗则因为希望与布莱尔拉开距离，便欣然接受了这个建议。奥唐奈选择了亚历克斯·艾伦（Alex Allan），梅杰的私人秘书接手了这个职位，担任了联合情报委员会的主席。艾伦担任这个职务一直到 2011 年底退休。同一年，奥唐奈也退休了。这时候，大部分负责情报工作的职责已被国家安全局接手了。

奥唐奈 60 岁生日快到了。教育部的大卫·贝尔（David Bell）与迈克尔·葛夫（Michael Gove）不和，离开教育部去雷丁大学当副校长了。司法部的苏马·查克拉巴提又没有太多机会引起关注。海伍德就成了白厅最出类拔萃的优秀文官。但是，他没有管理过白厅的任何一个部门这件事情就成了问题。卡梅伦和弗朗西斯·毛德（Francis Maude）——负责公务服务的大臣——希望让海伍德成为内阁秘书长，再找一个商人来担任文官长管理文官体系。奥唐奈认为，虽然海伍德缺乏高级管理职务的经验，但是，后者仍然应该把两个职务都承担下来。奥唐奈强烈地认为，这两个职位不应该分开，因为内阁秘书长和首相的频繁接触，使他们有机会讨论行政部门的管理问题，包括任命，以及公务员的薪酬待遇等。但是，卡梅伦和弗朗西斯·毛德否决了他的意见。[33] 因此，文官长的职务最终给了鲍博·克斯雷克（Bob Kerslake）。他不是商人，但他是个经验丰富的管理者，后来成为他那一代人中卓越的地方政府负责人，之后，在 2010 年被任命为社区和地方政府部（Department for Communities and Local Government）的常务副大臣。在成为文官长之后，他希望继续担任常务副大臣，这从一开始就是困难的事。不出所料，克斯雷克发现卡梅论难以接近，并且问题很快就堆积起来了。

杰里米·海伍德（2010 年至今）

　　杰里米·海伍德生于 1961 年的最后一天，在约克郡长大。他的父亲彼得是有名的英语教师，富有奉献精神，仁慈有爱心，善于激发学生对文学的热爱。[34] 海伍德在布特汉姆（Bootham），一个位于约克郡的辉格党独立学校接受教育。他的父亲在该校任教。此后，他获得了在牛津大学的赫特福德学院（Hertford College）学习的机会。他在那里学习历史和经济学，并荣获第一名。21 岁时，他加入了文官队伍。起初他在健康和安全局工作，很快就转到了财政部。他在财政部时的上级正是格斯·奥唐奈。经过星光闪耀的 10 年之后，他在 30 岁时被任命为财政大臣诺曼·拉蒙特（Norman Lamont）的首席私人秘书。他给人以才华横溢和富有创造力的印象。1992 年春，他领导了一次对财政结构的重要研究，并提出了设立一个新税段的建议，即对最初的 2 000 英镑可征税收入，每一英镑征收所得税 20 分。这项政策可以使 400 万低收入人群受益。梅杰首相愉快地接受了这个建议。拉蒙特在黑色星期三之后重新调整了经济政策。[35] 这时，海伍德是拉蒙特的关键力量来源。1993 年 5 月，梅杰首相解除了拉蒙特的财政大臣职务，并让肯尼斯·克拉克（Kenneth Clarke）接替。海伍德则继续担任克拉克的首席私人秘书。

1997 年大选结束后，他很快给工党领袖留下了深刻的印象。1999 年，他被任命为布莱尔的首席私人秘书。这个职位需要得到对于官员非常挑剔的首相团队的完全信任。他在这个职位上服务了相当长的一段时间，直到 2003 年 12 月。就像他的前任首席私人秘书一样，包括乔克·科尔维尔和蒂姆·布莱，他也倾向于离开文官队伍，加入私营部门。于是，他于 2004 年 3 月成了投资银行摩根士丹利任投资银行部的董事总经理。艾德·鲍尔斯和戈登·布朗说服他重新回到文官队伍。2007 年，他成为内阁办公厅负责国内政策的副秘书长，2008 年 1 月，担任唐宁街 10 号的常务秘书。在这个职位上，他以他在财政部、国际货币基金组织以及投资银行的经历中获得的知识和技能，帮助戈登·布朗渡过了战后最严重的金融和经济危机。海伍德提名克里斯·马丁（Chris Martin）作为他的继任者。马丁任职期间，首席私人秘书的角色又恢复到了比较传统的状态。2015 年 11 月，马丁因癌症去世，他在唐宁街 10 号的同事、内阁办公厅以及整个白厅的同事都深切地感受到了这个巨大的损失。

自 1951 年 10 月布鲁克成功地使权力从工党转移给保守党以来，很少有文官像海伍德那样被工党政府和保守党政府都如此倚重。工党的内部人士安德鲁·阿多尼斯道出了海伍德能力的本质：

　　在某种程度上，他是与我共事过的公务员中最有才华和工作最有成效的一位……他能推进变革，同时能够就如何最好地推进变革以及是否推进变革给出好的和坦率的建议。他为专业化的公务服务树立了榜样——没有政治偏见，完全投入地帮助当选政府实施自己的计划。如果没有杰里米·海伍德，托尼·布莱尔的唐宁街10号将会被严重地削弱，戈登·布朗的政府将会变得非常不稳定。[36]

　　与他的前任一样，他有两大本性：一是工作非常刻苦，这意味着他要参加每一次会议；二是他有能力为递交到他案头上的各种问题提供创造性解决方案。内阁秘书长的工作就是专门为海伍德量身定做的：

　　我非常清楚，但是，我不认为我自己有能力担任文官长。我没有运营大型部门的经验，除了运营唐宁街10号和摩根士丹利的部门之外，我没有运营其他机构的记录……我感觉虽然我可以担任内阁秘书长的职务，但我不认为我能够同时担任内阁秘书长和文官长。[37]

　　2011年，他与奥唐奈谈到他的继任人选的时候，再次重申了这些观点：

> 我非常清楚，如果考虑让我担任内阁秘书长这个角色，并且给我足够的空间来做事的话，我认为那就需要跟首相和首相的团队非常密切地接触，需要有足够的时间处理各种各样的问题，能够提出真正有价值的政策建议。如果要做这些工作，就很难同时担任文官长。[38]

海伍德担任内阁秘书长时，这一职位的核心是成为首相的首席文官政策顾问和纠错者，同时也要平衡地担任内阁整体的顾问，也是内阁体系的看守者。这就是他所描述的"这一职务的核心"。[39]正如他的所有前任一样，他在内阁会议中坐在首相的右首做会议记录，非常像100年前的汉基。"首相不时上下移动他的手指说，'那件事应该记入会议记录，内阁秘书长'，于是我们对那一点就特别关注，并保证之后会有人全程跟进"。[40]克里斯·马丁很高兴自己能够继续在唐宁街10号担任职务，这为海伍德的工作提供了相当大的帮助。他们两个人的关系很密切，充满信任和安全感。正如我们在这些段落里看到的那样，在政府的核心部门，他们之间的善意和化学作用是非常重要的。

即使是作为首席私人秘书成功地服务过一位首相，也不能保证首席私人秘书被提拔为内阁秘书长后，还能与首相保持和谐关系，就像巴特勒与撒切尔的关系那样。但是，海伍德和卡梅伦则关系不错。从 2010 年 5 月到 2011 年 12 月，海伍德与卡梅伦共同工作了 18 个月，这使他对卡梅伦的个人性格和关心的问题都获得了很有价值的了解。事实上，正如他自己说的那样，卡梅伦"一直把我看作他的高级文官顾问"。[41] 那正是他作为内阁秘书长所希望的。

像奥唐奈一样，海伍德认为卡梅伦是一个非常娴熟的首相，主持会议和向媒体和议会解释政策也都卓有成效。卡梅伦在危机中保持了冷静，专注于重大的事项，并能够公开宣布自己的立场，他还做了很大的努力保证与自由民主党的联合政府的运转。虽然海伍德强烈地认识到保持唐宁街 10 号与唐宁街 11 号① 之间的密切关系非常重要，以及在财政赤字问题上坚持"A 计划"的重要性，他和卡梅伦都同意，应该做更多的事情以刺激信贷，因此产生了"帮助购买计划"（Help to Buy Scheme）。这个计划的早期方案来自唐宁街 10 号的政策室。[42]

海伍德还集中精力保证文官体系支持整个执政团队，在白厅上下忙于各种各样的问题，从移民和防务到教育和健康保险改革等。例如，他对防务效率的评估问题产生了很大的兴趣。这是政府的财政规划和军事规划的关键部分，或许也是他在推动政策达到最好效果方面的重要问题。

继续密切关注危机成为海伍德工作的主要内容，跟他的前任内阁秘书长一样。他认为他的工作与前任的不同之处就在于

---

① 唐宁街 11 号指内阁办公厅。——译者注

前任的危机是外围的危机，而他经历的则是主要危机。"一个主要危机的持续时间将会超过一个新的经济周期……随着时间的推移，你不由得产生这样的感觉，这个问题是正在酝酿更大的问题，还是可以被控制住？这需要团队的共同努力。"他说。[43] 在最初 5 年中，海伍德发现他不得不在涉及大臣的一系列敏感问题中找到一条出路。而且，这些问题很少是比 2012 年 9 月的安德鲁·米切尔（Andrew Mitchell）和"贱民门"事件① ——这一事件是由在唐宁街门口的争吵引起的——更好处理的。海伍德的团队还正好遇到伊拉克战争调查的结束。这一调查是在约翰·齐尔考特领导下开展的，已过了 7 年。媒体不时会批评这一调查令人困惑，甚至是"掩饰"。海伍德则下令解密了相当数量的文件，以澄清事实真相，包括联合情报委员会的文件，完整的内阁会议记录，布莱尔和乔治·W. 布什（George W. Bush）总统之间的谈话，以及 31 份他们之间谈话的个人备忘录。

2010 年设立的国家安全委员会意味着他和他的 10 位前任采取了不同的方式管理外交或防务问题。因为情报职能在很久以前就不再是内阁秘书长的主要职责了。这样的变化可以追溯到罗伯特·阿姆斯特朗。[44] 欧洲问题是另一个重要问题，在这

---

① 当时，保守党党鞭、议员安德鲁·米切尔在唐宁街门口与在此警卫的警察发生了争执。据说，安德鲁在口角中使用了"贱民"的称呼，并因此饱受批评。几周之后，安德鲁辞职。警察方面则有 1 人被起诉，7 人被纪律处分。——译者注

个问题上，他跟他的前任一样，可以交给内阁办公厅的欧洲和全球事务秘书处。但是，2016 年 6 月，在欧盟全民公决的冲刺时期，甚至在结果出来之后，欧盟问题不可避免地占用了他越来越多的时间。

2013 年，即在海伍德和克尔斯雷克两人分工的第二年，这样的安排明显没有达到预期的效果。克尔斯雷克发现，在离开权力中心后，作为常务副大臣，很难管理他主要负责的部门（社区和地方政府部），同时还要管理 27 个常务副大臣和 3 个总司长①。政府自身的情况也显示，进一步改革文官体系已经成为一项迫切和紧急的任务。弗朗西斯·毛德作为内阁办公厅负责公务员体系效率、改革和透明度的部长，已经制定出了一份强有力的效率方案。他认为克尔斯雷克对此方案的推动不够用力。毛德向内阁提交了文官体系改革方案（Civil Service Reform Plan）。这个方案是 2012 年 6 月由克尔斯雷克和海伍德倡导的。方案包括一个新的绩效管理系统，增强部门间的信息通信技术系统，以及一套新的对主要项目的督察体系。在 2013 年中，他提交了他的关于"一年以后"的情况的文件，指出了方案在实施一年之后的成功之处和失败之处。文件显示，需要加快改革的步伐。他还受到了来自内阁同事要求加快推进改革的压力。大臣们逐步认识到，改革要取得成功，除了常务副大臣们之外，还需要一位位于权力中心的人物来领导和推进改

① 总司长是仅次于常务副大臣的高级官员。——译者注

革。这个人需要能够让首相听得进去他的意见，他自己也没有管理某一个具体的部门。海伍德坚持了几个月，拒绝更换改革方案的领导者，但是，到 2014 年，他已经意识到，原来的安排不可持续。他在担任内阁秘书长两年之后，积累了信心和经验，各个部门的常务副大臣也逐渐了解他了，并且对在他的管理之下的前景感到满意。

2014 年 7 月，卡梅伦决定，应该重新选择文官长。海伍德继续担任内阁秘书长并且同时担任文官长，克尔斯雷克辞职，再从外部引入一个新人担任推进改革的核心人物。这个职位被称为"首席执行官"，职责是提高公务员系统的工作质量和工作效率，并且与各部的常务副大臣一道推进改革。海伍德对这个建议还在犹豫时，白厅的高官对于引入一个低于文官长的"首席执行官"的潜在担心倒是悄然驱散。2014 年，来自公营部门和私营部门的重量级的执行官之间的一场大型的外部竞争开始了。这个职位最后交给了约翰·曼宗尼（John Manzoni），英国石油公司（BP）的执行董事。2007 年，他加入了一家石油天然气公司塔里斯曼能源公司（Talisman Energy），担任首席执行官。2014 年 2 月，曼宗尼加入文官队伍，成为内阁办公厅下属的重要项目局的首席执行官。曼宗尼已经在白厅中广为人知，加上他有大型机构领导者的经验，这使他成为卓尔不群的候选人。7 月，克尔斯雷克下台，海伍德接替他成为首席公务员。10 月，曼宗尼成为公务员体系中的"首席执行官"。

新头衔使海伍德更多地进入了公众的视线。内阁秘书长的工作，正如他所理解的那样，是那种"向内面对政治家和内阁"的工作，[45]而文官长则必须领导和鼓励中央政府和地方政府的官员，维护他们的利益，这就需要更多地面向公众。遵循奥唐奈的先例，海伍德在 2015 年 9 月在政府学院发表了一个谈话。在谈话中，他希望消除大家对他的新角色，即内阁秘书长兼文官长的神秘感。他说，这个角色的职能演变，在很大程度上取决于环境、当时首相的品位和偏好，而不是取决于内阁秘书长自己。他把担任内阁秘书长描述为一项"不可简化的工作"：他准备每周的计划，审阅会议记录，并且为 18 个内阁委员会服务。[46]向首相提建议，他解释说，包括"所有重要的事情、首相关心的所有事、唐宁街 10 号关心的事，这时候，他们需要听取一个高级公务员的意见"，建议范围则从政府机构的改革，到类似移民这样涉及多个政策领域的事项。[47]礼仪和规范，也就是部长和其他官员的行为准则，一直是内阁秘书长关心的核心问题，与核查投诉和开展泄密问题调查一样。一项特别敏感的调查，要求海伍德调查关于一份备忘录的泄密问题。这份备忘录据称反映了苏格兰第一大臣关于 2015 年选举结果的观点。关于苏格兰国务大臣和他的顾问在一场竞争激烈的选战中的行为的调查，即使是对内阁秘书长而言，也是特别敏感的任务。

"监督政府的政策和公开宣言的执行，显然是内阁秘书长和文官长的一项核心工作。"海伍德说，文官长领导着 44 万人的团队（2016 年）。海伍德优先考虑和着力实施的工作是招募和管理常务副大臣团队，向他们提供反馈和评估。这项工作占用了他大部分时间。他回想起自己是如何做的，"我花了很多时间在人员管理上：招募人员，激励人员，听取他们的反馈，给予他们反馈……确保他们开心，确保他们理解他们的绩效怎样才能得到改善"。的确，在一年中的某些时候，他花在人员管理上的时间会多达 1/3。[48] 海伍德还依靠他的前任建立的公务员理事会来专门关心为数不多的最重要的问题：机构中的多元化，人才管理，以及提升商务和数字能力。当代文官长的职责已经远远超出了高级官员任命和主持会议的范围。支持年度系列公务员聚会活动"文官生活"，提升全国文官的待遇和业绩是中心任务。他列出来最后两个领域的工作，主要是为了让文官队伍中的官员成为"世界上对于公共政策最具有创新思维的人"——通过更多地提醒团队和更好地使用数据，也让他们能够对外代表文官队伍。他说，"这是我工作中比我认为的更大的一部分，但是，这是非常重要的一部分"。[49] 他的谈话有一张附图，总结了他在每一项职能上分配的大致时间，政策制定占用时间最多，为 28%，其次是管理文官队伍，占 25%，最少的是出席议会专责委员会会议，仅占用 1% 的时间。[50]

一个人只有能够非常刻苦和近乎无情地工作，才能够从事如此繁重的工作。海伍德一天的工作从 6 点半开始，在 7 点半离开家前，清空黑莓手机上前一天的信息，8 点到达唐宁街或者白厅街 70 号。这时候，他将面临一堆新闻日程和一天最紧急的问题。然后，他通常会参加首相的晨会。海伍德每周的工作安排很有规律，星期二上午是唐宁街 10 号的内阁会议，持续大约一个半小时，晚上则是完全交给了各种各样的会议简报。星期三，常务副大臣到内阁办公厅参加会议，同时，首相则在旁边的房间中为"首相答问"做准备。

海伍德对他担任内阁秘书长的前 5 年中所经历的事情的繁杂程度印象深刻。开始，他非常专注于督促联合政府政策的执行，协助联合政府解决困难问题。

海伍德经常参加"四方会议"。这是一个 2010 年才出现的组织，参加者包括联合政府中四个最重要的人物：卡梅伦、克雷格、奥斯本和财政部首席秘书丹尼·亚历山大（Danny Alexander）。这是一个重要的小组，专为应对重要的金融事件而设立，特别是预算和秋季报告。但是，这个小组有时候也为其他一些棘手的问题研究解决方案，如苏格兰公投。"海伍德帮助创造了条件，让政府可以运作 5 年，而大家都认为政府无法这样运转下去。"2012—2015 年担任副首相办公室总司长的菲利普·里克罗夫特（Philip Rycroft）说。[51]

内阁秘书长是集体责任制的看守者。2010 年，奥唐奈建议，在新的"大臣守则"中加上一个条款，即允许在特殊情况下，不遵守集体责任原则。也就是说，允许自由民主党或保守党的大臣公开表达对政府政策的不同意见。这一规定使政府可以继续运作，但是，也需要非常小心地应用。大臣当然可以有不同意见，这需要非常细致地处理唐宁街 10 号和副首相办公室以及部门之间的关系。分歧通常是可以弥合的，正式地取消集体责任制的情况非常少见。监督联合政府中的两党不会比监督2015 年大选冲刺阶段更困难。那时自由民主党正努力让他们的信息传播出去，同时，奥斯本和克雷格从 2014 年 9 月以来就变得非常对立。[52] 海伍德非常努力地工作，以满足 2015 年大选期间联合政府中两党关于文官的时间和专业技能的需求。

联合政府执政期间，经历了三次全民公投。一是 2011 年 3 月扩大威尔士政府权力的公投。二是 2011 年 5 月 5 日关于排序复选制（Alternative Vote）[①] 的公投。三是 2014 年 9 月关于苏格兰是否应该留在联合王国中的公投。对最后一次公投，卡梅伦明确地告诉内阁办公厅，不要为应对联合王国的分裂做任何准备。内阁办公厅严格地执行了这一要求，虽然对最后的结果有些不确定。内阁办公厅必须保证这一要求被英国政府中所有人员所遵守，以帮助大臣直到大选开始。北部和南部边界的人们的情绪变得非常亢奋，文官们面临着巨大的压力。但是，由于内阁办公厅的努力，在海伍德的得力助手菲利普·里克罗夫特的领导下，文官体系中立的声誉经受住了考验，没有受到影响。在 2015 年大选冲刺阶段，内阁办公厅事先准备了类似于 2010 年的悬浮议会情形下的预案。大选之后，保守党明显获得了多数席位，海伍德还用了几个月时间，准备了一套保守党单独组阁的方案，帮助保守党快速出发，以兑现他们公布的

---

① 在排序复选制下，选民对多个候选人按照偏好排序，落选者的选票则记入其他候选人的名下，直到选出一名获得多数选票的候选人。这一投票制度的好处是可以避免观点接近的几个候选人分散选票。——译者注

承诺和实施卡梅伦的"生活机会"①计划，直到 2016 年 6 月，脱离欧盟的全民公投的结果以及其他后果将这个方案一扫而空。⁵³财政部和英格兰银行的规划已经预料到了市场对公投结果的反应，内阁秘书长审核了在公投前一段时间发布的一系列文件。这些文件梳理了非欧盟国家与欧盟的关系，同时也探讨了其他模式的可能性，如加拿大模式和世界贸易组织模式。

在任职 5 年之后，海伍德仍然有很多改进文官队伍能力的想法，这些能力包括更强的进行长期战略思考和远景分析的能力。内阁办公厅多年来经常承担这样的角色，特别是和中央政策审核小组一起。同样，他希望能够测试和确保英国文官队伍跟国外同行相比处于何种状态。他本人的一项首要任务就是大力推动文官队伍成为英国最具有多样性和包容性的雇员队伍，包括在高层文官层面，以便更好地反映文官队伍所服务的现代社会。

2016 年 12 月，特雷莎·梅（Theresa May）成为内阁办公厅服务的第 19 任首相。她的任期开始的时候，发生了一系列事件，内阁办公厅正在应对退出欧盟的新挑战，以及国家核心机构的变化。欧盟贸易和退出委员会（European Union Trade and Exit Committee）成立，同时成立的还有社会改革委员会

---

① 生活机会是德国社会学家马克斯·韦伯提出的概念，主要包括一个人获得好的东西的能力，有自己的职业，以及获得内心满足的能力，即满足自己需求的能力。——译者注

（Social Reform Committee），负责住房和种族问题；经济和工业战略委员会，负责经济政策的协调。这些主要的委员会补充了国家安全委员会和立法委员会的职能。对于这些机构，汉基应该会同意成立的。

2016 年 12 月 9 日，随着第一次内阁会议 100 周年的到来，内阁办公厅第一个 100 年的故事就结束了。如果莫里斯·汉基今天走进内阁办公厅的话，他会认出很多东西——不仅仅是空间，还有正在完成的各种任务。杰里米·海伍德每天的日程是：监督内阁及其委员会的运行，在内阁委员会的所有会议上笔迹工整地做记录，向首相和内阁大臣提建议，帮助维护政府安全和国家安全，以及其他的工作。对此，汉基应该是熟悉的。

政治制度的保卫者都有着强健的体格；11 位内阁秘书长中，从罗伯特·阿姆斯特朗以来的都还健在，超过了一半。他们都见证了内阁办公厅的百年纪念。海伍德生于 1961 年的新年之夜。他对他的两位前任——爱德华·布里奇斯和诺尔曼·布鲁克斯于 1965 年 1 月 30 日在丘吉尔的葬礼上作为荣誉抬棺者的事应该没有记忆了。但是，如果好奇地想想，在莫瑞斯·汉基于 1963 年 1 月去世时，第 11 任内阁秘书长海伍德已经一岁了。这就意味着，在整个 1962 年，全部 11 位内阁秘书长在历史上的同一时刻都活在世间。

本书开始于对白厅宫的讨论，以及在汉诺威王朝（Hanoerians）

治理下，政府权力的增长。这个王朝结束于 1866 年，在附近看得见白厅宫的柯克皮特剧场（Cockpit Theatre）里，莎士比亚的《皆大欢喜》（*As you like it*）曾经在那里上演，还有其中"人生的七个阶段"的演讲①。我们可以想象 11 位内阁秘书长的集体肖像，从婴儿到老年。他们在过去的 100 年中，为引导英国的历史完成了如此辉煌的业绩。

---

① 在《皆大欢喜》的第二幕第七场中，有一段著名的台词："这世界是一座舞台，所有的男男女女，都只是些演员，一个到时候该下场了，或者该上场了。一个人一生扮演好几个角色，他的演出分七个阶段。"——译者注

致 谢

自从 35 年前写了我的第一本书——《丘吉尔的祥和晚年：1951—1955 年的保守党政府》之后，我便对英国内阁办公厅和高级文官产生了浓厚兴趣。当时为了撰写此书，我采访了众多曾与令人敬畏的爱德华·布里奇斯和诺曼·布鲁克共事过的官员，从他们那里获得了有关二人的第一手材料。我对 11 位内阁秘书长有了更多了解，这让写作此书成为一大乐事。

2016 年夏秋两季，我在不到 10 周的时间里写了 12 万字，这并非易事。2016 年 7 月，我踏上了"朝圣之行"，重走第一次世界大战西部战线，从瑞士一路行至英吉利海峡，途中开始写作。回来时，学校正值盛夏，一片繁忙，英国正在"脱欧"之中。最主要的是，家人的病况一直以来让我忧心忡忡。

因此，我对下述诸位怀有特别深切的感激之情。当然，书中如有任何事实及论断上的谬误，全由我一人负责。首先，感谢本书第二作者及高级研究员乔纳森·米金（Jonathan Meakin）。乔纳森与我共事 7 年，共帮助我完成了 8 本书，功不可没。接下来，我要感谢本书研究员贝丝·奥本海姆（Beth Oppenheim）、克莱门廷·邦汀（Clementine Bunting）、马克·戴维斯（Mark Davies）、詹妮弗·道尔（Jennifer Doyle）、鲁拉里·哈钦森（Ruari Hutchinson）、胡拉姆·乔维亚（Khurram Jowiya）、萨潘·马伊尼 - 汤普森（Sapan Maini-Thompson）和瓦伦蒂娜·米拉诺娃（Valentina Milanova）。他们能力出众，兢兢业业，是很好的合作伙伴。我还要感谢一位曾经的合作者丹尼尔·科林斯（Daniel

Collins）。丹尼尔才智过人，感谢他对美国国内档案材料所做的研究以及特地为本书采访亨利·基辛格。他们所有人不辞辛劳才使本书能在极短的时间内得以完成。没有他们的付出，便不会有这本书的面世。

感谢英国内阁办公厅的支持，特别感谢休·格雷（Sue Gray）、罗伯特·霍尼（Robert Honey）、罗杰·斯梅瑟斯特（Roger Smethurst）、理查德·希顿（Richard Heaton）和亚历克斯·托马斯（Alex Thomas），他们自始至终对本书的写作提供了极大的帮助与支持。

特别感谢斯图尔特·R. 鲍尔（Stuart R. Ball）教授、杰里米·布莱克教授、欧吉尼奥·F. 比亚吉尼（Eugenio F. Biagini）教授、彼特·保罗·卡特罗尔（Peter Paul Catterall）博士、大卫·迪尔克斯（David Dilks）教授、安德鲁·罗伯茨教授、罗兰·奎纳尔特（Roland Quinault）博士、理查德·索普和菲利普·威廉姆森（Philip Williamson）教授所提供的历史资料，极大提升了本书的可信度。我最要感谢的是我的博士生导师、我毕生的学术引路人约翰·巴恩斯教授，以及大卫·巴特勒（David Butler）爵士、弗农·博格丹诺教授、丹尼斯·卡瓦纳（Dennis Kavanagh）教授和 G. W. 琼斯（G. W. Jones）教授，后面四位是英国现代史研究领域的大家，自我大学时代起便指导着我的研究。还要感谢在现代史学领域与我共事三十多年的同事彼特·轩尼诗勋爵，他是英国政府研究方面最伟大的学者。

本书写作期间，我花了大量的时间流连于研究机构和档案馆。在此，要特别感谢为本书做出决定性贡献的英国国家档案馆的马克·邓顿（Mark Dunton）先生。感谢英国国家档案馆的史蒂芬·特威格（Stephen Twigge）和尼尔·科贝特（Neil Cobbett），英国皇家档案馆的奥利弗·厄克特·欧文（Oliver Urquhart Irvine）、林内特·比奇（Lynnette Beech）和朱莉·克罗克（Julie Crocker），以及剑桥大学丘吉尔学院丘吉尔档案中心的凯里·汉弗莱斯（Ceri Humphries）。感谢美国总统图书馆系统的各位档案员，以及乔治·华盛顿大学国家安全档案馆的玛丽·柯里（Mary Curry）。

感谢惠灵顿公学（Wellington College）的安吉拉·里德（Angela Reed）、彼得·马林森（Peter Mallinson）、罗宾·戴尔（Robin Dyer）和蒂姆·邦廷（Tim Bunting）一直以来对我的支持和启发。感谢伦敦国王学院现代史研究所的弗吉尼亚·普雷斯顿（Virginia Preston）和迈克尔·坎迪耶（Michael Kandiahat）。感谢牛津大学博德利图书馆的科林·哈里斯（Colin Harris）和迈克尔·休斯（Michael Hughes）。感谢沃尔夫汉普顿语法学校的卡蒂·格斯特（Katie Guest）为本书提供了诺曼·布鲁克学生时代的有关资料。特别感谢马克·布里奇斯和乔治·布里奇斯勋爵为我们提供了其祖父爱德华·布里奇斯的有关史料。

特别感谢这些年来接受采访的众多政府官员，他们的叙述与经历构成了本书的重要内容。最应感谢克里斯·马丁，他一直出色地担任英国首相首席私人秘书，直至2015年11月去世，享年42岁。特别感谢为本书而接受采访的前政府官员克里斯·布里尔利（Chris Brearley）、布鲁斯·曼恩（Bruce Mann）、约翰·齐尔考特、菲利普·里克罗夫特、保罗·布里顿和黛安娜·戈兹沃西（Diana Goldsworthy）。

本书在此前所做的3000多次采访的基础上写成。从1977年3月对约翰·科尔维尔爵士的采访到2016年在本书勘校阶段对唐纳修（Donoughue）勋爵和乔·海恩斯的采访，采访中所涉及的众多议题均被纳入本书内容。感谢所有受访者。

感谢业已退休的外交官克里斯托弗·埃弗里特（Christopher Everett）和安东尼·古德诺夫（Anthony Goodenough）爵士为本书勘校。感谢马克·福克斯（Mark Fox）垂阅本书，尤其要感谢大卫·迪尔克斯垂阅本书并提出宝贵建议，大卫·迪尔克斯是一位伟大的历史学家，他对前四届内阁秘书处的深知卓识无人能及。

感谢我在白金汉大学的同事和学生，感谢学校理事会、评议会和领导所给予的支持和鼓励，尤其是校长凯瑟克（Keswick）女士，理事会主席肯·西德尔（Ken Siddle）教授和副校长阿利斯泰尔·阿尔科克（Alistair Alcock）教授。感谢我办公室的同事普尼玛·安哈尔（Purnima Anhal）、科琳·卡特（Colleen Carter）、珍妮·卡特（Jenny Carter）和萨拉·拉什（Sarah Rush）始终不渝的支持。

感谢 Biteback 出版社的伊恩·戴尔（Iain Dale）、詹姆斯·斯蒂芬斯（James Stephens）、奥利维亚·贝蒂（Olivia Beattie）和维多利亚·戈登（Victoria Godden）的辛勤付出（在极短的时间内完成本书出版，任务尤为艰巨）。谢谢赵南昆（Namkwan Chowho）先生为本书设计封面。他们都是非常杰出的出版界人士。

此外，还要感谢内阁秘书处的各位官员，分别是依伊尔明斯特（Ilminster）勋爵阿姆斯特朗、布拉克内尔（Brockwell）勋爵巴特勒、丁顿（Dinton）勋爵威尔逊、特恩布尔勋爵、奥唐奈勋爵和杰里米·海伍德爵士，他们自始至终为本书提供了重要支持。还在于他们对本书的贡献不仅在于提供帮助，他们在严峻时刻应对危机、沉着辅政的风范激励我克服重重困难，最终完成了本书的写作。

最后我要感谢我的妻子乔安娜（Joanna），我的孩子杰西卡（Jessica）、苏珊娜（Susannah）和亚当（Adam）。三个孩子都从事公共事业，其中两个做了公务员，我为此感到十分自豪。

安东尼·塞尔登

2016 年 10 月于白金汉大学

参考文献

引言

1. Anthony Seldon, 'Ideas Are Not Enough', in David Marquand and Anthony Seldon (eds.), *The Ideas that Shaped Post-War Britain* (London, 1996), pp. 257–89.

第一章

1. R. K. Mosley, *The Story of the Cabinet Office* (London, 1969), p. 1.
2. Jeremy Black, No. 10 History Talk, 16 May 2016.
3. Paul Haupt, 'The Etymology of Cabinet', *Journal of the American Oriental Society* 28 (1907), pp. 108–11. See also Douglas Harper, 'Cabinet', 2016 <http://www.etymonline.com/index.php?term=cabinet> [accessed 21 August 2016].
4. Earl of Warrington, *The Works of the Right Honourable Henry Late L. Delamar, and Earl of Warrington* (1694) <https://books.google.co.uk/books?id=_MIIuvu8vAMC&pg> [accessed 21 August 2016], p. 40.
5. 'Minutes of Cabinet', 17 April 1746, SP 36/83/1/68, National Archives, Kew [hereafter NA].
6. 'Minutes of Cabinet', 24 November 1746, NA SP 36/89/3/45.
7. 'Minutes of Cabinet', 31 March 1747, NA SP 36/95/1/124.
8. Trevor Williams, 'The Cabinet in the Eighteenth Century', *History* 22 (1937), pp. 240–52.
9. Daniel Baugh, *The Global Seven Years War* (London, 2011), pp. 240–41.
10. Williams, 'The Cabinet in the Eighteenth Century', pp. 240–52.
11. Historic Manuscripts Commission, *The Manuscripts of the Earl of Dartmouth* (London, 1887), pp. 372–3. See also Peter Thomas, *Tea Party to Independence: The Third Phase of the American Revolution, 1773–1776* (Oxford, 1991), pp. 178–80.
12. Piers Mackesy, *The War for America, 1775–1783* (Harvard, 1993), p. 13.
13. 'Cabinet Minute', 8 December 1781, GEO/MAIN/4362, Royal Archives, Windsor.
14. 'Cabinet Minute', 30 August 1781, GEO/MAIN/4293, Royal Archives, Windsor.

15. Lord Chancellor Eldon, 'On the State of the Government', GEO/MAIN/19632, Royal Archives, Windsor.

16. Robert Blake, *The Office of Prime Minister* (London, 1975), p. 34.

17. Walter Bagehot, *The English Constitution: New and Revised Edition* (Boston, 1873), p. 35.

18. 'Cabinet Minute', no date, c. June 1812, RA GEO/MAIN/19734, Royal Archives, Windsor.

19. Mosley, *Cabinet Office,* p. 1.

20. Robert Tombs, *The English and their History* (London, 2014), p. 493.

21. 'Government Expenditure, 2016' <http://www.ukpublicspending.co.uk/past_spending> [accessed 21 August 2016].

22. Terence Andrew Jenkins, *Parliament, Party and Politics in Victorian Britain* (London, 1996), p. 37.

23. Plamerston to Gladstone, 14 June 1864, P. Guedalla (ed.) *Gladstone and Palmerston: Being the Correspondence of Lord Palmerston with Mr Gladstone, 1851–1865* (London, 1928), p. 288.

24. 与 DS Brown 的通信 , 13 September 2016.

25. 'Suez Canal Shares', 18 November 1875, NA CAB 41/6/33.

26. 'Suez Canal Shares', 24 November 1875, NA CAB 41/6/36.

27. 'Defence of Natal', 8 September 1899, NA CAB 41/25/18.

28. 'Transvaal', 29 September 1899, NA CAB 41/25/20.

29. 对 Andrew Roberts 的访谈 , 11 September 2016.

30. Lady Gwendolen Cecil, *Life of Robert Marquis of Salisbury, Vol. 2, 1868–1880* (London, 1921), pp. 223–4, cited in Giles Edwards (ed.), *The Gresham Reader on Cabinet Government* (London, 2004), p. 14.

31. Anthony Seldon, 'The Cabinet System', in Vernon Bogdanor (ed.), *The British Constitution in the Twentieth Century* (London, 2004), pp. 100–105.

32. Ibid., pp. 100–102.

33. Robert Peel, Charles Stuart Parker (ed.), *Sir Robert Peel: From his Private Papers, Vol. 3* (London, 1899), pp. 228–9.

34. H. C. G. Matthew, *Gladstone, 1809–1898* (Oxford, 1997), pp. 235–6.

35. Beatrice Webb, *Our Partnership* (London, 1948), cited in W. H. Greenleaf, *Much Governed Nation: The British Political Tradition, Part Two, Vol. 3* (London, 2003), pp. 697–8.

36. Cited in Greenleaf, *Much Governed Nation*, p. 697.

37. Seldon, 'The Cabinet System', p. 104.

38. Quoted in Cd. 8490, Dardanelles Commission, *First Report*, HMSO (London, 1917), p. 4, cited in Edwards, *Gresham Reader*, p. 17.

39. Maurice Hankey, *Government Control in War* (Cambridge, 1945), p. 32.

40. 对 Andrew Roberts 的访谈 , 30 September 2016.

41. 'Conversation with French Ambassador', 2 August 1914, NA CAB 41/35/23.

42. 'Statement in the House of Commons', 3 August 1914, NA CAB 41/35/24.

43. 'Government Expenditure, 2016' <http://www.ukpublicspending.co.uk/past_spending> accessed [accessed 21 August 2016].

44. Thomas Jones, 'Memorandum: Staffs in Government Departments', 30 August 1919, NA CAB 24/87/65.

45. Edwards, *Gresham Reader*, p. 24.

46. Earl of Oxford and Asquith, *Memories and Reflections 1852–1927, Vol. 2* (London, 1928), pp. 23–4, cited in Edwards, *Gresham Reader*, p. 22.

47. George Cassar, *Asquith as War Leader* (London, 1994), p. 235.

48. Letter, 6 August 1914, in Michael and Eleanor Brock (eds.), *H. H. Asquith, Letters to Venetia Stanley* (Oxford, 1985), p. 158.

49. Letter, 26 February 1915, in *Letters to Venetia Stanley*, p. 449.

50. Winston Churchill, *The World Crisis, 1911–1918* (New York, 2005 [1931]), p. 464.

51. Earl of Ronaldshay, *The Life of Lord Curzon, Vol. 3* (London, 1928), pp. 316–17.

52. See Stephen Roskill, *Hankey: Man of Secrets, Vol. 1, 1877–1918* (Annapolis, 1970), p. 227. Roskill omits the final sentence, which can be found in Hankey's diary in HNKY 1/2, Archives of Lord Hankey, Churchill Archives Centre, Cambridge.

53. Maurice Hankey, *The Supreme Command, 1914–1918* (London, 1961), p. 580.

54. Quoted in Robert K. Massie, *Castles of Steel: Britain, Germany and the Winning of the Great War at Sea* (London, 2005), p. 437.

55. Tim Travers, *Gallipoli* (Stroud, 2003), pp. 30–34.

56. Ibid., p. 42.

57. Ibid.

58. Ibid., p. 46.

59. Hankey, *Government Control in War*, p. 40.

60. Ibid., p. 42.

61. Roskill, *Man of Secrets, Vol. 1*, p. 308.

62. Margot Asquith, *Margot Asquith's Great War Diary 1914–1916: The View from Downing Street* (Oxford, 2014), p. 288.

第二章

1. John Naylor, *A Man and an Institution: Sir Maurice Hankey, the Cabinet Secretariat and the Custody of the Cabinet Secretary* (Cambridge, 1984), p. 9.

2. Stephen Wentworth Roskill, *Hankey: Man of Secrets, Vol. 1* (Maryland, 1970), p. 329.

3. Edwards, *Gresham Reader*, p. 39.

4. Hankey, *Supreme Command*, p. 589.

5. Ibid., p. 580.

6. Thomas Jones to Eirene Theodora Jones, 12 December 1916, cited in Keith Middlemas (ed.), *Thomas Jones Whitehall Diary, Vol. 1, 1916–1925* (London, 1969), p. 15.

7. Roskill, *Man of Secrets*, p. 329.

8. Andrew Blick and George Jones, *At Power's Elbow* (London, 2013), pp. 125–41.

9. A. J. P. Taylor, *English History, 1914–1945* (Oxford, 1965), p. 74.

10. 对 Lord Morgan 的访谈, 1 October 2016.

11. Edwards, *Gresham Reader*, p. 30.

12. 'Principles of the Cabinet system and the work of the Cabinet Secretariat': Broadcast by Lord Hankey, 1946, NA, LCO 2/3215.

13. Famously, the Suffragettes set it on fire in 1913.

14. Roskill, *Man of Secrets*, p. 355.

15. Robert Massie, *Castles of Steel: Britain, Germany and the Winning of the Great War at Sea* (London, 2005), pp. 729–31.

16. 'Immediate measures to be taken regarding the food and shipping problems', 29 March 1917, NA CAB 21/95.

17. 对 Andrew Roberts 的访谈, 11 September 2016.

18. Roskill, *Man of Secrets, Vol. 1*, pp. 512–13.

19. Ibid., pp. 370–71.

20. Ibid., p. 513. See also Hankey's diary for 1 April 1917 in HNKY 1/3, Archives of Lord Hankey, Churchill Archives Centre, Cambridge.

21. Roskill, *Man of Secrets, Vol. 1*, p. 553.

22. Hansard, HL Debs, 19 June 1918, Vol. 30, cc263–6.

23. Hansard, HL Debs, 19 June 1918, Vol. 30, cc281–2.

24. Hansard, HL Debs, 19 June 1918, Vol. 30, cc282.

25. Travis L. Crosby, *The Unknown Lloyd George* (New York, 2014), p. 229.

26. Ibid.

27. 'Cabinet Conclusion', 11 November 1918, NA CAB 23/14/46.

28. 'Sir Maurice Hankey's Speech to the Secretariat of the War Cabinet', 19 November 1918, NA CAB 21/128.

29. Ibid.

30. Roskill, *Man of Secrets, Vol. 1*, pp. 633–4.

31. Hankey, *The Supreme Command*, p. 872.

32. David Lloyd George, Letter, 30 May 1919, NA CAB 63/33, Memoranda etc. prepared for Cabinet.

第三章

1. Ronan Fanning, *Fatal Path: British Government and Irish Revolution 1910–1922* (London, 2013), pp. 171–2.

2. 'Instructions to the Secretary of the Cabinet', 4 November 1919, NA CAB 24/92.

3. Seldon, 'The Cabinet System', pp. 105–6.

4. Ibid., pp. 105–11.

5. Ibid., pp. 107–8.

6. Ibid., p. 108.

7. Letter from Maurice Hankey to Thomas Jones, 11 February 1919, cited in Thomas Jones, *Whitehall Diary*, p. 76.

8. Maurice Hankey, 'Towards a National Policy', July 1919, NA CAB 21/159.

9. Ibid.

10. Letter to Lady Hankey, 25 April 1919, cited in Roskill, *Man of Secrets, Vol. 2*, p. 83.

11. Stephen Roskill, *Hankey: Man of Secrets, Vol. 2, 1919–1931* (Annapolis, 1972), pp. 238–58.

12. Letter to Lady Hankey, 17 November 1921, cited in Roskill, *Man of Secrets, Vol. 2*, p. 242.

13. Letter to Lloyd George, 24 November 1921, cited in Roskill, *Man of Secrets, Vol. 2*, p. 245.

14. Fanning, *Fatal Path*, p. 263.

15. Rodney Lowe, '*Jones, Thomas: Civil Servant and Benefactor*', Irish Archives, 2011 <http://treaty.nationalarchives.ie/the-delegates/> [accessed 22 August 2016].

16. Fanning, *Fatal Path*, p. 310.

17. Ibid., p. 234.

18. Letter to Lady Hankey, 22 June 1922, cited in Roskill, *Man of Secrets, Vol. 2*, p. 265.

19. Roskill, *Man of Secrets, Vol. 2*, pp. 301–2. See also Fanning, *Fatal Path*, pp. 334–5.

20. 'Functions of the Cabinet Secretariat including a Historical Note', 10 September 1944, NA T199/65.

21. Edwards, *Gresham Reader*, pp. 38–40.

22. Earl of Ronaldshay, *The Life of Lord Curzon, Vol. 3* (London, 1928), pp. 316–17, cited in Edwards, *Gresham Reader*, pp. 38–40.

23. 'Cabinet Secretariat: Representation of the Treasury', January 1920, NA CAB 150/3.

24. 'Cabinet Secretariat: Representation of the Treasury', July 1920, NA CAB 150/4.

25. 'Cabinet Meetings: Minutes and Procedure', 1920, NA T 172/1112.

26. Hansard, HC Debs, 5 Series, Vol. 155, 13 June 1922, col. 229.

27. Ibid., col. 225.

28. 'The Secretariat', *The Times*, 30 March 1921.

29. 'The Cabinet Secretariat', *The Times*, 13 June 1922.

30. Roskill, *Man of Secrets, Vol. 2*, p. 304.

31. Hugh Purcell, *Lloyd George* (London, 2006), pp. 94–7.

32. Roskill, *Man of Secrets, Vol. 2*, p. 304.

33. Ibid., p. 305.

34. Ibid., p. 306.

35. Quoted in Roskill, *Man of Secrets, Vol. 2*, p. 306.

36. Thomas Jones, *Whitehall Diary, Vol. 1*, p. 214.

37. Quoted in Roskill, *Man of Secrets, Vol. 2*, p. 306.

38. Ibid.

39. Roskill, *Man of Secrets, Vol. 2*, p. 310.

40. Quoted in Roskill, *Man of Secrets, Vol. 2*, p. 306.

41. Ibid.

42. Thomas Jones, *Whitehall Diary, Vol. 1*, p. 218.

43. Stephen Shipley Wilson, *The Cabinet Office to 1945* (London, 1975), p. 47.

44. Quoted in Roskill, *Man of Secrets, Vol. 2*, p. 306.

45. Roskill, *Man of Secrets, Vol. 2*, p. 311.

46. Quoted in Roskill, *Man of Secrets, Vol. 2*, p. 306.

47. Roskill, *Man of Secrets, Vol. 2*, pp. 311–12.

48. Ibid., p. 315.

49. Ibid., p. 316.

50. Ibid., p. 321.

51. Ibid., p. 325.

52. Ibid.

53. 'Cabinet Conclusions', 23 January 1924, NA CAB 23/47/1.

54. Roskill, *Man of Secrets, Vol. 2*, pp. 356–7.

55. Mosley, *Story of the Cabinet Office*, pp. 31–3.

56. Ibid.

57. John Shepherd and Keith Laybourn, *Britain's First Labour Government* (London, 2013), p. 168.

58. 'Cabinet Conclusions', 6 August 1924, NA CAB 23/48.

59. Ibid.

60. Thomas Jones, *Whitehall Diary, Vol. 1, 1926–1930* (London, 1969), pp. 308–9.

61. 'Cabinet Conclusion', 5 May 1926, NA CAB 23/52/24.

62. 'Cabinet Conclusion', 11 a.m., 7 May 1926, NA CAB 23/52/25.

63. Philip Williamson, *Stanley Baldwin: Conservative Leadership and National Values* (Cambridge, 1999), pp. 159–65. Also, personal correspondence with Philip Williamson, 9 September 2016.

64. Many thanks to Philip Williamson for this information. Personal correspondence with Philip Williamson, 9 September 2016.

65. See Jones, *Whitehall Diary, Vol. 2*, p. 108. Also, personal correspondence with Philip Williamson, 9 September 2016.

66. Many thanks to Philip Williamson for this information. Personal correspondence with Philip Williamson, 9 September 2016.

67. 对 David Lloyd George 的访谈, 'Nazi Regime: Lloyd George's Visit', *The Post*'s representative, September 23 1936.

68. George W. Egerton, 'A Study in the Politics of Memory', *Journal of Modern History*, 60 (1988).

69. Andrew Green, *Writing the Great War: Sir James Edmonds and the Official Histories: 1915–1948* (London, 2003), p. 6.

70. Ibid., p. 200.

71. Ibid., p. 16.

72. 'Engagement Diaries', NA CAB 63/57.

73. Roskill, *Man of Secrets, Vol. 2*, pp. 543–8.

74. Ibid.

75. Ibid., p. 548.

76. Naylor, *A Man and an Institution,* p. 200.

77. Ibid., p. 238.

78. Maurice Hankey to Herbert Stanley, 5 July 1934, NA DO 1/9/1046.

79. High Commissioner's Office letter, 14 August 1934, NA DO 1/9/1046.

80. Hansard, HC Debs, 22 November 1934, Vol. 295, col. 236–9.

81. Roskill, *Man of Secrets, Vol. 3*, p. 253.

82. Ibid., p. 215.

83. Ibid., pp. 216–17.

84. 'Confidential Annex to Cabinet Minutes', 2 December 1936, NA CAB 23/86/12.

85. 'Confidential Conclusions', 6 December 1936, NA CAB 23/86/15.

86. See David Dilks, Norman Gash, Donald Southgate, John Ramsden, Lord Butler (eds.), *The Conservatives: A History from Their Origins to 1965* (London, 1977).

87. 对 John Barnes 的访谈 , 12 September 2016.

88. 对 David Dilks 的访谈 , 23 September 2016. 和与 David Dilks 的通信 , 10 October 2016.

89. Ibid.

90. Roskill, *Man of Secrets, Vol. 3*, p. 259.

91. Hankey to Inskip, 14 October 1937, NA CAB 21/626, cited in Roskill, p. 262.

92. Roskill, *Man of Secrets, Vol. 3*, p. 262.

93. Ibid., pp. 260–61.

94. 'Cabinet Conclusions', 26 July 1938, NA CAB 23/94.

95. Ibid.

96. 'Functions of the Cabinet Secretariat including a Historical Note', 10 September 1944, NA T199/65.

97. Seldon, 'The Cabinet System', pp. 111–14.

98. Ibid., p. 113.

99. See S. S. Wilson, *The Cabinet Office to 1945,* pp. 182–219.

100. 对 David Dilks 的访谈 , 23 September 2016.

101. Maurice Hankey, *Politics, Trials and Errors* (Oxford, 1950).

102. Christopher Andrew, *The English Historical Review*, Vol. 90, No. 357, October 1975, pp. 863–6.

103. John F. Naylor, A Man and an Institution: Sir Maurice Hankey, the Caiblet Secretariat and the Custody of Cabinet Secretary (Cambridge, 1984), p. 271. 与 Vernon Bogdanor 的通信 , 27 October 2016.

第四章

1. John Winnifrith, 'Edward Ettingdean Bridges – Baron Bridges, 1892–1969', *Biographical Memoirs of Fellows of the Royal Society, Vol. 16* (1970), pp. 38–56.

2. Richard Chapman, 'Bridges, Edward Ettingdene, first Baron Bridges (1892–1969)', *Oxford Dictionary of National Biography* (Oxford University Press, 2004; online edn, January 2011) < http://www.oxforddnb.com/index/101032063> [accessed 29 August 2016].

3. Winnifrith, 'Edward Ettingdean Bridges – Baron Bridges, 1892–1969', pp. 38–40.

4. Ibid.

5. George Bridges, personal correspondence, 16 July 2016.

6. Ibid.

7. Ibid.

8. Winnifrith, 'Edward Ettingdean Bridges – Baron Bridges, 1892–1969', p. 40.

9. Ibid., pp. 40–41.

10. 对 Robert Armstrong 的访谈, 3 March 2016.

11. John Colville, *Footprints in Time: Memories* (London, 1976), p. 92.

12. Mark Bridges, personal correspondence, 16 July 2016.

13. Cited in Richard A. Chapman, *Ethics in the British Civil Service* (London, 1988), p. 38.

14. 对 David Dilks 的访谈, 23 September 2016.

15. John Colville, *Footprints in Time*, p. 92.

16. Winnifrith, 'Edward Ettingdean Bridges – Baron Bridges, 1892–1969', p. 45.

17. Ibid.

18. Chapman, *Ethics in the Civil Service*, p. 8.

19. Ibid., p. 9.

20. '[Cabinet] Conclusion', 30 September 1938, NA CAB 23/95/11.

21. Ibid.

22. Bridges to Wilson, 'Supreme Control in War', 5 November 1938, NA CAB 104/124; Chamberlain's approval is in 'Minute by the Prime Minister', 7 December 1938. Cited in Edwards, *Gresham Reader*, pp. 59–60.

23. PRO CAB 104/124, cited in Edwards, *Gresham Reader*, pp. 59–60.

24. Edwards, *Gresham Reader*, pp. 59–60.

25. S. S. Wilson, *The Cabinet Office to 1945* (London, 1975), p. 45.

26. 对 Margaret Walker 的访谈, 2012, Imperial War Museum Collections (henceforth IWM) <http://www.iwm.org.uk/collections/item/object/80033495> [accessed 1 September 2016].

27. 对 Margaret Walker 的访谈, IWM.

28. 对 Edward Ian Claude Jacob 的访谈, 26 September 1979, IWM <http://www.iwm.org.uk/collections/item/object/80004439> [accessed 1 September 2016].

29. Edward Bridges, 'Institution of the War Cabinet: consequential changes in organisation and procedure of the Cabinet Offices', 5 September 1939, NA CAB 21/1341.

30. Edward Bridges, 'Institution of the War Cabinet: consequential changes in organisation and procedure of the Cabinet Offices', 5 September 1939, NA CAB 21/1341.

31. Lord Normanbrook in John Wheeler-Bennett (ed.), *Action this Day* (London, 1968), p. 17.

32. Edward Bridges, 'Edward Bridges', in John Wheeler-Bennett (ed.), *Action this Day* (London, 1968), p. 218.

33. Ibid.

34. Andrew Roberts, *Masters and Commanders: How Roosevelt, Churchill, Marshall and Alanbrooke Won the War in the West* (London, 2008), p. xxxiv.

35. Edward Bridges, Letter to Captain Clarke and Mr Hopkinson, 28 April 1940, NA CAB 21/1281.

36. Winnifrith, 'Edward Ettingdean Bridges – Baron Bridges, 1892–1969', p. 45.

37. Bridges in Wheeler-Bennett (ed.), *Action this Day*, p. 219.

38. Ibid., p. 226.

39. Lord Ismay, *The Memoirs of General The Lord Ismay* (London, 1960), p. 159.

40. 对Alfred John Digby Winnifrith 的访谈, 1982, IWM <http://www.iwm.org.uk/collections/item/object/80006177> [accessed 1 September 2016].

41. Richard Kenneth Mosley, *The Story of the Cabinet Office*, p. 60.

42. Bridges in Wheeler-Bennett (ed.), *Action this Day*, pp. 221–2.

43. Ibid., p. 220.

44. Norman Brook, 'Lord Normanbrook', in John Wheeler-Bennett (ed.), *Action this Day* (London, 1968), p. 20.

45. Mosley, *The Story of the Cabinet Office*, p. 21.

46. 对 Edward Ian Claude Jacob 的访谈, IWM.

47. Edward Bridges, Letter to Amery, 'Number of War Cabinet Meetings held during periods 1914–19 and 1939–45', NA CAB 21/2288.

48. Roberts, *Masters and Commanders*, p. 108.

49. Hansard, HC Debs, 5 Series, 24 February 1942, Vol. 378, col. 38.

50. Dick Leonard , *A History of British Prime Ministers: Walpole to Cameron* (London, 2015), p. 636.

51. Colville, *Footprints in Time*, pp. 172–3.

52. Bridges in Wheeler-Bennett (ed.), *Action this Day*, p. 231.

53. WM 145, '[Cabinet] Conclusions', 28 May 1940, NA CAB 65/13/24.

54. Ibid.

55. Tombs, *The English and Their History*, p. 694.

56. WM 145, '[Cabinet] Conclusions', 28 May 1940, NA CAB 65/13/24.

57. Ibid., 3 July 1940, NA CAB 65/14/3.

58. 'Revised Draft Leaflet', 24 July 1940, NA CAB 67/7/47.

59. 'Notebook', 15 June 1942, NA CAB 195/1.

60. S. S. Wilson, *The Cabinet Office to 1945*, pp. 94–5.

61. Edward Bridges, 'Institution of the War Cabinet: consequential changes in organisation and procedure of the Cabinet Offices', 5 September 1939, NA CAB 21/1341.

62. Wilson, *The Cabinet Office to 1945*, p. 98.

63. Ibid., pp. 95–6.

64. Richard Overy, *Why the Allies Won* (London, 2006), pp. 329–30.

65. Robert Tombs, *The English and their History* (London, 2015), p. 753.

66. Alex Danchev and Daniel Todman (ed.), *War Diaries 1939–1945: Field Marshal Lord Alanbrooke* (London, 2001), p. 207.

67. Roberts, *Masters and Commanders*, p. 43.

68. Ibid.

69. Winston Churchill, *The Second World War, Vol. 2: Their Finest Hour* (London, 1939), pp. 15–16.

70. 对 Alfred John Digby Winnifrith 的访谈，IWM.

71. 对 Edward Ian Claude Jacob 的访谈，IWM.

72. Ibid., p. 45.

73. Wilson, *The Cabinet Office to 1945*, p. 113.

74. 对 Alfred John Digby Winnifrith 的访谈，IWM.

75. 对 Margaret Walker 的访谈，IWM.

76. Ibid.

77. 对 Alfred John Digby Winnifrith 的访谈，IWM.

78. Bridges in Wheeler-Bennett (ed.), *Action this Day*, p. 238.

79. Colville, *Footprints in Time*, p. 78.

80. 'Functions of the Cabinet Secretariat: Memorandum by the Secretary of the War Cabinet', 14 September 1944, NA T199/65.

81. Ibid.

82. Winnifrith, 'Edward Ettingdean Bridges – Baron Bridges, 1892–1969', pp. 38–40, 45.

83. Wilson, *The Cabinet Office to 1945*, pp. 155–8.

84. Harold Wilson, *The Governance of Britain* (London, 1976), p. 53.

85. Edward Bridges, 'Horrid thoughts', 1 November 1944, NA CAB 127/272.

86. Ismay, *Memoirs of General the Lord Ismay*, p. 395.

87. S. S. Wilson, *The Cabinet Office to 1945*, p. 45.

88. 对 Lord Morgan 的访谈，1 October 2016.

89. 'Notebook', 14 August 1945, NA CAB 195/3.

90. Clement Attlee, 'We should declare', 28 August 1945, NA CAB 130/3.

91. 与 John Bew 的通信，30 September 2016.

92. Donald Edward Moggridge, *Maynard Keynes: An Economists Biography* (London, 1992), pp. 813–14.

93. Edward Bridges, 'Edward Bridges', in John Wheeler-Bennett (ed.), *Action this Day*, pp. 218–41.

第五章

1. Norman Brook 第一章开头对打油诗的精辟改写引述自 Lord Armstrong of Ilminster。

2. 感谢 Katie Guest of Wolverhampton Grammar School 提供此信息。

3. Cited in Kevin Theakston, *The Civil Service Since 1945* (London, 2009), p. 48.

4. 对 Lord Armstrong 的访谈, 3 March 2016.

5. Kevin Theakston, 'Brook, Norman Craven, Baron Normanbrook (1902–67)', *Oxford Dictionary of National Biography* (Oxford University Press, 2004; online edn, January 2011) <http://www.oxforddnb.com/view/article/32089> [accessed 29 August 2016].

6. 对 Lord Sherfield 的访谈, British Oral Archive of Political and Administrative History (BOAPAH), 1980.

7. Harold Evans, *Downing Street Diary: The Macmillan Years, 1957–1963* (London, 1981), pp. 16–17.

8. Lord Moran, *Churchill: The Struggle for Survival, 1945–60* (London, 2006), p. 389.

9. Peter Hennessy, *The Prime Minister: The Office and its Holders Since 1945* (London, 2000), p. 157.

10. Theakston, 'Brook, Norman', *ODNB*.

11. Blick and Jones, *At Power's Elbow*, pp. 205–6.

12. David Marquand, 'Labour's Own Captain Mainwaring', *The New Statesman*, 2–8 September 2016.

13. Kenneth Harris, *Attlee* (London, 1995), p. 403, cited in *Gresham Reader*, p. 70.

14. George Mallaby, *From My Level: Unwritten Minutes* (London, 1965), p. 57.

15. Mallaby, *From My Level*, pp. 56–7.

16. Norman Brook, 'Cabinet Government', NA CAB 21/4959.

17. Nicklaus Thomas-Symonds, *Attlee: A Life in Politics* (London, 2010), p. 209.

18. Brook to Attlee, 'National Health Service', 1 April 1950, NA PREM 8/1486.

19. Sir Norman Brook to Aneurin Bevan, 'Cabinet Government: Principle of Collective Responsibility', 19 August 1950, NA PRO CAB 21/4324.

20. '[Cabinet Secretary's] Notebook', 19 April 1951, NA CAB 195/9/7.

21. Norman Brook, 'Cabinet Government', 'Sir Norman Brook: miscellaneous engagements and personal correspondence', 26 June 1959, NA CAB 21/4959.

22. Norman Brook, 'Lord Normanbrook', in John Wheeler-Bennett (ed.), *Action this Day* (London, 1968), pp. 15–47.

23. Anthony Seldon, *Churchill's Indian Summer: The Conservative Government, 1951–1955* (London, 1981), p. 108.

24. Ibid., p. 109.

25. Rodney Lowe, *The Official History of the British Civil Service: Reforming the Civil Service, Vol. 1: The Fulton Years, 1966–81* (London, 2011), p. 67.

26. Seldon, *Churchill's Indian Summer*, pp. 108–11.

27. John Colville, *Footprints in Time: Memories* (London, 1976), p. 635.

28. Brook, 'Lord Normanbrook', *Action this Day*, pp. 15–47.

29. Moran, *The Struggle for Survival*, p. 61.

30. Seldon, *Churchill's Indian Summer*, p. 118.

31. Hennessy, *The Prime Minister*, p. 187.

32. Ibid.

33. Seldon, *Churchill's Indian Summer*, pp. 116–17.

34. Ibid., p. 117.

35. Ibid.

36. Ibid.

37. Hennessy, *The Prime Minister*, p. 191.

38. Ibid.

39. Memorandum Brook to Churchill, 21 April 1953, 'Volume of Cabinet business between 1948 and 1953, and 1957 and 1958: Cabinet Secretary provided information for Prime Minister', NA PREM 11/3223.

40. Memorandum, Brook to Churchill, 27 January 1954, NA PREM 11/3223.

41. Brook to Churchill, 15 November 1951, NA PREM 11/1734.

42. 'Brevity', 20 November 1951, NA PREM 11/1734.

43. George Mallaby, *From My Level: Unwritten Minutes* (London, 1965) and George Mallaby, *Each in his Office* (London, 1972). Mallaby had been Headmaster of St Bee's School in Cumberland, before joining Whitehall in 1940.

44. Seldon, *Churchill's Indian Summer*, pp. 116–117.

45. George Mallaby, *From My Level*, pp. 16–17.

46. Ibid.

47. Seldon, *Churchill's Indian Summer*, pp. 116–117.

48. George Mallaby, *From My Level*, p. 45.

49. Churchill to Brook Memo, 27 March 1953, 'Suggestion by Prime Minister to Sir Norman Brook that the expression "Most Secret" should be adopted in place of the American expression "Top Secret"', NA PREM 11/268.

50. Seldon, *Churchill's Indian Summer*, p. 381.

51. Moran, *The Struggle for Survival*, p. 171.

52. Ibid., pp. 177–8.

53. Seldon, *Churchill's Indian Summer*, p. 45.

54. Brook, 'Lord Normanbrook', *Action this Day*, pp. 15–47.

55. Moran, *The Struggle for Survival*, p. 226.

56. John Wheeler-Bennett, *King George VI*, p. 797.

57. Moran, *The Struggle for Survival*, p. 226.

58. John Grigg, 'Churchill, the Crippled Giant: His Last Two Years of Power', in *Encounter* (April 1977), pp. 9–15.

59. '[Cabinet Secretary's] Notebook', 8 July 1954, NA CAB 195/12/37.

60. Ibid.

61. Ibid.

62. Moran, *The Struggle for Survival*, p. 371.

63. Personal correspondence with D. R. Thorpe, 11 August 2016.

64. 'Prime Minister: Middle East', 15 March 1954, British Policy in the Middle East, NA CAB 301/141.

65. 'Prime Minister: Middle East', 14 April 1954, Report by Cabinet Secretary on UK aims for Middle East, NA PREM 11/1457.

66. Hennessy, *The Prime Minister*, pp. 233–4. The letter in question is Brook to Eden, 25 August 1956, NA PREM 11/1152.

67. Brook to Eden, 25 August 1956, NA PREM 11/1152.

68. Ian Beesley, 'Hunt, John Joseph Benedict, Baron Hunt of Tanworth (1919–2008)', *ODNB*, (Oxford University Press, Jan 2012; online edn, September 2012) <http://www.oxforddnb.com/view/article/99950> [accessed 29 August 2016].

69. 'Cabinet Conclusions', 23 October 1956, NA CAB 128/30/72.

70. '[Cabinet Secretary's] Notebook', 30 October 1956, NA CAB 195/15.

71. Hansard, HC Debs, 31 October 1956, Vol. 558, col. 1454.

72. Edward Heath, *The Course of My Life* (London, 1998), p. 172.

73. Robert Armstrong letter, 30 June 1986, 'Review of Suez records: release of records (in 1987) under the 30-year rule', NA PREM 19/1/69.

74. D. R. Thorpe, *Eden: The Life and Times of Anthony Eden First Earl of Avon, 1897–1977* (London, 2004), p. 66.

75. Interview with Lord Armstrong, 3 March 2016.

76. 'The Secret World of Whitehall: The Real Sir Humphrey', BBC, 16 March 2011.

77. Brook to Macmillan, 14 March 1958, NA CAB 301/163.

78. Anthony Eden, *The Memoirs of Sir Anthony Eden: Full Circle* (London, 1960), p. 345.

79. D. R. Thorpe, *Eden*, pp. 563–4. With thanks to D. R. Thorpe for this information.

80. See Anthony Seldon, 'Prime Minister's Office, Private, from John Martin to Chris Martin, 1945–2015', in Andrew Holt, Warren Dockter (eds), *Foreign Affairs Private Secretaries* (London, 2017).

81. Blick and Jones, *At Power's Elbow*, p. 205.

82. Harold Macmillan, *Riding the Storm: 1956–1959* (London, 1971), p. 193.

83. Harold Macmillan, Peter Catterall (ed.), *The Macmillan Diaries, Vol. 2: Prime Minister and After, 1957–1966* (London, 2011), p. 198.

84. Interview with Lord Muirshiel, BOAPAH, 1980.

85. Lord Home, *The Way the Wind Blows* (London, 1976), p. 192.

86. Brook to Macmillan, 4 January 1961, 'Volume of Cabinet business between 1948 and 1953, and 1957 and 1958: Cabinet Secretary provided information for Prime Minister', NA PREM 11/3223.

87. Ibid.

88. Seldon, 'The Cabinet System', pp. 116–18.

89. Ibid., p. 119.

90. Ibid., pp. 116–21.

91. 'Cabinet: Most Confidential Record', 'Ministerial discussions on the political situation in the UK', 11 March 1958, NA PREM 301/166.

92. Norman Brook, 'Prime Minister', 14 March 1958, NA CAB 301/166.

93. Ibid.

94. Ibid.

95. D. R. Thorpe, *Supermac: The Life of Harold Macmillan* (London, 2010), p. 387.

96. Evans, *Downing Street Diary*, p. 149.

97. 'UK: Security Nassau Meeting, 1962–63 (1 of 2), Country Files', President's Office Files, Kennedy Library.

98. Peter Hennessy, *Having it So Good: Britain in the Fifties* (London, 2007), p. 472.

99. Macmillan, Catterall (ed.), *The Macmillan Diaries, Vol. 2*, pp. 135–6.

100. D. R. Thorpe, *Supermac*, pp. 454–7.

101. Ibid.

102. Alistair Horne, *Macmillan: The Official Biography, Vol. 2* (London, 2008), p. 199.

103. Norman Brook, 23 August 1948, 'My dear Lascelles, Sir Norman Brook's trip to Canada, Australia and New Zealand', NA CAB 301/106.

104. Robert Pearce, *Attlee's Labour Governments 1945–51* (London, 1993), p. 42.

105. Hennessy, *Having it So Good*, p. 326.

106. '[Cabinet Secretary's] Notebook', 7 July 1954, CAB 195/12/36.

107. Ibid., 8 July 1954, NA CAB 195/12/37.

108. Peter Hennessy, *The Secret State: Preparing for the Worst, 1945–50* (London, 2010), p. 45.

109. Ibid.

110. Ibid.

111. 对 David Edgerton 的访谈 , 29 September 2016.

112. Brook to Eden, 'Burgess and Maclean', 19 October 1955, NA PREM 11/1578.

113. Ben Macintyre, *A Spy Amongst Friends: Kim Philby and the Great Betrayal* (London, 2014), p. 189.

114. Theakston, *Leadership in Whitehall*, p. 6.

115. 'Record of Decision Reached by Sir Norman Brook and Sir Patrick Dean on 25th September 1957', 25 September 1957, NA CAB 163/9.

116. 'Joint Intelligence Organisation Chart', 'Joint Intelligence Committee: administration, structure, and functions of the committee; papers relating to the transmission of intelligence reports', c. 1957, NA CAB 163/8.

117. Hennessy, *Having it So Good*, pp. 487–9.

118. Blick and Jones, *At Power's Elbow*, p. 204.

119. Theakston, *Leadership in Whitehall*, p. 123.

120. Thorpe, *Supermac*, p. 526.

121. Macmillan, Catterall (ed.), *The Macmillan Diaries, Vol. 2*, p. 501.

122. Theakston, *Leadership in Whitehall*, p. 5.

123. 'Lord Normanbrook', 16 June 1967, *The Times*.

124. Personal correspondence, Robert Armstrong, 15 August 2016.

125. 'Reception for Lord Normanbrook', *The Times*, 13 February 1963.

第六章

1. 'Former Houses Between the Sites of Pembroke House and Montague House', in Montagu H. Cox and Philip Norman (eds.), *Survey of London, Vol. 13, St Margaret, Westminster, Part II: Whitehall I* (London, 1930), pp. 180–92. Available from *British History Online* <http://www.british-history.ac.uk/survey-london/vol13/pt2/pp180-192> [accessed 17 August 2016].

2. Robert Blake, *Disraeli* (London, 1969), p. 538.

3. Hankey, *Supreme Command,* p. 589.

4. Maurice Hankey, 'Speech to Cabinet Office Staff', November 1918, NA CAB 21/128.

5. Ibid.

6. Hankey to Warren Fisher, November 1922, NA CAB 63/33.

7. Interview with Margaret Walker, 2012, IWM <http://www.iwm.org.uk/collections/item/object/80033495> [accessed 1 September 2016].

8. 'Whitehall Gardens (Montagu House) site. Memorandum by the First Commissioner of Works', 28 February 1930, NA CAB 24/210/17.

9. Ibid.

10. Treasury Letter, 7 December 1937, NA T162/589.

11. Ibid.

12. Ibid.

13. First Commissioner of Works Letter, 16 May 1938, NA T162/589.

14. 'Houses in the Bowling Green', in Cox and Norman (eds.), *Survey of London, Vol. 13, St Margaret, Westminster, Part II: Whitehall I*, pp. 236–48. Available at *British History Online* <http://www.british-history.ac.uk/survey-london/vol13/pt2/pp236-248> [accessed 19 September 2016].

15. 'Richmond Terrace', in Cox and Norman (eds.), *Survey of London, Vol. 13, St Margaret, Westminster, Part II: Whitehall I*, pp. 249–56. Available at *British History Online* <http://www.british-history.ac.uk/survey-london/vol13/pt2/pp249-256> [accessed 16 September 2016].

16. Treasury Letter, 7 December 1937, NA T162/589.

17. 对 Edward Ian Claude Jacob 的访谈，IWM.

18. *History of Government*, '1 Horse Guards Road' <https://www.gov.uk/government/history/1-horse-guards-road> [accessed 21 September 2016].

19. 'Application for Treasury Sanctions', 2 March 1941, NA T162/589.

20. Minute from the Prime Minister to Minister of Works, 7 July 1958, NA PREM 11/2355.

21. 'Downing Street and the Old Treasury', 23 July 1958, NA PREM 11/2355.

22. 'Plans for the use of 10 Downing Street, and the old Treasury', July 1958, NA PREM 11/2355.

23. Ibid.

24. 与 G. Ford to Jon Charlton 的通信，14 October 1960, NA Work 12/682.

25. 与 Jon Charlton to G. Ford 的通信，17 October 1960, NA Work 12/682.

26. 与 F. A. Bishop to Tim Bligh 的通信，22 November 1961, NA CAB 21/4768.

27. 对 Lord Armstrong 的访谈，February 2016.

28. Harold Evans, *Downing Street Diary: The Macmillan Years 1957–1963* (London, 1981), p. 24.

29. Blick and Jones, *Powers Behind the Prime Minister,* pp. 255–6.

30. 对 Lord Wilson 的访谈，2 November 2012 <http://www.cabinetsecretaries.com> [accessed 21 September 2016].

第七章

1. Edward Heath, 'Burke Trend', *Dictionary of National Biography* (rev. first published 2004) <http://dx.doi.org/10.1093/ref:odnb/39887> [accessed 13 September 2016].

2. 对 Lord Roberthall 的访谈，1980, BOAPAH.

3. Ibid.

4. 对 Lord Croham (the name adopted by Sir Douglas Allen after receiving his peerage) 的访谈，1980, BOAPAH.

5. Robert Armstrong, email to author, 15 August 2016.

6. Richard I. Aldrich and Rory Cormac, *The Black Door* (London, 2016), p. 283.

7. 对 Lord Armstrong 的访谈，3 April 2016.

8. Edward Heath, 'Burke Trend', *Dictionary of National Biography*.

9. Hennessy, *The Prime Minister*, p. 20.

10. Robert Armstrong, email to author, 15 August 2016.

11. 对 John Chilcot 的访谈，21 August 2016.

12. 对 Henry Kissinger 的访谈，29 September 2016.

13. 对 Richard Thorpe 的访谈，16 August 2016.

14. Peter Catterall, email to author, 17 August 2016. Many thanks to Peter Catterall for pointing this information out.

15. Peter Catterall, *The Macmillan Diaries Vol II: Prime Minister and After: 1957–1966* (London, 2011), pp. 26–8.

16. D. R. Thorpe, *Supermac* (London, 2010), p. 613.

17. Richard Thorpe, email to author, 12 August 2016.

18. D. R. Thorpe, *Alec Douglas-Home* (London, 2007), p. 324.

19. Anthony Seldon, *Number 10: An Illustrated History*, p. 181.

20. 对 Lord Home of the Hirsel 的访谈，1980, BOAPAH.

21. Ibid.

22. Thorpe, *Alec Douglas-Home*, p. 341.
23. Ibid., p. 342.
24. Ibid.
25. Ben Pimlott, *Harold Wilson* (London, 1992), p. 326.
26. Norman Hunt, 'Harold Wilson: Pre-experience: Harold Wilson Interviewed by Norman Hunt', in Anthony King (ed.), *The British Prime Minister: A Reader* (London, 1969), pp. 86, 90–91. Cited in *Gresham Reader*, pp. 127–8.
27. Harold Wilson, 'Pound in your Pocket', *BBC*, 6 April 1967, cited in R. K. Mosley, *The Story of the Cabinet Office*, p. 78.
28. Kevin Theakston, *The Civil Service since 1945* (London, 2009), p. 49.
29. 对 Philip Ziegler 的访谈, 1 October 2016.
30. Trend 第一次内阁会议写给 Harold Wilson 的信, October 1964, NA PREM 13/6.
31. Hennessy, *The Prime Minister*, p. 306.
32. Aldrich and Cormac, *The Black Door*, p. 260.
33. Peter Hennessy, *The Secret State: Whitehall and the Cold War* (London, 2003), p. 14.
34. Ibid., p. 286.
35. Ibid., pp. 322–3.
36. Ibid.
37. Ibid., pp. 302–3.
38. Aldrich and Cormac, *The Black Door*, p. 265.
39. Burke Trend, 'Note by Cabinet Secretary on Post-Election Strategy', 1966, SaP1180a, Unreleased Document, Cabinet Office.
40. Ibid.
41. Ibid.
42. Hennessy, *The Prime Minister*, p. 289.
43. 对 Lord Shackleton 的访谈, 1980, BOAPAH.
44. Theakston, *The Civil Service since 1945*, p. 45.
45. Richard Crossman, *The Diaries of a Cabinet Minister, Vol. 1: Minister of Housing, 1964–66* (London, 1976), pp. 198–99. Cited in Edwards, *Gresham Reader*, pp. 139–40.
46. Richard Crossman, *The Diaries of a Cabinet Minister, Vol. 2: Lord President of the Council and Leader of the House of Commons, 1966–68* (London, 1976), p. 129.
47. A. Howard (ed.), Richard Crossman, *The Crossman Diaries: Selections from the Diaries of a Cabinet Minister* (London, 1979), p. 365.
48. Peter Hennessy, *The Prime Minister*, p. 45.
49. Tom Dalyell, *Dick Crossman: A Portrait* (London, 1989), pp. 235–36.
50. Chapman Pincher, 'Cable vetting sensation', *Daily Express*, 29 February 1967.
51. David Wood, '"Sensationalized" Story on State Secrets', *The Times*, 22 February 1967, p. 1.
52. Harold Wilson, *The Labour Government 1964–70: A Personal Record* (London, 1971), pp. 144–8.

53. Crossman, *Selections from the Diaries of a Cabinet Minister, Vol. 1*, pp. 702–3.
54. Ibid.
55. Hennessy, *The Prime Minister*, p. 308.
56. 对 Lord Shackleton 的访谈 , 1980, BOAPAH.
57. 对 Joe Haines 的访谈 , 9 October 2016.
58. Ibid. The book was Sir Harold Wilson, *The Labour Government, 1964–70: A Personal Record* (London, 1971).
59. Lewis Baston and Anthony Seldon, 'No. 10 Under Edward Heath', in Stuart Ball and Anthony Seldon (eds.), *The Heath Government 1970–74* (London, 1996), pp. 47–74.
60. Cited in Hennessy, *The Prime Minister*, p. 337.
61. Jon Davis, *Prime Ministers and Whitehall 1960–74* (London, 2007), p. 102.
62. Ibid.
63. Ibid., pp. xiii-xiv.
64. John Campbell, *Edward Heath: A Biography* (London, 1994), p. 317.
65. Peter Hennessy, *Cabinet* (London, 1986), p. 19.
66. Jon Davis, *Prime Ministers and Whitehall, 1960–74*, p. 102.
67. Edward Heath, *The Course of My Life: The Autobiography of Edward Heath* (London, 1998), p. 316.
68. Tessa Blackstone and William Plowden's *Inside the Think-Tank: Advising the Cabinet, 1971–1983* (London, 1990) and Victor Rothchild's *Meditations of a Broomstick* (London, 1977).
69. Burke Trend, 'Review of future business', August 1970, NA PREM 15/81.
70. Ibid.
71. Trend to Wilson, 'Crisis management', 27 July 1969, NA PREM 19/3124.
72. Ibid.
73. Chris Mason, 'London 2012: What exactly is a Cobra meeting?' <http://www.bbc.co.uk/news/uk-politics-18958032> [accessed 14 September 2016].
74. 对 Bruce Mann 的访谈 , 23 August 2016.
75. Dominic Sandbrook, *State of Emergency: The Way We Were: Britain 1970–74* (London, 2010), p. 226.
76. Hennessy, *The Prime Minister*, pp. 346–7.
77. Aldrich, *The Black Door*, pp. 301–5.
78. Campbell, *Edward Heath*, p. 345.
79. Trend 引自 Heath, Memo, 24 April 1973, NA PREM 14/2013.
80. 对 Henry Kissinger 的访谈 , 29 September 2016.
81. 'Social Plans with Douglas Fairbanks Jr', Memorandum of Telephone Conversation, 25 July 1972, in DNSA collection: Kissinger Telephone Conversations, 1969–1977, National Security Archive, George Washington University, Washington DC.
82. 'Social Plans with Katherine Graham', Memorandum of Telephone Conversation, 25 July 1972, in DNSA collection.

83. 'Vietnam Peace Talks and Ceasefire Agreement; United Kingdom–US Relations; Meeting with Yitzhak Rabin', Memorandum of Telephone Conversation, 16 January 1973, in DNSA.

84. Ibid.

85. '[Bombing Missile Sites in North Vietnam and Other Matters]', Memorandum of Telephone Conversations, 1969–1977, National Security Archive, George Washington University, Washington DC.

86. '[Dinner Arrangements with President Nixon]', Memorandum of Telephone Conversation (30.07.73), DNSA Collection: Kissinger Telephone Conversations, 1969–1977, National Security Archive, George Washington University, Washington DC.

87. 对 Henry Kissinger 的访谈, 29 September 2016.

88. Ibid.

89. '[United Kingdom–US Relations]', Memorandum of Telephone Conversation, 30 July 1973, in DNSA.

90. Witness Seminar: Britain and Brussels, Britain and Strasbourg, 23 February 1995, British Oral Archive of Political and Administrative History, LSE.

91. Simon Bulmer and Martin Burch, 'Adaptation of UK central government 1951–99' (University of Manchester, Manchester, 2000), Queen's Papers on Europeanisation, No. 9/2000.

92. Theakston, *The Civil Service since 1945*, p. 27.

93. Sir Antony Part, 1980, BOAPAH.

94. Jon Davis, *Prime Ministers and Whitehall*, p. 147.

95. Rodney Lowe, *The Official History of the British Civil Service, Vol. 1* (London, 2011), pp. 162–3.

96. Campbell, *Edward Heath*, p. 490.

97. Cited in Peter Hennessy, *Cabinet* (London, 1986), pp. 20–21.

98. Lord Armstrong correspondence, 20 September 2016.

99. Kissinger to Trend, 26 September 1973, Central Foreign Policy Files, 1973–79, US Department of State, National Archives and Records Administration.

100. Ian Beesley, 'John Hunt', *Dictionary of National Biography* (January 2012) <http://dx.doi.org/10.1093/ref:odnb/99950> [accessed 14 September 2016].

101. *Daily Telegraph*, 18 July 2008.

102. Ian Beesley, 'John Hunt', *Dictionary of National Biography*.

103. Memo from Hunt to Heath, 7 September 1973, NA PREM 14/20.

104. Hunt on the Cabinet Committee system, 1973, NA PREM 15/2015.

105. Ibid.

106. Hunt, NA PREM 15/2015.

107. 引自 Hunt 对 Heath 的个人记录, 3 June 1973, NA PREM 15/2014.

108. 来自Armstrong 与Hunt 的通信，7 July 1974，NA PREM 15/2014.

109. 来自Hunt 对Armstrong 的回忆，14 January 1974，NA PREM 15/2014.

110. 来自Armstrong 对Hunt 的回忆，16 January 1974，NA PREM 15/2014.

111. Theakston, *The Civil Service since 1945*, pp. 45–50.

112. Hennessy, *Cabinet*, p. 337.

113. 来自 John Campbell 与作者的通信，14 September 2016.

114. 本来拟于1980年7月16日对 William Armstrong 进行一次深入访谈，但他不幸于四天前离世。

115. Chris Ballinger and Anthony Seldon, 'Prime Ministers and Cabinet', in Anthony Seldon and Kevin Hickson (eds.), *The Wilson and Callaghan Governments, 1974–79* (London, 2004), pp. 173–89.

116. 对 Joe Haines 的访谈，9 October 2016.

117. 对 Kenneth Stowe 的访谈，1999, for *Powers behind the Prime Minister: The Hidden Influence of Number Ten* (London, 2008 [1999]).

118. 对 Lord Donoughue 的访谈，7 October 2016.

119. Barbara Castle, *The Castle Diaries, 1964–70* (London, 1984), p. 46.

120. 对 Henry Kissinger 的访谈，29 September 2016.

121. Ian Beesley, 'John Hunt', *DNB*.

122. 对 Lord Donoughue 的访谈，7 October 2016.

123. Ibid.

124. Ibid.

125. Theakston, *The Civil Service since 1945*, p. 49.

126. Hennessy, *The Cabinet*, p. 21.

127. Peter Hennessy, 'Cabinet Government: A Commentary' in *Contemporary Record*, Vol. 8, Issue 3 (1994), p. 484.

128. Bernard Donoughue, *Downing Street Diary: With James Callaghan at No. 10* (London, 2009), p. 26.

129. Ibid.

130. Bernard Donoughue, *Prime Minister: The Conduct of Policy under Harold Wilson and James Callaghan* (London, 1987), pp. 21–2.

131. Ibid.

132. 对 Lord Donoughue and Joe Haines 的访谈，7 October 2016.

133. 对 Lord Donoughue and Joe Haines 的访谈，7 October 2016.

134. 对 Chris Brearley 的访谈，23 August 2016.

135. Castle, *The Castle Diaries*, p. 314.

136. Witness Seminar: 1975 EU Referendum, 5 June 1995, British Oral Archive of Political and Administrative History, LSE.

137. Ibid.

138. Donoughue, *Downing Street Diary*, p. 698.

139. James Callaghan, *Time and Chance* (London, 2006), p. 31.

140. Castle, *The Castle Diaries*, p. 389.

141. Donoughue, *Downing Street Diary*, pp. 700–708.

142. 对 Lord Morgan 的访谈，1 October 2016.

143. Ian Beesley, 'John Hunt', *Dictionary of National Biography*.

144. 对 Chris Brearley 的访谈，23 August 2016.

145. Bernard Donoughue, cited in Chris Ballinger and Anthony Seldon, 'Prime Ministers and Cabinet', in Seldon and Theakston.

146. Ibid.

147. Ibid.

148. Edmund Dell and Lord Hunt of Tanworth, 'The Failings of Cabinet Government in Mid to Late 1970s', *Contemporary Record*, Vol. 8, No. 3 (winter 1994), pp. 467–8, cited in *Gresham Reader*, p. 199.

149. Jimmy Carter had been elected American President the previous November, and would take over in January. John Hunt, 'What happens if we do not get the IMF loan', 1 December 1976, NA PREM 16/804.

150. Donoughue, *Downing Street Diary*, p. 9.

151. Ibid., p. 87.

152. 对 Lord Morgan 的访谈，1 October 2016.

153. Ibid., p. 149.

154. Ibid., p. 154.

155. Cited in Donoughue, *Downing Street Diary*, p. 154.

156. Donoughue, *Downing Street Diary*, p. 178.

157. Bernard Donoughue, *The Heat of the Kitchen* (London, 2003), pp. 131–2.

158. 对 Lord Donoughue 的访谈，7 October 2016.

159. Hunt to Margaret Thatcher, Letter, 5 April 1979, NA PREM 19/24.

160. 'Tokyo Summit', 21 May 1979, NA PREM 19/27. See also Thatcher Foundation Archive < http://www.margaretthatcher.org/document/112036> [accessed 14 September 2016].

161. 私人信息，20 August 2016.

162. Email from John Campbell to author, 14 September 2016.

163. Ian Beesley, 'John Hunt', *DNB*.

164. 'Requiem Mass Celebrated for Lord Hunt', *Diocese of Westminster*, 29 October 2008 <http://www.rcdow.org.uk/cardinal/default.asp?library_ref=1&content_ref=2036> [accessed 11 October 2016].

第八章

1. Theakston, *Leadership in Whitehall* (London, 1999), pp. 204–21.

2. Charles Moore, *Margaret Thatcher: The Authorized Biography, Vol. 2: Not for Turning* (London, 2013), p. 488.

3. 私人信息, 10 August 2016.

4. 对 Lord Butler 的访谈, 27 October 1998.

5. 对 Lord Armstrong 的访谈, 6 November 2012 <http://www.cabinetsecretaries. com> [accessed 17 September 2016], p. 5.

6. Ibid., p. 6.

7. Ibid., p. 8.

8. John Campbell, *Margaret Thatcher, Vol. 2: The Iron Lady* (London, 2007), p. 265.

9. 'Memorandum For the President', January 1984, 9173, Exec Sec, NSC: Country File, United Kingdom, Box 91331, Reagan Library, Simi Valley, California.

10. McFarlane to Armstrong, 16 January 1984, Exec Sec, NSC.

11. Moore, *Margaret Thatcher: The Authorized Biography, Vol. 1*, p. 521.

12. Lord Armstrong, email to author, 15 August 2016.

13. Ibid.

14. John Hoskyns, *Just in Time: Inside the Thatcher Revolution* (London, 2000), p. 356.

15. 对 Lord Armstrong 的访谈, 6 November 2012, p. 2.

16. Ibid., p. 10.

17. Anthony Seldon, 'The Cabinet Office and Coordination, 1979–87', *Public Administration*, Vol. 68, Issue 1 (March 1990), p. 105.

18. J. C. R. Dow, 'Short term economic policy group (STEP)', 15 January 1981, Bank of England, 7A173/8, MTFW 128043.

19. Ibid.

20. J. C. R. Dow, 'Minute for Governor of the Bank of England', 14 January 1981, Bank of England Archives.

21. 来自 Robert Armstrong 写给 Michael Coles 的信, 29 September 1980, NA PREM 19/191.

22. 来自 Robert Armstrong 写给 Michael Alexander 的信, 9 October 1980, NA PREM 19/179.

23. 来自 Robert Armstrong 写给 Michael Alexander 的信, 10 November 1981, NA PREM 19/669 (courtesy of the Margaret Thatcher Foundation online archive).

24. René Lévesque to Margaret Thatcher, 'On Behalf of the Government of Quebec', 17 December 1981, NA PREM 19/669.

25. Memo from Robert Armstrong to Thatcher, 5 November 1981, NA PREM 19/699.

26. Frederick Bastion, *The Battle of London: Trudeau and Thatcher and the Fight for Canada's Constitution* (Toronto, 2014), pp. 274–5.

27. Robert Armstrong 对 Thatcher 的回忆, 5 November 1981, NA PREM 19/699.

28. Robert Armstrong, 'Falklands Invasion Minutes, 9.30 a.m.', 2 April 1982, NA CAB 128/73.

29. Robert Armstrong, 'Falklands Invasion Minutes, 7.30 p.m.', 2 April 1982, NA CAB 128/73.

30. Ibid.

31. 对 Lord Armstrong 的访谈, 6 November 2012, p. 15.

32. Ibid.

33. Ibid., p. 16.

34. Ibid.

35. Robert Armstrong 给 Thatcher 的会议记录, 25 May 1982, NA PREM 19/649.

36. Ibid.

37. Seldon, 'The Cabinet System', p. 127.

38. Nigel Lawson and Lord Armstrong of Ilminster, 'Cabinet Government in the Thatcher Years', *Contemporary Record*, Vol. 8, No. 3 (1994), cited in Edwards, *Gresham Reader*, pp. 241–2.

39. Private interview, 20 August 2016.

40. Armstrong 对 Thatcher 的回忆, 7 November 1980, NA PREM 19/282.

41. Memo from Armstrong 对 Thatcher 的回忆, 5 June 1984, NA PREM 194/1286.

42. Cited in Theakston, *Leadership in Whitehall*, p. 210.

43. Nigel Lawson, *The View from No. 11: Memoirs of a Tory Radical* (London, 1992), p. 669.

44. Simon Heffer, Lecture on Margaret Thatcher, Buckingham University, 22 August 2016.

45. 对 Lord Armstrong 的访谈, 6 November 2012, p. 16.

46. 对 Lord Butler 的访谈, 27 July 2016.

47. Ibid.

48. 对 Lord Butler 的访谈, 16 November 2012.

49. Chris Collins, email to author, 20 August 2016.

50. Armstrong to Thatcher, 'Organisation to Cover the Coal Strike in August', 26 July 1984, NA PREM 194/1332.

51. Armstrong to Thatcher, 'Cabinet: Industrial Affairs: Coal', 14 November 1984, NA PREM 19/1335.

52. Ibid.

53. Armstrong to Butler, 'Thank you for your minute…', 5 November 1984, NA PREM 19/1335 (courtesy of the Thatcher Foundation online archive).

54. Theakston, *Leadership in Whitehall*, p. 209.

55. 对 Lord Armstrong 的访谈, 26 October 1998.

56. Ibid.

57. Aldrich and Cormac, *The Black Door*, p. 567.

58. 对 Lord Armstrong 的访谈, 26 October 1998.

59. 对 Lord Armstrong 的访谈, 6 November 2012, p. 8.

60. 私人信息, 20 August 2016.

61. John Campbell, *Margaret Thatcher, Vol. 2: The Iron Lady* p. 487.

62. Armstrong, Cabinet Minutes, 9 January 1986, NA CAB 128/83/1.

63. Ibid.

64. 对 Lord Armstrong 的访谈, 6 November 2012, p. 17.

65. John Campbell, *Margaret Thatcher, Vol. 2: The Iron Lady*, pp. 489–95.

66. Ibid.

67. Anthony Seldon, 'The Cabinet Office and Coordination, 1979–87', p. 107.

68. Ibid., pp. 107–9.

69. Hennessy, *Cabinet*, pp. 90–94.

70. Anthony Seldon, 'The Cabinet System', pp. 122–3.

71. Anthony Seldon, 'The Cabinet Office and Coordination, 1979–87', p. 111

72. Anthony Seldon, 'Cabinet Office and Coordination', in *Public Administration*, Vol. 68, Issue 1 (March 1990), pp. 103–21.

73. Cited in Edwards, *Gresham Reader*, p. 213.

74. Seldon, 'The Cabinet System', p. 123.

75. Dennis Kavanagh and Anthony Seldon, *Powers Behind the Prime Minister: The Hidden Influence of Number Ten* (London, 2008 [1999]), p. 180.

76. Butler 写给 Thatcher 的私人信件 , 4 August 1985, Thatcher Archive.

77. Ibid.

78. 对 Lord Butler 的访谈 , 27 September 2016.

79. 私人电子邮件 , 20 August 2016.

80. 对 Lord Butler的访谈, 16 November 2012 <http://www.cabinetsecretaries.com> [accessed 17 September 2016].

81. Ibid.

82. Ibid.

83. Ibid.

84. Nehal Panchamia and Peter Thomas, 'The Next Steps Initiative' <http://www.instituteforgovernment.org.uk/sites/default/files/case%20study%20next%20steps.pdf> [accessed 18 September 2016], p. 1.

85. Interview with Lord Butler, 27 July 2016.

86. Ibid.

87. 对 Diana Goldsworthy 的访谈 , 19 August 2016.

88. 对 Lord Butler的访谈 , 27 July 2016.

89. Ibid.

90. Ibid.

91. 对 Sir Charles Powell 的访谈 , 15 May 2016.

92. Ibid.

93. 'Sir Robin Butler's Request to See Senator Baker on March 21, 1988', Nelson Ledsky Papers, Reagan Library, Simi Valley, California.

94. 对 Lord Butler 的访谈 , 27 October 1998.

95. 与 Lord Armstrong 的通信 , 20 September 2016.

96. 对 Sir Charles Powell 的访谈 , 15 May 2016.

97. 对 Lord Butler 的访谈 , 27 July 2016.

98. Ibid.

99. 对 Lord Butler 的访谈 , 27 September 2016.

100. 来自 Chris Collins of the Margaret Thatcher Archives.

101. Margaret Thatcher, Radio Interview, BBC Radio 2, *Jimmy Young Programme*, 27 July 1988, Thatcher Archive: COI transcript <http://www.margaretthatcher.org/document/107075> [accessed 18 September 2016].

102. Stephen Wall, Minute, 'Plain and Fundamental Errors', 1 September 1988, FOI 0242-09, FCO release <http://www.margaretthatcher.org/document/111785> [accessed 18 September 2016].

103. 'Speech to the College of Europe', 20 September 1988 <http://www.margaretthatcher.org/document/107332> [accessed 3 October 2016].

104. Cited in Margaret Thatcher, 'The Bruges Speech', 20 September 1988, Thatcher Archive: COI transcript <http://www.margaretthatcher.org/document/107332> [accessed 18 September 2016]. Thanks to Chris Collins for his memo, and for distilling the papers in the Thatcher Archive, 20 September 2016.

105. Nigel Lawson, in Lawson and Armstrong, 'Cabinet Government in the Thatcher Years', p. 443, cited in Edwards, *Gresham Reader*, p. 221.

106. Andrew Turnbull, 'Prime Minister's meeting with Sir Robin Butler', 12 September 1990, Cabinet Office documents.

107. John Campbell, *Margaret Thatcher Vol. 2: The Iron Lady* (London, 2003), p. 667.

108. Andrew Turnbull, 'Prime Minister's meeting with Sir Robin Butler', 27 September 1990, Cabinet Office documents.

109. 对 Lord Butler 的访谈 , 27 July 2016.

110. Andrew Blick and George Jones, *Premiership: The Development, Nature and Power of the Office of the British Prime Minister* (Exeter, 2010), p. 214.

111. 对 Lord Butler 的访谈 , 27 July 2016.

112. Anthony Seldon, *Major: A Political Life* (London, 1998), pp. 208–9.

113. Ibid.

114. 对 Lord Butler 的访谈 , 16 November 2012.

115. Ibid.

116. Butler, Letter to George and Barbara Bush, December 1990, PP005-01 #220897, WHORM Subject Files, Bush Library, College Station, Texas.

117. Seldon, *Major: A Political Life*, pp. 208–9.

118. 对 Lord Butler 的访谈 , 16 November 2012.

119. Ibid.

120. Anthony Seldon, *10 Downing Street: The Illustrated History* (London, 1999), p. 92.

121. Aldrich and Cormac, *The Black Door*, pp. 397–8.

122. Martin Burch and Ian Holliday, *The British Cabinet System* (London, 1995), pp. 46, 280–81.

123. Sarah Hogg and Jonathan Hill, *Too Close to Call: Power and Politics – John Major in No. 10* (London, 1995), p. 98.

124. 对 Lord Butler 的访谈 , 16 November 2012.

125. Ibid.

126. Butler to Major, 3 March 1992, A092/625, Cabinet Office documents.

127. J. C. Grauberg to Butler, 'Hung Parliaments', 3 April 1992, Cabinet Office documents.

128. Butler to Andrew Turnbull, 'Movement of opinion during Election Campaigns', 2 March 1992, Cabinet Office documents.

129. Kavanagh and Seldon, *Powers Behind the Prime Minister*, p. 225.

130. Seldon, *Major: A Political Life*, pp. 208–9.

131. Ibid., p. 419.

132. 对 Lord Butler 的访谈 , 27 July 2016.

133. Ibid.

134. Blick and Jones, *At Power's Elbow*, p. 248.

135. Seldon, *Major: A Political Life*, p. 584.

136. Michael Heseltine, *Life in the Jungle: My Autobiography* (London, 2000), pp. 483–4.

第九章

1. 对 Lord Butler 的访谈 , 27 July 2016.

2. Seldon, *Major: A Political Life*, p. 2.

3. 对 Lord Butler 的访谈 , 27 July 2016.

4. Ibid.

5. Blick and Jones, *At Power's Elbow*, p. 218.

6. 'Letter of Last Resort', ITV Report, 13 July 2016 <http://www.itv.com/news/2016-07-13/letter-of-last-resort-theresa-mays-first-task-as-prime-minister-will-be-to-decide-on-uks-response-to-nuclear-attack/> [accessed 27 September 2016].

7. 对 Lord Butler 的访谈 , 27 July 2016.

8. Ibid.

9. David Blunkett, *The Blunkett Tapes: My Life in the Bear Pit* (London, 2006), p. 9.

10. 私人信息。

11. Tom Bower, *Broken Vows: Tony Blair, the Tragedy of Power* (London, 2016).

12. 私人信息。

13. Ibid.

14. 私人信息。

15. 私人信息。

16. 私人信息。

17. 私人信息。

18. 对 ntervieLord Butler 的访谈 , 16 November 2012.

19. Anthony Seldon, *Blair* (London, 2005).

20. Ibid.

21. Ibid.

22. 对 Lord Wilson 的访谈, 2 November 2012.

23. Cabinet Office figures.

24. 对 Lord Wilson 的访谈, 2 November 2012.

25. Cited in Edwards, *Gresham Reader*, pp. 257–8.

26. Lord Wilson of Dinton, 'Evidence to the Iraq Inquiry', *Iraq Inquiry*, 25 January 2011 <http://www.iraqinquiry.org.uk/media/95446/2011-01-25-Transcript-Wilson-S1.pdf> [accessed 1 October 2016].

27. Lord Wilson of Dinton, 'Evidence to the Iraq Inquiry', 25 January 2011, p. 4.

28. Peter Mandelson and Roger Liddle, *The Blair Revolution* (London, 1996).

29. Ibid., p. 238.

30. 对 Lord Wilson 的访谈, 29 September 2016.

31. Lord Wilson of Dinton, 'Evidence to the Iraq Inquiry', 25 January 2011.

32. 对 Lord Wilson 的访谈, 29 September 2016.

33. Ibid.

34. Ibid.

35. Seldon, *Blair*, p. 426–8.

36. 对 Lord Wilson 的访谈, 29 September 2016.

37. Ibid.

38. 对 Lord Wilson 的访谈, 2 November 2012.

39. Ibid.

40. Ibid.

41. Private interview.

42. 对 Lord Wilson 的访谈, 29 September 2016.

43. Ibid.

44. Alastair Campbell, *Diaries, Vol. 2: Power and the People, 1997–1999* (London, 2011), p. 264.

45. 对 Lord Turnbull 的访谈, 23 May 2006.

46. Seldon, *Blair Unbound*, p. 37.

47. 对 John Sawers 的访谈, 1 May 2016.

48. Seldon, *Blair Unbound*, p. 32.

49. Ibid., p. 35.

50. Ibid.

51. Ibid.

52. Aldrich and Cormac, *The Black Door*, p. 411.

53. 对 Lord Wilson 的访谈, 2 November 2012.

54. Ibid.

55. Ibid.

56. Blair, *A Journey*, p. 312.

57. 对 Bruce Mann 的访谈, 23 August 2016.

58. Seldon, *Blair Unbound*, p. 40.

59. Ibid., p. 630.

60. 对 Sir Nigel Sheinwald 的访谈，24 April 2015.

61. 对 Stephen Wall 的访谈，25 June 2015.

62. Seldon, *Blair*, pp. 629–30.

63. Ibid., p. 41.

64. Seldon, *Blair*, p. 629.

65. Seldon, *Blair Unbound*, p. 41.

66. Powell, *The New Machiavelli*, pp. 77–8.

67. Seldon, *Blair Unbound*, p. 629.

68. 对 Lord Turnbull 的访谈，14 January 2013 <http://www.cabinetsecretaries.com>

69. [accessed 19 September 2016].

70. Ibid.

71. Anthony Seldon, *Blair Unbound*, p. 243

72. 对 Lord Turnbull 的访谈，3 August 2016.

73. Ibid.

74. Ibid.

75. Lord Butler et al., *Review of Intelligence on Weapons of Mass Destruction*, House of Commons, 14 July 2004, pp. 147–8.

76. Ibid.

77. 'Lord Turnbull evidence to the Iraq Inquiry', 13 January 2010 <http://www.iraqinquiry.org.uk/the-evidence/witnesses/t/the-lord-turnbull/> [accessed 19 September 2016], p. 22.

78. 'Iraq: Conditions for Military Action', 19 July 2002, Cabinet Office <http://www.iraqinquiry.org.uk/media/211007/2002-07-19-note-manning-to-prime-minister-attaching-paper-cabinet-office-iraq-conditions-for-military-action.pdf> [accessed 19 September 2016].
    John Chilcot et al., *The Report of the Iraq Inquiry*, Section 4.1 (London, 2016), p. 84.

79. Ibid.

80. Ibid.

81. Seldon, *Blair Unbound*, p. 286.

82. Ibid., p. 287.

83. 对 Paul Britton 的访谈，14 January 2013.

84. Tony Blair, *A Journey* (London, 2011), p. 429.

85. Blick and Jones, *At Power's Elbow*, p. 293.

86. Ibid., pp. 293–5.

87. Seldon, *Blair Unbound*, p. 209.

88. Ibid.

89. Ibid., p. 330

90. Ibid., p. 214.

91. 对 Lord Turnbull 的访谈, 3 August 2016.

92. Seldon, *Blair Unbound*, p. 214.

93. Ibid.

94. 对 Lord Turnbull 的访谈, 3 August 2016.

95. Ibid.

96. Seldon, *Blair Unbound*, p. 274.

97. Ibid., p. 328.

98. Ibid., p. 329.

99. 对 Ivan Rogers 的访谈, 7 July 2016.

100. 对 Lord O'Donnell 的访谈, 30 February 2016, available at <http://www.cabinetsecretaries.com> [accessed 23 September 2016].

101. Seldon, *Major,* p. 103.

102. Ibid., pp. 140–41.

103. Seldon, *Blair Unbound*, p. 383.

104. Andrew Rawnsley, *The End of the Party* (London, 2010), p. 292.

105. Powell, *The New Machiavelli*, p. 277.

106. 对 Lord O'Donnell 的访谈, 27 July 2016.

107. Ibid.

108. Ibid.

109. 对 Lord O'Donnell 的访谈, No. 10 History Series, February 2013.

110. Ibid.

111. 对 Lord O'Donnell 的访谈, 27 July 2016.

112. Seldon, *Blair Unbound*, pp. 464–5.

113. Ibid., p. 373.

114. Sarah Brown, *Behind the Black Door* (London, 2002), p. 6.

115. Anthony Seldon and Guy Lodge, *Brown at 10* (London, 2010), p. 13.

116. Ibid.

117. Simon McDonald had been Head of the Overseas and Defence Secretariat from 2007 to 2010, and become Permanent Under Secretary at the FCO in 2015. Jon Cunliffe had been Second Permanent Secretary at the Treasury, overseeing international finance. He became UK Permanent Representative to the EU in 2012.

118. Seldon and Lodge, *Brown at 10*, p. 18

119. 对 Lord O'Donnell 的访谈, 30 February 2013.

120. Private interview.

121. Seldon and Lodge, *Brown at 10*, p. 12.

122. Ibid., p. 14.

123. Cabinet Office figures.

124. Seldon and Lodge, *Brown at 10*, p. 72.

125. Ibid.

126. Ibid.

127. Seldon, *Blair Unbound,* p. 720.

128. Seldon and Lodge, *Brown at 10,* p. 71.

129. 对 Paul Britton 的访谈, 24 August 2016.

130. 对 Lord O'Donnell 的访谈, 27 July 2016.

131. Seldon and Lodge, *Brown at 10,* pp. 254–5.

132. Ibid., p. 432.

133. Ibid., p. 234–43.

134. Interview with Lord O'Donnell, 27 July 2016.

135. Andrew Rawnsley, *The End of the Party,* p. 468.

136. Seldon and Lodge, *Brown at 10,* p. 249.

137. Peter Mandelson, *The Third Man: Life at the Heart of New Labour* (London, 2010), p. 473.

138. Sarah Brown, *Behind the Black Door,* p. 402.

139. Andrew Rawnsley, *The End of the Party,* second edition (London, 2010), p. 703.

140. Anthony Seldon and Guy Lodge, *Brown at 10,* second edition (London, 2011), p. 470.

141. Peter Mandelson and Roger Liddle, *The Blair Revolution: Can New Labour Deliver?* (London, 1996).

142. Powell, *The New Machiavelli,* pp. 59–60.

143. Seldon, 'The Cabinet Office and Coordination, 1979–87'.

144. Ibid.

145. Powell, *The New Machiavelli,* pp. 76–7.

146. Quoted in Edwards, *Gresham Reader,* p. 267.

147. Seldon, *Blair Unbound,* pp. 204–5.

148. Seldon, *Blair,* pp. 644–8.

149. Interview with Michael Barber, 6 July 2006.

150. Seldon, *Blair Unbound,* p. 43.

第十章

1. Seldon and Lodge, *Brown at 10,* p. 454.

2. 对 Lord O'Donnell 的访谈, *Five Days that Changed Britain,* BBC Parliament, 10 January 2011 [accessed 26 September 2016].

3. Seldon and Lodge, *Brown at 10,* p. 454.

4. David Laws, *22 Days in May: The Birth of the Lib Dem–Conservative Coalition* (London, 2010), p. 95.

5. Ibid., p. 186.

6. Ibid., p. 179.

7. 对 Lord O'Donnell 的访谈, 27 July 2016.

8. Laws, *22 Days in May,* p. 192.

9. 对 Lord O'Donnell 的访谈, 28 July 2014.

10. Ibid.

11. Ibid.

12. Nick Clegg, 'No wonder there was a Nick Clegg Looking Sad website', *The Guardian*, 5 September 2016 <https://www.theguardian.com/politics/2016/sep/05/nick-clegg-book-extract-no-wonder-there-was-a-nick-clegg-looking-sad-website> [accessed 28 September 2016].

13. 对 Lord O'Donnell 的访谈, 27 July 2016.

14. 对 Lord O'Donnell 的访谈, 30 February 2013 <http://www.cabinetsecretaries.com> [accessed 26 September 2016].

15. Cabinet Office figures.

16. Seldon, *Cameron at 10*, pp. 120–22.

17. 对 Jeremy Heywood 的访谈, 18 December 2014.

18. 对 Lord O'Donnell 的访谈, 28 July 2014.

19. Seldon, *Cameron at 10*, pp. 208–9.

20. Ibid.

21. Ibid., p. 151.

22. 对 Lord O'Donnell 的访谈, 30 February 2013.

23. 对 Lord O'Donnell 的访谈, 27 July 2016.

24. Ibid.

25. Ibid.

26. Julian Richards, *A Guide to National Security: Threats, Responses and Strategies* (Oxford, 2012), p. 102.

27. Joe Devanny and Josh Harris, 'The National Security Council', in *Contemporary History of Whitehall* (November 2014), pp. 17–21.

28. 对 Lord O'Donnell 的访谈, 30 February 2013.

29. 对 Lord O'Donnell 的访谈, 27 July 2016.

30. Ibid.

31. See David Halpern, *Inside the Nudge Unit: How Small Changes can Make a Big Difference* (London, 2015).

32. Jules Evans, 'Sir Gus O'Donnell on the Politics of Wellbeing', The History of Emotions Blog, 16 March 2015 <https://emotionsblog.history.qmul.ac.uk/2015/03/sir-gus-odonnell-on-the-politics-of-well-being/> [accessed 29 September 2016].

33. 对 Lord O'Donnell 的访谈, 28 July 2014.

34. 对 Jonathan M. Hales 的访谈, 27 September 2016.

35. Seldon, *Major: A Political Life*, p. 270.

36. Andrew Adonis, cited in Amelia Gentleman, 'Sir Jeremy Heywood: the civil servant propping up the government', *The Guardian*, 6 December 2012 <http://www.theguardian.com/politics/2012/dec/06/sir-jeremy-heywood-civil-servant-profile> [accessed 27 September 2016].

37. 对 Jeremy Heywood 的访谈, 3 September 2016.

38. Ibid.

39. 对 Jeremy Heywood 的访谈, 22 March 2013 <http://www.cabinetsecretaries.com> [accessed 27 September 2016].

40. Ibid.

41. 对 Jeremy Heywood 的访谈, 3 September 2016.

42. 对 Jeremy Heywood 的访谈, 18 March 2014.

43. 对 Jeremy Heywood 的访谈, 22 March 2013.

44. 对 Jeremy Heywood 的访谈, 3 September 2016.

45. 对 Jeremy Heywood 的访谈, 22 March 2013.

46. Ashley Hibben, 'The role of the modern Cabinet Secretary: a conversation with Sir Jeremy Heywood', *Institute for Government*, 23 September 2015 <http://www.instituteforgovernment.org.uk/blog/12459/the-role-of-the-modern-cabinet-secretary-a-conversation-with-sir-jeremy-heywood/> [accessed 27 September 2016].

47. Ibid.

48. Jess Bowie, 'Jeremy Heywood Interview', *Civil Service World*, 19 October 2015 <http://www.civilserviceworld.com/articles/interview/jeremy-heywood-interview-cabinet-secretary-and-head-civil-service-life-top> [accessed 28 September 2016].

49. Ashley Hibben, 'The role of the modern Cabinet Secretary', *Institute for Government*, 23 September 2015.

50. Ibid.

51. 对 Philip Rycroft 的访谈, 7 October 2016.

52. Ibid.

53. See ibid., pp. 535–45.

译后记

现代国家治理的重要标志是政府组织模式的现代化，包括政府首脑如何协调各部委，信息如何上传下达，如何有效决策并确保决策实施，如何管理公务员队伍等。纵观全球，各个国家的中央政府的运作机制有所不同，但其服务对象、工作目标都是相似的。英国是近现代政治治理演化中具有代表性的国家，其政治制度的发展和演变有着鲜明的原创风格，例如英国是世界上第一个君主立宪制的国家，第一个实现工业革命的国家，第一个创立集体责任制、两党制和文官制度的国家。但其中央政府形成自己的中枢机构并相应完善公务员管理制度的时间并不久远，直到一战时才初露端倪，比英国建立首相和内阁制政府足足晚了195年。而本书作者认为，直到英国建立内阁办公厅制度，英国政府才真正成为一个现代化的政府。人们不禁要问，在20世纪初战火纷飞的岁月，是什么原因推动了中央政府的建立？围绕内阁办公厅形成了哪些重要的协调、信息传递和决策机制？英国公务员管理发生了怎样的变化？这一切与英国政治、欧洲政治乃至世界政治的历史演化又有着怎样的关系？

《内阁办公厅》一书是第一部围绕这一专题的历史专著，其史料翔实，叙事生动。作为一本娓娓道来的历史书籍，本书既为理解上述问题提供了史实和线索，又不似政论书籍那样强加给读者任何观点。读者完全可以在欣赏读史乐趣的同时驰骋于自由思想的天空，不受任何既定观点的束缚。本书在英国一经出版，即获得好评。前任内阁秘书长罗宾·巴特勒评价到"这是一本有趣且可读性很强的书，对我们政府的历史有着极富价值的补充。"英国泰晤士报专栏作家瑞秋·西尔维斯特也对本书给予了高度赞誉和评价，她表示"安东尼·塞尔登是'权威型与揭露型'写作的高手。这本书适合所有希望了解白厅以及权利的游戏是如何运作的人。"在写作期间，作者得到了包括时任及离任内阁秘书长，英国政府研究方面著名专家和学者，英美主要研究机构、档案馆和图书馆工作人员的大力支持，同时他花了大量时间流连于研究机构和档案馆进行史料搜集，采访了众多英国政府官员。《内阁办公厅》这本书在作者费尽心血的资料收集、数以千计的独家访谈基础上得以完成，可谓是浓缩英国百年现代政府发展史的精华之作。我国正处在努力实现中华民族伟大复兴的征程上，探索世界，洞察世界，他山之石，为我所用，对当今中国各行各业而言都日益重要，日益迫切。我们想，无论是研究国际政治的学者，还是政府部门的公职人员，无论是希望拓展对欧洲合作的企事业单位工作者，还是历史和国际知识的爱好者，都可以从本书中汲取营养，有所收获。

为了能把书翻好翻透，我们翻译团队成员分别来自政府部门、社会团体和高校，对书中涉及的政府运作、国际政治、经济社会等背景知识有一定了解。在翻译过程中，我们还多方咨询专家，答疑解惑，尤其是请英国有关专家提供帮助，确保翻译书稿传情达意。我们要特别感谢英国的童海珍女士和中国的侍获女士，在翻译校对过程中付出大量心血，为本译作成稿作出了重要贡献。由于专业水平和时间有限，本书难免存在遗误瑕疵，还请专家同行们多多指正。

李钢　万泰雷　杨柳